U0529108

陕西省教育厅一般专项科研计划项目"陕甘川三省杜甫遗迹调查与研究"（21JK0073）成果

陕西理工大学人才启动项目"豫鄂湘三省杜甫遗迹研究"（SLGRCQD2010）成果

本书出版受陕西理工大学中国语言文学省级重点学科经费资助

杜甫遗迹研究

The Research of Du Fu's Historical Remains

王超 / 著

中国社会科学出版社

图书在版编目（CIP）数据

杜甫遗迹研究／王超著． —北京：中国社会科学出版社，2021.8
ISBN 978 - 7 - 5203 - 8822 - 1

Ⅰ.①杜⋯ Ⅱ.①王⋯ Ⅲ.①杜甫（712 - 770）—文化遗迹—研究 Ⅳ.①K878.24

中国版本图书馆 CIP 数据核字（2021）第 149856 号

出 版 人	赵剑英
责任编辑	宋燕鹏
责任校对	李　硕
责任印制	李寡寡

出　　版	中国社会科学出版社
社　　址	北京鼓楼西大街甲 158 号
邮　　编	100720
网　　址	http://www.csspw.cn
发 行 部	010 - 84083685
门 市 部	010 - 84029450
经　　销	新华书店及其他书店
印　　刷	北京君升印刷有限公司
装　　订	廊坊市广阳区广增装订厂
版　　次	2021 年 8 月第 1 版
印　　次	2021 年 8 月第 1 次印刷
开　　本	710×1000　1/16
印　　张	20.5
插　　页	2
字　　数	298 千字
定　　价	98.00 元

凡购买中国社会科学出版社图书，如有质量问题请与本社营销中心联系调换
电话：010 - 84083683
版权所有　侵权必究

序 一

吴怀东

唐代诗人杜甫是具有世界意义、世界影响的中国诗人，其生平经历复杂曲折，其诗文作品数量巨大、内涵丰富。丰富性和深刻性本身就是人类文明史上一切文化经典的共同特征，这也决定了杜甫与杜诗具有文化经典的基本属性。随着历代学者对杜甫与杜诗研究的深入，对文化经典的阐释逐渐显示出多样性、多元性的特点；其中对杜甫流寓所经、身后所葬进行实地考察、综合研究是杜甫研究非常重要的角度。

实地考察杜甫行踪及其遗迹，有助于了解杜甫经历，准确认知其创作与思想。同时，这些遗迹的存在也是杜甫产生巨大而深刻社会文化影响的确证，研究这些遗迹和文化遗存也有助于认识杜甫影响的具体内涵，更好地传承杜甫精神。公元902年，晚唐著名诗人韦庄，于"浣花溪寻得杜工部旧址，虽芜没已久，而柱砥犹存。因命芟夷，结茅为一室。盖欲思其人而成其处，非敢广其基构耳"（《分门集注杜工部诗》卷一九《简居下》），从而给后代留下了凭吊诗圣的最佳地点——成都草堂。宋代学者除了在杜诗注中关注相关实地问题，对杜甫活动遗迹考察也极为关注，宋代大诗人陆游来到奉节白帝城，对杜甫当年寓居夔州的生活与心理感同身受："少陵，天下士也。……然去国寝久，诸公故人，熟睨其穷，无肯出力。比至夔，客于柏中丞、严明府之间，如九尺丈夫俛首小屋下，思一吐气而不得。予读其诗，至'小臣议论绝，老病客殊方'之句，未尝不流涕也。嗟乎，辞之悲乃至是乎！荆卿之歌，阮嗣宗之哭，不加于此矣"（《东屯高斋记》，《渭南文集》卷十七）。对于诗人的心灵与创作而言，具体时空的一山一水、一草一木、或晴或雨都具有特别的意义，因此，理解诗人及其创作，实地的考察当然十分重要。

通过实地考察、进而查证典籍文献，进行综合研究并非史学研究领域所独有。早在20世纪70年代末，山东大学萧涤非先生就已经开辟了杜甫、杜诗乃至唐代文学的实证研究之路。彼时萧涤非先生受有关部门委托主持整理杜甫诗歌，在杜甫诗文校注正式开始之前，他开展了两项工作：一是收集海内外有关杜诗的注本，能购买的购买，不能购买的就进行复印；第二就是带领校注组的几位年轻学者，从济南出发，实地踏勘杜甫曾经到过的地方，对杜甫流寓过程、生活经历以及相关诗歌进行了新的解读，这项工作的直接成果就是1982年人民文学出版社出版的《访古学诗万里行》。前一项工作的意义，任何一位古代文学研究者都能理解：没有对古今杜诗校注以及专题研究成果的全面了解，全凭白手起家，根本不可能推进杜甫研究。但是，对后一项工作的意义，过了多少年才受到学界的关注、理解和学习，新世纪以来甚至形成了大众阅读的一大热门：2006年台湾中山大学出版了简锦松《唐诗现地研究》，清华大学出版社2008年出版了赖瑞和《杜甫的五城：一位唐史学者的寻踪壮游》，东方出版社2018年出版了左汉林《朝圣：重走杜甫之路》，人民文学出版社2020年出版了宋红《杜甫游踪考察记》。2020年英国BBC播出了由迈克尔·伍德主持的58分钟纪录片《杜甫：中国最伟大的诗人》，在东西方同时引发了"杜甫热"。上述著作或是以"现地学"为标榜，或是以杜甫行踪、杜诗景物为中心，在我们看来，与萧涤非先生组织的那场文化考察和《访古学诗万里行》的影响也不无关系。

在上述成果背景之下，我们就能认识王超博士在孙尚勇教授指导下完成的博士学位论文《杜甫遗迹研究》的选题价值及学术方法，精读这部著作方可发现，《杜甫遗迹研究》远非沿着前人"现地学"

序 一

研究路径而进行的续作,更非一部新的实地考察报告,而是一部严谨规范、富于思辨的学术专著,此即20世纪陈寅恪先生所谓"预流"(《陈垣〈敦煌劫余录〉序》)。王超在其博士论文基础上经数年修订、提高,最终完成了这部近30万字篇幅的著作,其文献工作量巨大,学术创新意义突出,大大推进了杜甫行踪研究和文化遗存研究,值得学界关注,值得热烈祝贺。

这部著作除绪论外总共15章,考述了15个地方的杜甫遗迹,分别是:西安杜公祠、鄠县渼陂空翠堂、鄜州羌村、延安杜公祠、秦州杜甫遗迹、成县杜甫遗迹、栗亭杜公祠、成都杜甫草堂、梓州杜甫遗迹、阆州杜甫遗迹、夔州杜甫遗迹和河南偃师、巩县、湖南耒阳、平江等四地的杜甫墓,涉及杜甫生前活动的主要地点以及卒葬地,这些地点的明确对了解杜甫生前主要生平经历以及相关诗歌十分重要。实事求是地说,既往的杜甫研究也或多或少涉及这些论题,不过,就系统性、全面性、深入性以及学术性而言,此著成绩可观。王超博士的实地考察,目的是为著作提供一定的写作线索和一部分一手文献,但具体遗迹的研究过程,则主要依靠传统的考据学、历史地理学以及文学分析方法。其对杜甫遗迹相关文献的整理堪称全面、深入,对文献中历史地理方位的辨析清晰、精确,对杜甫遗迹所涉历代诗文的解读合理,充分体现了其文史结合的治学思路。正因如此,这部《杜甫遗迹研究》才体现了独有的学术价值。

首先,本书在遗迹研究过程中,发现了不少杜甫生平问题。比如对鄜州羌村遗迹的研究,运用文献学和沿革地理学相结合的方法,按照时代层层梳理,解决了杜甫鄜州寓所的方位问题,同时批驳了从清代流行至今的"二次移家"说。夔州部分的研究同样如此,彻底廓清了杜甫寓居夔州期间的数次搬迁情况。这些发现和结论对杜甫生平研究具有重要价值。其次,本书对遗迹的研究着重于历史源流的重现,所涉及的15处遗迹,均按创建伊始、发展历程加以考证,时间、人物、方位、事因、规模形制皆翔实可信。再次,本书中多处遗迹研究具有填补学术空白的价值。比如关于鄠县渼陂空翠堂以及在四川梓州、阆州活动情况的考证，填补了相关研究之空白。关于杜甫葬地的研究，不作非此即彼、非黑即白的最终结论，而是尊重基本文献，秉持"了解之同情"理念，着重讨论深藏其后的社会文化背景，结论平实可信。总体上，王超博士的研究坚持了实事求是、论从史出和推陈出新、守正出新的学术立场，其结论自然令人信服。

作为古代文学研究论文，王超博士这部著作的研究思路具有一种鲜明的创新特征。和一般的现地考察、研究不同，王超博士提出一种新的研究思路：不仅关注杜甫生前活动留下的遗迹，还关注"后人为纪念杜甫而建造的祠宇、亭台楼阁等与杜甫密切关联的历史文化遗迹"（见"绪论"，该书第2页）。对此类遗迹的考察，他摆脱真假判断，而从价值意义的立场进行审视，重点考察这些文化遗存产生过程及其内涵，明确提出"这些价值是超脱于真伪之外的，是杜甫遗迹留给我们最宝贵的精神财富之一"（见"绪论"，该书第14页），这种卓见避免了地方学者在讨论类似问题时常常出现的非学术的意气之争。当前，各地都在加强地方文化研究，此著的出版，将会对各地都在轰轰烈烈进行的名人文化遗存研究有很大的启发意义。

撰写这部著作，王超博士投入了巨大的劳动量：这项研究不完全是"案头作业"，既要详尽阅读杜诗本体文献，也要阅读相关地方志等文献，而且，要进入实地踏勘、考察，工作量巨大；涉及众多的知识领域，除了需要文学文献阅读能力之外，还需要具备相关的历史地理知识，需要相关的考古和文博知识。从最终出版的文字看，王超博士驾轻就熟，其实王超付出的辛劳都在文字之外，比如很多地方文献和现场情况都是他深入实地考察的结果，这就有别于一般的古代文学研究和论文写作之方式。当然，从另一个角度说，艰辛付出也切实保障了这项研究的学术品格和本书的学术质量。

就目前这一论题而言，在我看来，未来至少还有三个方面可以拓展、深化：第一，对杜甫生前行踪可以作全面、系统的研究，有遗迹的可以研究，没有遗迹的也可以研究。比如河南巩县窑湾杜甫诞生窑问题，杜甫在洛阳居地陆浑庄和土娄庄问题，杜甫客居长安与为官长安时的居住地等等。杜甫一生行踪所及时间、地点、过程都还值得进一步拓展研究。对个别争论不休的问题，可以做大胆判断或结论。第二，不仅关注杜甫的行踪，还可以结合实地考察，解读相关的诗歌创作，认识杜甫的思想，并且从空间以及区域文化视角认识杜甫思想与诗歌的独特内涵乃至特征。第三，此著目前关注的重点是遗迹建设过程，其实，这些建筑（如祠堂）的结构特征及其文化内涵、文化意识形态属性，这些遗存当年的建设过程及其人事背景，也都值得做深入专题研究。中国台湾学者黄进兴的《优入圣域》（陕西师范大学出版社1998年版）的研究思路值得参考、借鉴。

孙尚勇教授告诉我此著撰写过程中王超博士的种种艰辛历程，作为尚勇教授和王超博士的同行，我期待并深信：经历撰写这本著作的严格学术训练，王超博士未来肯定有更多、更精彩的学术成果问世，而当代的杜甫研究也将因像王超博士这样生力军的加盟必然有更精彩的、超越前贤的创新与开拓！

拙文不敢称序，只是本人先睹为快，阅读王超博士大著的不成熟的肤浅感受，一得之见，野人献曝，仅供王超博士和读者诸君参考。

吴怀东
2021年4月25日于合肥

序 二

孙尚勇

  杜甫大约是孔子之后，中国传统文化生长出来的最伟大的知识者之一。他早年南适金陵吴越，东游梁宋齐鲁，经历了一段同时代多数文士和知识者共有的"裘马颇轻狂"的恣意生涯。中岁误落尘网，"骑驴三十载，旅食京华春"，以圣贤自期，意图实现"致君尧舜上"的崇高政治理想。胸怀文化的理想主义者往往抱着理想政治的预期，然后矢志不渝地去追寻个人的政治理想，持此种先入的思维行事，势必遭受种种挫折。在遭受终极的挫折之后，理想主义者又更易于体察一般人习以为常的政治社会的弊端。于是对人和文化无比的爱与犀利的政治社会批判情绪，似乎悖论般叠加于理想主义者一身。孔子如此，杜甫亦是如此。天宝三载，杜甫与宿心相亲的李白相遇，他从刚刚失意归山的李白那了解到朝中政治状况，却仍然在一年多后踏着李白失败的脚印，兴致勃勃西归咸阳谋求政治发展。杜甫吸取了李白的经验教训，收敛了他和李白共通的清狂，如其诗中所说，"长安秋雨十日泥，我曹鞴马听晨鸡，公卿朱门未开锁，我曹已到肩相齐"，为了"功名"和"权势"，违心地"朝扣""暮随"。十年京华，杜甫体验了后来屡屡反思且深以为愧耻的种种遭际。因缘于投匦献赋，他得以短暂逍遥于太子右卫率府。不幸安史之乱将大唐盛世的所有荣光一举击碎，华夏文明惨遭荼毒，这也几乎摧毁了杜甫实现宏大政治理想的最后希望。"国破山河在"，怀着对文化的期冀和热忱，杜甫从

序 二

陷于贼手的长安城，间道奔赴凤翔，授左拾遗，成为成就肃宗中兴的众多小人物之一。然而，由于牵裾直言而获罪，长安收复之后，他由左拾遗被贬斥为华州司功参军。在最上层政治中心圈边缘活动的四五年间，杜甫愈加清晰地认识到理想政治之不可期。于是他毅然告归西向，辗转秦州、同谷，在成都一带定居数载，旋复沿江东下至云安、夔州，漂泊江陵湖湘，在一个谋欲"归秦"的炎冬客死孤舟之上，带着无所成就的怅恨，走完了艰难悲壮的一生。

一 杜甫的文化反思

三十五岁西归咸阳，四十四岁居官，四十八岁罢官，杜甫的活动中心是长安，是为杜甫"知其不可为而为之"的十四年。从四十八岁罢官到五十九岁往生，杜甫人生最后的十二年，跟孔子在外十四年一样是一个"东西南北"之人。由最后十二年"吾道""吾老""吾衰""今如丧家狗""或似丧家狗"等与孔子相关联的表达来看，跟孔子周游列国相类，杜甫对现实政治始终保留着些许信念，默默等待"苟有用我者"，期盼中原书信。但现实何其不幸，又何其残酷，他没能等到终不改的北极朝廷的召唤，甚至没能像孔子那样回归鲁国，杜甫最终没有实现"不死必归秦"的心愿。"凄其望吕葛，不复梦周孔"，从杜甫一生的行迹，似可窥见他心目中孔圣的影子。杜甫"尘中老尽力，岁晚病伤心""法自儒家有，心从弱岁疲"等诗句，其"壮心"常在的表达，由此方可获得理解。

前贤常说"国家不幸诗家幸"，然而汉武帝盛世蜀中文人司马相如的例子就足以说明，这只能说是一个勉强的误解。假如历史可以重来，给他一个稍稍恒长的盛世，给他一个真讲理想的时代，杜甫照样能够做到立言，而且能够实现立功，乃至立德。如杜甫自己所说，"告归遗恨多，将老斯游最"，无疑，杜甫终其一生为理想奔走，为国家和文化呼号，对于他个人来说是哀伤寂寞的，但对于中国文化却是壮阔雄奇的。钱穆有言，杜甫是意欲求有所表现而终无机会让他表现的人物，但他却以多病之身承担了文化兴衰之大责任，他是在现实事功上无所表现却主宰历史的大人物之一。一千多年以来，人们奉杜甫为中国最伟大的诗人，然而在诗之外，杜甫留给我们更为重要的遗产是他的精神和思想，是他从孔子那儿继承而来的对中国文化的强烈责任感。

人类世界有许多未知和不确定。尽管我们一度竭力去追求，甚至放弃自我的尊严，但仍然不能确保一切都会顺理成章地实现，因为我们会有偶然的怠惰，会有必然的疏失，根本原因可能在于个体总归受制于历史。当人生经历愈加丰富，人们会更多地渴望了解和确定。但人和世界和我注定了这渴望是一种徒劳。杜甫近六十年的人生，四十余年的履世，其间尚有许多我们所未知和不确定的问题。有一点可以确定，杜甫是盛唐文化培养出来最优秀的代表者，是盛唐文化一个焕发着独特异彩的人物。

王昌龄诗曰："秦时明月汉时关，万里长征人未还。但使龙城飞将在，不教胡马渡阴山。"这是感叹时无良将，不能安边。在所谓唐人边塞诗中，这是较为常见的情感表达。静言思之，类似诗篇可以视作对当时将领的严厉批评，这一批评似乎很容易便获得正面的肯定。将领不能安边，不能体恤士兵，将领在暖帐轻歌曼舞，士兵却严寒刁斗，肯定不合道义。但是，安边抚卒的龙城飞将，无非首要是以军事征服为手段，对周边族群形成军事威慑，故归根结底，这些诗篇所推扬的是军事和战争。从人类文明的立场看，兵者凶器，圣人不得已而用之，人群之间必然要以和平共存为相处模式，鼓吹发展和使用武力，就其终极来说，无疑是不合于人道的。尤其当一个强大的国家，已经在文化和文明上对周边族群形成了优势，这时候继续鼓吹武力显然是不道德的。盛唐边塞诗，一般都洋溢着爱国主义精神和文明自豪感，后人往往就此肯定甚至推崇这些作品。这种价值观，若站在整个人类的视野来看，未必正确。即便是站在盛唐时代，恐怕也不能获得完全赞同。在这个问题上，杜甫在当时是一个异类。人们很久就有疑惑，在边塞诗创作风行的盛唐，杜甫何以很少写这样的作品？即便是

序 二

为了平定安史叛乱而勉励人们从军,杜甫的笔端也看不到冠冕堂皇的陈辞滥调。也许有人会说,杜甫没有从军和使边的经历。但是,我们要进一步问,杜甫为什么没有从军和使边的经历?也许有人会说,没有人引荐他。事实可能并非如此。是没有人援手,还是杜甫自己始终拒斥军幕?答案是后者。天宝十三载(754),杜甫作《投赠哥舒开府二十韵》,表达了入幕的愿望,这大约出于"几年春草歇,今日暮途穷"情势之下的不得已,[①] 当不能概括杜甫平生的追求。同为伟大的诗人,李白曾经梦想"沙漠收奇勋",但推重李白的杜甫却感慨"白头趋幕府,深觉负平生",而没有相类诗篇流传于世。他留下的诗多见对"觅封侯"的忧虑,如夔州所作《复愁十二首》其六:"胡虏何曾盛,干戈未肯休。闾阎听小子,谈话觅封侯。"杜甫选择拒斥从军入幕,决定于他的理想和价值观,以及他超出时代的政治情怀和思想境界。

后人常因杜甫诗见于唐人选唐诗者少,尤其"删略群才,赞圣朝之美"的《河岳英灵集》对他的有意忽略,便认定杜甫没有当世之名,这一认知或有大误。事实是,杜甫并不是没有当世之名,只是他不受当世推重而已。杜甫的诗之所以不受当世普遍的重视,一个可能的原因是,杜甫过于积极进取,而不能有所不为,在他那个时代应该最独特。他得官以后才约略看清自己,"独耻事干谒"等诗句就传达了他的自我反思。但即使如此,尽管有所不为了,他仍然继续坚持理想的追求,这也是独特的。殷璠论刘眘虚诗"并方外之言"、张谓诗"并在物情之外"、王季友诗"远出常情之外"、綦毋潜诗"善写方外之情"、祖咏诗"调颇凌俗",由这些评语可知,盛唐大诗人普遍进退自如,杜甫则有异于此种时代风尚。杜诗之未能见重于当代,根本的原因可能在于,杜甫生长于他的时代,又超然于他的时代。杜甫自云:"脱略小时辈,结交皆老苍,饮酣视八极,俗物都茫茫。"

[①] William Hung, *Tu Fu*: *China's Greatest Poet*, Cambridge, Massachusetts: Harvard University PRESS, 1952, p. 82.

可以说大部分情况之下，杜甫都是以俯视的姿态面向他的时代的，他是高出尘世间的。任华寄杜甫诗曰："昔在帝城中，盛名君一个，诸人见所作，无不心胆破。"韦迢留别杜甫诗曰："大名诗独步。"郭受寄杜甫诗曰："新诗海内流传遍。"杜甫诗曰："文章有神交有道"，"每语见许文章伯"，"岂有文章惊海内"，"名岂文章著"，"政术甘疏诞，词场愧服膺"，"才微岁老尚虚名"。这些可以说明杜甫的文章盛名并非受赐于中唐韩愈、元稹和白居易或宋人，而是他自己的气象造就的。综合任华的赞美和杜甫其他诗篇的自述来看，在诗艺上，杜甫善于广泛学习借鉴飞腾的前辈和所有同时代大诗人的创作经验；在思想上，他却是一个逆时代而动的人。个中原因不易参透，杜甫的价值选择可能植根于他追逐政治理想的坷坎遭遇，更可能因缘于他理想主义者的天机。他的《前出塞》和《后出塞》组诗，尤其《前出塞》，以批判战争为旨归，与以王昌龄、岑参等人为代表的盛唐边塞题材创作相照映相对立，是杜甫与时贤之间在社会政治问题和思想境界层面的直接对话。杜甫诗曰："拓境功未已，元和辞大炉。"战争的胜利鼓动了时人的热情，造就了后人景仰的极盛时代，但战争的失败和边将的反叛，恰恰彻底摧毁了盛世，这是大唐盛世政治生态无可自决的死结。杜甫对唐代开边战争的认识，体现了他迥出于时代的政治见识。这一政治见识，无疑是现代性的，具有人类文明普适性的大意义。

二　杜甫的政治批判与道义坚持

鲁迅曾说，中国古代大约可以分为两个时代，一个是想做奴隶而不得的时代，另一个是暂时坐稳了奴隶的时代。有人戏仿说，中国人可以分为两种，一种人想做奴隶而不得，另一种人只是暂时坐稳了奴隶。杜甫不属于鲁迅所说两个时代的任何一个，就此而言，他受赐于那个伟大的盛唐时代。从其"致君尧舜"的自许，献赋所见的讽谏和期待以及"牵裾惊魏帝"等不计现实利害的实际作为来看，杜甫

序 二

不属于这两种人中的任何一种。如陆游《东屯高斋记》所言，杜甫的现实理想是"少出所学以佐天子，兴贞观开元之治"，故无论中年"朝扣""暮随"之干谒、晚年无可奈何之奔走，杜甫始终保持着政治引领者和政治批判者的独立姿态。在杜甫心目中，他所秉持理想的"道"是优先的，是凌架于世俗的"势"之上的。他不是专制时代常见的愚忠者，在道与势的选择上，他继承发扬了先秦儒者的独立精神，他就是"圣贤古法则"在后世的"传"者。赵次公为张焘重修草堂并刻诗碑所写《杜工部草堂记》称杜甫"出处每与孔孟合"是有道理的。明初宋濂《杜诗举隅序》则批评杜诗注者曰："骋新奇者称其一饭不忘君，发为言辞，无非忠君爱国之意。至于率尔咏怀之作，亦必迁就而为说。"宋濂意在批评注杜家求新奇者之迁就穿凿，亦在批评他们以杜诗"无非忠君爱国"的阐释思路。

乾元二年（759），杜甫作《寄岳州贾司马六丈巴州严八使君两阁老五十韵》曰："贾笔论孤愤，严诗赋几篇。定知深意苦，莫使众人传。"由此诗可以略见肃宗即位后朝中政治生态的不良倾向，"莫使众人传"当然也隐含了杜甫对自己创作的反思和警醒。他已经清楚地认识到，一个孱弱的朝廷，一个不够健康的政治体，经不起批评，不能容忍不同意见，甚至不允许腹诽，但他似乎没有向此种不良的政治生态完全屈服。贬官华州，最终辞官，可能都与他的不屈服有关，而此后杜甫诗中的政治批判，更多体现了他的价值承担和道义抉择。孟棨单独拈出杜甫流离陇蜀的诗篇为"诗史"，为"推见至隐"之作，当对此有深切了解。广德元年（763），杜甫作《泛江送魏十八仓曹还京因寄岑中允参范郎中季明》曰："见酒须相忆，将诗莫浪传。"大历三年（768），杜甫作《公安送韦二少府匡赞》曰："念我能书数字至，将诗不必万人传。"对返京和京中友人说不要轻易传布自己的诗，这说明杜甫对自己流离陇蜀以后所作"推见至隐"的批判诗篇颇有顾虑。在此之前，杜甫没有这种顾虑。天宝九载（750），杜甫作干谒诗《奉赠韦左丞丈二十二韵》曰："甚愧丈人厚，甚知丈人真，每于百僚上，猥诵佳句新。"此诗透露的是对自己"佳句"的傲然自得。两相比照，不难发现，对上述价值选择，杜甫是有所忧惧的。但他忧惧的不是个人世俗利益得失，而是世俗政治最终不会选择自己担当引领者。前引衡州判官郭受寄杜甫诗曰："新诗海内流传遍，旧德朝中属望劳。""流传遍"，宋本《杜工部集》卷一八作"流传困"。杜甫酬答诗曰："才微岁老尚虚名，卧病江湖春复生。"详绎郭、杜二诗的情绪，似宋本"流传困"之"困"字为优。也就是说，杜甫之多年"卧病江湖"与其诗作流传而带来的世俗政治上的负面影响或有重大关系，其"推见至隐"的诗作一定程度上导致了他晚年困顿江湖的遭遇。俗语说，明知山有虎，偏向虎山行，杜甫明知触犯专制政治的忌讳，却仍然坚持自己的价值选择，无疑他是一个有大勇气的古代知识者。

  人类社会是多元的，历史上举凡伟大的人物，其行为、思想和历史影响也是多元的。饥寒表达和社会批判，是杜诗当中一而二、二而一的两大主题，是理解杜甫的关键。所谓"先师有遗训，忧道不忧贫"，啼饥号寒是先秦儒者有意搁置的问题。杜甫则不同，他要表达，他要不停地诉说。个体生存和道义持守在他这儿是等价的，这是杜甫对先秦儒学的发展。杜甫终生都在表达他的饥饿与寒冷，一如惠洪《次韵谒子美祠堂》所言，"死犹遭谤诬，谓坐酒肉馑"，"牛酒饫死"的"故谤伤"之言显系由此杜撰而来。因缘幼子饿死、娇儿恶卧的惨痛经历，因缘于"朱门酒肉臭，路有冻死骨"的社会现实，杜甫诗中时时出现的饥寒表达，更多可能是他对内心不能饱于仁义的隐喻。王安石《子美画像》"青衫老更斥，饿走半九州"、杨甲《与客游沧浪亭分韵得一字》"岂无独往愿，冉冉饥冻逼"、李纲《杜子美》"杜陵老布衣，饥走半天下"、喻汝砺《晚泛浣花遂宿草堂》"云何尝念饥，零落在道旁"、戴复古《杜甫祠》"干戈奔走际，道路饥寒状"，大约都读出了杜诗饥寒表达的深意。因此，不苟免于饥寒，自当视作杜甫主动选择承受的此世大苦行，他是以一己之遭际，关联着天下寒士众生之遭际；以一己之饥寒，关联着天下寒士众生之饥寒。这无疑表征了杜甫知其不可为而为之的恒久道德冲动。

序 二

"文章一小技，于道未为尊。"诚如洪业所云，"But poetry was, to him, only an advocation, not a vocation"①，杜甫的平生志业不在诗，诗对他来说并非天赋职任，不过是激发而为。杜甫之于中国文化的意义，不单在诗，更在他所持守的道。杜甫同时的任华寄诗曰："而我今不飞不鸣亦何以，只待朝廷有知己。"宋初孙仅《读杜工部诗集序》曰："以公之才，宜器大任，而颠沛寇虏，汩没蛮夷者，屯于时耶，戾于命耶，将天嗜厌代，未使斯文大振耶。虽道抑当世，而泽化后人，斯不朽矣。"宋绍兴十年（1140），成都知府张焘重修增饰杜甫草堂，赵次公作《杜工部草堂记》曰："惟杜陵野老，负王佐之才，有意当世，而肮脏不偶，胸中所蕴，一切写之以诗。"乾道七年（1171），陆游任夔州通判，受杜甫故居东屯高斋现主人李襄的邀请，撰《东屯高斋记》，其中论杜甫晚年遭遇曰："去国寖久，诸公故人熟睨其穷，无肯出力，以至夔，客于柏中丞、严明府之间，如九尺丈夫，俛首居小屋下，思一吐气而不可得。"清初宋琬《祭杜少陵草堂文》曰："天既赋公以稷契之才，不使之一日立朝廷之上，而穷愁播越，终其身老，道路以凄其。"屈大均《杜曲谒杜子美先生祠》有曰："稷契平生空自许，谁知词客有经纶。"以上诸家都意在说明杜甫有其道而无其时。

杜甫不只是一个政治和人性的批判者，作为寄身于体制之中的利益既得者之一，他有可能成为一个善建者。杜甫自云，"窃比稷与契""穷年忧黎元"，但当时便"取笑同学翁"。苏轼《评子美诗》曰："子美自比稷与契，人未必许也。然其诗云：'舜举十六相，身尊道益高。秦时用商鞅，法令如牛毛。'此自是契稷辈人口中语也。"详绎其语，东坡或因个人之高位而深知稷契之不易甚至不可能，对杜甫是否真的能够成为稷契般人物，未置可否，但他肯定杜甫具有此种潜质。大历二年（767），杜甫作《为夔府柏都督谢上表》曰："勉励

---

① William Hung, *Tu Fu: China's Greatest Poet*, Cambridge, Massachusetts: Harvard University PRESS, 1952, p. 6.

疲钝，伏扬陛下之圣德，爱惜陛下之百姓。先之以简易，间之以礼乐，均之以赋敛，终之以敦劝。"按此即杜甫设想自身为宰辅之后的政治举措，苏轼对此显然是认同的。陆游《读杜诗》曰："向令天开太宗业，马周遇合非公谁。后世但作诗人看，使我抚几空咨嗟。"方回《秋晚杂书三十首》其十九："窃尝评少陵，使生太宗时。岂独魏郑公，论谏垂至兹。"放翁肯定了他心目中杜甫的政治秉赋，却也道出了一个较为普遍的现象，即后人大多仅仅以将杜甫视作诗人。《朱子语类》卷一四载朱熹曰："杜子美以稷契自许，未知做得与否？然子美却高，其救房琯，亦正。"此论于杜甫之政治才能提出疑问，但肯定了杜甫持守道的品格。清同治内阁中书谢章铤为西安杜公祠所写《重修杜工部祠碑》曰："子美始善房琯，继善严武，稍为委蛇，皆足以取世资。乃何以每饭不忘君如此，而老大意转拙又若彼也？"在谢章铤看来，杜甫之政治失意，缘于他不能与俗委蛇。清初宋琬为秦州李杜祠所写《二绝碑赞》表彰杜甫曰："猗嗟先生，志侔稷契，遘乱播迁，身穷道洁。"诚如杜甫离蜀之前《三韵三首》其三所云，"名利苟可取，杀身傍权要，何当官曹清，尔辈堪一笑"，这正可说明杜甫政治失意的根源在于他对理想政治的期待和对道的持守。《史记·孔子世家》载孔子在陈绝粮，一度似乎对自己执守的"道"产生了疑惑，颜回曰："夫子之道至大，故天下莫能容。虽然，夫子推而行之，不容何病？不容然后见君子！夫道之不修也，是吾丑也。夫道既已大修而不用，是有国者之丑也。不容何病？不容然后见君子！"本质上说，杜甫政治失意，问题不在杜甫，而在世俗政治。《新唐书·杜甫传》最早评判说："甫放旷不自检，好论天下大事，高而不切。"这话属人云亦云的泛论，其实不全对。杜甫在人际交往上可能存在过于清狂之弊习，然其政治见识是可以肯定的。诚如仇兆鳌《杜诗详注·凡例》"杜文注释"所云："其代为表状，皆晓畅时务，而切中机宜。"回到历史现场，我们相信正常的情况下，杜甫居官期间对与叛军如何作战以及在蜀对如何区处吐蕃侵边问题的建议大

序 二

多是可行的①。洪业将李白和杜甫作比较时说："Li Po was essentially an escapist. Tu Fu was at heart a reformer. The escapist would naturally take human relationship more lightly than the reformer. The best reformer will not allow his affection to wane simply because it is not requited."② 这是极高明极具穿透力的评价，李白是遁世一派，杜甫则属于重建秩序的一派。可惜的是，历史未曾给予杜甫一个证明自己的机会。

三 杜甫遗迹及《杜甫遗迹研究》的意义

杜甫生长、干谒、居官的京洛一代和漂荡迁移的西南湖湘地区，虽经历史淘洗，迄今仍保留了许多他的遗迹。这在众星璀璨的唐代诗人中是独一无二的，而这些遗迹也正是杜甫精神一千多年感召力的体现。明蜀献王朱椿重修成都草堂，并作《祭杜子美文》，曰："先生之精神，犹水之在地，无所往而不在焉。"仇兆鳌《杜诗详注》附编收宋元之际逸士宋无（误作旡，旡有《翠寒集》，收此诗）《杜工部祠》，按语曰："夫唐代诗人，何啻千辈，独少陵忠义之气，足以感发人心。故足迹所经之地，千年祠宇，今古留传，此诗人之另辟乾坤者。"

杜甫遗迹大要可以区别为两类：一是杜甫昔日登临居止和魂魄憩息之所，二是后世兴建的楼阁、亭台、草堂、书院和祭祀杜甫的祠堂等承载一定文化功能的纪念场所。杜甫奔走半天下的一个重要意义在于他以如椽之笔书写了之前未曾发现的自然美，其中最突出的是杜甫秦州、同谷之行所留下的诗篇。绍兴二十三年（1153）鲁訔撰《编次杜工部诗序》曰："时危平，俗媺恶，山川夷险，风物明晦，公之所寓舒局，皆可概见，如陪公杖屦而游四方，数百年间犹对面语。"

---

① William Hung, *Tu Fu: China's Greatest Poet*, Cambridge, Massachusetts: Harvard University PRESS, 1952, p.161.
② William Hung, *Tu Fu: China's Greatest Poet*, Cambridge, Massachusetts: Harvard University PRESS, 1952, p.188.

清顺治十三年（1656），宋琬主持重修了秦州天靖山李杜祠，并将杜甫秦州、同谷之诗刻石于祠中。宋琬《题杜子美秦州流寓诗石刻跋》曰："夫陇山以西，天下之僻壤也。山川荒陋，冠盖罕臻，缙绅之士，自非官于其地者，莫不信宿而去，驱其车惟恐不速。自先生客秦以来，而后风俗景物每每见称于篇什。"乾隆六年（1741），牛运震主持重修同谷栗亭杜公祠，其《杜公祠记》曰："子美杖履遨游万里，籍以发山水之奇迹。"这些表彰既突出杜诗陇西之自然书写，也是为了弘扬地方文化。光绪甲午（1894）二月初七孙宝瑄论杜甫《瞿塘两崖》等诗曰："天地间一名一物，一形一色，莫不有真精神、真趣态。或过焉不留，或日当其前而不知，或知焉而不能言，多矣。而惟诗人能刻划之，形容之，使天地间名不虚名，物不虚物，形不虚形，色不虚色。故画家能画其迹而已，而诗能画其神。有诗笔到画笔不到者，未有画笔到而诗笔不到者。且画与诗其传世之远近何如耶？画依乎楮墨，虽有明绘，而雕残剥蚀，渐久即化为乌有，而诗则火不能燔也，水不能濡也，虫不能蚀也，风霜不能侵也。遂使天地间真精神、真趣态，偶一呈露，即长留于人间。噫嘻！此诗之可贵也。"①

杜甫的人格精神见于他的诗篇，但并非所有人都能够深切领会杜诗，故散见各地的杜甫遗迹，为一般人了解亲近杜甫精神提供了最为便利的条件。司马迁到鲁国，"观孔子庙堂车服礼器"，"祇回留之不能去"，由是感叹"天下君王至于贤人众矣，当时则荣，没则已焉"，唯"至圣"孔子当时不荣，没亦不灭。司马迁到长沙，"观屈原所自沉渊，未尝不垂涕，想见其为人"。由上面约略的例举可知，司马迁观孔子屈原遗迹的留连、怀想和景仰，在历代文士寻访观览凭吊杜甫遗迹而留下的碑记、诗歌等文字中常常能见到。

大多杜甫遗迹与杜甫直接相关，也有不少遗迹则是由其他遗迹和杜甫行踪的传说衍生而来。如明代采铜川羌村，明延安杜甫川，清延安杜公祠，清乾隆仙嘉岭东南六十五里的杜甫草堂、子美村、子美

---

① 孙宝瑄：《忘山庐日记》，上海古籍出版社1983年，第39—40页。

泉。历史上各地对杜甫遗迹诸如出生地、卒葬地等的争夺，是一个有意义的文化现象。仿佛拥有杜甫遗迹便拥有了某种潜在的文化权力和文化资源，此种争夺应视作杜甫在后人精神世界巨大影响力的投射。各类杜甫遗迹之兴建重修，显然是为了发扬杜甫精神在一定时代一定地方当前的文化意义。也正因为此，时过境迁，承载过去时代文化诉求的大部分杜甫遗迹往往会屡有兴废。改朝换代时如此，即便同一朝代不同时期亦是如此。明洪武二十六年，蜀王朱椿重修成都杜甫草堂，方孝孺为作《成都杜先生草堂碑》曰："成都浣花溪之上故有草堂，废于兵也盖久。大明御四海，贤王受封至蜀，以圣贤之学施宽厚之政。……复谓先生为万世所慕者，固不专在乎诗，而成都之民思先生而不忘，亦不在乎草堂。然使士君子因睹先生之居，而想先生之为心，咸有愿学之志，则草堂不可终废。"朱椿希望重修草堂能够激发士君子"愿学之志"，其目的显然是为了振兴蜀地文化。

考察历史上中国各地的杜甫遗迹，会发现一个容易被忽略的规律，即杜甫遗迹往往兴废无常，建而又修，修而又废，废而又建。其中一个重要原因是战乱，尤其是易代之际，而其他时段则主要因为人们疏于守护和管理。这个问题值得深思。像杜甫这样代表中国人共同心灵祈向的伟大人物，其遗迹何以有如此遭遇呢？深层原因大概是，如杜甫当世所感慨的那样，中国人的生存太苦，太酸辛。一般人往往为了生计或理想而奔波劳顿，对于与己生存不甚相关的外物无暇顾及。古人说，人能弘道，非道弘人。其实我们的内心都跟杜甫一样，期望有一个常在的道。

人类的绝大多数都是平庸者。杜甫之所以深得后世崇敬，也因为他虽是一个伟大的人，却并没有抛弃所有的平庸，没有藐视平庸的众生，没让我们觉得他高在云端。按照伽达默尔的诠释学理念，利用传统为当下服务属于"质朴的幼稚"[1]。由于近代科学的发展，在西方，这种"质朴的幼稚"已经消失。然而我们看到，在古往今来关于杜

---

[1] ［德］伽达默尔：《真理与方法·导言》，洪汉鼎译，商务印书馆2007年，第7页。

甫遗迹的碑记诗咏中，杜甫本人不再重要，大多数情况下，他成了一种文化的符号，甚或作为一个概念而存在并发挥着作用。杜甫究竟是个什么样的人，杜甫思想的实际状况，杜甫本人的行踪，甚至杜甫诗歌有时也会被人们断章取义地加以阐释。因为杜甫已经内化为中华民族的文化符号，无论历史如何流转迁换，无论各处杜甫遗迹如何毁弃兴废，杜甫胸怀中华文化、高扬独立人格和批判意志的伟大精神，势必永远鼓舞一代一代中华儿女，推动中华文化不断向前发展。

总体来看，王超《杜甫遗迹研究》能够综合文献资料、实地考查和出土文物，考证辨析真伪，又能跳出一般真伪纷争之外，发掘大的文化意义。运用历史地理学方法，综合传世文献资料和田野调查所得，力求探明全国杜甫遗迹的历史变迁，发掘各地杜甫遗迹在不同历史时代的文化意义。详考各地重要杜甫遗迹的历史变迁，颇能见出不同时代的文化风向和不同地区的文化状貌。政区地理学和历史地理学等学科通常关注的是一个较大地理区域的历史变迁，但对成都草堂、夔州相关遗迹的考察，似可名之为微观地理学，这是王超《杜甫遗迹研究》一个极有意义的贡献。

古人有言：读万卷书，行万里路。王超的《杜甫遗迹研究》与《访古学诗万里行》等以踏访杜甫遗踪为追求的研究路径不尽相同，他以行万里路的田野考查为基础，而更重视发掘杜甫遗迹的所有文献和文物资料，努力探明各处遗迹的始建、兴废、改造、迁址及其与一定时代地方文化和整体政治文化的内在联系。之前杜甫遗迹研究基本上是地方性的，局部的，对不同地区的杜甫遗迹很少有整体统一的综合研究。地方性的观察视角，一般多着眼一时一地，从而又导致历史地理的疏失。王超《杜甫遗迹研究》为我们呈现了不少有意义的历史地理考据学案例，其中对梓州和夔州两地杜甫寓居地具体位置的考察最为精彩。可以说，类似研究从历史地理变迁的视角重新审读文献记载，纠正了一般地方性的感性认知。其意义当然不止于此，更重要的是，他的研究对准确理解相关杜甫诗是不可或缺的。

生老病死是人类共同的对手，也是人而为人的必然。杜甫没有逃

序 二

过这个必然，但他用自己的诗和精神超脱了老病，超越了生死。2014年王超开始读博，原本我希望他能以盛唐文学史为选题范围，尽可能提供一部足以服古人之心的盛唐文学的真实立体的画卷。他略有畏惧，因为唐代文学研究是古典文学研究最为中心的领域，盛唐文学则是唐代文学的中心，代表了唐代文学的高度，研究最为充分，想要形成突破不容易。最终王超遵从自己的志趣和知识积累，选择了杜甫遗迹作为博士论文选题。这个题目我当初感觉只是个题目，一则担心胜义无多，一则担心这不能导入杜甫研究和唐代文学的最核心地带。随着论文研究的展开，我再没担心论文，而只是担心他的身体。王超为人骨髓多气，对学术和社会问题也极其敏感。他之喜欢杜甫，大概也是因为与前圣的某些心灵相通。在论文写作的几年里，他要做田野调查，他要翻检有唐至近代的大量相关文献，他要把思考组织成文，同时还要发表获得博士学位必须的科研成果，其中艰辛，可想而知。记得一位朋友说过，对年轻一代的生存困境，我们感同身受，却无可奈何，爱莫能助。诚然如此，我们无力改变不断变幻的现实，唯有调整自己。《杜甫遗迹研究》一书试图为杜甫研究提供一种新的思路，相信未来王超能够在顾惜健康的同时，取得更多的优秀成果。

目　　录

绪论 ……………………………………………………………（1）

第一章　西安杜公祠研究 ………………………………………（15）
　第一节　西安杜公祠与杜甫的祭祀形象 …………………（15）
　　　一　明代杜公祠的创建与乡贤杜甫 ……………………（15）
　　　二　清初重修杜公祠与诗圣杜甫 ………………………（19）
　　　三　清中期重修杜公祠与乡贤杜甫的回归 …………（22）
　　　四　清末社会动荡与国士杜甫 …………………………（24）
　第二节　西安杜公祠的历代营建与改建 …………………（25）

第二章　鄠县渼陂空翠堂考 ……………………………………（30）
　第一节　杜甫与渼陂 ………………………………………（30）
　第二节　空翠堂的历代变迁 ………………………………（32）
　　　一　宋代兴建空翠堂 ……………………………………（32）
　　　二　明代重建空翠堂 ……………………………………（33）
　　　三　清代兴建杜公祠 ……………………………………（35）

第三章　杜甫鄜州羌村故址考 …………………………………（39）
　第一节　鄜州羌村故址有两说 ……………………………（39）
　　　一　宋人洛交羌村说 ……………………………………（40）
　　　二　明人三川羌村说 ……………………………………（41）

三　宋"洛交村墟"与明"三川羌村"应是一处……（41）
　第二节　明人所见三川羌村故宅……………………………（45）
　第三节　明代中叶采铜川新羌村的出现………………………（47）
　第四节　采铜川"洛交羌村"说辨误…………………………（50）

第四章　延安杜甫崇祀考……………………………………（53）
　第一节　牡丹川与牡丹山：杜甫遗迹传说溯源………………（53）
　　一　杜甫避乱延州说的出现及演变历程…………………（53）
　　二　清人对杜甫避乱延州说的分析………………………（55）
　第二节　延安杜公祠的创建及兴衰……………………………（57）
　　一　道光年间创建延安杜公祠……………………………（57）
　　二　同治年间移建延安杜公祠……………………………（58）
　　三　民国以来杜公祠的兴衰………………………………（60）

第五章　秦州杜甫遗迹研究…………………………………（63）
　第一节　秦州东柯谷杜甫故居与祠堂…………………………（63）
　　一　杜甫东柯谷故居考……………………………………（63）
　　二　东柯谷杜公祠的兴废…………………………………（65）
　第二节　天靖山李杜祠的创建…………………………………（68）
　　一　李杜祠创建文献辨析…………………………………（68）
　　二　清人对李杜并祀的推测………………………………（70）
　第三节　清代天靖山李杜祠兴废考……………………………（71）
　　一　顺治十三年宋琬重建…………………………………（71）
　　二　清康熙六十一年卢询重修……………………………（73）
　　三　乾隆年间重修史实考辨………………………………（74）
　　四　同治光绪时期的李杜祠………………………………（76）
　第四节　清末南郭寺杜公祠的出现……………………………（77）
　第五节　宋琬与杜甫祠祀………………………………………（79）
　　一　明清易代之际的深切感怀……………………………（79）

二　职责之内的奉祀活动 …………………………… (80)
　　三　寄寓自己的人生感怀 …………………………… (81)
　第六节　清末南郭寺碑记中的杜甫形象 ………………… (82)
　　一　"忠君爱国之忧郁结于胸" ……………………… (82)
　　二　"胸中蕴蓄施之于民物制度" …………………… (83)

第六章　成州杜甫遗迹考论 …………………………… (84)
　第一节　成州杜甫故居方位考辨 ………………………… (84)
　　一　唐人赵鸿所指杜甫茅茨 ………………………… (85)
　　二　宋人晁说之因宅兴祠 …………………………… (86)
　　三　杜甫故宅方位异议考辨 ………………………… (88)
　第二节　成州杜公祠的真正创建缘由 …………………… (91)
　　一　晁说之"欲扬先抑"带来的悬念 ………………… (91)
　　二　儒家道统观引发的建祠动机 …………………… (92)
　　三　杜甫"一发忠义之诚"提供的建祠理据 ………… (94)
　第三节　明清时期成县杜公祠"以诗代文"传统 ………… (96)
　　一　介绍明清成县杜公祠的重修情况 ……………… (96)
　　二　描摹成县杜公祠的风物景观 …………………… (100)
　　三　展现多元化的杜甫形象 ………………………… (101)

第七章　栗亭杜公祠研究 ……………………………… (104)
　第一节　栗亭地望考 ……………………………………… (104)
　第二节　徽州栗亭杜公祠创修考 ………………………… (106)
　　一　明正德十五年潘傲创建 ………………………… (106)
　　二　明万历年间左之贞重修 ………………………… (107)
　　三　清康熙五十八年童华祖重建 …………………… (108)
　　四　清乾隆六年牛运震重修 ………………………… (109)
　　五　清嘉庆十四年张伯魁重修 ……………………… (109)
　　六　光绪二十六年王倜重修 ………………………… (110)

第三节　栗亭杜公祠碑记中的杜甫形象……………（112）
　　一　忠君爱国之楷模…………………………（112）
　　二　运命多舛之文士…………………………（114）
　　三　护佑一方之神灵…………………………（115）

第八章　成都杜甫草堂遗迹研究……………………（117）
　第一节　杜甫草堂得名由来……………………（118）
　　一　历史上以"草堂"为名的建筑…………（118）
　　二　杜诗以"草堂"称居所…………………（119）
　第二节　唐代五代草堂的历史变迁……………（121）
　　一　唐代成都草堂文献概述…………………（121）
　　二　崔宁妾任氏居草堂考辨…………………（123）
　第三节　两宋时期成都草堂的营建……………（126）
　　一　元丰年间吕大防重建草堂………………（126）
　　二　元祐五年胡宗愈刊立诗碑………………（127）
　　三　绍兴十年张焘重建草堂…………………（128）
　第四节　"文贞"谥号与元代草堂学宫…………（129）
　第五节　明代成都草堂的再造与扩建…………（131）
　　一　洪武二十六年蜀王重建…………………（131）
　　二　正统年间重建……………………………（132）
　　三　弘治十五年改建扩修……………………（133）
　　四　嘉靖新建存梅亭与草堂别馆……………（134）
　　五　嘉靖二十五年重修草堂…………………（135）
　　六　万历初年新建茅亭………………………（135）
　第六节　清代成都草堂的复建与改建…………（136）
　　一　康熙十年复建杜公祠……………………（136）
　　二　康熙二十六年建堂保护杜甫画像碑……（139）
　　三　乾隆四十三年整修草堂…………………（141）
　　四　嘉庆十六年扩建工程……………………（142）

目　录

第九章　梓州杜甫遗迹考 ………………………………………… (146)

　第一节　明人创建牛头山草堂及怀杜亭 …………………………… (146)

　　一　梓州牛头山与牛头寺 ……………………………………… (147)

　　二　潼川牛头山工部草堂的创建 ……………………………… (148)

　　三　潼川牛头山怀杜亭的创建 ………………………………… (151)

　第二节　杜甫梓州寓所的论争 ……………………………………… (152)

　　一　明代文献所见杜甫梓州寓所 ……………………………… (153)

　　二　杜甫梓州寓所辨疑 ………………………………………… (154)

　第三节　清代草堂书院与李杜祠 …………………………………… (156)

　　一　文峰书院选址草堂寺 ……………………………………… (157)

　　二　文峰书院更名草堂书院 …………………………………… (157)

　　三　杜甫崇祀与李杜祠的建立 ………………………………… (159)

　　四　李杜祠改文昌祠 …………………………………………… (161)

第十章　阆州杜甫遗迹考 …………………………………………… (164)

　第一节　锦屏山杜公祠 ……………………………………………… (165)

　　一　陆游拜谒锦屏山杜公祠 …………………………………… (165)

　　二　祠或因杜诗《阆水歌》兴建 ……………………………… (166)

　　三　明清文献中的锦屏山杜公祠 ……………………………… (166)

　第二节　杨瞻创建锦屏山景杜亭 …………………………………… (168)

第十一章　夔州杜甫遗迹研究 ……………………………………… (171)

　第一节　杜甫夔州居所重考 ………………………………………… (172)

　　一　唐代夔州州城考 …………………………………………… (172)

　　二　西阁居所在白帝城 ………………………………………… (175)

　　三　赤甲居所在赤甲城 ………………………………………… (178)

　第二节　杜甫瀼西高斋故址考 ……………………………………… (179)

　　一　杜甫迁居瀼西 ……………………………………………… (179)

　　二　瀼西的得名与地理方位 …………………………………… (181)

第三节　东屯故居方位考 …………………………………（182）
　　第四节　瀼西杜甫纪念建筑的变迁 ………………………（184）
　　　一　郡治内的诗史堂 ………………………………………（184）
　　　二　瀼西杜公祠与漕司高斋 ………………………………（185）
　　　三　静晖楼与邵杜祠 ………………………………………（187）
　　第五节　东屯杜甫纪念建筑的变迁 ………………………（188）
　　　一　南宋复建东屯高斋 ……………………………………（188）
　　　二　明代重修东屯草堂 ……………………………………（189）
　　第六节　明清瀼东杜公祠 …………………………………（190）
　　　一　瀼东杜公祠的兴建 ……………………………………（190）
　　　二　陈文烛《重修瀼西草堂记》引发的地理
　　　　　方位问题 …………………………………………………（191）
　　　三　杜枢重建瀼东杜公祠 …………………………………（194）
　　　四　晋阶书院改建杜公祠 …………………………………（194）

第十二章　偃师杜甫墓及遗迹考 ………………………………（198）
　　第一节　杜甫归葬偃师文献考辨 …………………………（198）
　　　一　《墓志铭》记载归葬偃师 ……………………………（198）
　　　二　远祖杜预首葬首阳山麓 ………………………………（200）
　　　三　杜甫家族成员归葬偃师 ………………………………（201）
　　第二节　明清文献所载偃师杜甫墓 ………………………（202）
　　　一　明代志书中的偃师杜甫墓 ……………………………（202）
　　　二　明清《河南通志》引发的歧见 ………………………（203）
　　第三节　"正本清源"的努力
　　　　　——偃师杜甫墓的维护 …………………………………（205）
　　　一　查访与造茔 ……………………………………………（205）
　　　二　缅怀与争讼 ……………………………………………（208）

第十三章　巩县杜甫墓暨杜甫故里考 …… (212)

第一节　巩县杜甫祠墓文献考辨 …… (212)
一　杜甫归葬巩县说之出处 …… (212)
二　明清文献中的巩县杜甫墓——孝义保与康家店 …… (213)
三　杜甫改葬巩县说及"去偃师化" …… (215)

第二节　巩县杜甫故里说考辨 …… (217)
一　杜甫家族与巩县的关联 …… (217)
二　巩县杜甫故里说的流传 …… (218)

第三节　清代巩县杜甫祠的创建与维护 …… (220)
一　巩县杜甫祠的选址 …… (220)
二　杜氏家族与杜公祠 …… (223)

第十四章　耒阳杜甫墓遗迹研究 …… (226)

第一节　杜甫死因传说与耒阳杜甫墓溯源 …… (226)
一　唐代杜甫饱食而死说 …… (226)
二　唐诗对"身死耒阳说"及杜甫墓的体现 …… (228)
三　宋代杜甫醉酒溺亡说 …… (229)

第二节　杜甫身死耒阳传说辨误 …… (231)
一　臆解杜诗的演绎故事 …… (231)
二　韩愈《题子美坟》系伪作 …… (232)
三　杜甫北返仍有诗 …… (233)

第三节　耒阳杜甫祠墓的变迁历程 …… (234)
一　后晋黄廷翰建祠考 …… (234)
二　宋代杜甫祠墓的兴修 …… (235)
三　元明清杜甫祠墓的重修 …… (237)

第四节　地方文献中的杜甫墓及杜甫形象 …… (239)
一　历代祭祀的多元内涵 …… (239)
二　"以公自勉"：抗战时代的呼唤 …… (241)

第十五章　平江杜甫墓祠遗迹研究…………………………（244）

第一节　杜甫旅殡平江说的演变历程………………………（244）
一　杜甫旅殡岳阳说……………………………………（244）
二　明人所见平江杜氏敕诰……………………………（246）
三　杜宗武流寓平江说…………………………………（247）
四　杜甫墓的出现………………………………………（249）

第二节　平江对杜甫墓的考证………………………………（251）
一　李元度《杜工部墓考》……………………………（251）
二　张岳龄《杜工部墓辨》……………………………（252）

第三节　平江杜甫墓祠的营建………………………………（257）
一　重修杜甫墓与兴建杜公祠…………………………（257）
二　杜公祠列入祀典的努力……………………………（260）

结论 ………………………………………………………（263）

参考文献 …………………………………………………（279）

绪　　论

杜甫是文学史上最受后世推崇的诗人，今人更将其誉为中国最伟大的诗人。杜甫一生经历丰富，早年生活在洛阳一带，青年时游历齐赵，而后旅食长安。安史乱起，杜甫为躲避叛军，偕家人客居鄜州，只身投奔肃宗后，任左拾遗。又因房琯案牵连，被贬华州，不久辞官，与家人一道经由秦州、成州等地，最终定居成都。在成都安度数年后，又再次踏上奔波之途，先后客居梓州、阆州、夔州、潭州、衡州诸地，最终客死于岳州一带。杜甫逝世四十余年之后，其孙杜嗣业才将其灵柩迁葬偃师祖茔，最终落叶归根。由此可见，杜甫生前身后所涉及的地域范围是多么广阔。

一　杜甫遗迹的内涵与外延

杜甫逝世之后，其文学才华、高尚品格逐渐受到后世文人、官员的重视与褒扬，寻访杜甫遗迹、创建纪念建筑的文化活动渐次展开。自宋代以来，各地或是依杜甫旧居遗址兴建祠堂，或是对杜甫墓冢屡加修葺，或是以杜诗命名和构筑亭台楼阁等纪念性建筑，甚至根据无法确切考证的传说故事为杜甫兴建祠宇、坟墓。

杜甫遗迹的概念，若就狭义而言，应当是杜甫亲自营建的住所，以及后人为杜甫修葺的坟墓，这是最为核心的杜甫遗迹。但推而广之，后人又会在杜甫旧居、坟墓的范围之内，或是杜甫游历所经之地，创建祠堂等纪念性建筑，以便官员及仰慕杜甫的各界人士瞻仰、祭祀，形成与杜甫相关的历史文化遗迹。故而，就广义而言，杜甫遗迹不仅应当包括杜甫旧居及坟墓遗迹，还应当包括后人为纪念杜甫而建造的祠宇、亭台楼阁等与杜甫有密切关联的历史文化遗迹。

与杜甫相关的旧居、坟墓、祠宇、亭台楼阁等古遗址、古墓葬、古建筑，从表面上看，都是看得见、摸得着的历史文物，即便有些已经消失在了历史的长河之中，我们仍能从传世文献中找到它们的身影。但如果将杜甫遗迹看作是没有生命的历史遗留，那就有失偏颇了。一方面，这些杜甫遗迹都是人类社会活动的产物，是后人为纪念杜甫，不断加以保护、兴建、维修、扩建的结果，其中蕴含着古人的所思所想与艰辛历程；另一方面，也正是在后人不断的保护、修葺过程中，形成了碑刻、游记等文献记录，为我们了解杜甫遗迹的变迁历程、理解杜甫遗迹丰富的文化内涵，提供了极为宝贵的资料。这些文献虽说附着于杜甫遗迹之上，但相较于物化的遗迹本身，更具文化价值与社会现实意义。

总而言之，笔者将杜甫遗迹界定为与杜甫相关的旧居、坟墓、祠宇、亭台楼阁等历史文化遗存，以及相关传世文献的总和。这其中既有看得见、摸得着的物质世界，也有着灿烂夺目的精神文化世界。因此，笔者期望以杜甫遗迹为研究对象，通过对物质遗迹的变迁与演进历程的研究，进一步探讨古人在寻访、保护、创建、维护杜甫遗迹的过程中的所思所想，揭示杜甫遗迹所蕴含的厚重文化内涵。这不仅是对唐代以来杜甫文学形象演变过程的研究，也是在更广阔的视域之下，对后世杜甫接受历程的全新揭示。

二　杜甫遗迹相关传世文献概述

杜甫去世数十年后，已有杜甫墓志铭、传记、故事流传开来。晚唐五代之际，吟咏成都草堂、耒阳杜甫墓的诗篇亦是层出不穷。自北宋王洙开始，搜集杜诗、研究杜诗、"千家注杜"渐渐成为一种文化风尚。同样自宋代以来，为杜甫修建祠宇、以杜甫及杜诗命名纪念性建筑，在全国各地蔚然成风。至明清时期，地方官员、文人注重地域文化的传承与发展，这也就引发了在杜甫各寓居地兴建祠堂的热潮；

加之对杜甫病卒之地、旅殡之地、卒葬之地都存在不同的观点，故而造成偃师、巩义、耒阳、平江均有杜甫墓的情况，这些争议一方面形成了众说纷纭、莫衷一是的"乱局"，另一方面也为杜甫遗迹的研究提供了极为纷繁复杂而又层次多元的文献资料。现以时代为序，将不同历史时期的杜甫遗迹文献的特点概述如下。

晚唐五代文献可分为三个部分：其一，元稹《唐故工部员外郎杜君墓系铭并序》。这是元稹应杜甫之孙杜嗣业之请，为杜甫撰写的墓志铭，可谓是记述杜甫生前身后事的权威文献。其二，唐诗中吟咏杜甫遗迹的篇章。如唐人赵鸿《杜甫同谷茅茨》，吟咏杜甫成州故居；又如雍陶《经杜甫旧宅》、郑谷《蜀中三首》之二吟咏杜甫成都草堂；再如罗隐《经耒阳杜工部墓》、裴说《经杜工部坟》、齐己《次耒阳作》，吟咏耒阳杜甫墓。其三，正史及笔记中的记述。唐人郑处诲《明皇杂录》、后晋刘昫《旧唐书》收录的杜甫传记都有杜甫酒醉饱食、卒于耒阳的记载。

两宋文献对于杜甫遗迹的记述，也可分为三个方面：其一，宋本杜诗集注的突出价值。宋人重视杜诗、欣赏杜诗，已有"千家注杜"之说。注释杜诗，自然要解读杜诗中的地名、人名，这就需要指出、点明杜甫流寓所经、故居遗址的大致方位或具体位置。就目前所见，较早最具代表性的是两种注本：一是宋人吕大防、王洙、赵次公等人注解的《分门集注杜工部诗》，二是鲁訔编次、蔡梦弼会笺的《杜工部草堂诗笺》。尤其是宋刻本《分门集注杜工部诗》在全书卷首编有《分门集注杜工部诗序》一卷，将当时所见的杜甫诗集序言、题跋，杜甫墓志铭、两《唐书》杜甫传记等文献搜罗齐备，为今人研究杜甫遗迹提供了宋代保留的文献资料。

其二，宋人乐于编纂杜甫年谱。吕大防《杜诗年谱》、赵子栎《杜工部年谱》、蔡兴宗《杜工部年谱》、鲁訔《杜工部诗年谱》、黄鹤《杜工部诗年谱》等五种宋代杜甫年谱流传至今，虽说详略有别，但其中均有杜甫遗迹的线索，为后人追寻杜甫行踪指明了基本路径。

其三，散见于宋代文人文集、总集及地理志中有关宋代杜甫遗迹的记述。如北宋人晁说之《成州同谷县杜工部祠堂记》见其所著《嵩山文集》；赵次公、喻汝砺同题《杜工部草堂记》见诸南宋庆元年间编成的《成都文类》；胡宗愈《成都新刻草堂先生诗碑序》、赵师古《题杜工部墓祠序》则见明清方志传承收录。此外，《太平寰宇记》《舆地纪胜》《方舆胜览》中亦有关于杜甫故宅、杜甫墓的相关记载。

  明清文献关于杜甫遗迹的记述极为丰富、蔚为壮观。这既有地方文化蓬勃发展、追慕前贤的因素，也由于明清两朝距今尚不算久远，保存至今的文献总量庞大，其中有关杜甫遗迹的记述自然也会较唐宋呈现出倍增的现象。明清文献的特点主要体现在两大方面：一方面是以地方志书为代表的地方文献中对杜甫遗迹与杜甫崇祀活动的记载不断涌现。如西安杜公祠自明嘉靖初年创建以来，历代重修杜公祠的历史文献大多完整的保存在明嘉靖《陕西通志》、万历《陕西通志》、清康熙《咸宁县志》、乾隆《西安府志》、嘉庆《咸宁县志》之中，又见于《关中两朝文钞》等地方艺文集的收录。另一方面则表现为石刻文献的留存，一些重建、维修杜甫祠墓的文献虽然未见地方志书收录，但仍有碑刻文献留存于相关历史遗迹周围，同样作为文物受到了应有的保护。如明清两朝重修栗亭杜公祠的文献、重修偃师杜甫墓的文献大多以碑刻的形式保存至今。

  上述对唐宋明清各个历史时期杜甫遗迹相关文献的概述，是就各自独立的历史时期的文献特点而言，这其中当然也存在一些文献互相交叉的情况。如《新唐书》中杜甫传记就是出自宋人之手；又如陕西鄠县渼陂有空翠堂，堂名源自杜诗，创自北宋宣和年间，并有碑刻流传，但我们今天看到的《空翠堂记》则是明人于隆庆年间重新刻立的。即便是文献资料丰富的明清时期，也存在对杜甫遗迹研究进行排比、拼图的问题。例如成都草堂久负盛名，但要厘清历代重建、重修草堂的文化传承关系，必须将地方志书中的修葺文献、文人文集中的草堂游记、现存碑刻文献，甚至于出土文献，一同总和起来、通盘考量，才能基本上还原唐代以来成都草堂变迁的历史进程与文化

绪 论

脉络。

简而言之,与杜甫遗迹相关的历史文献唐宋时期相对较少,记述不多,且存在互相矛盾的情况;至明清时期呈现出体量巨大、头绪繁多、排比困难、冗繁杂乱的特点。而明清时期这些互相矛盾的文献记载,究其源头又是由记载不详的唐宋文献所引起的。如偃师与巩县的杜甫归葬地点之争、耒阳与平江的杜甫旅殡地点之争,皆是对唐宋以来文献的不同解读,引申、发展而来的典型例证。因此,对基础文献的解读,是本书的重中之重。

三 杜甫遗迹研究相关成果综述

有关杜甫遗迹的研究已取得了一些成果,但至今未有系统性的研究问世。现有研究成果大致可分为三种类型。

(一) 附着于杜甫及杜诗研究中的杜甫遗迹研究

杜甫其人与杜诗研究一直是学术界研究的重点、难点、热点问题,研究成果可谓汗牛充栋、不知凡几。在研究杜甫生平事迹、行踪路径、诗歌艺术特色、系年考辨的过程中,必然会涉及杜甫遗迹的问题,或是将现存的遗迹作为杜甫旅行所经的重要物证。因此,针对杜甫及杜诗的研究中,会出现将杜甫遗迹作为杜甫研究、杜诗研究附着物的情况。

这一研究范式由来已久,自宋人"千家注杜"以来,历朝历代与杜甫遗迹相关的研究一直作为集注杜诗的内容或补充而存在。例如上文已列举的《分门集注杜工部诗》《杜工部草堂诗笺》等宋人集注、笺注以及各家年谱等,兹不赘述。

近现代以来,亦有许多知名学者在研究杜甫、杜诗的过程中,将一些研究杜甫遗迹的成果融入著作、论文之中。如洪业于1952年出版的《杜甫:中国最伟大的诗人》[①] 一书中就针对杜甫旅殡平江之

---

① William Hung, *TuFu*: *China's Grentest Poet*, Harvard University Press, Cambridge, Massachusetts, 1952;洪业著,曾祥波译:《杜甫:中国最伟大的诗人》,上海古籍出版社2014年版。

说，认为平江杜氏家族所藏杜甫至德二载诰敕为伪造。再如陈贻焮所著《杜甫评传》①，以页下注释的形式，将杜甫同谷旧居、成都草堂的基本线索、位置所在以及争议分歧予以介绍说明，并对杜甫卒葬耒阳说予以否定，而对于杜甫是否卒葬平江则采取了严谨的态度，只沿袭元稹"卒于潭岳之间"的旧说，未敢有定论。又如中国台湾学者陈文华在其专著《杜甫传记唐宋资料考辨》②中详细研究考辨了杜甫家世、生平事迹异说等方面的内容。专著针对杜甫耒阳"饫死说""溺死说"进行了充分的研究与考辨，并指出此前认为是唐人李观撰写的杜甫《遗补传》实为宋人李观所撰，这其中亦涉及对于唐宋以来耒阳杜甫墓的研究。再如傅光在其专著《杜甫研究（卒葬卷）》③中首先讨论了杜甫逝世时间的各种观点，认为杜甫确于大历五年夏卒于耒阳，并且葬于耒阳。当然，傅光的观点受到了不少学者的质疑。

除上述著作以外，有更多论文在讨论杜甫与杜诗的过程中，涉及杜甫遗迹问题，在此仅列举若干有代表性的研究成果。如针对杜甫卒葬地是偃师还是巩县的争议，有霍松林《杜甫与偃师》④。针对杜甫湖南诗的系年编次研究，也涉及杜甫岳州、潭州、衡州、耒阳诸地行踪、遗迹的问题，如魏泽一《试论杜甫在湖南作诗的编次问题》⑤、樊维纲《杜甫湖南纪行诗编次诠释》⑥、毛炳汉《杜甫湖南诗新的总编次》⑦、文正义《杜甫湘行踪迹及其死葬考》⑧、李一飞《杜甫流寓湖南行事考辨三题》⑨、李定广《杜甫大历五年夏卒葬耒阳考实》⑩，

---

① 陈贻焮：《杜甫评传》，北京大学出版社2003年版。
② 陈文华：《杜甫传记唐宋资料考辨》，文史哲出版社1987年版。
③ 傅光：《杜甫研究（卒葬卷）》，陕西人民出版社1997年版。
④ 霍松林：《杜甫与偃师》，《河东学刊》1999年第1期。
⑤ 魏泽一：《试论杜甫在湖南作诗的编次问题》，《文学遗产》1963年增刊第13辑。
⑥ 樊维纲：《杜甫湖南纪行诗编次诠释》，《文学遗产》1982年第3期。
⑦ 毛炳汉：《杜甫湖南诗新的总编次》，《文学遗产》1989年增刊总第18辑。
⑧ 文正义：《杜甫湘行踪迹及其死葬考》，《中国韵文学刊》1997年第2期。
⑨ 李一飞：《杜甫流寓湖南行事考辨三题》，《杜甫研究学刊》2004年第1期。
⑩ 李定广：《杜甫大历五年夏卒葬耒阳考实》，《学术界》2016年第5期。

以及丘良任《杜甫之死及其生卒年考辨》①、霍松林《杜甫卒年新说质疑》②。上述论文除李定广赞同傅光观点，认为杜甫卒葬耒阳之外，其余学者都对卒葬耒阳说持否定态度，亦对杜甫旅殡平江说持谨慎态度。师海军《杜甫鄜州避乱行实考》③主要讨论安史乱起后杜甫避乱鄜州行程问题，其中亦涉及杜甫鄜州羌村故居问题。聂大受《杜甫陇右行迹及纪念物探》（上、下）④，专述杜甫秦州、成州行程路线，亦介绍两地杜甫遗迹问题。

（二）基本文献整理方面的成果

上文已经说明，明清以来有关杜甫遗迹的文献多依靠地方志书、地方文献总集以及石刻碑文的记载。如今《天一阁明代方志选刊》《天一阁明代方志选刊续编》《中国地方志集成》《陕西省图书馆藏稀见方志丛刊》等地方志书大量影印结集出版，为杜甫遗迹文献的查找与检索提供了极大的便利，为研究杜甫遗迹的来龙去脉奠定了坚实的文献基础。但仍有不少碑刻文献不见于明清以来地方志书的记载。这就需要借助于石刻文献的著录整理。

近年来，洛阳师范学院、洛阳市文物钻探管理办主编《洛阳明清碑志·偃师卷》⑤将偃师杜甫墓相关碑文拓片及碑文收入书中，对研究偃师杜甫墓的情况大有裨益。刘雁翔《天水金石文献辑录校注》⑥收录了天靖山李杜祠及南郭寺杜公祠的碑刻文献，为研究秦州杜甫遗迹的演变历程提供了第一手文献。赵逵夫主编的《陇南金石录》⑦收录了成县（成州同谷县）与徽县栗亭杜公祠的碑刻文献，为

---

① 丘良任：《杜甫之死及其生卒年考辨》，《深圳大学学报》（人文社会科学版）2000年第4期。
② 霍松林：《杜甫卒年新说质疑》，《文学遗产》2005年第6期。
③ 师海军：《杜甫鄜州避乱行实考》，《文学遗产》2010年第4期。
④ 聂大受：《杜甫陇右行迹及纪念物探赜（上、下）》，《杜甫研究学刊》2012年第4期、2013年第3期。
⑤ 洛阳师范学院、洛阳市文物钻探管理办主编：《洛阳明清碑志·偃师卷》，中州古籍出版社2015年版。
⑥ 刘雁翔：《天水金石文献辑录校注》，三秦出版社2017年版。
⑦ 赵逵夫主编：《陇南金石录》，社会科学文献出版社2018年版。

研究成州杜甫草堂以及徽州栗亭杜公祠的创建、维修情况提供了便利。吴敏霞主编的《长安碑刻》① 著录了西安杜公祠创建以来的若干碑刻拓片及碑文；刘兆鹤、吴敏霞编著《户县碑刻》② 著录了宋明以来创修渼陂空翠堂的石刻拓片及碑文。李霞锋《成都草堂古代碑刻初考》③ 著录了成都草堂所藏碑刻文献。这些石刻文献的著录整理可补地方志书中艺文之缺漏。

上述地区笔者虽然都曾亲自前往考察，并逐字逐句抄录了不少碑刻文献，但匆匆探访之际，面对数量众多的碑刻文献，难免存在遗漏与辨识困难的遗憾。加之碑刻由于自然、人为因素的损坏，上述整理成果在著录、释文过程中也常出现识读困难、文字缺漏、断句错误等问题，但瑕不掩瑜。简言之，碑刻文献的整理与发表，为杜甫遗迹文献的全面搜集与整理提供了方便，并为杜甫遗迹研究的进一步深化与拓展奠定了牢固的基础。

（三）各地杜甫遗迹研究取得的成果

由于杜甫遗迹分布在多个省份、地区，自宋代之后，逐渐演变成各地地域文化的一部分。因此全国各地杜甫遗迹研究的成果具有明显的地域性特点，而这其中的重点与热点就是成都草堂。目前所知，对于成都草堂的研究始于20世纪40年代，民国三十二年（1943）吴鼎南编著的《工部浣花草堂考》（成都新新新闻报馆出版发行）一书就成都草堂的建筑格局、草堂历史变迁、草堂故事传说、草堂碑碣存目等四个方面的问题展开了符合现代学术规范的论述。至20世纪80年代，成都杜甫研究学会、成都草堂纪念馆共同创刊出版《草堂》期刊（《杜甫研究学刊》前身），强力推动了以成都草堂为中心的杜甫遗迹研究，如郭世欣《成都草堂遗址考》④、王文才《冀国夫人歌

---

① 吴敏霞主编：《长安碑刻》，陕西人民出版社2014年版。
② 刘兆鹤、吴敏霞编著：《户县碑刻》，三秦出版社2005年版。
③ 李霞锋：《成都草堂古代碑刻初考》，《杜甫研究学刊》2013年第4期。
④ 郭世欣：《成都草堂遗址考》，《草堂》1981年第1期创刊号。

词及浣花亭考》①、吴鼎南《略谈古草堂、梵安两寺及杜甫草堂的位置》②、周维扬《从草堂唐碑出土略谈古今草堂寺之争》③、陶喻之《浣花古刹考略——唐益州正觉寺钩沉》④、赵晓兰《〈成都文类〉中的杜甫草堂》⑤、刘洪《再论浣花夫人、浣花祠与杜甫草堂》⑥，注重于对唐宋时期成都草堂历史的考索与辩证，试图通过传世文献、出土文献多方位、多视角复原该时期草堂的地理位置、解析时人尊杜思想史等方面的问题。

除成都草堂遗迹研究之外，又有杜甫纪念馆《杜甫川北行踪遗迹考察记》⑦、袁仁林《杜甫寓夔故居考》⑧、王大椿《杜甫夔州高斋历代考察述评》⑨、江均涛《射洪金华山的杜诗石刻》⑩ 等成都周边杜甫遗迹研究文章发表。

杜甫遗迹研究另一个争讼的焦点是杜甫葬地问题，涉及偃师、巩县、耒阳、平江四地。研究文章数量也很可观，现将其中代表性论文综述如下。霍松林《杜甫与偃师》⑪、郑慧生《杜氏家族与偃师杜甫墓地》⑫、南新社等《〈杜甫终葬巩县说〉质疑——与李丛昕先生商榷》⑬ 认为应当遵从元稹所撰杜甫墓志铭的记述，杜甫归葬偃师无疑

---

① 王文才：《冀国夫人歌词及浣花亭考》，《草堂》1981 年第 2 期。
② 吴鼎南：《略谈古草堂、梵安两寺及杜甫草堂的位置》，《草堂》1981 年第 2 期。
③ 周维扬：《从草堂唐碑出土略谈古今草堂寺之争》，《杜甫研究学刊》2002 年第 1 期。
④ 陶喻之：《浣花古刹考略——唐益州正觉寺钩沉》，《杜甫研究学刊》2003 年第 4 期。
⑤ 赵晓兰：《〈成都文类〉中的杜甫草堂》，《杜甫研究学刊》2007 年第 3 期。
⑥ 刘洪：《再论浣花夫人、浣花祠与杜甫草堂》，《杜甫研究学刊》2016 年第 4 期。
⑦ 杜甫纪念馆：《杜甫川北行踪遗迹考察记》，《草堂》1983 年第 1 期。
⑧ 袁仁林：《杜甫寓夔故居考》，《草堂》1983 年第 1 期。
⑨ 王大椿：《杜甫夔州高斋历代考察述评》，《杜甫研究学刊》2005 年第 2 期。
⑩ 江均涛：《射洪金华山的杜诗石刻》，《草堂》1984 年第 1 期。
⑪ 霍松林：《杜甫与偃师》，《河东学刊》1999 年第 1 期。
⑫ 郑慧生：《杜氏家族与偃师杜甫墓地》，《寻根》2001 年第 5 期。
⑬ 南新社等：《〈杜甫终葬巩县说〉质疑——与李丛昕先生商榷》，《北京社会科学》2001 年第 4 期。

议。傅永魁《关于巩县杜甫墓问题》①、李丛昕《杜甫终葬巩县说——兼向霍松老请教》②、刘玉珍《诗圣杜甫和巩义杜甫墓》③ 则认定巩县杜甫墓是真墓。张中一《巩县与偃师杜甫墓辨析》④ 否定了偃师与巩县杜甫墓的真实性，樊维纲《杜甫后裔流域平江事考索》⑤、董希如《平江杜甫墓研究述评》⑥ 则认定平江杜甫墓才是杜甫最终归宿。唐人认定的耒阳杜甫墓则支持者寥寥。

此外，秦州、成州杜公祠也是一处研究热点。吕兴才《杜甫与徽县》⑦、刘雁翔《杜甫陇上萍踪》⑧ 均有专门章节以描述性的文字介绍栗亭、秦州、成州等地杜甫遗迹，又有蔡副全《成县杜甫草堂历代诗碑考述》⑨、《栗亭杜少陵祠考述》⑩ 等专业论文面世。此外，尚有周维扬、丁浩《杜甫草堂史话》⑪、邓荣生《杜甫在平江》⑫ 等普及性读物出版面世。

尤其值得一提的是，1979年、1980年萧涤非先生带领《杜甫全集》校注组成员两次赴山东、河南、陕西、甘肃、四川、湖南等地，对有关杜甫的行踪遗迹及影响做了一番初步的考察访问。1982年又以《杜甫全集》校注组的名义于人民文学出版社出版《访古学诗万里行》一书。该书以游记的形式，将沿途所见所感记录下来，其中留下很多杜甫遗迹的线索和文献提示，由此不得不感慨老一辈学者的

---

① 傅永魁：《关于巩县杜甫墓问题》，《草堂》1982年第2期。
② 李丛昕：《杜甫终葬巩县说——兼向霍松老请教》，《北京社会科学》2000年第2期。
③ 刘玉珍：《诗圣杜甫和巩义杜甫墓》，《中原文物》2003年第1期。
④ 张中一：《巩县与偃师杜甫墓辨析》，《草堂》1984年第1期。
⑤ 樊维纲：《杜甫后裔流域平江事考索》，《杭州师院学报》（社会科学版）1983年第1期。
⑥ 董希如：《平江杜甫墓研究述评》，《云梦学刊》1990年第2期。
⑦ 吕兴才：《杜甫与徽县》，甘肃人民出版社1994年版。
⑧ 刘雁翔：《杜甫陇上萍踪》，甘肃教育出版社2014年版。
⑨ 蔡副全：《成县杜甫草堂历代诗碑考述》，《杜甫研究学刊》2009年第1期。
⑩ 蔡副全：《栗亭杜少陵祠考述》，《兰州文理学院学报》（社会科学版）2016年第4期。
⑪ 周维扬、丁浩：《杜甫草堂史话》，四川文艺出版社2015年版。
⑫ 邓荣生：《杜甫在平江》，黄河出版社2014年版。

深厚学养与极端负责的治学精神。此书的研究范式也指引着当今学者，如左汉林《朝圣：重走杜甫之路》[①]即可视为对《仿古学诗万里行》的继承与发展。

通过对上述杜甫遗迹研究成果的综合分析，可以发现相关研究成果具有以下三个方面的问题：

其一，研究成果的地域失衡。杜甫遗迹分散于全国各地，其研究成果尤以成都、秦州、夔州、偃师、巩县、平江等地为重点，而对于杜甫长期生活的唐代都城长安以及周边鄠县、鄜州等地的遗迹尚无高水平研究成果面世。

其二，研究成果中的无意义争讼。学术研究成果有争议、有商榷固然是好事，但是在围绕杜甫墓真伪的争论中，只强调自己的证据，一概否认他人的证据，这种学术倾向较为突出，因此形成了长期争讼不绝的问题。

其三，研究者不熟悉明清文献及历史地理知识。杜甫研究者一般集中于中国古代文学、中国古典文献学、区域史等研究领域，而现存有关杜甫历史遗迹的文献记录多出自明清两朝地方官员的手笔。研究者大多对明清历史和明清职官制度较为生疏，经常难以准确考辨人物生平，揭示文献的深层涵义。历史地理知识的欠缺是限制研究水平的又一个重要因素。由于研究者的历史地理知识较为有限，因此时常出现对杜甫遗迹的表述不够精确、方位变迁把握不够准确，甚至移花接木、张冠李戴的现象亦时有发生。

四 本书的研究方法和思路

基于上述分析，可以得出现存杜甫遗迹数量多、分布广，与杜甫遗迹相关的传世文献较为充裕，个别地域的杜甫遗迹研究成果丰富的基本现状。因此，本书的写作秉承了以下三点研究方法。

第一，坚持田野调查法。尽可能采取实地考察的方式了解每一处

---

① 左汉林：《朝圣：重走杜甫之路》，东方出版社2017年版。

杜甫遗迹的地理位置和现状，亲自搜集最准确的第一手文献。本书中研究的绝大多数杜甫遗迹，笔者曾赴实地考察，现场识读、抄录现存的碑记、石刻文献。鄜州、秦州、巩县等地区存在多处杜甫遗迹，或遗迹本身的地理方位出现过多次变化，容易使读者产生混淆。对此，笔者在实地考察的基础上在文中添加了遗迹方位示意图，使读者能更清晰地了解遗迹方位的历史变化和多处遗迹之间的方位关系。一些杜甫遗迹中的碑记、石刻文献，前人已有整理研究，但碑文文字及句读存在不同程度的问题，笔者在引用文献时，以实地抄录内容为准，避免了二手文献引发的歧义。此外，坚持实地考察的方法，决定了本书基本以杜甫行迹顺序为线索探寻杜甫遗迹，这也是对20世纪80年代以萧涤非先生为代表的《杜甫全集》校注组所著《访古学诗万里行》的致敬。

　　第二，坚持实证研究方法，实事求是地做好文献研究。做好基础文献的搜集与解读工作，最大限度的占有杜甫遗迹相关文献，力求在竭泽而渔的基础上融会贯通。杜甫遗迹研究成果存在互相矛盾、前后抵牾的情况，因此在写作过程中，要将杜诗、历代注解、正史、文人笔记、地方文献通盘考量，真正做到去伪存真；要对文献的历史背景、创作年代、作者职责、立场观点详加考定，并尽可能做出合理的最终判断，而不是沿袭古人的说法、照搬前人研究成果。在此基础上，力求对杜甫遗迹的历史变迁形成一个全面的认知过程。对夔州等变迁过程复杂，又因地质变迁而无法实地考察的遗迹，更要通过反复研读各类文献，探究其地理方位和变迁历程。

　　第三，注重文学地理学、文化地理学、历史地理学等多学科交叉的研究方法。杨义认为："探讨文学和地理的关系，他的本质意义在于……回到时间在空间中运行和展开的现场，关注人在地理空间中是怎样以生存智慧和审美想象的方法来完成自己的生命的表达，物质的空间怎样转化为精神的空间。"[①] 杜甫遗迹研究同样属于文学与地理

---

① 杨义：《文学地理学会通》，中国社会科学出版社2013年版，第6页。

绪 论

学相互融通的过程,应当将杜甫遗迹放在杜甫本人、后世追慕者、遗迹探访者各自不同的时空去充分理解,展现其中的文化心态。例如,各地的杜甫墓之间历来便存在着真伪之争,每个杜甫墓的发展历程中都包含着与对手间的争讼。厘清现有文献,即可发现各地的历史依据均存在不足。在没有新出文献的前提下,真伪之争往往很难得出令所有人信服的结果。而研究历代寻访者、论证者、修建者的想法,不仅可以获知其中的文化心态,更能发掘杜甫墓中蕴含的对杜甫精神的追慕、崇祀、弘扬等深刻的文化意义。此外,注重运用传统沿革地理学、历史地理学等研究方法,对于探寻杜甫遗迹的本来面目与变迁历程大有裨益。一个明显的例证便是本书每一章篇名中对本地地名的称谓,均以此地杜甫遗迹出现时的地名为准。例如西安杜公祠的产生时间是明代,所以篇名中称"西安"而不用古称,这能够使读者更加直观地了解杜甫遗迹真正出现的时间。

与此同时,本书写作也坚持了两个基本思路。

第一,突出问题意识,努力发现新问题、研究新问题,以实证研究为基础重新审查前人的某些定论。杜甫及其相关研究发展到今天已经十分完备,所以,发现新问题一直是最大的难点。杜甫遗迹研究,实际上与杜甫接受研究具有很大的关联性,在一定程度上可以纳入杜甫接受研究的范畴。但需要指出的是,后人修建祠墓亭台纪念、祭祀杜甫,与文人在书斋中追慕杜甫往往在内容和内涵上都存在着一定的差别,主要体现在对杜甫形象的认知上。以西安、秦州、成州等地的杜公祠为例,历代重修过程中,杜甫的祭祀形象均不断发生变化。这是由各地修建遗迹的倡导者、组织者的多样化决定的。他们中不仅有为政一方的地方官员,还有倾慕杜甫的地方文人,甚至包括热爱地方文化的邑人乡绅和普通学子。这些人分属不同阶层,且并不都具有优秀文人的高雅意趣,因而其纪念、祭祀杜甫所怀的目的和诉求也会有所差异。特定时代、地域的社会生活中,对杜甫形象的认知也与当时的政治、经济,尤其是地方文化密切相关。这些因素的累加,使得杜甫遗迹所体现出的杜甫形象比文人书斋中的杜甫接受更加丰富,遗迹本身的文化内涵也更加多元且富有时代感。这不仅是前人没有关注过的新问题，也恰是研究杜甫遗迹的价值和趣味之一。此外，前人研究中，会不可避免地出现一些错误结论。例如鄜州羌村的具体地点，宋、明两代有不同说法，后人更是指出了两处具体所在。清人为调和矛盾，衍生出了杜甫在鄜州二次移家的说法，后渐为当今学者采纳。笔者经过充分考辨文献，得出了宋、明两说实为一处，杜甫在鄜州并未再次移家的结论。

第二，充分尊重各地的地域文化精神。我们应当充分认识到，各地杜甫遗迹的出现并不是一朝一夕的事情，而是自唐以来，历史遗迹、社会文化共同作用的结果。这些遗迹中凝聚了无数人的心血，同时也是地域文化精神的体现。例如历史上出现过多处杜甫墓葬，本书研究了其中广为人知、传承有序且据实可考的偃师、巩县、耒阳、平江四处。这些墓葬之间必然存在真伪之争。但认为"假墓"毫无意义，仅有"真墓"才具备历史和文化价值是不对的。每一处杜甫墓葬出现的缘由、发展的历程、保持至今的努力，都饱含着此地人对杜甫的追慕和地域文化对杜甫精神、杜甫文化的接纳和弘扬。这些价值是超脱于真伪之外的，是杜甫遗迹留给我们最宝贵的精神财富之一。因此，笔者经过详细考辨认为，虽然四处杜甫墓在历史和文献依据上都并非完美，但应该充分尊重每一处杜甫墓的贡献和价值，视之为各地留给杜甫崇拜者和研究者的珍贵礼物。又如，当今研究已经证实，杜甫并未到过延州。若是单纯以历史学观点加以论证，延安的杜甫遗迹可以斥之为伪托、伪作，但如果从地域文化角度看，延安的杜甫遗迹同样是前代学者、官员敬仰杜甫、尊崇杜甫，并将杜甫视为与本地相关的名士，引为人生知己的产物。因此，尊重杜甫遗迹对于地域文化的特殊意义就显得尤为重要，对上述遗迹的解读也应该有一种"了解之同情"的心态，将杜甫遗迹作为地域文化的重要组成部分加以认知与体会。

第一章　西安杜公祠研究

天宝五载（746），杜甫抵达长安，开始了长达十年的"旅食京华"生涯。十年间，杜甫为了实现"致君尧舜上"的政治理想，经历过李林甫炮制的"野无遗贤"的制举，投献过《三大礼赋》，干谒过众多权贵名流，成为"卖药都市，寄食友朋"的"杜陵野老""长安布衣"。杜甫在长安寓居时间久，经历也颇丰富，留下了许多不朽的诗篇。但时至明代，此地才出现了专门祭祀杜甫的祠宇。本章即以明清两朝与西安杜公祠相关涉的各类文献为基础，深入研究其历史变迁，并讨论杜甫祭祀形象变迁这一杜甫接受领域的新问题。

第一节　西安杜公祠与杜甫的祭祀形象

一　明代杜公祠的创建与乡贤杜甫

困守长安是杜甫人生中的重要时期，但在长安为杜甫创建专祠已是七百余年后的明朝中后期。此时长安已改称西安，西安府下辖两个附郭县，东为咸宁县，西为长安县。

明嘉靖五年（1526），西安府学生员周鋐等人呈称，在咸宁县境内发现了杜甫墓。称杜甫"既卒，还葬长安。而今室莽莽然，垣隳而墟矣；墓累累然，木拱而薪矣！京兆弟子员吊孤远之躅，兴仰止之心，乃列牒请于巡抚中丞王荩"。经过巡抚陕西都察院都御史王荩等官员的讨论，决定"即其里，祠而祀之"①，于咸宁县牛头寺勋荫坡新建杜公祠，命西安府知府赵伸主持兴建事宜②。杜甫遗迹的发现与杜子祠的创建又得到了西安本地文人的热情支持。西安府长安县人、原刑部主事张治道即是其中的代表人物③。此前，他也曾参与到寻觅杜甫遗迹的活动之中，"余别业在韦、杜之间，因访杜曲有子美墓在焉，而其居为乡民牛氏宅，古迹虽存而表彰未行，遂请诸当道，为建一祠，以举祀事，时嘉靖丙戌春二月也"④。鉴于张治道的社会威望，杜公祠的创建工作亦由其具体负责。

但杜公祠建成未久，围绕着杜甫籍贯、建祠缘由等问题，就发生了相当激烈的争执。创建杜公祠的碑文起初是由陕西按察司提学副使、浙江兰溪人唐龙撰写的。唐龙在《杜子祠记》开篇叙述道："杜子，名甫，字子美，襄阳人也。……玄宗开元二十五年，预京兆荐贡而考功下之，困于长安之间。"唐龙作为外乡人，在杜甫籍贯问题上，按例遵照旧说，定籍襄阳，而长安仅为杜甫困寓之所。对于建祠缘由，唐龙则称："子美岂特诗人已哉？夫子美乱不忘君，贫不苟禄，困不降志，盖有三难焉，……斯其难之至矣，则祠之也，固宜。况子美之诗，黜华挺实，削浮崇雅，畅叙彝伦，匡翼世教，风骚而下，无不愿执鞭焉。濯濯之灵，又何惭色于俎豆也？祀德者礼兴，甄

---

① （明）唐龙：《杜子祠记》，《渔石集》卷一，《四库全书存目丛书》影印明嘉靖刻本，齐鲁书社1994年版，第65册，第359—360页。（全书相同文献略去版本信息）

② 按：（明）张治道《创建唐工部员外郎杜子美先生祠记》载："嘉靖丙戌，巡按河西监察御史吉棠按满风旋，驻省采谣，谓少陵乃杜子生长之地，不可无祠"；（明）王鹤《太微张先生迎祀杜祠记》碑亦载："少陵故无杜公祠。祠自嘉靖丙戌始，盖即公故里建之，所谓礼以义起也。"嘉靖丙戌即嘉靖五年，公元1526年。杜公祠原属西安府咸宁县辖地。1914年，废咸宁县，并入长安县。杜公祠改属长安县辖地，现为西安市长安区杜公祠管理所。因杜公祠创自明代，属西安府，故称西安杜公祠。

③ 张治道（1487—1556），字孟独，号太微山人，陕西长安人。正德九年进士，知长垣县。迁刑部主事，引疾归。与王九思、康海纵论诗文。有《太微前后集》《嘉靖集》传世。康海《对山集》卷一四有《太微山人张孟独诗集序》。

④ （明）张治道：《建杜子祠并序》，《太微诗集》卷八《五言律诗》，影印明嘉靖三十一年孔天胤刻本，《原国立北平图书馆甲库善本丛书》第750册，第525页。

烈者训广，诸君子于斯宏矣。"① 由此可见，唐龙认为杜甫忠君爱国的品格、卓越不凡的诗才是建祠祭祀的依据所在，这与历来文人接受杜甫的主流观念相一致。

唐龙此文一出，即遭到以张治道为首的本地文人的激烈反对，对于杜甫身份认定的偏差，使得张治道深感杜子祠创建的意义并未得到应有的彰显，甚至为此耿耿于怀十余年。嘉靖二十一年（1542），张治道终于觅得良机，如愿在建祠十六年后重作《创建唐工部员外郎杜子美先生祠记》，文中对唐龙的不满溢于言表。张氏直言道："诸公以余世家杜陵，且首倡祠事，命为之记，余辞，乃请诸提学副使唐龙为之刻矣。余以其文未详，实未当，而欲易之，未能也"，对当年谦辞撰写碑文一事颇为追悔。针对唐龙阐述的建祠原因，张治道指出："自古道德文学风节之士，苟有关于世教者，建祠修祀，其道有三焉：曰生里，曰流寓，曰宦乡。生以表其灵，寓以彰其迹，宦以显其泽。有一于此，则建祠以祀。非其三者，虽贤弗祀。非弗祀也，无因也。"② 毫不客气地否定了唐龙的建祠依据。

张治道考证认定杜甫"睿宗先天之二年生于京兆之杜陵，而长安乃其生里。……父（杜）闲徙杜陵生公，而少陵乃公故里。故公诗曰'故里樊川曲'，而其迹不止于寓。上大礼、为拾遗，为率府胄曹、救房琯，而长安又其宦乡。故曰'城南韦杜，去天尺五'。是生与寓与宦皆于其地，其祠而祀也，固宜"。强调长安为杜甫创建祠堂并非基于杜甫的道德文章，而是因为长安完全符合生里、流寓、宦乡三大条件。继而又因"邑里之前修之贤，埋灭弗闻，数百年来……竟无一宇一豆"③，因此，为杜甫建祠实至名归。张治道的观点并非突发奇想，而是关中本地文人对于杜甫身份认知的代表观点。嘉靖二十

---

① （明）唐龙：《杜子祠记》，《四库全书存目丛书》集部第65册，第359—360页。
② （明）张治道：《创建唐工部员外郎杜子美先生祠记》，余华青、张廷皓主编：《陕西碑石精华》，三秦出版社2006年版，第268页。
③ （明）张治道：《创建唐工部员外郎杜子美先生祠记》，余华青、张廷皓主编：《陕西碑石精华》，第268页。

一年成书的《陕西通志》亦将杜甫列为乡贤人物，其传记载："杜甫，字子美，杜陵人。畿之后也。自杜预镇襄阳，子孙遂家焉。迄甫之父闲，生甫于杜陵。故甫有诗曰'故里樊川曲'。"①

由此次争执可见，本地文人倡建杜公祠是为了祭祀作为"邑里前贤"的杜甫，重点在于"邑里"，至于杜甫的品格和诗才如何为人称颂，都只是杜甫成为"前贤"的依据罢了，抛开"邑里"，只说崇祀前贤是难以接受的。建祠理念冲突的表象之下隐藏着深刻的地方文化需求。正是在这一理念的支配、影响之下，张治道的《创建唐工部员外郎杜子美先生祠记》顺利取代了唐龙的《杜子祠记》，得以立石刻碑，留存至今。与此相同，这一观念也极为自然的融入地方志书的字里行间，明嘉靖《陕西通志》亦将杜甫列入《乡贤》之中。杜甫俨然被地方文人尊为本地乡贤的代表，杜公祠也成为地域文化精神的物质载体。

在杜公祠的创建过程中，也曾出现一些"杂音"。张治道在《创建唐工部员外郎杜子美先生祠记》文末谈及时人对其热衷杜公祠创建一事的议论。"方余举杜祠时，仇者破其谋，谓当路曰'为张子作行馆'。疾者阻其事，曰'掘人坟墓'。后察其匪行罔掘，而督修益力，故不数月而告成。"②简而言之，人们对张治道的质疑，仅仅停留在张治道是否存在假公济私的可能，而当怀疑者发现张治道既没有把杜公祠当作自己的行馆，也没有破坏他人坟墓之后，议论的声音渐渐平息下来。对于张治道创建杜公祠的深层次原因则未深究，这也从另一方面说明杜公祠的创建得到了当时广大官员、士人的一致赞同。

张治道逝世后，"缙绅大夫咸谓其薄仕进、耽风雅，与杜（甫）同，其里又同，宜并祀于祠，以彰德美"，遂"奉先生主于杜公之

---

① （明）赵廷瑞修，马理纂：嘉靖《陕西通志》卷二六《西安府·乡贤》，叶一九B，嘉靖二十一年刻本，黄秀文，吴平主编：《华东师范大学图书馆藏稀见地方志丛刊》第3册，北京图书馆出版社2005年版，第636页。

② 按：此段文字原碑碑文损泐。今据（清）李元春选，石全润辑录《关中两朝文钞》卷四张治道《创建杜子祠记》补足。

侧。事在己巳（明隆庆三年，1569）八月二十三日。维时里中父老儿童罔不欢忭，而缙绅大夫暨宗室之贤且文者、儒衣冠者，咸为诗文以纪其盛，大都谓杜公得先生为之继述，先生得杜公为之依归，称百世相感云"①。这也正是张治道的身后愿望，他在《遂谒杜工部祠》诗中云："杜老诗名万古传，閟宫新造俯长川。村翁伏腊还今日，词客春游忆往年。俎豆神明严始祀，衣冠乡里慕前贤。往来韦杜城南胜，携手同歌尺五天。"② 只有坐实杜甫的乡贤身份，这才有了张治道与杜甫携手同歌的可能性。在本地文士的推动下，张治道非常顺利的以乡贤身份配祀杜公祠，这不仅抬高张治道的地位，更进一步坐实了杜甫在关中文士心中的乡贤身份。

时至今日，杜甫出生地与葬地均不在长安，已为大多数学者认同。然而，明代以张治道为首的本地士人却坚持认为杜甫"生于京兆之杜陵，而长安乃其生里"；外来官员唐龙虽不在意杜甫的乡贤身份，却也认同杜甫"既卒，还葬长安"之说。这都表现了关中本地文人标举杜甫为乡贤的强烈愿望。但不论如何，祭祀杜甫而回避诗道及忠贞，只推乡贤，无疑是颇具特色的文化现象。

祭祀活动是社会认知与民间接受的重要表现形式。"杜祠始建时，设春秋二祀"③，香火鼎盛的乡贤形象与文人书斋里的杜甫形象相去甚远。从另一个角度看，张治道等人将杜甫列为乡贤，并极力与唐龙争辩的行为，也体现了明代中后期陕西关中地域文化兴盛，本地文士追溯先贤、传承地方文化的渴望。

二 清初重修杜公祠与诗圣杜甫

自明朝后期至清朝初年，关中地区迭遭灾祸，对关中文化生态造

---

① （明）王鹤：《太微张先生迎祀杜祠记》，此碑立于万历五年三月，碑存今杜公祠内，据原碑抄录。按：王鹤，字子皋，号薇田，陕西长安人。嘉靖二十三年进士。系张治道弟子。

② （明）张治道：《张太微诗集后集》卷一，影印明嘉靖刻本，《原国立北平图书馆甲库善本丛书》第750册，第592页。

③ （明）王鹤：《太微张先生迎祀杜祠记》，据原碑抄录。

成了极大破坏。明嘉靖三十四年十二月十二日（1556年1月23日）发生了关中大地震，关中文化精英马理、韩邦奇等人同日遇难，"号为极盛"的关中文风"自时厥后，此风遂衰"①。大地震带走了众多知名文士的同时，也给社会文化风气带来了重创。杜公祠每年春秋两次大规模祭祀"后以岁侵废秋"。为此，以王鹤为代表的关中士人虽极力奔走呼吁，甚至想借迎祀张治道入杜公祠的机会，再畅祭祀乡贤之风，"但两祀之缺一者，未能遂复耳"②。此时的杜甫依旧是乡贤，但杜公祠祭祀的社会影响却大不如前。

此后，明清易代，关中连年兵燹，给文化生态带来了毁灭性的打击。杜公祠亦毁于延绵战火。入清之后，社会政治、经济秩序均经历了漫长的重建过程。清康熙六年（1667），咸宁县知县黄家鼎主持重修杜公祠，重修后的杜公祠远比明代规模宏大，但杜甫的身份却发生了巨大的变化。

与当年的唐龙相似，黄家鼎也是外来官员。其在《重修杜公祠记》开篇就提出："六经皆范世洪谟，而《诗》之为教，朴而易入，婉而多风，或出于忠臣孝子之心血，或出于劳人思妇之苦虑。感发善情，惩创逆意，甚盛典也。厥后，一变而为《离骚》，再变而为歌行、乐府、五言、七言。唐遂以制科取士，故风雅一则独炽于唐。王、杨、卢、骆而后，踵接袂连，唯杜子美为最著"③。这一修祠的前提论断与张治道等人的理念完全不同。

黄家鼎提出重修杜公祠的理由有二：其一，"子美为诗，熟精《选》理，恺切达情。千余年来无不人愿尸而祝之，社而稷之矣"，可见其重修杜公祠的首要因素就是从诗歌价值本身出发，祭祀作为诗

---

① （清）万斯同：《明史》卷三八八《文苑传三》，《续修四库全书》，上海古籍出版社1996年版，第331册，第172页。

② 按：王鹤为恢复春秋两祀，提出"两祀废而弗修，非前人尚贤之意。而府议又谓二祀故属咸宁，今从祀张先生，长安人，可令咸宁祀春，长安祀秋。财省而礼备，便甚"。见王鹤撰文《太微张先生迎祀杜祠记》碑。

③ （清）黄家鼎修，陈大经纂：康熙《咸宁县志》卷二《建置·祠祀》，叶二一B，清康熙七年刻本。按：此文原无题，《重修杜公祠记》之题为笔者代拟。

第一章 西安杜公祠研究

圣的杜甫。其二，杜诗"揆之三百之旨、宣圣之论，其亦可以弗畔矣！……子美之学，孰非佐六经、裨世教之伟业也欤？顾安得不尸而祝之，社而稷之，以相承于弗替耶？"杜诗深蕴传统儒家教义，诗中体现了杜甫忠君爱国的国士情怀，理应得到后人崇祀。故此黄家鼎提出了"以子美之诗，求子美之学，法子美之忠孝、悱恻、和平、温厚，以鼓吹六经之教，为当世风范。谅不以此举为无功德之祀也"①。

黄氏心中值得祭祀的杜甫，是诗圣与国士身份合二为一的杜甫，而非其他。至于杜甫还是不是明朝人倡导了百年的西安乡贤，黄家鼎则毫不在意，只是说"余治之樊川，有子美祠……世久祠残"，于是结合上述两点理由，认为理应重修。当年作为乡贤配祀杜公祠的张治道，黄氏则根本不予提及，只说"余趋拜于兹，读太微碑于蔓草间。载始末最详"②。

重修杜公祠后，明末遗民、位列"岭南三大家"之首的屈大均曾游览新祠，并赋诗一首："城南韦杜潏川滨，工部千秋庙貌新。一代悲歌成国史，二南风化在骚人。少陵原上花含日，皇子陂前鸟弄春。稷契平生空自许，谁知词客有经纶。"③ 诗中体现出的杜甫的认识与黄家鼎完全契合。杜公祠在排斥外来论调百年后，终归在这次由外乡人倡导的重修中磨去了原有的地域文化烙印。

易代之后，杜甫乡贤身份隐去，诗圣身份重显，这一变迁历程绝非源自黄家鼎的个人好恶，而是缘于地域文化氛围的改变。黄家鼎曾于杜公祠颓壁间，见本地文人陈大经所题绝句："诗意逐处染江烟，故里谁曾识象贤？冷落檐牙风雨里，几声啼鸟可人怜。"④ 乡贤久已

---

① （清）黄家鼎修，陈大经纂：康熙《咸宁县志》卷二《建置·祠祀》，叶二一 B。
② （清）黄家鼎修，陈大经纂：康熙《咸宁县志》卷二《建置·祠祀》，叶二一 B。按："太微碑"应指王鹤《太微张先生迎祀杜祠记》碑，黄氏于蔓草之中，或许并未寻见张治道《创建唐工部员外郎杜子美先生祠记》。这也造成了历史文献与认知的断裂。
③ （清）屈大均：《杜曲谒杜子美先生祠》，《道援堂诗集》卷七，《四库禁毁书丛刊》集部第 52 册，北京出版社 1997 年版，第 618 页。按，屈大均游历时间见卜庆安《屈大均研究》，博士学位论文，扬州大学，2010 年。
④ （清）黄家鼎修，陈大经纂：（清）康熙《咸宁县志》卷二《建置·祠祀》，叶二一 B。

无人祭祀，效法先人之贤德更是无从谈起。此情此景，足见入清后的世情变化与杜公祠寂寥之貌。

重修杜公祠既由官府主导，本地文士、邑人参与无多，或许加速了杜公祠的衰败。三十余年后，康熙四十一年（1702），陕西巡抚鄂海之子、满洲人达礼善随父客居西安府，"尝按图考书，知咸宁城南有杜工部祠"，前往探访，见杜公祠荒废破败，遂捐资重修。达礼善作为满洲后裔，对中原文明素怀仰慕之心，自称"素嗜杜诗，吟咏之下，尝慨杜公所遭不偶。即其诗以相见其人，即其人以三复其诗。窃讶唐以诗取士，而公反不与制科之选，未尝不三致意焉"①，故见杜公祠荒废，心生不忍。达理善对杜公祠的创建经过并不了解也并不在意，称"其祠创自有明咸宁令张君"，这显然是误将张治道当作嘉靖年间的咸宁县知县了。至此，杜甫的诗圣身份认定以及杜公祠的祭祀内涵与明人倡导的乡贤身份彻底脱节，杜公祠祭祀活动也由众多关中文士、广大社会民众广泛参与，演变成了为政一方、倾慕杜甫的地方官员及外来文人的小规模自发行为。

三 清中期重修杜公祠与乡贤杜甫的回归

随着清朝统治秩序的巩固，社会生活逐步安定，关中文化也渐有复兴之势。与此相应，乾隆初年，关中文人及乡里有感于杜公祠破败，拟捐资重修。求学于关中书院的同州府大荔县人李法作《拟重修杜工部张太微祠堂记》。与康熙年间两次重修不同，李法重提了杜甫宗族世系及"杜曲故里"说："韦曲绕皇子陂而东一带，崖赤如日，曰少陵原。唐工部杜子美之所以得号也。原麓一溪东来，水田如绣，水曲有村，曰杜曲。公家十一宰相，及诸贵所生处，是则公里矣。而

---

① （清）达礼善：《新修杜工部祠记》，原碑在西安杜公祠内，此据原碑抄录。康熙《咸宁县志》卷八《艺文》收录该碑文全文（页七一）。按：黄家鼎所修《咸宁县志》版本信息皆作清康熙七年刻本（中国科学院北京天文台主编：《中国地方志联合目录》。中华书局1985年版，第163页），但由《艺文》收录达礼善作于康熙四十一年的《新修杜工部祠记》可知，国家图书馆藏本为清康熙末年增刻本。

第一章　西安杜公祠研究

世传公生于襄城，或亦有据，然贯仍杜，而家仍杜也。"这继承了明代张治道的"邑里前贤"说，为修祠重添了崇祀乡贤的色彩。更与前两次不同的是，此次修祠的提议者是"公里长者"，乡里社会发挥了重要影响力。值得注意的是，此前数十年无人提及的张治道在文中被反复提及，且张氏后人也在重修中扮演了重要角色。不仅如此，工程竣工后，为解决杜公祠平日养护、祭祀所需，特置"祠地若干，求（杜）公裔莳艺，及张裔视祀伏腊忌，且时补葺之，致勿颓"①。乾隆年间，随着杜公祠的新修，杜甫与张治道的长安乡贤身份重新得到乡里社会的认同及重视，这与关中地域文化的逐步复兴密切相关。

　　此次虽然重提祭祀乡贤的理念，但士人与乡里并不排斥其他祭祀内涵的存在。主持重修的官员认为杜甫之"诗歌与身所行事无一不可为后人师。唐无儒，于盛唐，其最（杜）公矣！张（治道）亦偃蹇不显官，挟持遭遇，为杜具体。非徒文章德谊抗一世。乡先生殁，而祭于社，永风教也"②。李法等本地士人对此并无异议。由此可见，杜甫乡贤身份的复归与诗圣、国士身份没有发生主次之争，反而形成了乡贤与诗圣、国士三位一体的格局，关中地域文化在本位与兼容之间取得了相对的平衡，并持续百年。嘉庆年间杜公祠虽曾遭遇火灾，但旋即由"邑士人杨调鼎、王淳敬等请于巡抚方公维甸捐资改建于

---

　　① （清）李法：《拟重修杜工部张太微祠堂记》，《关中两朝文钞》卷二一，叶五〇至五二，道光十二年刻本。按：李法系陕西同州府大荔县人。（清）贺云鸿纂修：乾隆《大荔县志》卷一五《人物·儒文》载："李法，字维则。岁贡生，司训狄道州。笃学敦行，尤工诗，著述甚富。有《重修杜工部张太微祠堂记》。俱经杨学院嗣曾追梓，同遗稿著序表之。"（清）饶应祺修，马先登纂：光绪《同州府续志》卷一一《人物》又载，李法"尝从武功孙酉峰景烈于关中书院"，"陕甘督学杨嗣曾过武功访关中名士，景烈以法对。及案临狄道，而法已卒。因为归其柩，复序刊其遗稿"。杨嗣曾于乾隆三十六年九月出任陕甘学政（《清高宗实录》卷八九二。影印清内府钞本。《清实录》第19册，中华书局1987年版，第958页），另据（清）联瑛修，李镜清纂：宣统《狄道州续志》卷七《职官表·训导》记载："李法，乾隆三十七年任。"由此可知，《拟重修杜工部张太微祠堂记》绝不早于乾隆三十七年。该文冠以"拟"字，当为李法早年求学关中书院时所作，重修事当在乾隆初年。

　　② （清）李法：《拟重修杜工部张太微祠堂记》，《关中两朝文钞》卷二一，叶五二。

牛头寺东……神像配像如旧制"①，与乾隆时并无二致。

四 清末社会动荡与国士杜甫

宋代以后，大抵每逢民族矛盾激化、战乱频仍之时，文人、士大夫都会在山河破败的寂寥感中读杜诗，追缅杜甫忠君爱国的"国士"之心。清咸丰后期至同治年间，社会日益动荡，南有太平天国起义，而地处北方的关中地区则饱受"回乱"及捻军的冲击，杜公祠也在战乱中再度颓毁。同治七年（1868），关中地区平定不久，陕西布政使、福建人林寿图捐资重修杜公祠，由其门客、内阁中书谢章铤撰《重修杜工部祠碑》。碑记虽沿袭"工部虽籍襄阳而实出长安之杜"的故里说，但后文却着重追述了布政使林寿图坐镇关中、平定战乱的过程中，"一灯独照，念子美许身稷契之言"，与杜甫忠君爱国思想发生共鸣，深为感慨地说："嗟乎！唐人之诗多矣，而李杜独尊，往往尸祝者，何哉？岂真有私于其乡先生耶？毋亦以其能轻富贵，不敢以无赖及国家也。不然，子美始善房琯，继善严武，稍为委蛇，皆足以取世资，乃何以每饭不忘君如此，而老大意拙又若彼也"②。明确指出后人祭祀杜甫绝非因其为乡贤，也并非因其诗文成就无人可及，而是因其每饭不忘君恩、终身忠贞爱国的气节操守，足以赢得后人以国士尊之、敬之并祭祀之。

伴随着战乱和封建社会自然经济的凋零，乡里文化再度落潮。杜公祠的祭祀再次失去了社会响应，完全回到了士人和少数文人的小圈子中。与此前一般，缺乏乡里邑人的维持，祠宇很快破败如故。

光绪十三年（1887），陕西巡抚、安徽人叶伯英与同僚再度捐资重修杜公祠。叶伯英撰《重修杜工部祠堂记》曰："杜工部子美者，绍承家学，其诗宗三百篇及楚骚、汉魏乐府。故气格苍古，酝酿深醇，卓然为有唐之冠。元稹谓为集诗家之大成，洵千古定评也。然公

---

① （清）高廷法、沈琮修：嘉庆《咸宁县志》卷一二《祠祀》，叶一一，嘉庆二十四年刻本。

② （清）谢章铤：《重修杜工部祠碑》，原碑今存西安杜公祠内，此据原碑抄录。

不仅以诗鸣也,以一小臣旋遭罢黜,困苦艰难,流寓于成都、同谷、羌村之地,而独忧时感事,每饭不忘朝廷。噫!非一片忠爱出于天性者,能如斯之惓惓乎?而可弗祀乎?"① 阐明其倡导重修不仅是推崇杜诗,更是为了追慕杜甫忠君爱国之心。继而感慨"公(杜甫)之才能抗太白而不能举进士,身能比稷契而不能逢尧舜。谟议能结元宗(玄宗)之知,致严武之荐,而不能免妻子之冻馁,骍骨月(肉)之流离。……后之诵公诗、谒公祠者,当悯公之遭,知公之志,勿等忧危于讦激,视忠爱为刺讥也"。这既是对杜甫不幸遭遇的悲悯,也是由时局而生的共鸣。可见叶氏心中真正祭祀着的恰是一腔忠爱的国士杜甫。此后直至民国,杜公祠虽又历数次修葺,但其祭祀文化内涵再未演变。

第二节 西安杜公祠的历代营建与改建

明嘉靖五年西安杜公祠始建之时,原址"在牛头寺南一里,塔院之左"②。初创规模并不甚大,张治道述称:杜公祠"门一,前、后堂二,合三楹。东西庑二,如堂。周以垣墙,树以柳果,郁如葱如,巍乎焕焉"③。明末清初,关中地区战乱频仍,至清朝初年"兵火之后,止存正祠半圮"。黄家鼎对乱后的杜公祠有生动的描述:"余治之樊川,有子美祠,屏少陵,几神禾,左华严,右勋荫,清明近襟,滈水远带,为城南第一名胜。世久祠残,相滴丹黄。正殿三楹,风雨不蔽。"经黄家鼎整修之后,杜公祠"周方筑墙若干堵,为门舍一,扶正堂而觉会之,丹涂之,色其像,正配享位于左。建庑舍东西各三楹,环左右树以柏柳花果之属,仪门外作小舍,延子美裔子

---

① (清)叶伯英:《重修杜工部祠堂记》,原碑今存西安杜公祠内,此据原碑抄录。
② (清)高廷法、沈琮修:嘉庆《咸宁县志》卷一二《祠祀》,叶一一A。
③ (明)张治道:《创建唐工部员外郎杜子美先生祠记》,《陕西碑石精华》,第268页。

遗桂，与居莳圹内地，奉时祭焉"①。此次重修基本上是对明代杜公祠建筑的整修，并未扩大规模。

清康熙四十一年，达理善新修杜公祠时，杜公祠的规模得以拓展。达理善《新修杜工部祠记》记载："因亟命匠石辟旧地，营新居，斩材庀工，傍山造殿一区。周以墙垣，丹艧涂塈，粉饰装点。龛像另为改修，焕然一新焉。又就曲水旁构一亭，植以奇花异草。亭后为屋数椽，招僧居住，朝夕奉祀香火，以垂永久。登其堂，上倚崇山，下临溪水，去平地数十丈，脱尘氛，绝烦嚣，流水潺湲，与林木微风相映带。面对南山，山之巅崖峭壁，紫绿万状，皆若争研斗媚于远眺间。徘徊俯仰，今日堂庑整肃，飞甍巨桶，皆前日之苍烟白露而荆棘也。佳卉美树，列植交荫，皆前日之颓垣断堑而荒墟也。三阅月而工告竣。"

"傍山造殿一区""曲水旁构一亭""亭后为屋数椽"，扩建规模不可谓不大。达理善能有如此财力、物力，与其家族背景关系密切。达理善自称："余年来随家君任所，家君由观察、历藩伯、晋秩大中丞。"达理善所说的"家君"就是他的父亲、时任陕西巡抚的鄂海。鄂海自康熙三十六年（1697）闰三月出任陕西按察使（观察）以来，长期在陕西为官。康熙三十七年至四十年，任陕西布政使（藩伯）。康熙四十年升任陕西巡抚（大中丞），成为陕西行省最高主政官员。直至康熙四十九年升任湖广总督，才离开陕西政坛。② 达理善为扩建杜公祠花费巨大，这其中自然少不了父亲鄂海的大力支持。

清乾隆年间，李法来游杜公祠，所见环境与达理善重修杜公祠的情景仍大体一致，只是祠宇破败，引发了文人游客的感伤之情。"入门，一水升余，绕阶过，听之泠泠然，疏竹十数竿，压垣拂牖，片石苔藓交紫，是真诗人之祠欤！迨登堂，礼公像，见其伟躯赭面，大不类苦吟者，则工之愚不足与责也。……然像又剥落，尘垢殊不似牛头

---

① （清）黄家鼎修，陈大经纂：康熙《咸宁县志》卷二《建置·祠祀》，叶二一B。
② 按：鄂海在陕履历参见钱实甫主编《清代职官年表》，中华书局1980年版，第2014、2015、1797、1798、1562、1568页。

之金身都丽也。左楹小像，青巾皂服，苍秀而髯。南面西顾，袖左掣，则明诗人张太微也，与杜分安配飨。而颓垣欹柱，破屋照天，白日黄雀不肯略相避。俾游者悽然不忍睹二公清苦状，且野人伧父率多题诗词壁，鸦抹蚕眊，备极唐突不堪态，奈某与友，客也，况无钱，莫为修葺涂塈计。"再次整修后，李法述称："扩故所居三楹为五，稍幽邃，日风雨弗害也。侧列东西庑各三楹，门屋三楹，为祭时衣冠地。及诏牲幂酒，诸有事所，常则为骚人游士所盘桓。杜像命工图华州西溪亭子所祀者，儒冠古貌，眉间微锁，存忠君爱国忧。张仍前仪，坐东楹，各为龛。高不及栋，不纯彩。东庑北楹，置柜一，实二公《集》。其中西嵌石于壁，勒二公生平无遗失，俾游者览焉。阶下水，石甃三折，绕西庑南侧，穿埔出，南折至门右，凿地汇为池，兑其余西流，池缘以柳，中宜荷，前后各植竹，横池挚终南，石桥其上，蹑之乃至门。"① 景致不可谓不幽静，杜甫像不可谓不肃穆，杜甫、张治道生平事迹不可谓不翔实，这已是杜公祠的极盛面貌。

但好景不长，嘉庆初年杜公祠"毁于火，嘉庆九年邑士人杨调鼎、王淳敬等请于巡抚方公维甸，捐资改建于牛头寺东，与寺相属，神像配像如旧制，又修官亭游廊花亭十数楹"②。清嘉庆《咸宁县志》记载，此次改建之后，新祠"较旧祠规模宏远矣"，这一说法大概只是应景之语。同治七年，陕西布政使林寿图再度捐资重修杜公祠，此次重修自然是在嘉庆改建的基础上进行的。谢章铤《重修杜工部祠碑》记载：杜公祠重修之后"中为享室，翼以扶廊，左辟游燕之所，右旧有文昌宫，亦新焉。杂树花木，庀器用，凡祠之应有者略备"③。仅称"略备"，与鼎盛规模不可同日而语。

此后虽经光绪十三年陕西巡抚叶伯英捐资重修，"榱栋之陊者复之，户牖之朽者更之，垣墉瓴甓之颓破者完整之。并筑亭于院东隙

---

① （清）李法：《拟重修杜工部张太微祠堂记》，《关中两朝文钞》卷二一，叶五〇至五一。
② （清）高廷法、沈琮修：嘉庆《咸宁县志》卷一二《祠祀》，叶一一A。
③ （清）谢章铤：《重修杜工部祠碑》，此据原碑抄录。

地，以供游人之吟眺焉"①。但好景不长，光绪二十六年（1900），八国联军攻入北京，慈禧太后逃至西安，甘军董福祥充当随扈大臣，甘军部队屯驻西安城南杜公祠，"光绪二十七年甘军屯祠，横碑为俎，沾面蔬肉，捶而裂焉"。此"横碑"即是李法《拟重修杜工部张太微祠堂记》中所称"杜像命工图华州西溪亭子所祀者，儒冠古貌，眉间微锁"者。因杜甫画像碑沦为甘军厨下砧板，仅存残石，随慈禧太后西逃的国子监助教曾廉作诗谴责道："摄衣北面拜遗像，空堂芜秽无屏障。五尺古碑裂为三，中更零落无由访。西院呼僧相与言，云是甘军屯此轩。牡丹为薪碑为俎，刀飞俎断委荒土。"曾氏"载残石已归，并索取卧龙寺旧拓遗像，求佳石，命匠重刊"，只是"祠有牡丹一株，高至丈余，今焚毁不可复见矣"②，令曾廉颇为伤感。民国《咸宁长安两县续志》载：杜公祠"旁牡丹最多，曲栏小阁，俯视樊川，夏月荷花尤盛，信城南第一名胜也"③。基本能够维持着清末的规模。中华人民共和国成立之后，于牛头寺、杜公祠界内修建杨虎城陵园，使得杜公祠的规模进一步缩小，仅剩"傍山造殿一区"，也就是我们今人所见到的杜公祠。

西安杜公祠明代始建，历经明清数百年风雨，多次毁坏，也多次重修，杜甫的文化身份也经历了乡贤、诗圣、国士三者此消彼长、时而分离、时而交融的复杂转变。嘉靖年间始建杜公祠时，正是关中文化最鼎盛的时期，官员、文人、乡里一同祭祀杜甫，本地文士为杜甫的乡贤身份与外来观念争论不休。此后，陕西关中地区迭遭地震天灾、改朝换代的影响，强势地域文化渐次落潮，杜公祠祭祀失去了乡里邑人的参与，外来官员倡导下的祭祀内涵转变为了诗圣与国士的统一，杜甫的乡贤身份也无人再提。清乾隆年间，关中地域文化随着政

---

① （清）叶伯英：《重修杜工部祠堂记》，此据原碑抄录。
② 按：今杜公祠内有《唐杜文贞公遗像碑》，即为曾廉重新摹刻，曾诗及题跋刻于杜甫画像碑上。本书所引曾廉诗见氏著《蟊葊集》卷三下《诗》，诗题《杜工部祠饯王泽寰》。
③ 翁柽修，宋聊奎纂：民国《咸宁长安两县续志》卷七《祠祀考》，叶四A，民国二十五年铅印本。

治稳定和经济发展再度复兴，杜甫的乡贤身份再被提起，与诗圣和国士身份平等兼容，杜公祠祭祀也再度迎来官员、文人、社会广泛参与的新高潮。而此后清末的乱世、衰世中，随着战乱和经济衰退，杜公祠祭祀再次回到读杜诗、感杜情的官员和文人手中，杜甫的国士之心也在他们的感同身受中更加凸显。

在乡贤、诗圣、国士三重身份的转变之间，西安杜公祠屡毁屡兴，祠宇规模亦随着国运兴衰不断起伏，但杜公祠作为崇祀杜甫的载体，一直存在于明清以来西安地方官员、文人乃至百姓的信仰与生活之中。尤其在清末时局动荡、国运艰难之时，官员、文士追思杜甫的"忠爱"精神，既是对自身的精神慰藉，同时也是将杜甫引为人生知己，希望在杜甫精神的引领和鼓励下，能够挽救危局。西安杜公祠也寄寓了当时人们挽救国运的美好愿景，这无疑提升了西安杜公祠的文化价值和现实价值。

第二章　鄠县渼陂空翠堂考

天宝年间，杜甫寓居长安。期间杜甫曾与岑参兄弟相约，前往长安城西的鄠县，游览渼陂之胜景，留下了数篇佳作。宋人观览渼陂，发现渼陂之上的残破亭台，遂重修并依据杜诗将其命名为"空翠堂"。此后，空翠堂与杜甫的联系逐渐加深。明末战乱迭起，本地官员为加强军事防御力量重修空翠堂并在此缅怀、追慕杜甫。至清代，空翠堂最终成为此地的杜公祠。本章即考证空翠堂的由来及发展过程。

第一节　杜甫与渼陂

杜甫与岑参兄弟游渼陂，作有《渼陂行》《渼陂西南台》《城西陂泛舟》等诗。《渼陂行》有云："岑参兄弟皆好奇，携我远来游渼陂。"① 杜甫、岑参一行又得鄠县地主"源大少府"宴请，作《与鄠县源大少府宴渼陂得寒字》，岑参亦作同题诗《与鄠县源少府泛渼陂得人字》②。

鄠县离长安甚近，属于近畿之地。《元和郡县图志》载："鄠县，

---

① （唐）杜甫撰，谢思炜校注：《杜甫集校注》卷一《古诗五十首》，上海古籍出版社2015年版，第126页。
② （唐）岑参撰，廖立笺注：《岑嘉州诗笺注》卷三《五言律诗》，中华书局2004年版，第471—472页。

畿。东北至府六十五里。……自后魏属京兆，后遂因之。"① 渼陂，一名美陂。陂，意为池塘。《淮南子》云："十顷之陂，可以灌四十顷。"②《元和郡县图志》载："美陂，在县西五里。周回十四里。"③宋敏求《长安志》载："渼陂，在县西五里，出终南诸谷，合朝公泉为陂。《十道志》曰：'有五味陂。陂鱼甚美，因误名之。本属奉天。'又《说文》曰：'渼陂，在京兆鄠县。其周一十四里，北流入涝水。'唐宝历二年，敕渼陂令尚食使收管，不得杂入采捕。其水任百姓溉灌，勿令废碾硙之用。文宗初，诏并还府县。"④

渼陂湖光山色绝佳，且地近长安，既可得渔业、灌溉之利，又是唐代达官显贵、文人雅士的交游胜地。杜甫《渼陂行》云："天地黯惨忽异色，波涛万顷堆琉璃。琉璃汗漫泛舟入，事殊兴极忧思集。鼍作鲸吞不复知，恶风白浪何嗟及。主人锦帆相为开，舟子喜甚无氛埃。凫鹥散乱棹讴发，丝管啁啾空翠来。沈竿续蔓深莫测，菱叶荷花静如拭。宛在中流渤澥清，下归无极终南黑。半陂以南纯浸山，动影裊窕冲融间。船舷暝戛云际寺，水面月出蓝田关。"⑤ 由杜诗亦可见渼陂水域之广大，远处遥见终南山之巍峨，近处波涛如琉璃，风浪波涛与菱叶荷花一动一静，交相辉映。宋人赵次公评曰："陂既广大，气象雄深，故公诗于初至之际，以天地变色，则有鼍鲸风浪之忧；既而开霁可游，则如与龙鬼仙灵相接；继而又雷雨。此盖陂之广大雄深，诗人因事起意，以为诗，谓其有可异则不得不忧，有可喜则不能不乐，有可防则不得不戒，而诗篇之终有安不忘危，乐不忘哀之

---

① （唐）李吉甫撰，贺次君点校：《元和郡县图志》卷二《关内道二·京兆府下·鄠县》，中华书局1983年版，第29页。
② 何宁集释：《淮南子集释》卷一七《说林训》，中华书局1998年版，第1193页。
③ （唐）李吉甫撰，贺次君点校：《元和郡县图志》卷二《关内道二·京兆府下·鄠县》，第31页。
④ （宋）宋敏求撰，辛德勇、郎洁点校：《长安志》卷一五《县五·鄠县》，三秦出版社2013年版，第469页。
⑤ 《杜甫集校注》卷一《古诗五十首》，第126—127页。

意。"① 杜甫困守长安时期常怀抑郁，与好友的欢宴和渼陂的美妙景致带给了他片刻的愉悦之情。

第二节 空翠堂的历代变迁

一 宋代兴建空翠堂

北宋宣和元年（1119）冬，张伋出任鄠县知县。张伋也是杜诗的忠实读者。他在《渼陂空翠堂记》中自述"昔时尝闻士大夫称关中多山水之胜，而渼陂在终南山下，气象清绝，为最佳处。及诵杜工部所赋诗行，爱其语大而奇，益欲一往游之，以慰所闻。道阻且长，斯愿未遂，每以为恨"。因此，担任鄠县知县之后，张伋便前往寻访渼陂之胜景，终于得偿多年夙愿。

此时的渼陂，与唐天宝年间杜甫来游之时并没有什么差别。张伋见渼陂"翠峰横前，修竹蔽岸，澄波浸空，上下一碧"，认为渼陂确实"气象清绝，为关中山水最佳处也"。渼陂北岸"有堂旧矣，久弗加葺，栋宇倾挠，来游者陆压是惧"。张伋感到非常奇怪，"有此佳山水，而堂构不修，宴赏无所，大非其宜"。询问身边从吏后"乃知自清平建军县，涝水之西割地以隶，故陂虽近鄠，而地非所属。虽属终南，而距邑为远。远者不喜修，近者不得修，岁月既久，浸成弊坏，瓦木之类，至为小人攘窃而莫之问，可不惜哉！"② 张伋所说的"清平建军县""终南"是指清平军与终南县，据《宋史》记载："清平军。本凤翔府盩厔县清平镇。大观元年（1107），升为军，复置终南县，隶京兆府。清平军使兼知终南县，专管勾上清太平宫。县

---

① （宋）赵次公注，林继中辑校：《杜诗赵次公先后解辑校（修订本）》，上海古籍出版社2012年版，第123—124页。
② （清）康如琏修，康弘祥纂：康熙《鄠县志》卷一二《文苑考·记》，清康熙二十一年刻本，《陕西省图书馆藏稀见方志丛刊》，北京图书出版社2006年版，第3册，第125—126页。

第二章 鄠县渼陂空翠堂考

一：终南。"① 盩厔县清平镇于北宋大观元年升为清平军,并新设终南县。与鄠县以涝水为界,涝水以西属清平军,以东为鄠县。渼陂北岸虽然地近鄠县,但却属于清平军终南县辖地,又因为该堂距离终南县远,所以出现了"远者不喜修,近者不得修"的尴尬局面,最终导致该建筑损毁。

张伋则力主修复该建筑,又于宣和四年(1122)二月寒食节,约请"联事诸公会于陂上","因相与为议曰:'渼陂之地虽在他邑,而顷者漕台移檄,尝令吾邑就近管辖。此堂不修,无罪邻邑,亦吾邑之过也。吾属到官日久,行且受代,后来君子,谓如不好事,何今欲缮完,稍加宏壮,使称是山水之胜,且以待使者。按部之经由备邑人岁时之游乐,可乎?'"以陕西路都转运使司(漕台)曾令鄠县就近管辖渼陂之官方文书为号召,期望大家共襄盛举,恢复陂北之堂。该提议得到了联事诸公的赞同。署理清平军事吴景温是张伋的旧相识,得知此消息也命本地工匠与鄠县工匠配合施工。"于是增卑补薄,基趾廓焉;去故取新,栋宇壮焉。前驾虚阁,以临清流;后辟轩窗,以快雄风。规度适中,不僭不陋,气象具存。苟完苟美,经营于二月之晦,断手于五月之朔。"新堂建成之后,张伋非常满意,"升堂远望,豁达无碍,南山之秀,陂水之广,举目可尽"。又于五月初五宴于该堂,是日"小雨乍收,微风四起,岚光水气,相为氤氲,若烟之浮,若露之润,有见于帘楹轩槛间者,明灭变态不一而止,是何清且丽邪",众人皆以为该天气景色皆是杜甫《渼陂行》诗中语,"咸请以'空翠'名其堂"②。渼陂空翠堂由此得名。

二 明代重建空翠堂

自北宋宣和四年,鄠县知县张伋于渼陂北岸兴建空翠堂之后,该

---

① (元)脱脱等:《宋史》卷八七《地理三·陕西·永兴军路》,中华书局1977年版,第2146页。
② (清)康如琏修,康弘祥纂:康熙《鄠县志》卷一二《文苑考·记》,《陕西省图书馆藏稀见方志丛刊》第3册,第126—127页。

堂作为渼陂周围重要的历史文化遗迹，一直得到较好的保护与维修。但到了元代，当地人"以渼陂之鱼能治漏，因决陂取鱼，陂之亡也"①。

明"嘉靖间，御史方公新以使事过鄠，命知县王玮创修堂三楹、厨三楹，莲池一区，仍栽竹种树，前有紫阁，后又菱池，气象清幽，松竹丛中，水磨之声不绝"②。"御史方公新"即方新，时任巡茶御史。明万历《陕西通志》"巡茶御史察院"载："方新，直隶青阳人。进士。嘉靖四十五年（1566）至。"③ 隆庆元年（1567）二月，鄠县知县王玮重刻张佖《渼陂空翠堂记》，立于空翠堂④。由方新到任时间与王玮立碑时间推测，重建空翠堂之事当在明嘉靖四十五年至隆庆元年之间。

明崇祯十二年（1639）春，时值明末，陕西关中一带农民起义风起云涌，各地"寇警"不绝。鄠县知县张宗孟稍得空闲，寻访渼陂故址，此时渼陂已干涸三百余年。"水落土出，尽为稻垄，惟渼水无恙，仅留陂之一字，与渼水共存焉耳"，空翠堂故址尚在，"亦倾圮莫识"。张宗孟此行并非全为寻古访幽，而是此前听说"城西三里为陂头镇，有高阜，上为空翠堂。按其地可拒寇，因建堡浚壕"。作为地方父母官，张宗孟也有顺带查看军事堡垒的意图。

张宗孟在空翠堂遗址见到了张佖所作碑刻，感慨"向之裁霞褾彩，因风回荡，菁葱掩映，百羽萃止，啁啾美喧者，杳然无存矣"，

---

① （明）张宗孟：《重建渼陂记》，康熙《鄠县志》卷一二《文苑考·记》，《陕西省图书馆藏稀见方志丛刊》第 3 册，第 169 页。

② （清）康如琏修，康弘祥纂：康熙《鄠县志》卷三《古迹考》，《陕西省图书馆藏稀见方志丛刊》第 2 册，第 402 页。

③ （明）李思孝修，冯从吾等纂：万历《陕西通志》卷一二《公署·巡茶御史察院》，第 2 册，陕西省地方志办公室整理，影印明万历刻本，国家图书馆出版社 2017 年版，第 72 页。

④ 按，该碑仍存，今在鄠邑区玉蝉乡陂头村空翠堂院内。额文篆书"空翠堂记"，碑文作者题名"宋宣教郎知京兆府鄠县管勾劝农公事兼兵马监押张佖撰"，落款题为"明隆庆元年春二月吉日。知鄠县事冀石王玮重立"。刘兆鹤、吴敏霞编著：《户县碑刻》著录石刻拓片及录文（图，第 82 页；录文，第 366 页，三秦出版社 2005 年版）。

甚为惋惜,"因鸠工庀材,相形度势,移堡后古道于北百步外,而高大之,则渼陂当年所决处也。为桥以通往来,桥北建武曲庙镇之。堡东建书院,楼房三楹,东西号房各三楹。又东旧有文昌庙,亦更新之。环浚鱼池阔五丈,与堡壕通,鲭鲤鳣鲔,杂畜其中,置小船以利涉,而资钓间。植桃李梅杏、榆柳松桧之属。数年后,松涛篁韵,相映参差,不恍然旧胜之犹存乎?堡前造水磨一所,从堡内居民之便,且引水入壕,作金汤之险,则又不独选胜寻芳之是亟也"①。从上述文字可以看出,空翠堂异地重建,仅保留其名而已,张宗孟的真实意图则在于强陂头镇所建堡垒的军事防御力量。

社会动荡,明王朝的命运朝不保夕,作为地方官员的张宗孟也有着切身体会,心中不免有几分伤感,他说:"余惟杜公之迹以渼陂存,非渼陂借本公以存也。杜公诗行称最于唐,兴致亦不浅,所游辄纪其迹。唐之后为宋,而空翠堂之创,又为宋张令,其时陂犹未决。至昭代,则陂决于元,并空翠堂亦寥落就圮矣。渼水潆洄,亘千古而常碧。昔大历、会昌中,平泉绿野,奇峰之石,履道之竹甲天下,其团园主人矢曰:'后世有鬻平泉一片石,即为不类。'然迄今亦杳不可问矣。余宁必是役之不朽万世哉。"② 杜甫之行迹因游渼陂而存留于诗中,而渼陂并没有因为杜诗的存在而永远存在下去。渼水虽然,但渼陂早已无处寻觅,加之"寇警"频仍,张宗孟内心的焦灼与寥落已不是诵读杜诗与重建空翠堂所能抚慰的了。大有景物无踪、人生无常的末世之伤感。

三 清代兴建杜公祠

清康熙三十九年(1700)春,陕西提刑按察使司佥事、分巡驿传道贾鉝"巡驿关中,过鄠邑,观渼陂,俯仰流连,犹想见公(杜

---

① (明)张宗孟:《重建渼陂记》,康熙《鄠县志》卷一二《文苑考·记》,《陕西省图书馆藏稀见方志丛刊》第3册,第169—170页。
② (明)张宗孟:《重建渼陂记》,康熙《鄠县志》卷一二《文苑考·记》,《陕西省图书馆藏稀见方志丛刊》第3册,第170—171页。

甫）当时游息之地，与岑家兄弟赋诗凭吊之概，低回徘徊久之，深悼公之遇，惜其才，高其志，而窃谓其胜迹不可以终湮也"，遂与鄠县知县朱文卿商议兴建杜公祠，朱君"亦风雅士也，欣然有共襄之志。余乃捐俸为之。构堂数楹，祀公其中。朱君实经理之，余仍属以时荐蘋藻焉"①，并于清"康熙三十九年庚辰七月望日"作《渼陂唐杜工部祠堂记》以记其事②。

鄠县知县朱文卿也作有《渼陂创建杜工部祠记》一篇。文章开篇即谈及于渼陂为杜甫创建祠堂的原因。"自古有大功德于其地，以及名贤、硕儒、忠臣、孝子、节妇、义夫，足为百代矜式者，乡邑咸祠而祀之，以劝将来。先生当唐天宝之乱，位不过卑散，间关数千里，奔赴行在。至其平时，则触时感事，忧国爱君之义辄形楮墨，一腔忠愤，皎皎乎盟日月而泣鬼神。故其足迹所至，后之人往往追念余芳，建祠刻诗。"③ 由此可见，杜甫忠君爱国、满腔忠义，显然属于名贤、硕儒、忠臣之列，且在鄠县渼陂留下过重要诗篇，功德自不待言。

此时，明朝末年知县张宗孟移建的空翠堂已成废址，朱文卿便依其故址"构堂以祀"。"庶几远山拱翠，碧水呈波，如睹先生丰采焉；鸣泉水硠，松韵竹声，如闻先生啸歌焉。以表前贤，则芳徽不坠；以风后世，则劝善有型。视世之敝，所事以事，无益縻有用之财，以媚

---

① （清）贾鉁：《渼陂唐杜工部祠堂记》，（清）鲁一佐修，周梦熊纂：雍正《鄠县重续志》卷五《新增艺文·碑文》，清雍正十年刻本，《陕西省图书馆藏稀见方志丛刊》第3册，第505—506页。

② 按，雍正《陕西通志》卷二三《职官四》"驿盐道"载："贾鉁，镶蓝旗汉军。康熙三十八年任。"（《中国西北文献丛书·西北稀见方志文献》第1辑，第2册，第85页）"驿盐道"即"分巡驿盐道"属陕西提刑按察使司下辖，"旧为驿传道。康熙二十一年裁，事务悉归粮道。三十三年复设。雍正十二年并入盐务，改为驿盐道"（第79页），由此可知贾鉁时任分巡驿传道。今西安碑林博物馆存有贾鉁所绘《太白全图》《太华全图》《香节图》等三方线画石碑，其中《太白全图》落款题为"时康熙三十九年中秋三亲观察使河东贾鉁并识"（参见《西安碑林全集》第104卷《石刻线画》，第315—323页），与此文作于同一时期。

③ （清）朱文卿：《渼陂创建杜工部祠堂记》，雍正《鄠县重续志》卷五《新增艺文·碑文》，《陕西省图书馆藏稀见方志丛刊》第3册，第506—507页。

第二章　鄠县渼陂空翠堂考

不经之鬼者，得失不有间哉！"建立祠堂既在于表彰前贤，亦在于宣扬鄠县地方风物景观。

渼陂杜公祠"为台五尺，为堂三楹，外缭以垣，涂之白垩也。正前为门，外为坊，共费钱凡百二十余贯"。不过根据清雍正《鄠县重续志》的记载，渼陂杜公祠与空翠堂实为一体。"空翠堂，建自宋之张公伋。与渼陂书院东西连接，堂后有阁，堂前兼有廊厢、门坊。日久就废，康熙庚寅秋，观察河东贾公（鉉）、前令怀来朱（文卿）捐俸建新堂于旧堂之南"①，此处只说贾、朱二人重建空翠堂事，而不载创建杜公祠事。但根据贾鉉、朱文卿所述可知所建当为杜工部祠。两相比较可知，二人创建杜公祠的同时，仍于祠外张挂了"空翠堂"牌匾。

鄠县儒学教谕李滋于雍正九年（辛亥，1731）秋，游览渼陂，见空翠堂有倾圮之虞，又与众弟子员捐资重修空翠堂，并新建崇文阁。李滋在《重修渼陂空翠堂并建崇文阁碑记》中追述空翠堂的创建历程，记云：

> 前张侯（伋）创之于地隶清平之日者，非好事也，惧名胜之易湮，怅前徽之忽泯，而贻后人以俗吏不好古之诮也。后张侯（宗孟）修之于兵戈抢攘之秋者，非劳民也，思以绍胜迹于既往，垂成规于将来，求不负乎修废举坠之职也。至贾公则论世知人、俯仰上下，慨然有显微阐幽之思焉。朱侯则景贤崇正，深情遥致，卓然有型俗维风之意焉。是皆可为居官莅政者之式矣。然迄今空翠之堂长留于渼陂之上，而诸公之名亦遂与杜公之贤并存于斯堂而不朽。②

---

① （清）鲁一佐修，周梦熊纂：雍正《鄠县重续志》卷五《建置·改创》，《陕西省图书馆藏稀见方志丛刊》第3册，第266—267页。

② （清）李滋：《重修渼陂空翠堂并建崇文阁碑记》，雍正《鄠县重续志》卷五《新增艺文·碑文》，《陕西省图书馆藏稀见方志丛刊》第3册，第509—510页。

李滋文中将空翠堂与纪念杜甫并提，也可见空翠堂与杜公祠本就是同一座建筑。空翠堂此后一直保存良好。民国《续陕西通志稿》载："杜工部祠，在渼陂。康熙中重修，贾观察［鈜］（鉽）、邑令朱文卿均有《记》，见邑志。观察捐俸四十金，又手题匾联，悬檐楹，书片石置诸壁间。"[①] 现存古建筑为清末重修，殿堂两座，共六间，堂前仍保存明清以来碑刻七方。1957年陕西省人民委员会公布为陕西省第二批重点文物保护单位。

---

① 杨虎城修，宋伯鲁纂：民国《续陕西通志稿》卷一二四《祠祀一》，民国二十三年铅印本，《中国西北文献丛书·西北稀见方志文献》，第9册，兰州古籍书店1990年版，第108页。

第三章　杜甫鄜州羌村故址考

安史乱起，长安陷落，杜甫一家为躲避战乱，自长安一路北上。天宝十五载（756），杜甫由奉先（今陕西省蒲城县）携家人北上白水（今陕西省白水县），但白水不久也陷入叛军之手，杜甫一家不得不继续北上，来到了鄜州（今陕西省富县），定居于羌村。杜甫将家人安顿在羌村未久，便只身离家，前往灵武投奔在此即位的唐肃宗。至德二载（757）闰八月，杜甫在凤翔左拾遗任上，为救房琯而得罪肃宗，既而返回鄜州看望家人。在这一时期，杜甫写下了《羌村三首》《三川观水涨二十韵》等篇什，羌村之名也因此家喻户晓。

第一节　鄜州羌村故址有两说

杜甫的《羌村三首》是广为传颂的千古名篇。其一云："峥嵘赤云西，日脚下平地。柴门鸟雀噪，归客千里至。妻孥怪我在，惊定还拭泪。世乱遭飘荡，生还偶然遂。邻人满墙头，感叹亦歔欷。夜阑更秉烛，相对如梦寐。"其二云："晚岁迫偷生，还家少欢趣。娇儿不离膝，畏我复却去。忆昔好追凉，故绕池边树。萧萧北风劲，抚事煎百虑。赖知禾黍收，已觉糟床注。如今足斟酌，且用慰迟暮。"其三云："群鸡正乱叫，客至鸡斗争。驱鸡上树木，始闻扣柴荆。父老四五人，问我久远行。手中各有携，倾榼浊复清。苦辞酒味薄，黍地无人耕。兵革既未息，儿童尽东征。请为父老歌，艰难愧深情。歌罢仰天叹，四座泪纵横。"① 诗中描述的是诗人自外回到羌村，与妻儿相见的场景，以及与家中儿女及邻人相处过程中的所见所感。诗歌情感真挚，令人动容。明人王慎中评曰："三首俱佳，而第一首尤绝。一字一句，镂出肺肠，才人莫知措手，而婉转周至，跃然目前，又若寻常人所欲道者。"② 后人研读杜诗，常欲探寻羌村之所在，但杜甫在诗中并未提及羌村的具体位置与山川地形。宋人蔡兴宗论曰："至德二载，岁在丁酉，秋闰八月，奉诏至鄜迎家。有《九成宫徒步［归］行》《玉华宫》《北征》，及此《羌村》。岂在鄜州乃公寄家之地耶？当得《鄜州图经》考之。"③ 以为羌村当在鄜州境内，是杜甫及其家人寓居之地，但未下定论。

一 宋人洛交羌村说

目前所知，南宋鲁訔编次、蔡梦弼会笺的《杜工部草堂诗笺》最早指出了羌村的大致方位。该书《羌村三首》题下注云："《鄜州图经》：州治洛交县。羌村，洛交村墟。"④ 唐李吉甫《元和郡县图志》载：鄜州"管县五：洛交，洛川，三川，直罗，甘泉"，其中洛交县为鄜州州治所在地，"隋开皇十六年，分三川、洛川二县置洛交县，属鄜州，洛水之交，故曰洛交。皇朝因之"⑤。至北宋《元丰九域志》载："鄜州，洛交郡，保大军节度。治洛交县。"⑥《杜工部草堂诗笺》所依据的《鄜州图经》当是宋人编纂的鄜州地方志书，认

---

① 《杜甫集校注》卷二《古诗四十三首》，上海古籍出版社2015年版，第253—256页。
② 参见（清）仇兆鳌注《杜诗详注》卷五《羌村三首》，中华书局2015年版，第477页。
③ （宋）赵次公注，林继中辑校：《杜诗赵次公先后解辑校（修订本）》，上海古籍出版社2012年版，第223页。
④ （宋）鲁訔编次、蔡梦弼会笺：《杜工部草堂诗笺》卷一一，叶九。影印宋刻本，《中华再造善本》唐宋编·集部》。
⑤ （唐）李吉甫撰，贺次君点校：《元和郡县图志》卷三《关内道三·鄜州》，中华书局1983年版，第70—71页。
⑥ （宋）王存撰，王文楚、魏嵩山点校：《元丰九域志》卷三《陕西路》，中华书局1984年版，第113页。

第三章 杜甫鄜州羌村故址考

为杜甫所居之羌村在洛交县境内。洛交县即明清时期的鄜州州城所在地，也就是今陕西省富县。

二 明人三川羌村说

羌村的具体位置在何处，直到明代才有明确说法。明代的主流说法是，羌村在鄜州城南六十里。《大明一统志》载："杜甫宅，在鄜州城南六十里。甫因避难至此。"① 明万历《陕西通志》载："杜甫宅，在鄜州南六十里。禄山之乱，甫避兵三川。肃宗立，奔行在，拜右拾遗。"② 两处记载虽简短，但均指明了杜甫宅在鄜州南六十里。此外，万历《陕西通志》的记述中更提到了"三川"。其意为杜甫宅即"避兵三川"时所营之居所。《元和郡县图志》载："三川县，东北至州六十里。"③ 杜甫故宅在城南六十里，而自三川县县治东北行六十里即可到达洛交县，这恰好说明杜甫故宅应当在唐代鄜州三川县境内，而不在洛交县境内。

三 宋"洛交村墟"与明"三川羌村"应是一处

如果按明人说法，羌村在鄜州城南六十里的三川，那么杜甫故宅就不在唐代鄜州州治所在地洛交县境内了。这与宋人《杜工部草堂诗笺》所引《鄜州图经》的记述似乎是矛盾的。

如此，考证杜甫鄜州故宅所在，便须重新回到杜诗中来寻找线索。杜甫在这一时期的诗中多次提及"三川"这一地名。《晚行口号》诗云："三川不可到，归路晚山稠。落雁浮寒水，饥乌集戍楼。

---

① （明）李贤纂修：《大明一统志》卷三六《延安府》，三秦出版社1990年版，第2600页。按，相同文字又见（明）赵廷瑞修，马理纂：嘉靖《陕西通志》卷一三《古迹下·延安府》，明嘉靖二十一年刻本，《华东师范大学图书馆藏稀见方志丛刊》，北京图书馆出版社2005年版，第304页。

② （明）李思孝修，冯从吾等纂：万历《陕西通志》卷二〇《古迹·延安府》，影印明万历刻本，国家图书馆出版社2017年版，第434页。

③ （唐）李吉甫撰，贺次君点校：《元和郡县图志》卷三《关内道三·鄜州》，第71页。

市朝今日异,丧乱几时休。远愧梁江总,还家尚黑头。"① 《述怀一首》又云:"去年潼关破,妻子隔绝久。今夏草木长,脱身得西走。麻鞋见天子,衣袖露两肘。朝廷愍生还,亲故伤老丑。涕泪授拾遗,流离主恩厚。柴门虽得去,未忍即开口。寄书问三川,不知家在否。"据南宋人黄鹤注:"当是至德二载夏拜拾遗后作。"② 此时杜甫投奔肃宗,已被授予拾遗之职,而与妻儿隔绝日久,寄家书问讯也是寄往"三川"。《三川观水涨二十韵》同样将地点定在了三川。很显然,这些诗中所说的"三川",就是杜甫家所在的地方。

《元和郡县图志》载:三川县"以华池水、黑源水及洛水三川同会,因名。苻坚时于长城原置长城县,属长城郡。后魏废帝改为三川,属中部郡。隋开皇三年属鄜州"③。清康熙《鄜州志》卷一《舆地志》载:"三川废县,州南七十里。本苻秦长城县,后魏改三川县。"④ 又载:"杜甫宅,在三川。唐开元间,避禄山之乱,挈家居此。石上有对云:'长天夜散千山月,远水霞收万里云。'"⑤ 同书《祠宇志》载:"杜公祠,唐杜少陵寓居三川羌村。"⑥ 可见清初康熙《鄜州志》的记载与杜诗中"三川"的诗句是吻合的,认为杜甫故居就在三川羌村。这一记载也与《大明一统志》及明代《陕西通志》的记载相符。

既然明人的"三川羌村"说得到了杜诗和历代文献的印证,那是否说明宋人提出的"洛交村墟"说有误呢?这就需要从历史地理的角度进行考量。需要说明的是,鄜州的行政区划在唐宋两代是有明

---

① 《杜甫集校注》卷一〇《近体诗一百二十二首》,第1546页。
② 《杜甫集校注》卷二《古诗四十三首》,第218—219页
③ (唐)李吉甫撰,贺次君点校:《元和郡县图志》卷三《关内道三·鄜州》,第71页
④ (清)顾耿臣修,任于峤纂:康熙《鄜州志》卷一《舆地志·古迹》,影印清康熙五年刻本,中国社会科学院图书馆编:《稀见中国地方志汇刊》第8册,中国书店1992年版,第753页。
⑤ (清)顾耿臣修,任于峤纂:康熙《鄜州志》卷一《舆地志·古迹》,《稀见中国地方志汇刊》第8册,第753页。
⑥ (清)顾耿臣修,任于峤纂:康熙《鄜州志》卷六《祠宇志·祠庙》,《稀见中国地方志汇刊》第8册,第806页。

第三章 杜甫鄜州羌村故址考

显变化的。如图 3—1、图 3—2 所示：

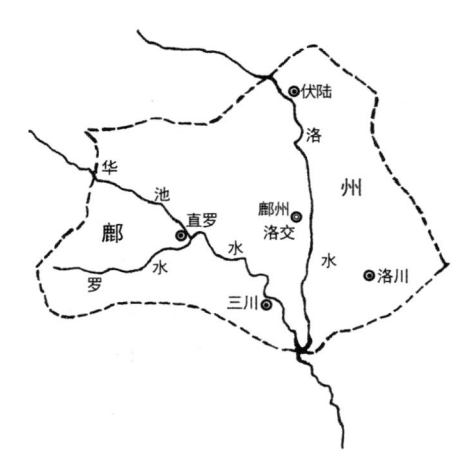

图 3—1 唐开元二十九年鄜州示意图

图 3—2 北宋政和元年鄜州示意图

对比以上二图，可以清晰地发现，唐宋两代的鄜州无论是疆域还是属县都发生了明显的变化。其中最显著的变化即是三川在唐时为县，而在宋代示意图中降为三川镇。《元丰九域志》载："熙宁七年（1074）省三川县为镇入洛交。""洛交，三乡。三川一镇。"① 可知当时三川即已成为洛交县的一部分。

既然宋时三川已归属洛交县，那么宋人的"洛交村墟"和明人的"三川羌村"就并不意味着所指的是两处地点了。宋人所见到的《鄜州图经》应当是北宋编纂的，此时唐代三川县已被并入洛交县。无论羌村在唐时属洛交县还是属三川县，自熙宁七年之后，宋人都可以将其称作"洛交村墟"。其他宋人注杜诗时也未有关于不同时期洛交县的明确说法，例如黄鹤注《羌村》时也只是说："至德二载秋至鄜时作。"② 这仅仅是一个大范围的限定。

那么，宋人究竟认为杜甫鄜州故居在何处？宋人晁说之于政和四年（1114）至六年间任鄜州通判，尝作《三川诵杜老观水涨诗》，诗中有云："平生少陵诗，佳处岂尽识。何敢窥意韵，尚且昧形迹。身到三川来，督督迷咫尺。连天穿谷句，忘饥三叹息。"③ 宣和五年（1123）晁说之任成州知州时，作《成州同谷县杜工部祠堂记》又云："予尝北至鄜畤，观公三川之居。"④ 此"鄜畤"之"畤"指古代祭天地五帝之处。《元和郡县图志》载："因秦文公梦黄蛇自天降属于地，遂于鄜衍立鄜畤为名。"⑤ "鄜畤"，指的就是鄜州。晁说之明确说明了杜甫在鄜州的故居就是三川故居。此说与《鄜州图经》及蔡兴宗、黄鹤等人的说法相互印证可见，宋人所谓的"洛交村墟"，即是杜甫的三川故居所

---

① （宋）王存撰，王文楚、魏嵩山点校：《元丰九域志》卷三《陕西路》，第113—114页。
② （宋）黄希原注，（宋）黄鹤补注：《补注杜诗》卷三，《景印文渊阁四库全书》第1069册，第98页。
③ （宋）晁说之：《嵩山文集》卷四《古诗》，叶三九，《四部丛刊续编》影印南宋抄本。
④ （宋）晁说之：《嵩山文集》卷一六《纪》，叶三六。
⑤ （唐）李吉甫撰，贺次君点校：《元和郡县图志》卷三《关内道三·鄜州》，第70页。

在地。宋人和明人所认定的羌村,名称虽不一致,但实为一处。

第二节　明人所见三川羌村故宅

　　后人在三川羌村建有杜甫草堂,又有不少题刻。该杜甫草堂创建时代不详,但反复出现在明人诗歌之中。参议田龙《三川杜甫草堂》云:"问柳寻花为草堂,急呼村酒酬诗王。乾坤无处容衰老,风雅何人到盛唐。春雨三川驱瘦马,秋风一剑寄空囊。鄜州旅食峥嵘日,南北音书共渺茫。"① 又有后人在杜甫旧居旁的石头上题刻一联"长天夜散千山月,远水霞收万里云"。明人皆以为系杜甫遗墨,深信不疑,所过又多有吟咏。金陵人陈凤作《憩三川寻杜少陵遗墨》,诗云:"锦城曾上浣溪堂,此地来过迹已荒。满壁龙蛇尚飞动,三川花鸟讵相忘。李杜齐名元不忝,稷契许身谁谓狂。万死间关赴行在,总令无益志堪伤。"② 兵备副使王崇古经三川,作《三川谷口读杜工部题刻识感》,并有《序》云:"工部昔避难,寓三川,题联山壁云:'长天夜散千山月,远水霞收万里云。'既奔行在,尚忆昔游,有'三川不可到'之什。石剥苔封,遗迹犹存。金陵友人陈雨伯刻诗石畔,寻即旅逝,王子读而哀之,赋吊一首。"由此可知,王崇古于此地见故友陈凤(雨伯)题刻,不胜感伤。又作诗怀念友人。诗云:"千山晴月古今同,万里归云涧壑空。飘泊当年怜杜老,凄其异代忆陈公。磨岩旧识山灵护,吊古新传草圣工。锦水秦山均羁旅,天涯千载一归鸿。"③ 王崇古在《序》中说得很明白,三川杜甫草堂就是杜甫避乱鄜州时的故居,且有石刻题联。鄜州举人齐国佷亦有诗《三川杜拾遗石刻》,诗云:"许国常余憾,三川几过家。苔封石上笔,水浸岸头

---

　　① (清)顾耿臣修,任于峤纂:康熙《鄜州志》卷八《艺文志·诗》,《稀见中国地方志汇刊》第 8 册,第 815 页。
　　② (清)顾耿臣修,任于峤纂:康熙《鄜州志》卷八《艺文志·诗》,《稀见中国地方志汇刊》第 8 册,第 817 页。
　　③ (清)顾耿臣修,任于峤纂:康熙《鄜州志》卷八《艺文志·诗》,《稀见中国地方志汇刊》第 8 册,第 822 页。

霞。山月犹频炤，长天未有涯。年年春易去，野草自含花。"①

20世纪70年代末、80年代初，山东大学萧涤非先生率山东大学《杜甫全集》校注组成员考察杜甫行踪遗迹，后将考察调研所得编成《访古学诗万里行》一书。考察组成员曾至富县（即鄜州）考察过三川遗迹。书中是这样描述当时的三川情况的："在今富县城南七十多里的地方，有一处摩崖石刻，刻有与杜甫有关的诗文。……石刻在葫芦河畔的不甚高的山崖上，与山川驿隔河相对，山川驿又称三川驿，它原来是长安到北长城之间一处较大的驿城，颇有些名气。现在驿城的遗迹犹存，紧靠驿城的一座山头上，还有一座烽火台。当年是大路要冲，往来的迁客骚人、商贾行旅是很多的。现在大路已废，成了人迹罕至的深山沟了。石刻在背阴的山崖上，石质很差，为片页岩石，式隙间不断往外渗水，刮去石头上的青苔，还可以辨出一些字迹。'……千山月，……万里云'是两行并列竖排的字，上半各四字，引石层断裂，已全然不见，而下面六个字却十分清晰，字不甚大，方可半尺。左下方似有题记或落款的小字，亦风化脱落。其左方，还有'拾遗墨草'四个大字，落款有'明嘉靖丙申……'字样。另外还有几首残缺不全的诗刻，都是吟咏杜甫遗迹的，字迹大多不可辨识。据当地一位同志说，这个地方原叫杜甫堂，石刻原来都在室内，后来年久失修而坍塌，石刻才残破成这个样子。"②

由上述明代题诗及今人考察可知，萧涤非等人考察所见的摩崖题刻所在地就是明代人流连吟咏的三川杜甫故居（杜甫草堂）遗址，原有石室，室内多有题诗，室外又有摩崖石刻，有传说中杜甫书写的"长天夜散千山月，远水霞收万里云"，又有后人题写于明嘉靖丙申（十五年，1536）的"拾遗墨草"等题刻文字。距离富县县城城南七十多里，也与明代及清康熙《鄜州志》等文献中所说的杜甫三川羌

---

① （清）顾耿臣修，任于峤纂：康熙《鄜州志》卷八《艺文志·诗》，《稀见中国地方志汇刊》第8册，第824页。

② 山东大学《杜甫全集》校注组编著：《访古学诗万里行》，人民文学出版社1982年版，第102—103页。

第三章 杜甫鄜州羌村故址考

村宅相吻合①。该遗址原与三川驿隔河相望，地处交通要冲，但大路改道后，三川杜甫羌村遗址便逐渐废弃了。

第三节 明代中叶采铜川新羌村的出现

上文已经谈到，"三川羌村说"是明代的主流观点，与宋人所说的"洛交村墟"应为一处地点。但一处地点、两种提法的情况，终究留下了隐患。明中期，有人对羌村的所在地提出了完全不同的看法，认为杜甫居住的羌村应当在古洛交县——即明清时期鄜州西北三十里处②。该羌村南不远是背靠采铜川的山坡，坡上是明清时期的天宁寺遗址。今存石碑两通：一是立于明成化七年（辛卯，1471）十一月，前怀庆府同知王玫撰写的《重修天宁寺碑记》；一是清道光二年刊刻的《众芳题名》碑。其中《重修天宁寺碑记》载："天宁寺，古梵刹基也。在州治之西三十里羌村，即有唐诗人杜子美流寓之地。"③ 清人谭瑀《羌村访杜工部故宅呈谢向亭徐穆园两先生》诗中云："晨出北郭门，卅里沿清溠。忽焉睹古村，下马□幽思。依山聚数家，瞰水圪一寺。佛面黯无光，神龛赫有位。曰唐左拾遗，怵然发歔欷。"④ 可知王、谭二人所指认的羌村与天宁寺毗邻而居，直至清代天宁寺仍然供奉着杜甫的木主。这个地点显然是由宋人"洛交村墟"说衍生而来。

---

① 按：清康熙《鄜州志》中又有不少明人吟咏羌村的诗歌，此羌村应为三川羌村，但因诗中未提及"三川"二字，故慎重起见，未引入正文之中。参见该书卷八《艺文志·诗》收录翟瓒、齐国英等作《羌村》诗。

② 按，该村今名"大申号村"。据《访古学诗万里行》记载："因为清末有人在村中开了个酒坊，店铺字号称'大申号'，店铺字号代替了村名，以后酒坊没有了，村名却沿用了下来。"（山东大学《杜甫全集》校注组编著：《访古学诗万里行》，人民文学出版社1982年版，第99页）1946年11月3日延安《解放日报》第4版焕南《案头杂记》载："据传说：羌村在鄜县的大升号村，遗迹已不存在。"又称该村为"大升号"。

③ 据王玫《重修天宁寺碑记》抄录。亦见山东大学《杜甫全集》校注组编著《访古学诗万里行》，第102页。

④ （清）吴鸣捷修，谭瑀纂：道光《鄜州志》卷五《艺文部·诗》，清道光十三年刻本。《中国地方志集成·陕西府县志辑》，凤凰出版社2007年版，第347页。

羌村新址出现后，也得到了有力的支持。明万历年间，鄜州进士王邦俊又于此羌村东一里处崖壁上题刻"少陵旧游"四字。王邦俊，字虞卿，鄜州人。明万历二年（1574）进士，官至巡抚顺天右佥都御史。致仕后"治别墅于郭家庄，近羌村杜少陵宅，大书'少陵旧游'"①。本地进士高官的首肯，使得一处羌村彻底分成了两处所在。而此后，采铜川羌村也开始逐步占据了上风。

到了清朝初年，鄜州地方志中也已经出现了两处羌村的说法。如清康熙《鄜州志》卷六《祠宇志》载："天宁寺，在羌村。州西北三十里。"② 如图3—3所示：

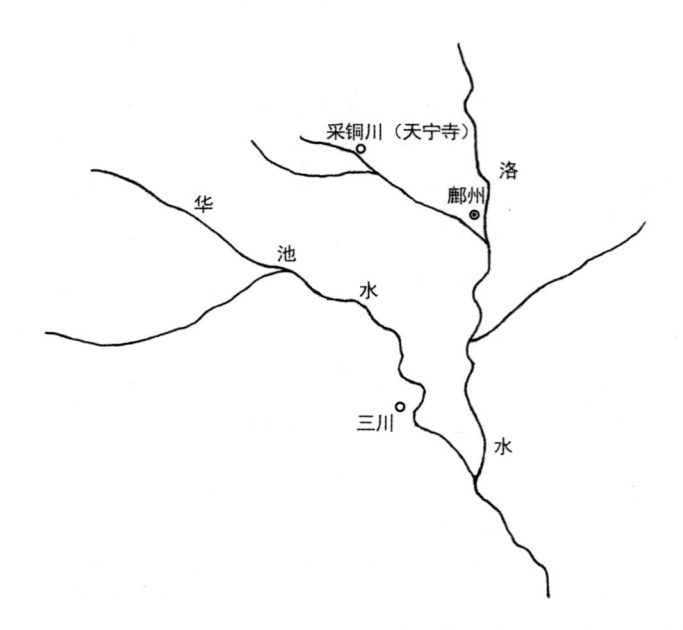

图3—3 清代三川、采铜川方位示意图

---

① （明）任于峤：《王中丞（邦俊）传》，道光《鄜州志》卷五《艺文部·传》，《中国地方志集成·陕西府县志辑》第47册，第338页。按，今"少陵旧游"四字摩崖题刻仍保存完好，但落款被人凿毁，后人又有补刻，今仅见"明山"二字。

② （清）顾耿臣修，任于峤纂：康熙《鄜州志》卷六《祠宇志·祠庙》，叶五，清康熙五年刻本。

第三章 杜甫鄜州羌村故址考

不过在当时，三川羌村仍是地方志中的主流说法。康熙《鄜州志》同卷又载："鄜畤、八蜡、杜公三祠虽已颓废，地址尚有可指，此三祠不可不有。今列于见在祠宇之内，以待建修。……韩、范二公，功烈在鄜，其祠附庙学内，春秋祭享。杜少陵以携家寓居三川羌村，亦有祠祀，今三公之祠虽烬然无余矣，而人心瞻仰，常若榱栋几筵在兹焉。"①

但到了清道光年间重新编纂《鄜州志》时，则将鄜州西北采铜川羌村认定为"真羌村"，而将三川羌村判定为"假羌村"。该志《舆地部》载："羌村杜拾遗宅，州西北三十里采铜川。唐天宝十四年避乱挈家居此。有杜公窑，石壁上题句云：'长天夜散千山月，远水霞收万里云。'是拾遗旧迹，壁间后人题咏甚多，土人苦有司骚扰，湮之。石崖上大书'少陵旧游'四字，明中丞王邦俊题。"②

道光《鄜州志》这一记录不惜移花接木，将三川羌村遗址的题咏来了一个大搬家，文中所载"有杜公窑，石壁上题句云：'长天夜散千山月，远水霞收万里云。'是拾遗旧迹，壁间后人题咏甚多"，非常明确是属于三川羌村的石室、题刻，也被志书编者转移到了鄜州城西北三十里采铜川。但采铜川确实没有上述遗迹，编者又自作解人说："土人苦有司骚扰，湮之"，这的确是无端造假的行为，不惜"挪移"三川石刻的地理位置，也要将羌村坐实在鄜州城北的采铜川。但后出志书流传更为广泛，使得杜甫羌村在鄜州城北三十里的说法逐渐盛行起来。甚至于新近出版的《杜甫全集校注》也在《羌村三首》题解下注云："羌村旧址在今陕西省富县茶坊镇大申号村。"③这显然是受了道光《鄜州志》的误导，亦与萧涤非先生等编《访古学诗万里行》的记载相悖。

---

① （清）顾耿臣修，任于峤纂：康熙《鄜州志》卷六《祠宇志·祠庙》，《稀见中国地方志汇刊》第 8 册，第806 页。
② （清）吴鸣捷修，谭瑀纂：道光《鄜州志》卷一《舆地部·古迹》，《中国地方志集成·陕西府县志辑》第 47 册，第 255 页。
③ 萧涤非主编：《杜甫全集校注》卷四，人民文学出版社 2014 年版，第 934 页。

清康熙《鄜州志》与清道光《鄜州志》在记录杜甫羌村故宅位置上存在巨大差异是非常奇特的现象。一般而言，地方志书都是相沿传抄，后代方志抄录前代方志，使得后代志书能够保存不少更为古老的历史信息。但清道光《鄜州志》却是特立独行的存在。其中缘由，还需进一步考辨。

第四节 采铜川"洛交羌村"说辨误

在真假羌村认定的过程中，本地文人起到了非常关键的作用，而他们又因为参与地方志书的编纂，而将自己的见解与论断写入志书之中。清道光《鄜州志》"古迹"部分附录有鄜州籍文人、清乾隆三十九年（1774）贡士任三镇所撰《三川杜甫宅考》，任三镇认为三川羌村乃是"千百年来之误"，"在今州治南七十里，其南石崖镌后人题'杜甫遗迹'甚夥。种讹相沿，遂谓甫故宅在此。非也！"

任氏的最主要依据则是其所谓"按诗考地，因地证诗"，他在《三川杜甫宅考》一文中称："考唐武元衡《保大楼》诗：'三川会合古鄜州'，郑玉《苇谷》诗：'水会三川漾碧波'。保大楼即故州治城楼，而'苇谷'则在今州治南五里。"由此类比，杜甫诗中的羌村"昔属三川，今为州治，亦明甚"。所以认为杜诗中的"三川"就是明清时的鄜州州治所在。"今羌村显有其居，甫两番至羌村，复有诸诗、年谱可据。若误为居三川县，则诗中云'山中漏茅屋'，以羌村在万山之中；又云'嵌窦猛虎场'，未闻三川县治而有虎者也。且《忆幼子》诗'涧水空山道，柴门老树村'，言空山、言村，不言县，抑又明矣。"①

今观任三镇的"依据"，实在看不出何处"明矣"。盖因其并不具备传统历史沿革地理学的基本常识与知识。任三镇先是将采铜川羌村所在地错误地归为唐时三川县辖地，又认为杜诗中的"三川"确

---

① （清）任三镇：《三川杜甫宅考》，道光《鄜州志》卷一《舆地部·古籍》，第255—256页。按：任三镇，字靖侯，鄜州人。清乾隆三十九年贡生。见道光《鄜州志》卷四《人物部·贡选》。《中国地方志集成·陕西府县志辑》第47册，第305页。

实指三川县，既而又将唐诗中泛指鄜州的"三川"之地特指为州治所在。一说杜甫故居属"三川"（离州治近处），一说杜甫时而不居"三川"（州南七十里处），地理概念极其混乱，对诗意理解方面也是杂糅不清的，全文可谓毫无可取之处。不过，任三镇的基本观点很明确，他认为杜诗中的"三川"并非唐时鄜州三川县，而是泛指鄜州，因此后人在唐代三川县境内见到的杜甫故居是假的。

多次用"三川"这一具体地点泛指"鄜州"的情况，如果放在其他唐代诗人作品之中或许有可能，但是杜诗则不然。作为现实主义的伟大诗人，杜甫诗作以写实景为重要特色，因而后世有"杜陵诗卷作图经"①之说。杜诗中多次详细描绘的"三川"是不可能只是泛指的，以任三镇为代表的本地文士以此理由将千百年来的成说彻底推翻，显然道理并不充分。

值得注意的是，无论是宋代《鄜州图经》的"洛交村墟"说，还是明代羌村位置一分为二以后出现的争议，均认为杜甫真正居住过的羌村只有一个，而不是两个羌村；更不是一个三川，一个羌村。同样也不存在杜甫在鄜州有两处居所的可能性。

但由于"采铜川"和"三川"两个羌村的位置都具有"过硬"的理由，故而清人又采取了调和之法。清雍正《陕西通志》载："杜甫草堂，在鄜州南六十里，杜甫避难寓此，即三川也；又州西北三十里羌村，有杜甫窟，壁上诗甚多。"② 师海军即采信该说法认为清雍正《陕西通志》"所记杜甫古迹，合于唐人所载，故可确信"，在其《杜甫鄜州避乱行实考》中将杜甫鄜州居地指为两处，认为杜甫为避安史叛军，"到达鄜州洛交南六十里之三川，其后又迁至鄜州城北之

---

① （宋）林亦之《奉寄云安安抚宝文少卿林黄中》诗云："泥封款款下青冥，却许麾幢换使軿。夔子城头开幕府，杜陵诗卷作图经。十年去国未还国，万里长亭更短亭。可信明时好人物，乱猿啼处是州厅。"北京大学古文献研究所编：《全宋诗》卷二五〇八《林亦之一》，北京大学出版社1995年版，第29002页。

② （清）刘于义修，沈清崖纂：雍正《陕西通志》卷七三《古迹二》，影印清雍正十三年刻本，《中国西北文献丛书·西北稀见方志文献》第1辑第4册，兰州古籍书店1990年版，第386页。

羌村"①。但这种调和的说法与杜甫两至鄜州的真实情况并不一致。

综上所述，三川羌村才是杜甫全家避乱之地，至于明人后来提出的"采铜川羌村"，不过是根据宋代《鄜州图经》所说的"洛交村墟"，以及黄鹤注《羌村》时所谓"至德二载秋至鄜时作"等文献中的说法，加之不清楚唐宋地理名称沿革而附会出来的地点罢了。前文已述，宋人所见到的《鄜州图经》应当编纂于北宋，此时唐代三川县已并入洛交县，将杜甫三川故居指为洛交村墟，并不为过；北宋晁说之所云"尝北至鄜时，观公三川之居"，更证明了二者应为一地。而鲁訔编次、蔡梦弼会笺《杜工部草堂诗笺》之时，已是南宋时期，秦岭以北领土全部落入金国之手，研究者再想前往鄜州考察或是获取鄜州地方文献，已不可行。只能依照旧日图经编纂杜甫诗笺，三川与洛交差异之说由此产生。而这些图书几经传抄到了明清，经过对前人注释的解读，便产生了在古洛交县境内重新寻觅杜甫羌村的行动，由此附会出了鄜州西北三十里的采铜川羌村。这应当是对鄜州羌村故址最为接近历史真实的解释。

---

① 师海军：《杜甫鄜州避乱行实考》，《文学遗产》2010年第4期，第36页。

第四章　延安杜甫崇祀考

安史之乱爆发后，杜甫携家人北上避乱，途径白水、坊州等地，最终抵达了鄜州，寓居在三川羌村。得知唐肃宗在灵武即位后，杜甫便将家人安置于羌村，自己只身北上灵武，不料途中陷于叛军，再次回到长安。明代中期以后，延安府一直流传着杜甫北上途中曾经到达延州（今延安市）的传说，终于在清道光年间创建了延安杜公祠以祭祀杜甫。师海军先生考证杜甫陷于叛军的地点，认为"从鄜州至延州之交通状况来说，当不会北过野猪岭"①，即杜甫北上途中不可能越过鄜州伏陆县，也不可能抵达延州。几乎与此同时，查屏球先生也认为："无论从地理上看，还是由杜诗内容看，都不能找到杜甫到过延安的证据。"② 此后，杜甫未至延州的观点成为学界定论。

第一节　牡丹川与牡丹山：杜甫遗迹传说溯源

一　杜甫避乱延州说的出现及演变历程

就目前所见，唐代文献中从未有过杜甫避乱延州的说法，两宋文献亦没有发现任何延安府有杜甫遗迹的记载。杜甫避乱延安的传说，最早只能追溯到明嘉靖《陕西通志》的记载。嘉靖《陕西通志》卷

---

① 师海军：《杜甫鄜州避乱行实考》，《文学遗产》2010年第4期，第37页。
② 查屏球：《名作效应与文学地理——杜甫鄜州影踪追考》，《古典文学知识》2010年第4期，第61页。

四《土地二·山川下·延安府》载:"牡丹川,在肤施县内。……杜甫避乱时尝游于此,故亦名'杜甫川'。"又云:"府南四十里许,有山曰'花原头',一名'牡丹山',山多牡丹,故名。"① 显然,这里记载的"牡丹川"和"牡丹山"并不是同一处所在。"牡丹川"为修志者认为的杜甫游历之地,而"牡丹山"与杜甫并无关系。

但此后冯从吾编纂万历《陕西通志》时,却并无相关记载。万历《陕西通志》未将杜甫避乱延州传说收入的原因无法确定,或许是认为前志之说并无根据,又或许仅是出于删繁就简的需要。

杜甫避乱延州的传说再次出现在方志记载中,已是清初修纂康熙《陕西通志》之时了。康熙《陕西通志》卷三《山川·延安府》载:"牡丹山,在府城南四十里,……相传杜甫避乱尝游此。"② 这不仅重现了杜甫避乱延州说,并且将明嘉靖《陕西通志》中记载的杜甫避乱之所,从"牡丹川"改到了"牡丹山"。此外,同书卷十九《水利·延安府·肤施县》又载:"杜甫川,在府城南。"③ 显然,此志中的记载已经将嘉靖《陕西通志》的"牡丹川"和"牡丹山"两处地点相混淆,既将杜甫避乱之地改在"牡丹山",又将"牡丹川"改称"杜甫川",以杜甫命名。

到雍正朝再次编纂《陕西通志》时,大概是编者发现了前志记载之混乱,为了解决杜甫避乱之地的问题,调和"牡丹川"与"牡丹山"之间的是非争端,索性采取了清代文献中惯用的折中法,将"牡丹川"及"牡丹山"均指为杜甫所到之地。雍正《陕西通志》卷十《山川三·延安府》载:"牡丹山在县西南四十里许。……相传杜甫避乱时游此。""小河在县南七里,源出牡丹山,东南流四十里入杏子河。一名'牡丹川',又名'杜甫川',以子

---

① (明)赵廷瑞修,马理等纂:嘉靖《陕西通志》卷四《土地二·山川下·延安府》,嘉靖二十一年刻本。《华东师范大学图书馆藏稀见方志丛刊》,北京图书馆出版社2005年版,第1册,第278—279页。

② (清)贾汉复修,李楷纂:康熙《陕西通志》卷三《山川·延安府》,叶三三,清康熙六年刻本。

③ (清)贾汉复修,李楷纂:康熙《陕西通志》卷一九《水利·延安府》,叶二〇。

美尝居此,故名。"① 同书卷七十三《古迹二·郊坰·唐》又载:"杜甫川,在延安府城南七里,西南折入四十里,牡丹遍山谷……甫避乱寓此,范仲淹大书'杜甫川'三字于川口。"②

从雍正《陕西通志》的三处记载可见,虽然其将"牡丹山"和"牡丹川"均作为杜甫所到之地,但实则偏重于"牡丹川"。其记载主要有两方面的价值:一是将"杜甫川(牡丹川)"的方位确定在了延安府治所肤施县城南七里处;二是建立了"杜甫川"与"牡丹山"的方位联系,"杜甫川"既可以指发源于"牡丹山"、流入"杏子河"的小河,也可以指这条小河流附近的平野。

到了嘉庆年间,嘉庆《重修延安府志》卷八《疆界》载:肤施县南"四十里有亚支山,稍南有牡丹山。……山下有杜甫川,《县志》相传杜甫避乱时游此,故名"③。不难发现,嘉庆《重修延安府志》在雍正《陕西通志》的基础上,对"杜甫川"和"牡丹山"的方位关系的更进一步发挥,跨越了前志记载中三十多里的距离,直接将二者划定在了同一个范围内。

从明嘉靖《陕西通志》到清嘉庆《重修延安府志》的记载可以明显看出,本地虽在明中后期出现并流传了杜甫避乱延州的说法,但数百年间一直无法确指杜甫避乱的具体地点,历代记载也在不断的矛盾与调和之中发展演变,并非查有实据。这既是延安杜公祠产生的文献基础,也恰是今人确证杜甫未曾抵达延州的证据之一。

二 清人对杜甫避乱延州说的分析

从上述文献的梳理可见,杜甫避乱延州传说的产生和演变过程一

---

① (清)刘于义修,沈清崖纂:雍正《陕西通志》卷一〇《山川三·延安府》,清雍正十三年刻本,《中国西北文献丛书·西北稀见方志文献》第1辑,兰州古籍书店1990年版,第1册,第291—292页。
② (清)刘于义修,沈清崖纂:雍正《陕西通志》卷七三《古迹二·郊坰·唐》,《中国西北文献丛书·西北稀见方志文献》第1辑,第4册,第403页。
③ (清)洪蕙纂修:嘉庆《重修延安府志》卷八《疆界》,清嘉庆七年刻本,《中国地方志集成·陕西府县志辑》,凤凰出版社2007年版,第44册,第55页。

直都伴随着不确定性，尤其是地点的叙述，始终颇显混乱。在这种情况下，爱好杜诗的清代文人也逐渐对此产生了兴趣。

雍正《陕西通志》卷九十四载张廷玉《杜甫川说》云："子美所过，不能无诗。今考《甫集》六十卷，及秘府书藏、人家所有大小《集》，无至延州诗，何邪？……夫三川、鄜州、羌村，皆延属，皆有诗。北去延有几，胡以杜甫名川而无诗？未至，胡以'杜甫'也？既至，胡以杜甫川不杜甫诗也？"张廷玉熟读杜诗，熟知杜甫每到一处必有题诗的特点，敏锐地发现了杜甫川有杜甫传说却无杜诗传世的问题。但他很快由杜甫《彭衙行》《塞芦子》二诗，结合宋人注释和延安府地形，相信了杜甫确曾抵达延州。其曰："今郡北芦关岭即芦子关。彼地险阻可守，子美且稔知之，延州犹经历未到邪？"基于这种结论，则"川诗其佚之也？"在张廷玉看来，不是杜甫没有在延州作过诗，而应该是杜甫在此地作的诗篇散佚了。张廷玉甚至猜测杜甫当年一定在诗篇中描摹过延州的牡丹，只可惜诗篇未传，对此十分惋惜道："使子美至此川而过花原，当必有诗，乃不得与万里草堂百花妍，猥与海棠寂寞也。有遗憾哉！"[①]

无独有偶，清同治年间，延安知府宫尔铎在《延安十邑试馆创立杜公祠碑记》中也表达了自己的疑惑："延安之南有川焉，出牡丹山下，逶迤幽邃。相传唐时杜少陵避乱游此，此川遂附公以传。公至延安，于《传》无考。岂北征时问家室于羌村，偶一游历及之耶？"[②] 宫尔铎作为延安府的官员，从主观上同样倾向于相信杜甫确曾来过，故此提出了"偶一游历"之猜测，这不仅解释了杜甫在此处无诗的问题，还解释了史传不载"杜子过延州"的原因。但需要认清的是，无论张廷玉的"诗篇散佚"说，还是宫尔铎的"偶一游历"说，都是仅从主观出发而进行的合理推测，并非拥有切实的文献依据。

[①] （清）刘于义修，沈清崖纂：雍正《陕西通志》卷九四《艺文十·说》，《中国西北文献丛书·西北稀见方志文献》第1辑，第5册，第361页。

[②] （清）宫尔铎：《延安十邑试馆创立杜公祠碑记》，氏著《思无邪斋文存》卷一《文十二首》，《清代诗文集汇编》，上海古籍出版社2010年版，第741册，第93页。

第四章 延安杜甫崇祀考

总之，杜甫避乱延州的传说，既无唐宋文献记载，也无杜诗佐证。相关传说的记载，最早仅能追溯到明嘉靖《陕西通志》，且此后数次修志时的说法出现了较大变化，尤其对地点的记述多有矛盾。可见，这些志书修纂之时，并无现实中的遗迹可供考察。张廷玉和宫尔铎虽然各自对杜甫避乱延州的传说做出了合理推测，却也并不能在实质上弥补文献依据的缺失。但这并没有影响清人在杜甫川建祠祭祀的热情。

第二节 延安杜公祠的创建及兴衰

一 道光年间创建延安杜公祠

杜甫避乱延州说虽然在志书中延续了数百年，但直到清道光年间延安府才开始创建杜公祠。道光二十三年（1843），延安府肤施县知县陈炳琳依杜甫川左近之山势凿石成窟，在洞窟内为杜甫造像祭祀。由于清代肤施县没有志书传世，无法据此考知延安杜公祠创建之时的详细情况。后来同治年间移建延安杜公祠时，宫尔铎也仅在《延安十邑试馆创立杜公祠碑记》中记载："道光癸卯（二十三年，1843），粤西陈君炳琳令肤施，始就山崖凿石室祀公，复改书'少陵川'三字补镌于壁。"① 如今，只能从尚存于世的祠内题刻略窥当时情况。

洞窟正上方门楣处刻有"北征遗范"四字，落款署名"知肤施县事陈炳琳书"。两侧楹联有二，其一云："忠不忘君，稷契深怀寄诗史；清堪励俗，鄜延旅寓洁臣身。"其二云："千载清风兴顽懦，一朝诗圣萃□□（尾二字被人凿去）。"洞窟外石壁上有"少陵川"三个大字，纪年为"道光癸卯"，落款署名"知肤施县事西粤陈炳琳重立并书"。陈炳琳所说的"重立"，并非是其建祠时已有摩崖，而应是据雍正《陕西通志》中"范仲淹大书'杜甫川'三字于川口"

---

① （清）宫尔铎：《思无邪斋文存》卷一《文十二首》，《清代诗文集汇编》第741册，第93页。

的记载而言。

石窟前的院落有石砌拱券东门,有石匾,上书"唐左拾遗杜公祠"。门侧楹联云:"清辉近接鄜州月,壮策长雄芦子关。"落款署为"道光丁未□月,肤施县事西粤陈炳琳敬书"①。陈炳琳在祠内的题刻有两处纪年,一为道光癸卯(二十三年,1843),一为道光丁未(二十七年,1847),可以据此推算创建杜公祠的工程可能持续了五年以上,其艰辛历程可见一斑。

二 同治年间移建延安杜公祠

同治年间,陕西地区战乱频发,战火也波及延安地区。祸不单行,"乱后,(杜公祠)前楹又毁于火,蓬蒿瓦砾塞径"。道光年间创建的杜甫川杜公祠接连遭受了战乱和火灾,已经破败不堪。此时的延安知府宫尔铎恰巧是杜甫的仰慕者,认为杜甫"虽流离困顿,饥穷濒死,卒无所屈,是必忠义之气,昭然与日月争光。故其流风余韵,千数百年后,僻壤荒陬,足迹偶历之区,犹足动人,景仰慨慕而不能已"。且杜甫川杜公祠原本就"石室狭隘,去城稍远,瞻谒游览者无憩息之所",若能借其毁坏之机移建到府城内,既满足了自己崇敬杜甫之心,又可以解决游览者休憩的问题,可谓两全其美。于是,同治九年(庚午,1870)夏,宫尔铎便"上事拟即建祠城内",可惜未果。

但宫尔铎一直对移建杜公祠之事念念不忘。直到两年后,他终于等到了机会。同治"壬申(十一年,1872)秋(九月),既创立十邑试馆于公署之西偏,以栖应试诸生之贫者"。"试馆"是古代科举考试时各地应举者暂时居住的场所。所谓"十邑",指当时延安府下辖的肤施、安塞、甘泉、安定、保安、宜川、延川、延长、定边、靖边十县。宫尔铎在府衙的西边建立延安十邑试馆,主要目的是给来到府城应举的各县贫困举子提供一个临时居处。

---

① 按,上述题刻文字均据延安杜甫川杜公祠现存石刻抄录。

第四章 延安杜甫崇祀考

宫尔铎主持修建十邑试馆，于公惠及了延安府治下举子，于私也是一项不小的政绩。但作为修建工程的主持者，他最关心的却是终于能够将移建杜公祠之事付诸实施。试馆刚刚"工竣"，宫尔铎便急切地"因即正室范象以为公祠"，将试馆正室堂而皇之地改造成了杜公祠，并宣称："成夙志也！"① 字里行间，得意之情溢于言表。

杜公祠与延安十邑试馆之间看似乎并无关联。但对宫尔铎来说，将杜公祠移建到试馆之内，却是大有深意之举。

首先，将杜公祠移建于试馆之内的主要原因，是宫尔铎将杜甫视为忠君爱国的楷模。他在《延安十邑试馆创立杜公祠碑记》中不禁感叹："公有用世才，既以不幸，值天宝、至德播迁之际，蹉跎一官，崎岖戎马，身为贼俘，挺然不辱。……一时见于歌诗，温厚悱恻，无一非忠君爱国之诚。迄今读之，犹能使顽廉懦立，兴起于百世之后。……文正（范仲淹）既阐扬于前，而兹者贤令君（陈炳琳）又表章于后。余尝诵公之诗，乐道公之行事，故于是祠之成而益有慨乎！"这段话强调了在延安兴建杜公祠的必要性，此举既是对杜甫忠爱品格的缅怀，也是对范仲淹、陈炳琳等前贤尊杜之意的继承。

在此前提下，宫尔铎进而憧憬了试馆内将来的景象："平时则本郡人士讲学其中。每届试期，担簦踵集，比舍讴吟"。这恰恰是"揆诸公囊者万间广厦之志，余又以知公之魂魄必乐此也。"在宫尔铎看来，十县试馆用以安置治下的贫困举子，真正实现了杜甫"安得广厦千万间，大庇天下寒士俱欢颜"的美好愿望，杜甫若在天有灵，必然甚感欣慰。不仅如此，"后之来斯馆者瞻公象、诵公诗，以尚论公之大节，发为文章，期归实用。则夫微之所云，铺陈终始，排比声韵，固公之余事也"②。简而言之，广大举子在试馆中参拜杜甫像，吟诵杜诗，亦可感怀杜甫的忠爱品格，体会文章归于实用的正道，受

---

① （清）宫尔铎：《延安十邑试馆创立杜公祠碑记》，《思无邪斋文存》卷一《文十二首》，《清代诗文集汇编》第741册，第93页。

② （清）宫尔铎：《延安十邑试馆创立杜公祠碑记》，《思无邪斋文存》卷一《文十二首》，《清代诗文集汇编》第741册，第93页。

到激励。如此,将杜公祠移建到试馆中,不仅不是公器私用,反而是占据大义之举。

其次,延安府地处边陲,民生疲敝,斯文不兴。宫尔铎曾在《延州杂诗》中感慨:"风俗多浇犷,闾阎苦瘠贫。桑麻生聚处,何日辟荆榛。"[①] 作为一地主官,他十分希望改变这样的局面。移建杜公祠后,宫尔铎亲自撰写了《祭杜文贞文》,其中便有:"大书深刻,光若日星,维兹试馆,用妥公灵。佑我多士,衰起斯文,俎豆陈列,醴酒盈尊。"[②] 由此可见,宫尔铎将杜公祠置于十邑试馆之内,于忠爱之大义外,还寄托了企盼治下文运昌隆、人才辈出的良苦用心。

最后,前文提及,宫尔铎一直认为杜甫川杜公祠距离府城较远,且石室狭隘,无休憩之所,瞻拜颇有不便。借修建试馆之机移建杜公祠于城内,正好解决了这些问题,真可谓一举多得。

不过,自宫尔铎之后,延安十邑试馆内的杜公祠再未有文献记载。或许此祠在宫尔铎离任之后便已废弃,又或许湮灭于清末废除科举之际。总之,宫尔铎的诸多愿景并没有完全达到预期。反观位于杜甫川的杜公祠旧址,由于保有石刻遗迹,从未被人遗忘。光绪五年(1879),杜甫川杜公祠得以在原址重修。民国时期,榆林横山人曹颖僧在《延绥揽胜》中记载:"少陵川,肤施南五里,西有一川,俗唤'豆腐川',即'杜甫川'之讹也。川口有唐诗人杜拾遗祠,祀像石室。登望杜亭,得地高爽,俯瞰河流。祠有石刊,墨人骚客,多赋诗凭吊。"[③] 其所见即为杜甫川杜公祠重修后之景象。

三 民国以来杜公祠的兴衰

延安杜公祠在现当代又经历了数次兴废。1940 年 6 月,贺志春、

---

① (清)宫尔铎:《思无邪斋诗存》,《清代诗文集汇编》第 741 册,第 17 页。
② (清)宫尔铎:《思无邪斋文存》卷一《文十二首》,《清代诗文集汇编》第 741 册,第 100 页。
③ 曹颖僧辑著,张俊谊、阎宏谋校订:《延绥揽胜》下编《古迹名胜》,榆林市黄土地文化研究会、榆林市政协文史委员会 2006 年内部印行,第 152 页。按,《延绥揽胜》原书由史学书局出版于民国三十四年,为《中国边疆学会丛刊》之一。

第四章 延安杜甫崇祀考

高士明等人曾对延安杜公祠作过小规模的修葺。抗日战争胜利，解放战争之初，时局风云变换，杜甫以及延安杜公祠重新受到了进步人士的重视。1946年11月3日，延安出版的《解放日报》发表了两篇与杜甫和延安杜公祠相关的文章，首先是焕南的《案头杂记》，文章中说："延城南关外杜甫川口有唐左拾遗杜公祠，祠系依石凿洞，石龛尤存，有'北征遗范'木匾，祠旁石壁有'少陵川'三大字，道光癸卯知肤施县事西粤陈炳琳重立并书。祠门有石刻联：'清辉近接鄜州月，壮策长雄芦子关'，亦陈炳琳撰书。没有碑。既说'重立'，可知以前是有祠的。"可见当时的杜公祠的情况与今日所见并没有什么显著的差别。文章开头则引用了胡乔木的一封信："边区应该对中国的最大诗人杜甫有所纪念。……纪念办法：建立一两处稍微像样、坚固而不浪费的纪念碑或堂，取一两处地名或机关名，出版一两册按新观点编撰的《杜诗选注》，或设一种杜甫奖金（由文协奖新诗作）之类就很好了。"①

第二篇为钱来苏的《关于杜甫》，文章总结道："在现在的情境下，来提议纪念我们伟大的诗人是有重大意义的。中华民族正面临着灭亡的危险，一面是强暴的帝国主义，一面是极无耻的汉奸群，我们需要有很多象杜老这样有民族气节、有骨头、富正义感、而又是非分明的人。作诗的朋友们，要学习杜老，把复兴民族的义愤和勇气，以新的形式，歌唱到广大人民中去。"②正如《访古学诗万里行》所言，"这两篇文章的发表，正当国民党胡宗南二十几万大军向陕北解放区重点进攻，我党正领导解放区全体军民进行殊死斗争的岁月里。"③学习杜甫的气节与骨气成为当时的时代呼声。

此时的延安杜公祠已不仅关乎杜甫本人，不管杜甫是否确曾来过

---

① 焕南：《案头杂记》，延安《解放日报》，民国三十五年11月3日，星期日，第4版。
② 钱来苏：《关于杜甫》，延安《解放日报》，民国三十五年11月3日，星期日，第4版。
③ 山东大学《杜甫全集》校注组编著：《访古学诗万里行》，人民文学出版社1982年版，第98—99页。

此地，延安杜公祠所纪念的杜甫精神内涵都已与解放战争时期的革命精神相交融，极大地丰富和提升了其文化和现实意义。这也使得延安杜公祠在全国多处杜甫遗迹之中展现出了独特的历史价值。

此后数十年，延安杜公祠仍有兴废。1994年，《延安市志》编纂委员会出版了《延安市志》，对此作了总结。延安杜公祠"1947年国民党胡宗南部进犯延安时又遭破坏。建国后，1959年延安市人民政府拨款，再次修复了杜公祠。不料'文化大革命'复遭破坏，仅留下破烂不堪的祠堂和石门以及'少陵川'三个摩崖大字。1982年10月，延安市文物管理委员会开始着手恢复杜公祠。1984年7月，延安地、市两级拨款修复，除在洞窟台基上重新塑造杜甫卧像，在祠的右上方修复'望杜亭'外，在祠的左方新建了展室，陈列杜甫画像和他在延安及在羌村的诗画"[①]。2014年，延安市政府再度扩建杜公祠，增其旧制，殿宇高大巍峨，胜迹焕然一新，以供游人登临凭吊，此即今天的面貌。

---

① 《延安市志》编纂委员会编：《延安市志》之《文物志·祠堂遗址》，陕西人民出版社1994年版，第619页。

第五章　秦州杜甫遗迹研究

乾元二年（759）七月，杜甫携家人自华州来到秦州，在此停留了两个多月，创作了多首诗歌。后人为纪念杜甫，在秦州寻找杜甫故居，并在此基础上创建了杜公祠。此后，秦州的杜甫祠堂曾数次迁址、多次重修，留下了大量文献。与西安杜公祠类似，秦州的杜甫祭祀也涉及祭祀内涵的变化问题。本章即研究秦州杜公祠的兴建及数次迁移、重建的历程，并试图揭示后人修祠祭祀行为所蕴含的情怀和文化需求。

第一节　秦州东柯谷杜甫故居与祠堂

一　杜甫东柯谷故居考

杜甫在秦州期间，一直在为寻找栖身之所而奔波劳顿，这些经历在其秦州诗中多有描述。杜甫到达秦州之前，有族侄杜佐避居于秦州东柯谷。杜佐得知杜甫来到秦州曾去探望，杜甫以《示侄佐》答谢，诗云："多病秋风落，君来慰眼前。自闻茅屋趣，只想竹林眠。满谷山云起，侵篱涧水悬。嗣宗诸子侄，早觉仲容贤。"[1] 诗中充满了对杜佐隐居生活的羡慕，大有追寻隐居之意。《秦州杂诗二十首》其十三云："传道东柯谷，深藏数十家。对门藤盖瓦，映竹水穿沙。瘦地

---

[1]《杜甫集校注》卷一〇《近体诗一百二十二首》，上海古籍出版社2015年版，第1702—1703页。

翻宜粟，阳坡可种瓜。船人近相报，但恐失桃花。"其十六又云："东柯好崖谷，不与众峰群。落日邀双鸟，晴天养片云。野人矜险绝，水竹会平分。采药吾将老，儿童未遣闻。"① 后人据此诗意，多认为杜甫曾隐居于东柯谷，甚至明确指出杜甫在东柯谷有故居。

　　杜甫在秦州又有《山寺》诗，一般认为此诗是吟咏天水城东麦积山的诗歌，南宋鲁訔编次、蔡梦弼会笺《杜工部草堂诗笺》卷十四《山寺》诗题下笺注载："《天水图经》陇城邑南杜工部故居、工部之侄佐草堂，在东柯谷南，麦积山瑞应寺上。"② 此"陇城邑"即陇城县，北宋《元丰九域志》载：秦州下辖成纪、天水、陇城、清水四县，成纪县为州治，陇城县在"州东三十五里"③，旧址在"今天水市麦积区马跑泉镇西，北宋时辖麦积山"④，据此笺注则东柯谷杜甫故居与麦积山甚近。元人陆友仁《研北杂志》卷下载："杜子美旧居在秦州东柯谷，今为寺，山下有大木，至今呼为子美树。"⑤ 明嘉靖《陕西通志》亦载："东柯谷，在（秦）州东南五十里。有桥。杜甫寓居此，多诗。"⑥ 清乾隆《直隶秦州新志》又载："东柯草堂，东南五十里，杜甫侄佐居此，甫从结庐焉。有《示佐诗》。"⑦

　　但随着杜诗研究的深入，也有不同的观点提出。如陈贻焮通过考察杜甫秦州诗诗意，对杜甫在秦州的行止进行了梳理。认为杜甫

---

① 《杜甫集校注》卷一〇《近体诗一百二十二首》，第1651—1654页。
② （宋）鲁訔编次，蔡梦弼会笺：《杜工部草堂诗笺》卷一四，《中华再造善本》唐宋编《集部》影印宋刻本，叶九。
③ （宋）王存撰，王文楚、魏嵩山点校：《元丰九域志》卷三《陕西路·秦凤路》，中华书局1984年版，第122—123页。
④ 刘雁翔：《杜甫山寺诗与唐代的麦积山石窟》，《敦煌学辑刊》2007年第3期，第88页。
⑤ （元）陆友仁：《研北杂志》卷下，《景印文渊阁四库全书》，台湾商务印书馆1983年版，第866册，第599页。
⑥ （明）赵廷瑞修，马理纂：明嘉靖《陕西通志》卷四《土地二·山川下·巩昌府·秦州》，嘉靖二十一年年刻本，《华东师范大学图书馆藏稀见方志丛刊》第1册，第240—241页。
⑦ （清）费廷珍修，胡釴纂：乾隆《直隶秦州新志》卷二《山川·古迹》，清乾隆二十九年刻本，《中国地方志集成·甘肃府县志辑》，凤凰出版社2008年版，第29册，第44页。

"从乾元二年（759）七月自华州携家来此，直至九月始终寓居城中，闲居无事，多往城内城外远近各处游览"，"在此重逢族侄杜佐，杜佐草堂在城南六十里的东柯谷，闻知彼处甚佳，决计卜居东柯，但到九月中未尝去过一次。十月即携眷赴同谷，时间仓卒，或曾往东柯探侄，当是只身，不会带家小同往"①。这一观点并非无根无据，《大明一统志》载："东柯谷，在成县东南。唐杜甫侄佐居此谷。其居后为寺，山下有大树。人呼为子美树。"② 此处虽误将东柯谷指向成县东南，但仅称杜佐居此，而不载此地有杜甫故居之说。

杜甫又有《西枝村寻置草堂地夜宿赞公土室二首》，记老杜与好友赞公和尚同往西枝村寻找居所的经过。《寄赞上人》诗又句云："近闻西枝西，有谷杉黍稠。"可知当时又曾前往西枝村西边的谷地寻找构建草堂之地。但计划终是落空，才有了杜甫前往成州同谷之行。

杜甫在秦州仅停留了两个多月时间，但后世则演绎出了不少与杜甫相关的山水地名，如子美村与子美泉，清乾隆《直隶秦州新志》载："仙嘉岭，东南六十五里。有杜工部草堂，左为子美村，右为子美泉。""子美泉，在子美村，平地起一凸，高三尺许，大亩许。上有潩泉数十，水色白而味甘，流离四下。土人云水流盛处，其方必丰稔，以为验焉。"③ 这些村名、泉名与杜甫并无直接关系，应当是由东柯谷及东柯杜工部祠衍生而来。

二 东柯谷杜公祠的兴废

自宋以来，直至明清，有关东柯谷的历史记述均认可杜甫曾寓居东柯谷之说。因此最晚至北宋绍圣年间，东柯谷已有与杜甫相关的纪

---

① 陈贻焮：《杜甫评传（第二版）》第十一章《度陇客秦州》，北京大学出版社2011年版，第408页。

② （明）李贤纂修：《大明一统志》卷三五《巩昌府·山川》，影印明刻本，三秦出版社1990年版，第2498页。

③ （清）费廷珍修，胡釴纂：乾隆《直隶秦州新志》卷二《山川·秦州山水》，《中国地方志集成·甘肃府县志辑》第29册，第42页。

念建筑。《方舆胜览》载："东柯谷，在天水县。杜甫诗：'传道东柯谷，深藏数十家。'又：'瘦地翻宜粟，阳坡好种瓜。'绍圣间，栗亭令王知彰作《祠堂记》云：'工部弃官，寓东柯侄佐之居。'"① 绍圣为北宋哲宗年号，此年号共使用四年，即公元1094至1098年。栗亭令即栗亭县知县，栗亭县在北宋时期为成州下辖属县②。王知彰，宋岷州长道县白石镇（今甘肃省西和县）人，泾州知州王公仪之孙、邛州知州王嘉谋之子③。王知彰籍贯地、任职地均与秦州相邻，为秦州东柯谷杜工部祠堂作《记》也在情理之中了。由此亦可想见，北宋时以秦州为中心的广大地区，均认为杜甫曾寓居东柯谷。王知彰《记》虽仅存只言片语，但明确证实秦州最早纪念杜甫的祠堂就在东柯谷，祠堂亦是在"杜甫故居"的基础上形成的。

东柯谷杜工部祠历史悠久，自北宋以至明清均有记载。明嘉靖《陕西通志》载："东柯谷，在（秦）州东南五十里。有桥。杜甫寓居此，多诗。有祠。宋栗亭令王知彰《记》云杜工部弃官寓东柯谷，侄佐与之居。"④ 清乾隆《秦州直隶州新志》亦载："东柯山，东五十五里，内有子美祠。"⑤ 但东柯谷杜公祠的具体情况不甚明晰，相关文献多是沿袭传抄。又因为该祠离秦州城较远，不便祭拜，至明代已逐渐废弃。

---

① （宋）祝穆撰，祝洙增订，施和金点校：《方舆胜览》卷六九《利州西路·天水军·山川》，中华书局2003年版，第1210页。

② （宋）王存撰，王文楚、魏嵩山点校：《元丰九域志》卷三《陕西路·秦凤路》，中华书局1984年版，第127—128页。

③ 按：宣和五年八月佚名所撰《王知彰妻宋故李氏墓志铭》载："岷州白石进士王知彰妻李氏……父武功大夫讳孝先，为秦凤第三将，爱其女，遴选厥配。闻故少师王公讳公仪有孙、大夫公讳嘉谋有子贤者也，遂归之，是为知彰。"见赵逵夫主编《陇南金石校录》第2册《西和县》，社会科学文献出版社2018年版，第656页。王知彰祖父王公仪之墓志铭《宋故左中散大夫王公仪墓志铭》、神道碑《宋故左中散大夫王公仪神道碑》均见《陇南金石校录》收录。

④ （明）赵廷瑞修，马理纂：嘉靖《陕西通志》卷四《土地二·山川下·巩昌府·秦州》，《华东师范大学图书馆藏稀见方志丛刊》，北京图书馆出版社2005年版，第1册，第240—241页。

⑤ （清）费廷珍修，胡釴纂：乾隆《直隶秦州新志》卷二《山川·秦州山水》，《中国地方志集成·甘肃府县志辑》第29册，第42页。

第五章　秦州杜甫遗迹研究　　　　　　　　　　　　　　　　　67

明嘉靖三十五年（1556），冯惟讷出任陕西按察司佥事分巡陇右道①，途经东柯谷杜公祠，作《晓发麦积越岭寻崇果寺旧址旁有杜公废祠四山迥合风气致佳命僧添田复之赋此纪事》，诗云："故苑余云气，寒风蔓草深。盘龙标四崄，虎啸护双林。映日开微霭，披榛越细岑。今朝草堂地，还与赞公寻。扪萝出东谷，枝策度西枝。幽讨自今日，阽危异昔时。风云传秀句，邱壑缅遗姿。陶谢非余及，空嗟后尔期。"②诗题中的"杜公废祠"地近麦积山崇果寺，即为东柯谷杜公祠，该祠此时已荒废，冯惟讷虽令寺僧添置杜公祠祭田，希望恢复旧貌，但并未成功。清乾隆时，"杜陵东柯草堂久废"③，杜甫的祭祀地点已迁移至秦州城西北的天靖山。东柯谷与天靖山方位关系如图5—1所示：

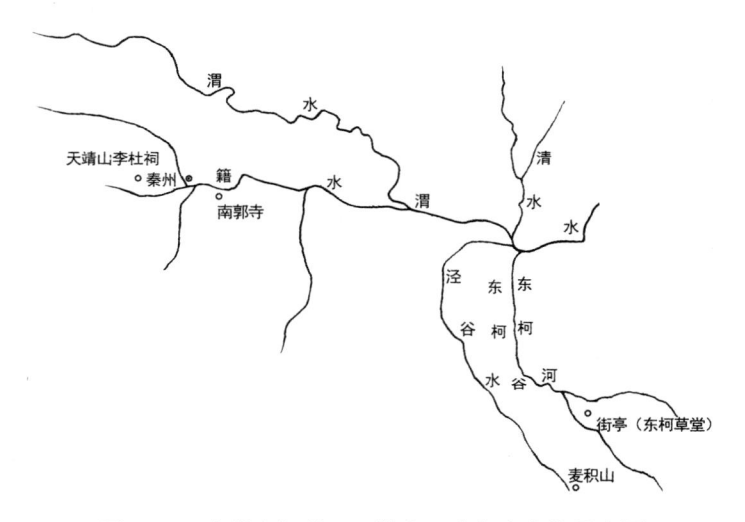

图5—1　秦州东柯谷、天靖山、南郭寺方位示意图

---

① 按，冯惟讷任职时间见万历《陕西通志》卷一二《公署》"陕西提刑按察司佥事"载："冯惟讷，山东临朐人。进士。嘉靖三十五年任。"（国家图书馆出版社2017版，第133页）。（明）杨恩原本，（清）纪元续修：康熙《巩昌府志》卷一九《职官志·分巡陇右道》载："冯惟讷，官生。山东临朐人。"（页一七，清康熙二十七年刻本）冯为明嘉靖十七年进士，"官生"出身有误。

② （清）费廷珍修，胡釴纂：乾隆《直隶秦州新志》卷一一《艺文下·诗》，《中国地方志集成·甘肃府县志辑》第29册，第402页。

③ （清）费廷珍修，胡釴纂：乾隆《直隶秦州新志》卷三《建置》，《中国地方志集成·甘肃府县志辑》第29册，第58页。

第二节　天靖山李杜祠的创建

一　李杜祠创建文献辨析

清乾隆《直隶秦州新志》载："天靖山，西北一里。上有玉泉观，因有泉，故名。下有鸣玉谷。"① 玉泉观建于元大德六年（1302），由全真派道士梁志通创建②，"元之丙子（元顺帝至元二年，1336），真人羽化升天，后人因之为学道之所"③。天靖山上除了玉泉观之外，尚有其余空地，明人便在天靖山西虎嘴兴建了李杜祠。

有关李杜祠创建的文献久已无存，我们仅能通过清人的记述考察李杜祠的创建情况。清乾隆四年（1739），秦州知州李鋐《重修西虎嘴名贤祠记》载："秦州天靖山西虎嘴一峰有李杜祠，中竖松雪草书石刻四，旧名'大雅堂'。前有空堂三楹，下临峻崖，有方亭。四面皆虚，全秦在望，旧名'选胜亭'。祠北又有别院，堂三楹，祀汉诸葛武乡侯、宋韩魏公暨前明秦州牧郭公像。考故碑，李杜祠建于明嘉靖中黄岩李柱史，而名字不传。松雪书则刘侍御所立，而大雅堂未知伊始也。"④ 由李鋐的记述可知，先有大雅堂，后有李杜祠。李杜祠由"黄岩李柱史"创建于明嘉靖年间，祠内竖有"松雪草书石刻四"，石刻由刘侍御立。

今天靖山李杜祠暨创建碑记已无存，但"松雪草书石刻"仍保存完好。"松雪"即是元代大书法家赵孟頫。赵孟頫，号松雪道人。该草书石刻即是根据赵孟頫碑帖重新刊立的碑刻，共有四碑，均为诗

---

① （清）费廷珍修，胡釴纂：乾隆《直隶秦州新志》卷二《山川·秦州山水》，《中国地方志集成·甘肃府县志辑》第29册，第43页。

② 按，玉泉观创建情况参见（元）唐仁祖《创建玉泉观记》，刘雁翔校注：《天水金石文献辑录校注》，三秦出版社2017年版，第24—26页。

③ （明）傅萧：《重修文昌祠记》，《天水金石文献辑录校注》，三秦出版社2017年版，第42页。

④ （清）费廷珍修，胡釴纂：乾隆《直隶秦州新志》卷末《补遗》，《中国地方志集成·甘肃府县志辑》第29册，第512页。

第五章　秦州杜甫遗迹研究

歌，其一为李白《夜下征虏亭》，其二为韦应物《西塞山》，其三为王安石《题舫子》，其四作者无考。其中李白诗碑左下角有两行题跋："赵松雪书法，蚤岁得之王右军，后又感于管夫人之言，乃自成一家而风格不群，脍炙人人者，亦不在右军下。然其传盛于江之南北。余入秦，偶见此本，守巡李君时达请付诸石。余惟秦中汉唐古地也，故唐以前法帖居多，人习见之参之。以是岂宝藏之良玉，溽暑之冰瓯，不将使人一快睹耶！因识之，以见刻者之意。大明嘉靖庚戌夏监察御史庐郡刘崙书。"① 由此可知，李鋐所说的刘侍御名为刘崙。明万历《陕西通志》卷十二《公署·巡茶御史察院》载："刘崙，直隶无为州人。进士。嘉靖二十八年（1549）至。"② 刘崙题跋作于嘉靖庚戌（二十九年，1550），即到任之次年。

但刘崙题跋并未提及李杜祠之有无，清乾隆《直隶秦州新志》则记作："明嘉靖庚戌巡按御史刘崙登天靖山，谒李杜祠，镌赵子昂草书唐诗于石，为四碑，置诸祠中。"③ 志书所谓"谒李杜祠"之说，与刘崙题跋文字明显有出入。志书编者应当是根据赵孟頫草书碑在李杜祠内，进而认为李杜祠定然早于明嘉靖二十八年，刘崙应是先拜李杜祠，再刻草书碑。这一说法虽然合乎清理，但推测的成分较大，并无直接证据。

李鋐《重修西虎嘴名贤祠》称，李杜祠的创建者为"明嘉靖中黄岩李柱史"，明清时期担任御史、提刑按察司官员均可称为柱史。而明代任职甘肃的"柱史"极多，既有巡抚甘肃都御史、巡按甘肃御史，又有巡茶御史、巡盐御史，加之陕西按察司按察使、副使、佥事等等，人数可谓蔚为壮观。今查各类史籍，嘉靖年间任职甘肃的李姓官员，未见籍贯浙江黄岩或号为黄岩者，因其"名字不传"，实难

---

① 按，《赵孟頫草书诗碑》暨刘崙题跋见《天水金石文献辑录校注》，第43—44页。
② （明）李思孝修，冯从吾纂：万历《陕西通志》卷一二《公署·巡茶御史察院》，国家图书馆出版社2017年版，第2册，第71页。
③ （清）费廷珍修，胡釴纂：乾隆《直隶秦州新志》卷一二《杂记下》，《中国地方志集成·甘肃府县志辑》第29册，第490页。

考证。但亦有学者认为"李柱史"就是刘嵓题跋提及的"守巡李君","职衔为分巡陇右道"①。这一说法也是错误的。

刘嵓题跋中明确指出刊刻赵孟頫草书碑得到了"守巡李君时达"的支持。"李时达,四川南部人,进士",时任陕西布政司右参议分守陇右道②。清道光《南部县志》载:李时达"嘉靖乙未进士,历官江西布政左参议"③。明嘉靖《江西通志》卷二《左参议》载:"李时达,字中夫,号可亭,四川南部人。嘉靖乙未进士。"④由此可见,李时达的字、号及籍贯,均与"黄岩李柱史"无关;且李时达为陕西布政司右参议,亦与"柱史"一职无关。

据此,我们已完全否定了李时达创建李杜祠的可能性,但是何人何时创建李杜祠仍是未解之谜题;且李杜祠的前身又是大雅堂,又不知是何人何时营建。秦州大雅堂、李杜祠的创建情况,尚待进一步发掘文献,再做深入探究。

二 清人对李杜并祀的推测

虽然李杜祠的创建谜题难以解开,但清代人对此提出了不少有趣的猜测与思考。清同治年间,王闿运撰《秦州北山李杜祠堂记》,文中推测道:"杜生不逢时,仅以词章名,后之人游其地,吟其诗,思其人,若耳目相接,莫不兴起也。故即其山祠之,祠之欲有以配之,以李供奉者,成纪人,可为地主,因建李杜祠堂。"⑤以为杜甫一人

---

① 按,参见《重修西虎嘴名贤祠》页下注[3],《天水金石文献辑录校注》,第49页。

② 按,李时达任职情况见明万历《陕西通志》卷一二《公署》"陕西承宣布政使司右参议"载:"李时达,四川南部人,进士。"(国家图书馆出版社2017年版,第2册,第94页)。(清)康熙《巩昌府志》卷一九《职官志·分守陇右道》载:"李时达,进士,四川南部人。"叶一三,清康熙二十七年刻本。

③ (清)王瑞庆修,徐畅达纂:道光《南部县志》卷一五《人物》,叶一九,清同治九年增刻本。

④ (明)林庭㭿修,周广纂:嘉靖《江西通志》卷二《藩省·命使·左参议》,影印明嘉靖间刻本,《四库全书存目丛书》史部第182册,齐鲁书社1999年版,第62页。

⑤ 姚展修,任承允纂:民国《秦州直隶州新志续编》卷六《艺文》,影印民国二十八年铅印本,《中国地方志集成·甘肃府县志辑》第31册,第290页。

过于"孤单",因此将陇西人李白作为地主,迎入祠中,与杜甫作伴,故有此李杜祠。此说其来有自,目前所见清人拜谒李杜祠的诗歌,多以李白与杜甫入诗,并将杜甫与李白进行比较。如清康熙六年(1667)甘肃布政使罗森《玉泉谒李杜祠》诗云:"绝调风流推盛唐,两公旗鼓自相当。性情互许同漂泊,啸咏天成入古狂。"又云:"惊才旷世皆无敌,大雅同堂更不孤。磨砚早知规倾国,钧缨如获脱危图。"① 清乾隆年间,兰州府同知国栋途经秦州②,作《李杜祠》诗亦云:"累朝李杜并齐名,俎豆文坛此合并。诗史诗仙千古壮,忧君忧国两心明。相依严武谁怜客,得志王璘岂弄兵。无限牢愁难对语,庙庭风雨泣三更。"③ 均是将李白与杜甫相提并论,认为二人皆属惊世之才,后人为李杜共建一祠更是相得益彰之举。从清人题诗也可以看到时人对于先有大雅堂、后有李杜祠的情况并不了解。

第三节 清代天靖山李杜祠兴废考

一 顺治十三年宋琬重建

清顺治十年(1653)八月,"吏部主事宋琬为陕西按察使司佥事,陇西道"④。宋琬(1614—1674),字玉叔,号荔裳,山东莱阳人。顺治四年(1647)进士,清初著名诗人。宋琬出身名门,其父宋应亨为明天启五年(1625)状元,官至礼部郎中。崇祯十六年(1643),清兵攻打莱阳,宋应亨与其族兄宋玫等人组织抗清,不幸殉难。宋琬随仲兄宋璜任职杭州,方才幸免。因宋琬父兄抗清之事,

---

① (清)罗森:《玉泉谒李杜祠二首》,《天水金石文献辑录校注》,第46页。
② 按,(清)陈士祯修,涂鸿仪纂:道光《兰州府志》卷七《官师志上》"兰州府同知"载:"国栋,满洲正黄旗,进士。(乾隆)二十六年任。"清道光十三年刻本,《中国地方志集成·甘肃府县志辑》第1册,第549页。
③ (清)费廷珍修,胡釴纂:乾隆《直隶秦州新志》卷末《补遗》,《中国地方志集成·甘肃府县志辑》第29册,第517页。
④ 《清世祖实录》卷七七"顺治十年八月壬辰",影印清内府钞本,《清实录》第3册,中华书局1987年版,第613页。

宋琬虽与清廷合作，但并不受到信任，一生屡遭磨难，深有国破家亡之痛与前朝遗民心态①，因此对杜甫生平际遇及诗歌抱有极为深切的理解与感触。

宋琬到任之后，得知秦州有李杜祠，遂前往拜谒。"余小子备官天水，拜先生（指杜甫）之祠宇而新之。"②"东海宋玉叔先生分宪兹土，务以葺祠为先。"③不想，"顺治甲午（十一年，1654）六月乙未，坤维失驭，阳骄阴奋，载震载崩，丘夷渊实。氓居荡圮，覆压万计。屹屹坚墉，坏为平壤，三版靡存，跛羊可越。考之前代书契所载，灾异之征，未有甚于此土者也"。地震发生之后，宋琬等官员尽职尽责，组织救治灾民，并"躬率吏民，素服郊哭，遍祈群望，旁行原隰，飞鸿爰集，百堵斯作"④。但重修后的李杜祠也在此次地震中完全被毁。宋琬于是重构祠堂，"伟厥观，因勒秦州诸诗于石"⑤。宋琬重建新祠，又为杜甫秦州及同谷诗刊立石碑，碑刻字体为集王羲之字，人称"二妙碑"。碑文最右首刻宋琬《赞》，《赞》云："猗嗟先生，志侔稷契。遭乱播迁，身穷道洁。同谷秦川，兹焉停辙。拾橡行歌，怀君沥血。粲粲遗编，星云并列。譬彼嵩华，俯临群垤。瞻仰德容，我心如结。陇水东流，千年鸣咽。"⑥碑文除杜甫诗、宋琬赞外，又刻党崇雅、东荫商、王一经、郭充、聂玠、邓旭等六人《跋》，最末为宋琬《杜诗石刻题后》。

陕西巡按御史聂玠所纂《跋》叙述重修事实最为详尽，《跋》载："秦州西北阜玉泉观旧有先生祠，余初揽辔兹土，地震之后，摇落丘墟，几同没灭。玉叔宋君慨然欲修复之，并取先生秦陇诸诗勒之

---

① 按，宋琬生平事迹详见王锺翰点校《清史列传》卷七〇《宋琬传》，中华书局1987年版，第5710—5711页。
② （清）宋琬：《题杜子美秦州流寓诗石刻跋》，《重刻安雅堂文集》卷二，《清代诗文集汇编》，上海古籍出版社2010年版，第44册，第738—739页。
③ （清）东荫商：《杜诗石刻题后》，《天水金石文献辑录校注》，第96页。
④ （清）宋琬：《重修秦州城垣记》，乾隆《秦州直隶州新志》卷一一《艺文中》，《中国地方志集成·甘肃府县志辑》第29册，第361页。
⑤ （清）东荫商：《跋后》《二绝碑跋》，《天水金石文献辑录校注》，第96页。
⑥ （清）宋琬：《二绝碑赞》，《天水金石文献辑录校注》，第88页。

贞珉，以为兹土重。余曰：善！未几，辇石鸠工，绘像成赞，新厥祀祠，轮奂丹垩，且与谪仙共祠同堂。夫采石、敬亭、桃花洞、凤凰台诸处，余每至吊古迹，曾未闻履秦陇焉，然二先生时同遇同，诗仙诗圣传不朽，同享俎豆，宜无不同。迨余阅岁西还，登眺展谒，酹酒苔龛，飒飒天风，振响祛袂，顿觉身在烟云洞壑间。"① 由此可见，宋琬重建的新祠之中，杜甫"与谪仙共祠同堂"，名义上仍是李杜祠，只是宋琬等人刊刻"二妙碑"及撰写碑跋之时故意突出了杜甫的主体地位，淡化了李白的存在，实质上成了杜公祠。

二 清康熙六十一年卢询重修

卢询，汉军镶红旗人。清康熙六十年（1721）十月，"命光禄寺卿卢询署甘肃巡抚事"②，六十一年到任，同年十一月巡视至秦州，登天靖山，谒李杜祠，作《少陵祠堂》一首，诗云："杜陵陈迹已微茫，为咏秦州二十章。灵武中兴留史笔，艰虞旅食剩祠堂。东柯崖谷群峰异，南郭流泉老树荒。独有千秋忠爱语，哀鸣天马立苍苍。"③此诗是一首典型的秦州咏古诗，诗中东柯谷、南郭寺都是杜甫秦州诗的吟咏对象。卢询诗中充满了对杜甫的敬仰之情，但未提及重修李杜祠之事。

卢询重修李杜祠事，见乾隆四年秦州知州李铉《重修西虎嘴名贤祠记》，记中载："中丞卢公询捐葺李杜祠，止留诗刻，而无记"④，明确说明卢询捐资重葺李杜祠事。卢询重修李杜祠当在康熙六十一年仲冬，今玉泉观尚存有秦州知州汤其昌《恭和卢大中丞题玉泉观杜少陵祠原韵》、巩昌府知府郭振仪《秦州谒杜少陵祠》二方诗碑，二

---

① （清）聂玠：《二绝碑跋》，《天水金石文献辑录校注》，第97页。
② 《清圣祖实录》卷二九五"康熙六十年十月辛未"，影印清内府钞本，《清实录》第6册，中华书局1987年版，第863页。
③ （清）费廷珍修，胡釴纂：乾隆《直隶秦州新志》卷一一《艺文下》，《中国地方志集成·甘肃府县志辑》第29册，第408页。
④ （清）费廷珍修，胡釴纂：乾隆《直隶秦州新志》卷末《补遗》，《中国地方志集成·甘肃府县志辑》第29册，第512页。

人诗作均为次韵诗，与卢询《少陵祠堂》诗韵一致，当作于同时。其中郭振仪诗碑题有纪年，"康熙壬寅仲冬陇西守郭振仪敬和"①。康熙壬寅即康熙六十一年（1722），由此推测，卢询捐资重修李杜祠也当在此年。但值得注意的是，卢询、汤其昌、郭振仪等三人均称"杜少陵祠"，而不称"李杜祠"，可见自顺治十三年宋琬重建李杜祠之后，杜甫一直是李杜祠的主角，李白一直居于次要地位，卢询等人同样极为重视杜甫，而将李白忽视了。

三　乾隆年间重修史实考辨

清乾隆《秦州直隶州新志》卷三《建置》载："李杜祠，在天靖山，始立未详，旧题曰'大雅堂'。乾隆四年知州李鋐重修。"② 李鋐《重修西虎嘴名贤祠记》留存至今，但该文题为重修名贤祠，文中只是追溯了明代李杜祠创建及清康熙时卢询重修李杜祠的情况，并未提及作者本人重修李杜祠之事。

名贤祠原先祭祀诸葛亮、韩琦、明代秦州知州郭城共三人③。自李鋐重修之后，"更新易旧，分祀汉唐宋诸名贤于故有之堂，又特建三楹于别院"，供奉清初秦州知州高必大、姜光胤及宋琬等三人木主，"榜其门曰'名贤'。祠于苍松翠柏间，杂以粉廊红榭，与大雅堂、选胜亭相映，为游观之娱"④。很显然，李鋐所说的名贤是曾经主政秦州并做出突出贡献的官员，并不包括杜甫、李白在内。但又说"分祀汉唐宋诸名贤"，而所祀名贤官员中并没有唐代人物，这无疑

---

　　① （清）郭振仪：《秦州谒杜少陵祠》，《天水金石文献辑录校注》，第48页。
　　② （清）费廷珍修，胡釴纂：乾隆《直隶秦州新志》卷三《建置》，《中国地方志集成·甘肃府县志辑》第29册，第58—59页。
　　③ 按，李鋐《重修西虎嘴名贤祠记》载：名贤祠"祀汉诸葛武乡侯，宋韩魏公暨前明秦州牧郭公像"，又云：名贤词"乃天启间郭牧子之琮巡抚甘宁，为乃翁追建祠宇也"，但"郭公"姓名不详。查（清）周景柱纂修：乾隆《蒲州府志》卷九《选举下·封荫·明》载："郭城，之琮父。知州。赠都察院右金都御史。"（叶四五，清乾隆二十年刻本）。可知，郭城曾为明秦州知州，后人祀名贤祠。
　　④ （清）费廷珍修，胡釴纂：乾隆《直隶秦州新志》卷末《补遗》，《中国地方志集成·甘肃府县志辑》第29册，第512页。

第五章 秦州杜甫遗迹研究

又将唐人李白、杜甫纳入名贤的范围之内，尤其是正门榜曰"名贤"，通过此门可通达李杜祠，使人误以为李、杜二人同属秦州名贤之列。年深日久，后人遂将名贤祠与李杜祠相提并论，并产生了疑问。

清同治年间，秦州人吴西川撰《名贤会序》载："玉泉之山有祠焉，而题曰'名贤'，奚为者？人有会于祠者焉；而号曰'名贤'，又奚为者？往者荔裳宋公，贤者也，来巡吾秦，有惠政，士民爱之；建生祠焉，将以名公也。公曰：'咄！盛名之下，其实难副，琬不贤，何以堪之？'乃肖唐李青莲、杜少陵像其中，岁时合祀焉。'名贤'，宋榜也。今宋公之去二百年矣，秦之人传公名、颂公之贤者，啧啧于口。名不名，贤不贤，不系之乎祠也，亦谅矣哉！彼李杜者，异代逋播臣耳。虽或籍于斯，或羁于斯，要非能有功德以及于斯之士庶者也。无端而建之祠，肖之像，歆之以俎豆，岂不诡哉？"①吴氏明确指出李白"籍于斯"，杜甫"羁于斯"，与有功德于秦州的名贤并不是一回事，无端建祠，颇有诡异之感。而吴西川又将宋琬生祠与李杜祠混为一谈。乾隆《直隶秦州新志》载：宋琬"分巡陇右，驻秦州，值地震，琬极力抚绥，凡以十二事申请督抚。时州城尽圮，琬悉捐俸赀，益以家财重为建筑。朝廷录其功，赐蟒服。比迁去，百姓为建生祠，刻石留像以祀之。初，琬在秦州，重修杜甫草堂，集兰州淳化阁及西安碑洞中晋人帖书杜秦州诗勒诸石，时称'二绝'"②。此宋琬传记明确记载秦州为宋琬建生祠是在其卸任之后，而宋琬重修李杜祠并刻"二绝碑"则是另一回事。宋琬入祀天靖山名贤祠已是清乾隆四年秦州知州李鋐重修名贤祠之时。

吴西川所述宋琬将生祠改建李杜祠之事，历史上确有其事，但事件的主角并不是宋琬，而是刘斯和。清乾隆《秦州直隶州新志》卷

---

① 姚展修，任承允纂：民国《秦州直隶州新志续编》卷六《艺文》，《中国地方志集成·甘肃府县志辑》第31册，第324—325页。
② （清）费廷珍修，胡釴纂：乾隆《直隶秦州新志》卷九《名宦下》，《中国地方志集成·甘肃府县志辑》第29册，第239页。

三《建置》载:"少陵草堂,在天靖山。乾隆二十二年(1757)知州刘斯和将升去,士民为立祠。刘不敢居,因杜陵东柯草堂久废,即命以此当之,祀少陵于中,而以国初巡道宋荔裳先生配焉。"① 由此可见,天靖山又有少陵草堂,原为知州刘斯和生祠,后改为少陵草堂,以宋琬配祀杜甫。吴西川显然又弄错了基本事实。

四 同治光绪时期的李杜祠

清同治元年(1862)陕西关中地区爆发了大规模的暴乱,其中同州府(今陕西大荔县)、西安府、凤翔府(今陕西凤翔县)是回民攻打的重要据点。回民又自凤翔府转向秦州一线,鼓动本地回民加入暴乱队伍。清政府对其进行了武力镇压,待到战乱平息,很多市镇久罹兵燹,人口大量死亡,历史名胜化为灰烬。

秦州城虽未失陷,但位于城外的天靖山玉泉观受到了一定程度的破坏。加之李杜祠年久失修,岁久倾圮。"同治十年,兵备道洪洞董君扩拓修葺,以时登临,慨然有千古之感。邮书告闿运且曰:'宜有以记之。'"② 董君即董文焕。董文焕,字尧章,号研樵,山西洪洞县人。清咸丰、同治年间著名诗人。咸丰六年(1856)进士。以翰林院检讨外放甘肃,后任巩秦阶兵备道。同治十年(1871)十月,病逝于军中③。董氏虽请王闿运撰写《秦州北山李杜祠堂记》,但未能重修李杜祠。王闿运文首自注云:"董研樵先生欲拓修李杜祠,因乞此文,旋以身殁,未果,存之以识遗憾。"④

董文焕重修李杜祠未成,祠堂逐渐废弃。至光绪二十八年

---

① (清)费廷珍修,胡釴纂:乾隆《直隶秦州新志》卷三《建置》,《中国地方志集成·甘肃府县志辑》第29册,第59页。
② 姚展修,任承允纂:民国《秦州直隶州新志续编》卷六《艺文》,《中国地方志集成·甘肃府县志辑》第31册,第290页。
③ 按,董文焕传记见(清)余泽春修,王权纂:光绪《重纂秦州直隶州新志》卷一一《名宦下》,清光绪十五年陇南书院刻本,《中国地方志集成·甘肃府县志辑》第30册,第356页。
④ 姚展修,任承允纂:民国《秦州直隶州新志续编》卷六《艺文》,《中国地方志集成·甘肃府县志辑》第31册,第289页。

（1902）秦州知州张珩重建玉泉观各工程之时，李杜祠并不在重修工程之列，《重建玉泉观各工程碑记》载："经营之始，则升仙桥，直西则灵官殿，折而北则通仙桥，北级石梯者再，则玉皇阁，即正殿也。阁西则草堂，改作轩窗，设唐杜子美像焉。披林远眺，始足觞咏之胜。"① 重修的草堂应是少陵草堂，为乾隆二十二年秦州知州刘斯和创建，祀杜甫，以宋琬配祀。重修工程中已没有李杜祠、大雅堂等建筑的身影。由此可知，最晚至光绪二十八年，玉泉观各建筑全面重修之前，李杜祠已从天靖山消失不见了。

第四节　清末南郭寺杜公祠的出现

南郭寺，一称南山寺，"在南山之曲，将及巅，背负幽林，前临藉水，亦胜地也。前有卧佛，后有古铜佛像三尊，当院有古柏，别院有清泉。杜诗所谓'老树空庭得，清渠一邑传'也。前有破塔，亦古物"②。南郭寺创建历史已不可考，但据南宋庆元二年（1196）刊刻的《尚书省牒南山妙胜院惠应殿牒》载："秦州南山妙胜院，敕额古迹。唐朝贞观二十三年赐额昭应院、天水湖。"③ 可知唐初秦州南山已有皇家赐额佛寺。杜甫《秦州杂诗》之十二云："山头南郭寺，水号北流泉。老树空庭得，清渠一邑传。秋花危石底，晚景卧钟边。俯仰悲身世，溪风为飒然。"④ 即指此山此寺。但清末以前南郭寺并没有与杜甫相关的遗迹。

---

① （清）张珩：《重建玉泉观各工程碑记》，刘雁翔校注：《天水金石文献辑录校注》，第64页。按，此碑现存玉泉观碑廊。据刘雁翔考证此碑文见任承允《桐自生斋文集》，文题下标注"代张瑶圃"。瑶圃为张珩之字，则知碑文为任承允代笔。亦见民国《秦州直隶州新志续编》卷六《艺文》，《中国地方志集成　甘肃府县志辑》第31册，第334—336页。

② （清）费廷珍修，胡釴纂：乾隆《直隶秦州新志》卷三《建置》，《中国地方志集成·甘肃府县志辑》第29册，第59—60页。

③ 《大观敕书碑》，刘雁翔校注：《天水金石文献辑录校注》，第67页。

④ 《杜甫集校注》卷一〇《近体诗一百二十二首》，上海古籍出版社2015年版，第1650页。

清光绪二十九年（1903），天靖山玉泉观各项重修工程业已完工。秦州本地文人见李杜祠恢复无望，便在南郭寺寻觅合适场所，重建杜公祠。李荣《改建南郭寺东禅院为杜工部祠记》载："（杜甫）秦诗震烁凌厉无前，每逢重阳风雨，州人府仰跪拜，咸想像其为□□。公以孤……窜蜀，备极艰辛，其见于诗，类皆忠厚悱恻，可歌可泣。南郭题吟，尤脍炙人口。此地无祠，亦憾事。爰谋□众，拟改建东禅院为杜工部祠。卑者崇之，陋者华之，添构亭台，以资游览。询□□同，复请于张公，公亦□□，以为建立杜祠，改而实同于创，匪第补前人所未逮。"将南郭寺东禅房改为杜公祠原为无奈之举，但秦州本地文士尽心尽力，合力完成了该项工程，并得到了秦州知州张珩的支持。"想工部当日游历南郭寺，歇栖于此，至数千年后始得立祠，塑像于其中，州人瞻之仰之而尸祝之。举禅之所弃，□旦改观，岂伟哉！"① 光绪三十年（1904）夏，杜公祠改建工程完工，秦州贡生李荣撰文，举人苏荶书丹，于南郭寺杜公祠内树立《改建南郭寺东禅院为杜工部祠记》碑文。

《改建南郭寺东禅院为杜工部祠记》碑文下部损泐较多，部分文字不可识读。因此南郭寺东禅院改建杜公祠的详细情形无法完全得知。据民国《天水县志》载："清光绪间举人周务学募资重修，改东禅院为杜少陵祠。祠北构轩庭三楹，爽垲豁目，最宜游眺。"② 此周务学未见碑记和其他文献记载，可知大量秦州文士参与到了南郭寺杜公祠的营建工作之中，或捐资、或筹划，或联络官方、或亲自督工，由此亦可见秦州士子对杜甫的崇敬之情。该祠保存完好，如今已成为天水市凭吊杜甫的最佳去处。"院内主祠三楹，坐东朝西，有杜甫及二侍童塑像；祠廊簷悬霍松林书'诗史堂'，门楹悬毛选选书、清谢威凤撰联：'陇头圆月吟怀朗，蜀道秋风老泪多。'另南有厢房三楹，

---

① （清）李荣：《改建南郭寺东禅院为杜工部祠记》，刘雁翔校注：《天水金石文献辑录校注》，第75页。

② 庄以绥修，贾缵绪纂：民国《天水县志》卷二《建置志·寺观》，民国二十八年铅印本，《中国地方志集成·甘肃府县志辑》第32册，第113页。

北有'轩庭三楹'。祠宇院落有类北京小型四合院，清爽幽静，颇有诗意。"①

第五节　宋琬与杜甫祠祀

一　明清易代之际的深切感怀

上文已略提宋琬家事，宋父应亨抗清遇难之时在明崇祯十六年（癸未，1643），宋琬已是而立之年。此前一年（壬午）宋琬已有不祥之预感，作《书杭州萧远堂壁壬午四首》。多年后又为此诗作《序》，追忆往事道："家兄构堂止，余欲迎老亲以居，而大河以北道莽，不可行也。一日晨兴，见双雀为巢，始成毛羽，翛翛有悠然自得之意。余喟然心动，流涕被面。坐客惊顾，至于罢弈。盖是时城堕家破，而余不知。是诗也，遂不幸而谶也。"② 清兵自山东退出之后，宋琬、宋璜兄弟由杭州抵达京师。不想，次年三月，李自成攻占京师，崇祯皇帝自缢而死。宋琬兄弟不得不再度携家人南逃，躲避战火。直至清兵入关，宋琬一家仍在流亡途中。宋琬人生轨迹的重大转折正是在明清易代之际，这与杜甫安史之乱中的流离生活极其相似。宋琬也因此对杜甫的人生遭遇和杜诗的深刻意蕴有了更为痛彻心扉的感怀。

入清之后，不论其内心如何波澜，但就社会活动而言，宋琬还是愿意且能够与新朝统治者合作的。但即便他通过科举考试，得中进士，成为吏部主事，依然受到清廷的猜忌。清顺治七年（1650），宋琬因仆人诬告下狱。宋琬在狱中读杜诗，作《庚寅腊月读子美同谷七歌效其体以咏哀》等诗③。可见诗圣、诗史对宋琬精神世界的影响

---

① 刘雁翔校注：《天水金石文献辑录校注》，第75页。
② （清）宋琬：《安雅堂未刻稿》卷三《五言律》，影印清乾隆三十一年刻本，《续修四库全书》第1405册，第120页。
③ （清）宋琬：《安雅堂未刻稿》卷二《七言古诗》，影印清乾隆三十一年刻本，《续修四库全书》第1405册，第111页。

可谓至深至远。两年后，宋琬冤狱得以昭雪，仍供职于吏部①。

二 职责之内的奉祀活动

顺治十年（1653），宋琬外调陕西按察司佥事、分巡陇右道，开始了秦州为官的三年岁月。清顺治十三年（1656）秋七月，宋琬主持重修的天靖山李杜祠完工，杜甫秦州诗碑也已刊刻完毕，宋琬作《题杜子美秦州流寓诗石刻跋》附刻于诗碑之后。宋琬首先叙述了杜甫避乱秦州的情况，"杜少陵以天宝之乱避地秦州，后乃迁居同谷，渡嘉陵而赴成都焉。当其间关琐尾，妻子流离，拾橡栗以自充，托长镵而为命，可谓穷矣。顾其诗，乃逾益工，格亦逾益变。今所传《秦州杂诗》以及《同谷七歌》数十篇，忧时悯乱，感物怀君；怨不涉诽，哀不伤激，殆渢渢乎《小雅》《离骚》之遗矣"。既对杜甫秦州、成州的流离生活作了高度概括，又指出了杜甫秦州诗的文学价值。

随后，宋琬在简要叙述自己重建天靖山杜公祠、寻访成县杜甫草堂的经历之后，指出刊刻杜甫秦州流寓诗的地方文献价值。其一，秦州诗是对陇右风物的最佳推介，有助于宣传秦州的风俗景物。"呜呼！先生之诗，虽童子能诵习之，而余独区区于此者，其意何居？夫陇山以西，天下之僻壤也。山川荒陋，冠盖罕臻，缙绅之士，自非官于其地者，莫不信宿而去，驱其车惟恐不速。自先生客秦以来，而后风俗景物每每见称于篇什。"

其二，秦州诗亦可唤起后人对消失地名遗迹的怀想，起到足不出户、卧游山水的作用。"今世之相去又千有余祀矣。地经屡震，陵谷变迁，诗所载隗嚣宫、南郭寺、东柯、盐井之地，秦父老犹能言之，及问以西枝、寒峡、石龛、铁堂诸胜概，则茫然不能举其处，盖刬削磨灭于荆榛也久矣。爰构一亭，刻石于其壁，庶使后人之来此者，按

---

① 按，宋琬出狱事，参见汪超宏著《宋琬年谱》"顺治九年壬辰（1652，三十九岁）"，人民文学出版社2010年版，第92页。

籍而知遗迹之所在；即不必来此，而西州风土，一展卷而如在仇池二陇间，犹之读《秦风》而览《车辚》《板屋》之章，宁谨怀古卧游之助云尔哉！是区区之意也夫。"①

三 寄寓自己的人生感怀

如果说宋琬在秦州重建李杜祠体现的是一位地方长官的社会责任与重视地方文化的意识，那么他在成县杜甫草堂则流露了更多的个人情感与人生感怀。宋琬"尝两登成州之凤凰台，其下有飞龙峡，先生之草堂在焉。群峰刺天，怒涛飞雪，酹酒临流，未尝不慨然，想见其为人"②。

宋琬造访成县杜甫草堂，并作《祭杜少陵草堂文》，祭文开篇就直抒胸臆道："呜呼！'文章有神交有道'，斯言也，盖先生赠苏端之诗。故今与古其交感，虽百世而相知，谅精诚致不隔，亦何必于同时。"将杜甫引为跨越时代的知音知己。这自然是宋琬想到了自己身系狱中，仿作《同谷七歌》的艰难时刻。他亦能体会杜甫同谷岁月之困窘，"怅中道之逶迤，历间关以至同谷，乐此邦风土而怀之，辟草堂于凤凰山麓，饥寒至并日而不炊，托长镵以为命，拾橡栗以代粮。公安之其若素，登山临水以自怡。至于今，先生往矣！读北征之赋与七歌之篇者，犹令人欷歔揽扼而深悲"。异世而同悲的痛苦经历，不得不让宋琬去考察造成这一现状的时代根源。他又说："呜呼！墨突不黔，孔车载脂，古圣贤之遭遇往往偏值乎嵚巇。我所憾者，天既赋公以稷契之才，不使之一日立朝廷之上，而穷愁播越，终其身老，道路以凄其。然先生不逢乎困陁，又安能使文章炳烂，与日

---

① （清）宋琬：《题杜子美秦州流寓诗石刻跋》，《重刻安雅堂文集》卷二，《清代诗文集汇编》第44册，第738—739页。按，刘雁翔校注《天水金石文献辑录校注》收录《二妙碑》拓片文字，亦载宋琬跋，题为《杜诗石刻题后》，个别文字有别或有误，第98—99页。

② （清）宋琬：《题杜子美秦州流寓诗石刻跋》，《重刻安雅堂文集》卷二，《清代诗文集汇编》第44册，第738—739页。

星云汉而昭垂!"① 宋琬虽然言必称杜甫,而这背后又何尝不是在诉说自己及其家族的不幸遭遇呢?宋琬拜谒成县杜公祠,重建同谷杜甫草堂②,与其官方职责确有一些关联,我们可以将重建秦州、成县杜甫草堂的活动当作其职责之内的奉祀活动,但成县杜甫草堂、杜甫同谷诗寄托了宋琬几多心曲,祭文更是宋琬内心感受的抒发,这与秦州李杜祠《二绝碑》的题跋文风有着极为明显的差异。

第六节 清末南郭寺碑记中的杜甫形象

一 "忠君爱国之忧郁结于胸"

清末时局动荡,陕甘一带迭遭"捻军"及暴乱冲击,社会秩序陷入混乱。秦州本地文人也更为深刻的理解了杜甫面对山河破碎的悲怆之感。"今之时困苦艰难,有似天宝,则睹老树空庭、秋花危石,安知不有骚人韵士如工部其人者。慷慨激昂,时而发金石之声以抒其忠君爱国之忧。公之□□□而和之,至而千古感慨有同情者。"③ 这也正是清光绪年间秦州文士为杜甫建祠于南郭寺的缘由所在。

忠君爱国之士必须生逢其时,得到明君的赏识。如若不然,其治国理政之才难以施展,便只能郁结胸中了。"以李杜之贤乃得仅仅以诗名,后世悲矣。使其遭逢明圣,感会风云,勿复遭逸被谤以抵斥逐,得尽其贤之用以辅唐天子,名当更伟矣。宁止此乎?顾不能然,乃独羁身海角,落魄天涯,忠君爱国之忧,曲盘郁结于其胸中而无所发,乃一以于诗,信可怜也!岂复计后之人之名之哉!"④ 这段评论之中,也充斥着清末学人身逢乱世,仕途无望、能力无处施展的末世

---

① (清)宋琬:《祭杜少陵草堂文》,《重刻安雅堂文集》卷二,《清代诗文集汇编》第 44 册,第 733 页。

② 按,宋琬重修成县杜公祠事,详见下文《成县杜甫遗迹研究》。

③ (清)李荣:《改建南郭寺东禅院为杜工部祠记》,刘雁翔校注:《天水金石文献辑录校注》,第 75 页。

④ (清)吴西川:《名贤会序》,民国《秦州直隶州新志续编》卷六《艺文》,《中国地方志集成·甘肃府县志辑》第 31 册,第 325 页。

心态。这种异世交感既是对杜甫的纪念,更是对自身遭遇的自我感怀。

二 "胸中蕴蓄施之于民物制度"

相比于那些内心苦闷之士,清末秦州文士中亦有相对积极的杜甫接受。王闿运《秦州北山李杜祠堂记》为董文涣重修李杜祠而作。董文涣出身进士,以翰林检讨外放巩秦阶兵备道。董氏急欲在地方上有所作为,但"初出官时,人颇疑少年文学侍从之臣,不乐吏事",不想,董氏到任后,"期月而化行,三年而俗美,利兴弊除,尤以文教经术为重,关陇人材都会"。在王闿运的想象中,这是董文涣诗人为政的卓然成果,"以胸中所蕴蓄,陶写之所得,施之于民物制度,以洗俗吏迁儒之意见者"。以诗之陶冶为政,真是极具浪漫的施政方案。重修李杜祠之后,"其必有承风应时者,学诗教以美化移俗,又岂彰大夫能而已!"① 可惜董氏卒于王闿运作文之年,李杜祠重修未及实施,而以诗为政、美化风俗的天真设想亦只能停留在了作者的妙笔文字上了,杜甫"大雅何寥阔,斯人尚典刑"之意境也仅存于诗人理想之中,这或许正是清末社会大动荡之际,文人、士大夫对美好社会形态的憧憬。

---

① (清)王闿运:《秦州北山李杜祠堂记》,民国《秦州直隶州新志续编》卷六《艺文》,《中国地方志集成·甘肃府县志辑》第 31 册,第 290—291 页。

第六章　成州杜甫遗迹考论

乾元二年（759）十月，杜甫携家自秦州出发，前往成州同谷县（今甘肃省成县）。《元和郡县图志》载："同谷县，本汉下辨道地，属武都郡。故氐白马王国。后魏宣武帝于此置广业郡并白石县，恭帝改白石为同谷县。隋开皇三年罢郡，以县属康州，大业初属凤州，贞观元年属成州。"[①] 此时，成州下辖上禄、同谷、长道三县，州治在上禄县。同谷县位于上禄县东南，较为偏僻。杜甫在《乾元中寓居同谷县作歌七首》中讲述了"岁拾橡栗随狙公，天寒日暮山谷里。中原无书归不得，手脚冻皴皮肉死"的凄惨遭遇[②]。这也是诗人一生中最为困顿的时期。杜甫虽然只在同谷停留了不到一个月，却留下了不少杰作。后人登临杜甫同谷诗中所描绘的地点，无不肃然缅怀。宋人在寻访杜甫同谷草堂原址的基础上，在此地为杜甫建祠祭祀，留下了不朽的诗圣遗迹。

第一节　成州杜甫故居方位考辨

杜甫在同谷寓居时间虽短，但其故宅的方位却一直为后人所关注。自晚唐至今，皆有考证研究。

---

① （唐）李吉甫撰，贺次君点校：《元和郡县图志》卷二二《山南道三》，中华书局1983年版，第572—573页。
② 《杜甫集校注》，上海古籍出版社2015年版，第514页。

第六章　成州杜甫遗迹考论

一　唐人赵鸿所指杜甫茅茨

杜甫在同谷的寓居之所，唐人赵鸿已有纪念题刻。钱谦益《钱注杜诗》载："唐咸通十四载，西康州刺史赵鸿刻《万丈潭》诗，又题《杜甫同谷茅茨》曰：'工部栖迟后，邻家大半无。青羌迷道路，白社寄杯盂。《大雅》何人继，全生此地孤。孤云飞鸟什，空勒旧山隅。'鸿曰：'万丈潭在公宅西，洪涛苍石，山径岸壁，如目见之。'"唐懿宗咸通十四年为公元873年，此时距杜甫离开同谷已有114年。故赵鸿《栗亭》诗又云："杜甫栗亭诗，诗人多在口。悠悠二甲子，题记今何有？"①诗中"悠悠二甲子"即指此。

赵鸿时任西康州刺史，此西康州即在同谷县。《新唐书》卷四〇《地理四·山南道》载："同谷，中下。武德元年以县置西康州，贞观元年州废，来属，咸通十三年复置。"② 由此可知，就在同谷再置西康州的次年，刺史赵鸿为杜甫树立了纪念题刻，并作诗立石缅怀杜甫。

依赵鸿所言，万丈潭在杜甫茅茨以西。南宋祝穆《方舆胜览》卷七〇《同庆府》则载："万丈潭，在同谷县东南七里。《旧经》：'昔有黑龙自潭飞出。'"③ 这就是唐宋文献对杜甫故宅方位的记载。

清乾隆《成县新志》则在唐宋文献的基础上，进一步引入了其他地标："万丈潭，在凤凰山下、飞龙峡中，距县东南七里。相传有

---

① （清）钱谦益笺注：《钱注杜诗》卷三，上海古籍出版社2009年版，第98—99页。按，赵鸿题刻已无存，初见钱谦益《钱注杜诗》著录。《钱注杜诗》收录赵鸿诗《杜甫同谷茅茨》《栗亭》二首，分别见杜诗《万丈潭》《发秦州》注释。（宋）祝穆《方舆胜览》卷七〇《利州西路·同庆府山川》"泥功山"又录赵鸿诗一首。以上赵鸿三诗均被《全唐诗》卷六〇七收录。
② （宋）欧阳修、宋祁：《新唐书》卷四〇《地理四·山南道》，中华书局1975年版，第1036页。
③ （宋）祝穆撰，祝洙增订，施和金点校：《方舆胜览》卷七〇《利州西路·同庆府·山川》，中华书局2003年版，第1224页。按，同庆府即成州。《方舆胜览》同卷载：成州"皇（宋）朝属陕西，寻以秦、陇、凤、阶、成州、凤翔府自为一路；中兴隶利州路，升同庆府"。

龙自潭飞出，洪涛苍石，其深莫测。杜甫祠在其口。有诗云'龙依积水蟠，窟厌万丈内'，即此。"① 那么，凤凰山、飞龙峡又在何处？

《方舆胜览》载："凤凰山，在州东南十里。下为凤村溪，中有二石如阙。……相传汉世有凤凰栖其上，号凤凰台。"下引杜甫《凤凰台》诗。据此，凤凰山在万丈潭东南方，与万丈潭邻近。但同书又载："飞龙峡，在仇池山下。氏杨飞龙者据仇池，因得名。"而仇池山则在"郡西百里"②，与凤凰山、万丈潭相去甚远。这显然与乾隆《成县新志》中凤凰山和飞龙峡同在一处的记载存在矛盾。不过《成县新志》对此另有解释："飞龙峡有二，一在仇池山下，晋氏杨飞龙据仇池，因名。一在县之东南七里，河水经流，相传有龙飞出，故名。峡口有杜甫草堂。杜诗：'徘徊虎穴上，面势龙泓头'，即此。"③ 可知，成县有两处飞龙峡，与杜甫故宅相关的是后者。这便可以解释万丈潭、凤凰山、飞龙峡的位置关系了。即自同谷县城东南行七里，入飞龙峡，峡口为万丈潭，再行三里，有凤凰山，山上有凤凰台。赵鸿所说的万丈潭在杜甫茅茨以西，则杜甫茅茨位于万丈潭与凤凰山之间④。

二　宋人晁说之因宅兴祠

北宋宣和五年（1123），成州知州晁说之作《成州同谷县杜工部祠堂记》云："祠望凤凰台，而临百丈潭，皆公昔日所为诗赋之所也。公去此而汗漫之游远矣哉。而此邦之人思公，因石林之虚徐，溪

---

① （清）黄泳修，汪于雍纂：乾隆《成县新志》卷一，清乾隆十七年刻本，《中国地方志集成·甘肃府县志辑》，凤凰出版社2008年版，第38册，第256—257页。

② （宋）祝穆撰，祝洙增订，施和金点校：《方舆胜览》卷七〇《利州西路·同庆府·山川》，第1222—1223页。

③ （清）黄泳修，汪于雍纂：乾隆《成县新志》卷一，《中国地方志集成·甘肃府县志辑》，第38册，第255页。

④ 按，蔡副全《成县杜甫草堂历代诗碑考述》一文认为赵鸿所说万丈潭在杜甫宅西与后世所说杜甫故宅在飞龙峡之东存在矛盾，进而认为二者并非同地（《杜甫研究学刊》2009年第1期，第82页）。这是未弄清历史文献所载万丈潭、飞龙峡、凤凰山三者关系造成的误解。

月之澄霁，则尚曰：'公之故庐，今公在是也。'予尝北至鄜时，观公三川之居，爱之矣，而此又其胜也。不知成都浣花之居，复又何如哉？信乎！居室可以观士也已。同谷秀才赵惟恭捐地五亩，县涑水郭慥始立祠，而属余为之记。"① 由此记述，成州杜工部祠介于凤凰台与百丈潭之间，是在"故庐"的原址上兴建的祠堂。晁氏宣和六年（1124）又作《发兴阁记》，再次说明："予始因子美之故居而祠之，距祠堂而南还十步有万丈潭。"② 显然，"百丈潭"就是"万丈潭"，宋人因故居所在而选址，已是非常了然的了。

成州杜公祠建成后，再未出现迁移改建的情况。今杜公祠内有南宋成州知州宇文子震诗碑，诗云："燕寝香残日欲西，来寻陈迹路逶迤。江涛动荡一何壮，石壁崔嵬也自奇。鸡犬便殊尘世事，蛟龙长护老翁诗。草堂歘见垂扁榜，却忆身游濯锦时。"碑末跋："右赋龙峡草堂。绍熙癸丑（1193）□□十七日，郡守□都宇文子震题。"③ 由宇文子震诗及题跋可知，此地就是自唐以来人们认定的杜甫茅茨所在。其所谓"龙峡"，《元一统志》亦载："杜少陵故居。在同谷县龙峡之东。天宝末避乱居此，所为'面势龙泓头'是也。"④ 明代陕西提刑按察司副使李昆《访杜少陵词》亦云："侵晨入龙峡，杳霭足云雾。"⑤ 可知"龙峡"即后代文献所说的"飞龙峡"，这也说明了明清时人亦认定杜公祠所在地就是杜甫同谷茅茨所在。

---

① （宋）晁说之：《嵩山文集》卷一六《记》，叶三六 B，《四部丛刊续编》影印南宋抄本。

② （宋）晁说之：《嵩山文集》卷一六《记》，叶二八 B。

③ （民国）张维：《陇右金石录》卷四《宋下》，影印民国三十二年甘肃省文献征集委员会校印本，《中国西北文献丛书·西北考古文献》第 3 册，第 568 页。按，此诗有碑刻在杜公祠内，但已残损。原碑跋文共四行，分别存留"右赋龙峡草堂""绍熙癸""十七日郡守""都宇文子震题"。

④ （元）孛兰肹等撰，赵万里校辑：《元一统志》卷四《陕西等处行中书省·成州·古迹》，中华书局 1966 年版，第 479 页。

⑤ 据今成县杜公祠内碑刻抄录。

三　杜甫故宅方位异议考辨

对杜甫同谷故宅所在地，后人也存在不同意见。《方舆胜览》卷七〇《同庆府》载："飞龙峡，在仇池山下。氐杨飞龙者据仇池，因得名。其东乃杜甫天宝避乱居此，有龙湾、虎穴。杜甫诗：'停骖龙潭云，回首虎崖石。'又：《寄赞上人》诗'徘徊虎穴上，面势龙泓头。'"① 认为杜甫曾避居仇池山飞龙峡。但杜甫避居仇池山的说法并不可信。

首先，"停骖龙潭云，回首虎崖石"二句见杜甫《发同谷县》，题下原注："乾元二年十二月一日自陇右赴剑南纪行"，可知此诗是一首纪行诗。此二句之前二句云："忡忡去绝境，杳杳更远适。"之后二句云："临岐别数子，握手泪再滴。"由诗意分析，"停骖龙潭云，回首虎崖石"二句，写的或是同谷寓所之地标，或是旅途中所见景物。从地理方位与交通路线看，杜甫自同谷赴剑南，诗中景物应与远在同谷县西百里的仇池山无关。

其次，此飞龙峡在仇池山下，仇池山则在上禄县境内。《元和郡县图志》载："仇池山，在（上禄）县南八十里。"② 按前引《方舆胜览》，仇池山在同谷以西百里。因此，杜甫无论是自秦州至同谷，还是自同谷赴剑南，沿途绝不会经过仇池山，更不可能避居于此了。

再次，《寄赞上人》诗云："一昨陪锡杖，卜邻南山幽。……茅屋买兼土，斯焉心所求。近闻西枝西，有谷杉黍稠。……徘徊虎穴上，面势龙泓头。柴荆具茶茗，径路通林丘。与子成二老，来往亦风流。"③ 可知杜甫此诗是为感谢赞上人陪同寻找栖身之所。"徘徊虎穴上，面势龙泓头"二句应是对赞上人所居环境，或是对备选居处"西枝西"周边景物的描绘；杜甫又说愿与赞公为邻，可见赞公的居

---

① （宋）祝穆撰，祝洙增订，施和金点校：《方舆胜览》卷七〇《利州西路·同庆府·山川》，第1223页。
② （唐）李吉甫撰，贺次君点校：《元和郡县图志》卷二二《山南道三》，第572页。
③ 《杜甫集校注》，第418—419页。

第六章　成州杜甫遗迹考论

所与"西枝西"相邻。但依据宋代以来的旧说，除《大云寺赞公房四首》作于长安之外，普遍认为《宿赞公房》《寄赞上人》《西枝村寻置草堂地夜宿赞公土室二首》均是杜甫移居秦州时与赞公交往所作，属"秦州诗"之列①。这自然就否定了杜甫避居仇池山的可能。明人王嗣奭则指"成县有杜甫故居，注引'虎穴''龙泓'之诗为证，则居在西枝村之西；然公似未曾居西枝，恐当以同谷为是"②。按此说，杜甫与赞公应相遇于同谷。近年亦有学者据宋人《舆地碑记目》卷四"成州碑记"所载："大云寺石碑，在凤凰山上。去州七里。创始莫考。殿后崖上有刻字云'汉永平十二年'，又经阁崖上刻云'梁大同九年'"③，指同谷凤凰山亦有大云寺，且杜甫与赞公交往诗歌皆与同谷环境相合④。此不可定论，但可备一说。若赞公确居同谷凤凰山大云寺，亦可证杜甫意欲卜居凤凰山麓，与赞公毗邻居于飞龙峡中，仇池山便更不可能有杜甫寓所了。

杜甫隐居仇池山飞龙峡之说，应当是根据其《秦州杂诗二十首》之十四"万古仇池穴，潜通小有天。神鱼人不见，福地语真传。近接西南境，长怀十九泉。何时一茅屋，送老白云边"演绎推想而来。因《秦州杂诗二十首》最末首有"藏书闻禹穴，读记忆仇池"，朱鹤龄据此注曰："前诗闻东柯谷之胜而欲卜居，此述仇池穴之胜而欲卜居也。观卒章'读记忆仇池'，则前六句皆是引记中语。"⑤ 此说甚是。杜甫因读仇池文献，想仇池山之胜景，故而发出"何时一茅屋，送老白云边"的感慨。秦州地近仇池山，但杜甫未至仇池山，更未隐居仇池山下之飞龙峡当为定论。

---

① （清）仇兆鳌：《杜诗详注》，中华书局2015年版，第407、714、716、720页。
② （明）王嗣奭：《杜臆》卷三《凤凰台》，上海古籍出版社1983年版，第111—112页。
③ （宋）王象之：《舆地碑记目》卷四，影印清《粤雅堂丛书》本，《石刻史料新编》第1辑，第24册，新文丰出版有限公司1983年版，第18578页。
④ 参见蔡副全《杜甫与赞上人交游在同谷考》，《前沿》2009年第7期，第181—184页。
⑤ 《杜甫集校注》，第1653页。

另一位对杜甫同谷旧居所在地提出间接质疑的是严耕望先生。严耕望以仇兆鳌《杜诗详注》卷八自秦州赴蜀诗为研究对象,对杜甫自秦州入蜀行程作了详尽的考证。他认为"《杜集》编次,此诗(指《凤凰台》)次《积草岭》《泥功山》之后,寓居同谷县作歌七首之前,似当在成州东南至同谷道上作。然地在同谷东南十里,杜翁自成州南来之旅似不应先绕经同谷东南。今检各本标题下皆有原注:'山峻,人不至高顶'一句。按通道所行,例不经高顶。杜翁此段行程诸诗皆无此原注,惟此题有之,似为杜翁寓居同谷时游览之作,作于七歌之前,故此于成州东南来最后一诗《泥功山》之后,而实非旅程中所作也"。针对《万丈潭》一诗,严耕望又云:"《同谷七歌》之后,《发同谷》之前又有《万丈潭》一诗。……是万丈潭与凤凰台为同一地区,惟台又在潭东南三里耳。此诗亦游览时作,非行旅中作也。"①

严耕望认为《凤凰台》《万丈潭》二诗并非作于自秦州至同谷途中是极为准确的,但认为二诗仅是游览所作,理由却并不充分。严耕望只考虑了杜甫行程所经,而未考虑到杜甫寓居于此的问题。杜甫《木皮岭》诗云:"首路栗亭西,尚想凤凰村。"前引《方舆胜览》载:"凤凰山,在州东南十里。下为凤村溪。"清杨伦《杜诗镜铨》卷七引"朱注"亦认为"凤凰村当与凤凰台相近,在同谷"②。则杜甫想念之凤凰村,确实可能是寓居之地。严耕望认为:"诗云:'尚想凤凰村',似此行为经过台村,只是回想前次登临赋诗耳。"③ 如果将杜甫回想赋诗之地改为杜甫回想同谷茅茨,同样是可以说得通的。

总而言之,唐咸通年间,赵鸿即认为杜甫同谷茅茨在万丈潭以东。后代文献引入了凤凰山、飞龙峡等地标更加明确地标明了杜甫故宅的

---

① 严耕望:《唐代交通图考》卷三《秦岭仇池区》篇二二《仇池山区交通诸道》,上海古籍出版社2007年版,第836页。
② (清)杨伦笺注:《杜诗镜铨》,上海古籍出版社2019年版,第302页。
③ 严耕望:《唐代交通图考》卷三《秦岭仇池区》篇二二《仇池山区交通诸道》,第836页。

第六章　成州杜甫遗迹考论

确切位置。宋人晁说之在故宅原址创建了祠堂，此后历代皆在此地祭祀杜甫。仇池山飞龙峡有杜甫故居之说并不可信，严耕望仅将凤凰台、万丈潭当作杜甫游览赋诗之地，也并不准确。在没有更多文献证据的情况下，杜甫同谷故居"望凤凰台，而临百丈潭"是切实可信的。

第二节　成州杜公祠的真正创建缘由

北宋宣和五年，成州知州晁说之在杜甫同谷故宅处兴建了杜工部祠，并作《成州同谷县杜工部祠堂记》。今人多以此文作为晁说之建祠的历史依据引用。然而，晁氏文中叙述杜公祠创建经过的文字极少，只在文末提及了因宅兴祠，同谷秀才赵惟恭捐地五亩，同谷县知县涑水郭慥主持兴建等情况。该文的大部分笔墨则花在了论述建祠因由以及杜甫的地位评价之上。深入分析此文则可发现，前文所述的"因宅兴祠"，仅仅是晁氏建祠时的选址理由罢了，并非其建祠的真正原因。晁氏到底因何建祠？建祠一事又与杜甫的地位评价有何联系？这是前人所未曾深入发掘的。

一　晁说之"欲扬先抑"带来的悬念

晁说之认为历史上被后代祭祀的人物可以分为三类：第一类是古往今来的帝王将相，他们为后人祭祀是由于"乘时奋厉，冒败虎狼，死守以身，为天下临冲；或岩廊嚬笑，以治易乱，即危而安"，因此"其在鼎彝之外，而人有奉焉"。此类人是乱世豪杰或治世能臣之属；第二类则是有功德于一方的地方大员，他们"为民之父母，斯民谣颂之不足，取其姓以名其子孙，久益不能忘"，此类人是古时被称为父母官的地方主政官员，因造福一方，"则一郡之邑祠之"；最后一类则是"躬德高隐，崇仁笃行，若节妇、孝女有功于风俗者"，此类人是百姓身边德行高洁之人，理应"一乡一社祠之"。

上述三项标准，杜甫显然都不符合。这就为晁说之讲述真正的建祠缘由设下了巨大悬念。晁氏行文至此，欲扬先抑，就此评价："顾惟老儒士，身屯丧乱，羁旅流寓。呻吟饥寒之余，数百年之后，即其故庐而祠焉，如吾同谷之于杜工部者，殆未之或有也。"总而言之，为杜甫建祠祭祀是一种极其特殊的情况。

晁氏随即进一步指出，杜甫得到祠祀并非"名高而得之"，"当时王维之名出杜之上。盖有天子宰相之目，且众方才李白而多之也"，更何况唐天宝年间"人物特盛"，高适、岑参、孟浩然、崔颢诸多诗人"粲然振耀于世，未肯少自屈，而人亦莫敢致之也"。既然在诗人辈出的天宝年间，时人认为杜甫之名高不如王维，诗才亦不及李白，那么如今为其建祠的原因就需要大书特书了。

至此，晁氏才引出杜甫区别于盛唐其他诗人之处："然有良玉必有善贾，厚矣！韩文公之德吾工部也。自是而工部巍巍绝去，一代颉颃，不可揉屈之士而岳立矣。"① 显然，晁氏将韩愈对于杜甫的充分肯定，视为杜甫可以获得崇祀的重要条件。这在今天看来，理由并不充分，然而放在晁氏当时的语境中，却隐含着诸多深意。

二　儒家道统观引发的建祠动机

众所周知，与韩愈同时期的白居易虽然对杜甫的评价高于李白，但总体上持"李、杜交讥"的态度，元稹则在《唐故工部员外郎杜君墓系铭》中对杜甫评价极高，但对李白则极力贬斥。韩愈对元、白二人的观点颇为不齿，并在《调张籍》中指出"李杜文章在，光焰万丈长。不知群儿愚，那用故谤伤。蚍蜉撼大树，可笑不自量"②。很明显，韩愈的观点是李杜并尊，皆不可谤伤。

晁说之作为杜甫的仰慕者，虽然认同韩愈尊杜的观点，但对韩愈李杜并重之说颇有微词，遗憾道："然犹惜也，何庸李白之抗邪！昔夫子录秦诗而不录楚诗。盖秦有周之遗俗，如玉之人在板屋，则伤之

---

① （宋）晁说之：《嵩山文集》卷一六《记》，《四部丛刊续编》影印南宋抄本，叶三四A至三五A。

② （清）方世举著，郝润华、丁俊丽整理：《韩昌黎诗集编年笺注》卷九，中华书局2012年版，第517—518页。

第六章 成州杜甫遗迹考论

也。楚则僭周而王矣，沧浪之水既以濯吾缨，虽浊，忍以濯吾足哉！李则楚也，亦不得与杜并矣，况余子哉？"① 晁氏认为孔子整理《诗经》，有《秦风》而无《楚风》，是因为秦继承了西周"遗俗"；而楚国国君自称楚王，是周礼的破坏者与僭越者。《秦风·小戎》有："言念君子，温其如玉。在其板屋，乱我心曲"之句②，读之感伤，而《楚辞》则不然。屈原流放于江潭，有渔父歌曰："沧浪之水清兮，可以濯吾缨；沧浪之水浊兮，可以濯吾足。"③ 此歌孔子也曾听过，《孟子·离娄上》云："有孺子歌曰：'沧浪之水清兮，可以濯我缨。沧浪之水浊兮，可以濯我足。'孔子曰：'小子听之，清斯濯缨，浊斯濯足矣。自取之也。'"④ 晁氏据此认为孔子明明听过此歌，却不收入《诗》中，足见孔子对楚歌，乃至对于楚国的态度了。

晁氏以此论为基础，进而引出了杜甫类秦、李白类楚的观点。李白曾因加入了永王集团而遭到贬谪流放。晁氏将李白比为"楚风"，是类比"楚则僭周而王"，将李白视为唐王朝统治秩序的破坏者与僭越者。反观安史之乱中只身奔赴行在的杜甫，则是忠君爱国的典范，自然是"秦风"了。正因如此，晁氏才认为韩愈李杜并重的观点存在问题，需要予以纠正。

耐人寻味的是，元、白、韩等人对于李杜高下的品评无论公正与否，大抵还是从文学标准出发的，可谓仁者见仁、智者见智。晁说之看似持论与元稹相似，同样尊杜贬李，但二者的出发点却截然不同。

从上文所引晁氏的论述中可以看出，其尊杜贬李与文学毫不相关，完全是出于政治标准。这一标准就是韩愈创立的儒家"道统"说，其《原道》云："斯吾所谓道也，非向所谓老与佛之道也。尧以是传之舜，舜以是传之禹，禹以是传之汤，汤以是传之文武、周公，

---

① （宋）晁说之：《嵩山文集》卷一六《记》，叶三五。
② 程俊英，蒋见元著：《诗经注析》，中华书局1991年版，第340页。
③ 蒋天枢校释：《楚辞校释》卷八《渔父传第八》，上海古籍出版社1989年版，第401页。
④ （清）焦循撰，沈文倬点校：《孟子正义》卷一四《离娄上》，中华书局1987年版，第498页。

文武、周公传之孔子，孔子传之孟轲，轲之死，不得其传焉。荀与扬也，择焉而不精，语焉而不详。由周公而上，上而为君，故其事行；由周公而下，下而为臣，故其说长。"① 韩愈的学说后为宋儒继承发展，最终成为"道"或"理"，为万事万物的本源。晁氏论李杜优劣，考量标准就是杜甫符合道统要求，李白则不符合。

这就解释了为何晁氏明明在观点上与元稹相似，但却一定要越过元稹，引出韩愈对杜甫的看法来说明杜甫有无资格被后人建祠祭祀，而后又费尽心思试图纠正韩愈李杜并重的看法。果不其然，晁氏在后文中立刻与元稹划清界限，并解释了自己无视元稹的理由："彼元微之，谗諂小人也，身不知裴度、李宗闵之邪正，尚何有于李杜之优劣也邪？"② 这便是告诉旁人，他本人虽然与元稹都尊杜贬李，但却有本质区别：自己尊杜贬李，是占据了道统大义的行为；而元稹身为"谗諂小人"，连品评李杜高下的基本资格都不具备，当然也就更不配与自己持相似观点了。

晁说之的一系列论断，看似强词夺理，却又能环环相扣，在其话语体系之中形成逻辑自洽。晁氏从道统观出发，认为杜甫符合道统，而李白不符合，所以要尊杜贬李。但创立道统的韩愈虽然尊杜，但却同样尊李，所以需要纠正。纠正的最佳方式便是在贬李的同时全力突出杜甫，显然，建祠不失为一个好的选择。与此同时，晁氏还需要与同样尊杜贬李，但却"人品卑劣"的元稹划清界限，体现二者在"尊杜"这件事上的本质区别。如此一来，为杜甫创建祠堂便有了足够的动机。

三　杜甫"一发忠义之诚"提供的建祠理据

除了道统观引发的建祠动机外，晁说之对杜甫的敬仰也的确发自内心。他认为唐代中后期有很多学杜的诗人。"然前乎韩而诗名之重

---

① 马其昶校注，马茂元整理：《韩昌黎文集校注》卷一，上海古籍出版社1986年版，第18页。

② （宋）晁说之：《嵩山文集》卷一六《记》，叶三五B。

者钱起,后有李商隐、杜牧、张祜,晚惟司空图,是五子之诗,其源皆出诸杜者也。"入宋之后,"本朝王元之(王禹偁)学白公,杨大年(杨亿)矫之,专尚李义山(李商隐),欧阳公(欧阳修)又矫杨而归韩门,而梅圣俞(梅尧臣)则法韦苏州(韦应物)者也"。但这些都不是正途,学杜才是正宗,"实自王原叔(王洙)始勤于工部之数集,定著一书,悬诸日月矣。然孰为真识者?靡靡徒以名得之欤?"

晁氏进而推崇道:"唯知其为人,世济忠义,遭时艰难,所感者益深,则真识其诗之所以尊,而宜夫数百年之后,即其流寓之地而祠之不忘也。工部之诗,一发诸忠义之诚,虽取以配《国风》之怨、《大雅》之群,可也。或玩其英华而不荐其实,或力索故事之微而自谓有得者,不亦负乎!"① 杜甫生平艰难,仍不忘忠义。蕴含"忠义之诚"的杜诗,在晁氏看来,已非仅止于继承《风》《雅》,而是直可与《风》《雅》相比,评价可谓至高。与此同时,晁氏亦不忘提醒后学,应当透过杜诗得其本质,而不是"玩其英华""力索故事之微",关注那些无关宏旨的细节,因为杜诗的本质特征就在"一发忠义之诚"。

显然,在晁氏看来,杜甫既是儒家道统的代表人物,其诗文又具备"忠义之诚",如此人物,当然应该景仰至极。在自己治下为杜甫建祠祭祀,既能够弘扬杜甫的"忠义",教化一方,又可以让文人认识到学杜才是诗学正途。这不仅增加了晁氏建祠的主观意愿,也为建祠一事提供了充足的理据。

综合以上三点可见,晁说之在成州为杜甫建祠祭祀的原因是比较复杂的。首先,他就任成州知州,其辖下有杜甫故宅,这是建祠的前提条件;其次,对晁氏来说,杜甫虽然不符合一般祠祀的三个原则,但完全符合儒家道统。想要纠正韩愈李杜并重的观点,便需要全力突出杜甫的地位。晁氏本人也想将自己与同样尊杜贬李却有人品问题的

---

① (宋)晁说之:《嵩山文集》卷一六《记》,叶三五B至三六A。

元稹区别开来。这两个目的皆可通过建祠来实现，这便具备了直接的建祠动机。最后，建祠既能表达晁氏本人对杜甫的尊崇，又能以杜甫的"忠义之诚"教化一方，还能宣扬诗学正途，这些益处都为建祠提供了充足的理据。在这些因素的共同作用下，晁氏为杜甫建祠之事也就理所当然了。

第三节　明清时期成县杜公祠"以诗代文"传统

成州杜公祠在文化传统上也很有独到之处。成州杜公祠历史上仅有晁说之一篇篇幅较长的碑记，这与别处杜公祠创建、重修碑记众多的情况形成了鲜明对比。尤其在明清两代五百余年中，成县（明洪武十年改州为县）杜公祠仅存有万历四十六年（戊午，1618）管应律《重建杜少陵祠记》一篇简短的碑记。但祠内诗碑数量不少，据统计，成县杜公祠现存前代诗碑十三通，"其中南宋1品、明8品、清3品、民国1品"[①]。如果再将乾隆《成县新志》中收录的杜公祠题诗综合统计，数量更为丰富。有趣的是，管氏碑记上半部则是知县赵相宇诗歌一首，这便足以看出成县杜公祠历代重视诗歌的传统。就目前所见，自南宋成州知州宇文子震在此题诗刻碑以来，后人修葺杜公祠或到此瞻拜杜甫时，皆以诗歌纪事绘景，表情达意，逐渐形成了"以诗代文"的文学传统。这种传统造成了成县杜公祠碑记少而题诗多的情况，由此也形成了成县杜公祠的独特文化现象。

明清两代的成县杜公祠题诗数量既多，内容也十分丰富。其主要价值体现在以下三个方面。

一　介绍明清成县杜公祠的重修情况

由现存文献可知明代成县杜公祠曾有两次重修。明正德五年

[①] 蔡副全：《成县杜甫草堂历代诗碑考述》，《杜甫研究学刊》2009年第1期，第82页。

第六章　成州杜甫遗迹考论

（1510）八月，陕西按察司佥事李昆升任陕西按察司副使，分管提调陕西学校①。作为陕西教育的最高负责人，李昆的职责是巡察辖区内的科举考试及学校教育工作。正德八年（癸酉，1513）六月，李昆与陕西按察司佥事、分巡陇右道李璋同游杜公祠②。此时的杜公祠"萧条翳榛莽，摇落伤指顾。两楹盖数瓦，垣毁门不具。四壁绘浮屠，讹舛更堪怒。拂藓读残碑，字漫不可句"。建筑残破不堪，李昆等人见此情景感慨道："东渠台中彦，感此激情愫。创始伊何人？兴仆吾可作。抗手进县令，兹亦岂末务？我当力规画，尔宜亟举措。会使道路人，从知古贤慕。予闻重叹息，因之资觉悟。"李昆、李璋二人特命成县知县重修杜公祠。这是目前所知、明代首次重修杜公祠的基本情况。

明代第二次重修杜公祠是在万历四十六年二月（仲春），由成县知县赵相宇主持。成县儒学教谕管应律《重建杜少陵祠记》载："嗣是栋宇倾圮，风景依然，谒祠者每愀然发孤啸焉。我赵侯奉命尹是邑。春日修常祀，登堂拜像，赏鉴殊绝。乃捐俸命工经营之。不日落成，祠焕然一新。……侯，三晋世科也，讳相宇，字冠卿，号玉铉。

---

① 《明武宗实录》卷六六"正德五年八月己酉"载："命河南按察司张珽、陕西按察司佥事李昆俱提调本处学校。"（台北"中央研究院"史语所校勘本，1962年版，第1460页）嘉靖《陕西通志》卷一九《名宦·按察司副使》有题名。正德十年七月，李昆由陕西左布政使升任"都察院右副都御史巡抚甘肃地方"（《明武宗实录》卷一二七"正德十年七月己丑"，第2535页），故嘉靖《陕西通志》卷一九《名宦·巡抚甘肃都御史》载："李昆，山东高密人。弘治庚戌进士。官至侍郎。"影印嘉靖二十一年刻本，《华东师范大学图书馆藏稀见方志丛刊》第3册，第33页。

② 李昆有诗碑现存成县杜公祠内。诗前有小序云："正德癸酉六月暇日，与东渠访杜少陵祠址有述。东渠吾台长，燕山李公德方也，时分巡至成县。"燕山李公德方即李璋，李璋于正德六年十二月，由刑部署员外郎为陕西按察司佥事（《明武宗实录》卷八二"正德六年十二月己卯"，第1767页），次年到任。此时起于正德三年的巴蜀寇乱持续蔓延，李璋安抚百姓，多所兴复。正德九年迁陕西按察司副使、整饬洮岷兵备道。李璋事迹见明人张潜《分巡李君祠记》[见（清）费廷珍修，胡釴纂：乾隆《直隶秦州新志》卷一一《艺文中》。清乾隆二十九年刻本]。（清）马呈图纂修：宣统《高要县志》卷二三《金石篇二》收录明人王洙《一壶亭记》，文载："主人谓谁？曰'东渠李公'。……东渠名璋，字德方。古燕籍，浙之景宁人，前任都察院右副都御史。"（影印民国二十七年铅印本，《中国地方志集成·广东府县志辑》第47册，上海书店出版社2003年版，第351页）亦可证与李昆同游成县杜公祠者为李璋。

太原之狼孟人。"① 清乾隆《成县新志》卷二《官师·明成县知县》载："赵相宇，山西太原人，举人。"②

清代重建、重修杜公祠的情况不甚明晰，可以确知的有两次，分别为清初顺治年间宋琬重建杜公祠，以及清末光绪年间叶公重修杜公祠。清初著名诗人宋琬于顺治十年（1653）至十四年（1657）间任陕西按察司佥事、分巡陇右道。陇右道道署在秦州（今甘肃天水），地近成县，宋琬仰慕杜甫已久，曾三度来到成县，专程拜谒杜甫草堂③。其《题杜子美秦州流寓诗石刻跋》云："余小子备官天水，拜先生之祠宇（此处指秦州天靖山李杜祠）而新之。尝两登成州之凤凰台，其下有飞龙峡，先生之草堂在焉。群峰刺天，怒涛飞雪，酹酒临流，未尝不慨然想见其为人。"④ 宋琬首次来到成县杜甫草堂应是冬季，飞龙峡内风雪弥漫，宋琬内心凄怆，祭拜杜公祠，作《祭杜少陵草堂文》，文中说："某海陬之竖子，奉喆匠以为师，偶省风于下邑，敬酹酒于荒祠，抚寡流以淅淅，怅衰草之离离，溯音徽于遗址，宛风流其在兹。爰周咨于茂宰，将再筑夫草堂基，庶以永庚桑之社稷，而慰邦人伏腊之哀思。"⑤ 该祭文已经明确指出杜甫草堂经历明末清初战火洗礼，鞠于荒烟蔓草之中的破败情景。

在宋琬授意与支持之下，成县杜公祠重建工作得以完工。工程完工之后，宋琬再度来访，心驰神往，触景生情，作《同欧阳介庵拜杜子美草堂》："少陵栖隐处，古屋锁莓苔。峭壁星辰上，惊涛风雨

---

① 据今成县杜公祠内碑刻抄录。

② （清）黄泳修，汪于雍纂：乾隆《成县新志》卷二，《中国地方志集成·甘肃府县志辑》，第38册，第278页。

③ 按，汪超宏《宋琬年谱》考证：宋琬顺治十一年"与人游杜甫草堂。重修草堂，作祭文"。此处将秦州天靖山李杜祠与成县杜公祠两地混为一谈。参见汪超宏著《宋琬年谱》，人民文学出版社2010年版，第109页。

④ （清）宋琬：《安雅堂文集》卷二，《续修四库全书》，上海古籍出版社2002年版，第1405册，第76页。

⑤ （清）宋琬：《安雅堂文集》卷二，《续修四库全书》，第1405册，第71页。

第六章 成州杜甫遗迹考论

来。人从三峡去，地入七歌哀。欲作招魂赋，临留首从回。"① 又有《同欧阳令饮凤凰山下》二首等诗作，吟咏凤凰山，追怀杜甫。顺治十四年二月，宋琬奉调直隶永平道，临行前，又前往杜公祠祭拜辞行，作《丁酉仲春夜拜别杜少陵草堂因宴于有客亭》："最爱溪山好，因成五夜游。碧潭春响乱，红树晚香浮。橡栗遗歌在，蘋蘩过客修。先生如何起，为我听吴讴。"② 宋琬在任四年，三度来访，可见对成县杜公祠感情之深。

清代另一次重修杜公祠则在清光绪年间。光绪九年（1883），湖南益阳人李焌出任成县知县③。光绪十一年（乙酉，1885），其子李炳麟至成县省亲。适逢杜公祠重修竣工，征集诗篇，李炳麟作七言诗四首，刊刻诗碑一方。诗序云："家君治成邑三年矣，麟亦需次西安，久疏定省。光绪乙酉（十一年）冬，奉差赴汉中，绕道省亲。适叶公补修同谷草堂征诗。落成，麟依韵和酬，嘱同补壁，聊成一时鸿印云耳。"④ 此叶公不详何人，或为知县李焌的同僚。此次杜公祠仅为"补修"，规模并不大。

明清两朝记录成县杜公祠重修的文献极少，目前所知的四次重修，有两次是通过重修者的题诗记录下来的。而宋琬重修杜公祠后，亦不留碑记以述倡建之功，仅到此题诗瞻拜杜甫。这些都说明了成县杜公祠确有"以诗代文"的传统。当然，成县杜公祠重修记录较少，或许也与明清时期祭祀活动常态化密切相关。清乾隆《成县新志》载："杜少陵祠，每春秋祭羊一、帛一，醴资粢盛，全礼用三献。"⑤ 春秋两次祭祀活动，均有地方官员主祭，杜公祠常规的维护工作也在

---

① （清）宋琬：《安雅堂诗》不分卷《五言律》，《清代诗文集汇编》第44册，第568页。按，此次来访时间不详，据"古屋锁莓苔"，当在顺治十三年及此前某年的春季。
② （清）宋琬：《安雅堂诗》不分卷《五言律》，《清代诗文集汇编》第44册，第571页。
③ （清）叶恩沛修，吕震南纂：光绪《阶州直隶州续志》卷二一《职官表·成县国朝知县》，清光绪十二年刻本，《中国地方志集成·甘肃府县志辑》第10册，第364页。
④ 据今成县杜公祠内碑刻抄录。
⑤ （清）黄泳修，汪于雍纂：乾隆《成县新志》卷一，《中国地方志集成·甘肃府县志辑》，第38册，第260页。

同时进行。清乾隆三十三年（1768）九月至三十四年（1769）十一月，刘墫任陕甘学政①，至成县与族亲、成县知县刘埘游览杜公祠②，刘埘作诗一首，刘墫书丹刻碑。诗中云："当时歌橡栗，此日荐羔羊。板屋经风雨，茅檐压雪霜。年年勤补葺，来往奠椒浆。"③ 正是"年年勤补葺"才使得成县杜公祠能够较好的保持原貌，减少了大规模重修的可能性。

二 描摹成县杜公祠的风物景观

祠内题诗对杜公祠周边环境做了大量描摹，有助于今人了解杜公祠当年的交通状况及景观。李昆诗云："侵晨入龙峡，香霭足云雾。崖际余凿痕，云是古栈路。遥通剑阁门，斜连白水渡。"④ 点明杜公祠的道路状况，认为杜甫即是由此路入蜀。

又有诗人描摹了凤凰台、飞龙峡等景致以及与杜公祠的位置关系。明嘉靖九年（庚寅，1530）正月，胡明善《春日谒杜少陵祠》

---

① 按，《清高宗实录》卷八一八"乾隆三十三年九月癸巳"载："陕西学政。著刘墫去。"（《清实录》第 18 册，中华书局 1987 年版，第 1096 页）同书卷八四六"乾隆三十四年十一月庚辰"载："谕：据明山参奏，成县知县汤尚箴徇纵蠹役、索诈滋事。阶州知州汪沁毫无觉察，请旨分别革审。再镡壮聚众案内，有生员镡克仁等附和随行。训导白士钧平日不能训饬士子，请革职。学政刘墫，失于觉察，请交部察议，并自请议处等语。汤尚箴著革职，交与该督严审，定拟具奏。汪沁、白士钧俱著革职。刘墫、明山著一并交部分别议处。"（《清实录》第 19 册，第 327 页）

② 按，（清）宫懋让修，李文藻纂：乾隆《诸城县志》卷二二《选举下》载：刘埘，为雍正十三年举人，"字敬庵，絃熙子。第六十九名。现任福建盐课大使"。（影印清乾隆二十九年刻本，《中国地方志集成·山东府县志辑》第 38 册，凤凰出版社 2004 年版，第 168 页）其任成县知县事未见光绪《阶州直隶州续志》等志书记载。（清）毛永柏修，李图纂：咸丰《青州府志》卷四七《人物传十》载：刘棨孙"埘，成县知县"（清咸丰九年刻本，叶 16a）。（清）刘嘉树修，苑棻池纂：光绪《增修诸城县续志》卷一三《列传一》载："（刘）埘，字静庵，举人，为成县知县，有清名。岁饥，大府属发仓庾贷民，民不能偿，埘代偿之。以劳致疾，卒于馆舍，贫不能归榇。布政使赙助以归。"（清光绪十八年刻本，《中国地方志集成·山东府县志辑》第 38 册，第 394 页）但任职时间不详，与《清高宗实录》所载成县知县为汤尚箴有矛盾。尚待考证。

③ 据今成县杜公祠内碑刻抄录。

④ 据今成县杜公祠内碑刻抄录。

诗云："少陵栖息地，陈迹寄云隈。风雨吟龙峡，江山领凤台。"① 嘉靖三十六年（丁巳，1557）九月，葛之奇《谒少陵祠》诗云："凤凰台下飞龙峡，峡口遥望杜老祠。诗句漫留苍藓碣，草堂高护碧萝枝。"② 清代知县杨注《杜工部草堂》诗中云："祠构南山下，邱原自古今。崇台遗凤迹，峻岭听猿吟。"③ 清人刘埍诗云："大雅今何在？青山旧草堂。数椽间架小，三径薜萝荒。夹岸千寻逼，奔流一水狂。仙人开晓洞，鸣凤翥高冈。潭静龟鱼现，岩深虎豹藏。卜邻如夙约，结伴近禅房。萍梗依关塞，葵心向庙廊。"诗后又有跋云："工部草堂，在成邑东南飞龙峡口，凤凰台西。堂开东向，夹岸石壁千寻。对面有醉仙形悬壁间，衣冠须眉略可指似。二水合流出峡，水行石间，岌嶪动荡，势若飞龙。下为深潭无底，可钓长鱼。"④ 这些诗歌比历史文献更加形象地展现了杜公祠与凤凰台、万丈潭、飞龙峡之间的方位、距离，也描绘了杜公祠周围景物之壮美、祠内环境之清幽，使得诗人们徜徉于胜景之中，颇有流连忘返之意。

刘埍所说杜公祠对面的"醉仙石"，一名"石秀才"，邑人吕纶有《石秀才》诗云："古道傲云窝，亭亭意若何。孤忠一片志，岁月忘蹉跎。"⑤ 此"石秀才"略似人形，应当是由民间传说演绎而出，最终俨然成了杜甫本人形象的化身。

三 展现多元化的杜甫形象

明清成县杜公祠题诗中体现出的对杜甫形象的认知并非是单一的，主要有以下几类：

第一类是突出杜甫忠义的形象。如李昆诗在叙述杜甫生平事迹

---

① 据今成县杜公祠内碑刻抄录。
② 据今成县杜公祠内碑刻抄录。
③ （清）黄泳修，汪于雍纂：乾隆《成县新志》卷四，《中国地方志集成·甘肃府县志辑》，第38册，第337页。
④ 据今成县杜公祠内碑刻抄录。
⑤ （清）黄泳修，汪于雍纂：乾隆《成县新志》卷四，《中国地方志集成·甘肃府县志辑》，第38册，第341页。

后，赞颂道："平生忠义心，万里迍邅步。郁郁抱悃幅，稍稍见词赋。光焰万丈长，宁以华藻故。诸葛颜韩范，比拟固非误。"[1] 直将杜甫与诸葛亮、颜真卿、韩愈、范仲淹并举，延续了宋人晁说之的道统论，更为在意杜甫"平生忠义心"，直言其"光焰万丈长"并非因"华藻故"，将杜甫的诗才放在次要的位置上。清人李炳麟诗亦云："入朝馨香千古祀，思君史奏一心诚。"[2] 认为后人祭祀杜甫主要在于其品格。

第二类则重点突出了杜甫的诗圣形象，强调杜诗的价值。如明嘉靖十六年（丁酉，1537）十一月，陕西按察司、佥事分巡陇右道白镒《过杜子祠》诗云："对县南山秀出岐，少陵遗迹启生祠。豪吟悯世忧时志，晚景怀乡去乱思。《大雅》删余高独步，盛唐变后妙难窥。诗家门户知多少，神圣无俦总是师。"[3] 又如嘉靖十九年（庚子，1540）十月，成县知县刘璜《谒杜公草堂》诗云："南山壁立与天通，隐隐草堂云雾中。悯世昌才诗万卷，遁时避乱酒千盅。盛唐三变知奇绝，《大雅》一删妙化工。虽恨拾遗终寂寞，诗家门户独高风。"[4] 清人刘埘诗云："《大雅》今何在，青山旧草堂。"清道光五年（1825）春，阶州知州黄文炳诗云："一代风骚归《大雅》，千秋臣节仰名卿。"[5] 这类诗歌与第一类在内涵上颇有共通之处，但也有侧重点的不同，实质上是杜甫忠义品格和诗才的先后问题。

第三类则是将杜甫比喻为可以祭拜乞巧的神明。明清文人对杜甫诗才的赞赏，有时也会进一步升华为向杜甫"乞巧"的动力，并通过拜谒杜公祠诗歌的形式表达出来。如明嘉靖三十二年（1553）三月，陕西按察司洮岷兵备副使杨贤《谒杜工部祠》云："飞龙峡外凤台空，子美祠堂在眼中。俊逸每于诗里识，拜瞻今始意相通。寻芳敢

---

[1] 据今成县杜公祠内碑刻抄录。
[2] 据今成县杜公祠内碑刻抄录。
[3] 据今成县杜公祠内碑刻抄录。
[4] 据今成县杜公祠内碑刻抄录。
[5] 据今成县杜公祠内碑刻抄录。

第六章 成州杜甫遗迹考论

学游春兴，得句忘归恋我翁。不是鲁狂欲弄斧，愿言乞巧度愚蒙。"①

除以上三类外，又有人将杜甫引为人生知己。明代知县赵相宇《春日谒杜少陵祠》诗云："庙柏青青又见春，高名千古属词臣。涛声漱石吟怀壮，岚色笼霞道骨真。幽愤断碑萦客思，清风苔砌展精禋。情深不觉嗟同契，为薙荒祠启后人。"② 直呼自己与杜甫合契同心，期望与老杜神交。

总之，在明清诗人笔下，杜甫有时是忠义的化身，有时是诗才绝伦的先贤，这两种形象虽然相互交织，但在不同人笔下，仍然要分个先后。而那些将杜甫比喻为有求辄应的神祇或引杜甫为人生知己、欲与之神交的诗人，立意就颇为有趣了。这些不同的侧面，不仅丰富了成县杜公祠的祭祀内涵，也使杜甫形象在后人心中更加鲜活。

杜甫同谷故宅所在地，历史上确有异说。但自唐以来的主流观点及文献支撑皆将杜甫同谷故宅定于飞龙峡凤凰山麓，他处皆不可信。但厘清源流，辨明真伪，消除处处皆为真遗迹的幻想，对研究成州杜甫遗迹乃至研究杜甫本人行踪都具有一定意义。成州（县）杜公祠是传承时间最悠久的杜甫祭祀场所之一，依托于杜甫同谷故宅而选址，又经历代不断修葺，最终保存至今。这座祠堂的创建原因复杂，展现了创建人晁说之多方面的意图和丰富的内心活动。由于唐宋时期本地官员对杜诗的推崇，此地最终形成了"以诗代文"的文学传统。这些诗歌从不同侧面展现了杜甫的形象，歌颂了杜甫的精神品格。悠久的历史，传承有序且丰富的文化内涵，使这里成为现存最重要的杜甫遗迹之一。

---

① 据今成县杜公祠内碑刻抄录。
② 据今成县杜公祠内碑刻抄录。

第七章　栗亭杜公祠研究

杜甫于"乾元二年,自秦州赴同谷县纪行",作《发秦州》诗,诗中有云:"我衰更懒拙,生事不自谋。无食问乐土,无衣思南州。汉源十月交,天气如凉秋。草木未黄落,况闻山水幽。栗亭名更佳,下有良田畴。充肠多薯蓣,崖蜜亦易求。密竹复冬笋,清池可方舟。"①

《木皮岭》又云:"首路栗亭西,尚想凤皇村。"②诗中的"栗亭"为同谷县下辖之栗亭镇。栗亭杜公祠创建于明代,明清两代多次重修,由于碑记文献丰富,其中体现了不同时代重修中杜甫的多重祭祀形象。本章主要考证栗亭杜公祠的兴废历程,研究历代重修碑记中的杜甫形象问题。

第一节　栗亭地望考

唐柳宗元《兴州江运记》载:"自长举北至于青泥山,又西抵于成州,过栗亭川,逾宝井堡,崖谷峻隘,十里百折,负重而上,若蹈利刃。"③严耕望指出:杜甫自"同谷东南行十里至宝井堡……堡南对凤凰台,两石双高若阙,下临凤溪水。又有万丈潭在台西北三里,

---

①《杜甫集校注》卷三《古诗七十八首·寓秦州及同谷县行赴蜀中作》,上海古籍出版社2015年版,第484—485页。
②《杜甫集校注》卷三《古诗七十八首·寓秦州及同谷县行赴蜀中作》,第526页。
③(唐)柳宗元著,《柳宗元集》点校组点校:《柳宗元集》,中华书局1979年版,第715页。

第七章 栗亭杜公祠研究

即一风景区也。杜翁游凤凰台、万丈潭，各有诗。宝井又东经栗亭，约五十里登木皮岭，杜翁皆有诗"①。

宋乐史《太平寰宇记》载："栗亭县，东五十里，二乡，本栗亭镇地。后唐清泰三年六月秦州置栗亭县。栗亭川，县理之地。"② 直到元代初年，栗亭县仍属成州。《元史》卷六十《地理三》载："成州。……旧领同谷、栗亭二县。元初岁壬寅，以田世显挈成都府归附，令迁于栗亭，行栗亭管民司事，不隶成州，割天水县来属。至元七年，并同谷、天水二县入州。"《大明一统志》载："栗亭废县，在成县东五十里。本后魏兰苍县地。五代唐置栗亭县，属成州。宋因之，元以县置金洋州，后并废。"③ 因栗亭故址位于成州、徽州之间，元代遂将栗亭废县并入徽州。清嘉庆《徽县志》载："栗亭旧县，（徽县）西三十里伏家镇。……元初，汪世显行栗亭官民司事。至元中省入徽州。"④

栗亭有关杜甫的遗迹甚多，士绅一直将杜甫视为重要的流寓人物。明嘉靖《徽郡志》卷七《人物志》载："杜甫避禄山关中之乱，入秦州，居东柯谷；又徙居栗亭。或曰：'少陵不终于此，似非所寓。'子谓少陵当时徙居栗亭，久而始去。今栗亭有祠、有钓台，其《集》有栗亭诗，不谓之寓可乎？噫！草堂郁郁，遗像岩岩，望者兴思，谒者增慕，不可不谓之寓焉！"⑤

---

① 严耕望：《唐代交通图考》篇二二《仇池山区交通诸道》之二《杜工部秦州入蜀行程》，上海古籍出版社2007年版，第835—837页。

② （宋）乐史撰，王文楚等点校：《太平寰宇记》卷一五〇《成州》，中华书局2007年版，第2907页。

③ （明）李贤纂修：《大明一统志》卷三五《巩昌府》，三秦出版社1990年影印明刻本，第2509页。

④ （清）张伯魁纂修：嘉庆《徽县志》卷一《古迹》，叶一九，清嘉庆十四年刻本，《中国地方志集成·甘肃府县志辑》，凤凰出版社2008年版，第36册，第284页。

⑤ （明）孟鹏年修，郭从道纂：嘉靖《徽郡志》卷七《人物志·流寓》，《中国地方志集成·甘肃府县志辑》，凤凰出版社2008年版，第36册，第167页。

第二节　徽州栗亭杜公祠创修考

今徽县栗川镇（即古栗亭）仍有杜甫钓台、杜公祠遗迹。清嘉庆《徽县志》卷一《古迹》载："杜甫钓台，元观峡内。唐乾元中，甫居同谷，过夏栗亭，垂钓于此。"① 今元观峡杜甫钓台保存完好，有"宛在中央""杜甫钓台"大字摩崖题刻②。自杜甫钓台"逾河五里，有杜公祠"，杜公祠自明正德年间创建以来，明清两朝曾经五次大规模重建、重修。

一　明正德十五年潘做创建

明嘉靖《徽郡志》载："杜少陵祠，在栗亭西。正德中御史潘公做建。"③ 潘做时任巡按甘肃御史。明嘉靖《陕西通志》卷十九《全陕名宦·巡按甘肃御史》载："潘做，河南洛阳县人。正德十五年（1520）任。"而潘做的继任者"许凤翔，山西洪桐县人。正德十六年任"④。由此可知，潘做在任时间在明正德十五年至十六年之间，徽州杜公祠亦当建于此二年之间。

清康熙五十八年（1719），童华祖《重建杜少陵先生祠堂记》载：徽县杜公祠"正德间，侍御史潘公因觌先生于梦中，遂就地建祠而崇祀之。"⑤。民国《创修杜公祠乐楼并历述建祠始末碑记》对潘做创建

---

① （清）张伯魁纂修：嘉庆《徽县志》卷一《古迹》，叶一九，《中国地方志集成·甘肃府县志辑》第 36 册，第 285 页。
② 佚名：《元观峡题刻》，赵逵夫主编：《陇南金石校录》第 3 册《碑碣摩崖·徽县》，社会科学文献出版社 2018 年版，第 1311 页。
③ （明）孟鹏年修，郭从道纂：嘉靖《徽郡志》卷三《祀典志》，《中国地方志集成·甘肃府县志辑》第 36 册，第 39 页。
④ （明）赵廷瑞修，马理纂：嘉靖《陕西通志》卷一九《全陕名宦》，叶二〇B，影印明嘉靖刻本，黄秀文，吴平主编：《华东师范大学图书馆藏稀见方志丛刊》第 3 册，北京图书馆出版社 2005 年版，第 44 页。
⑤ （清）童华祖：《重建杜少陵先生祠堂记》，据原碑抄录，碑刻今存徽县文化馆院内。赵逵夫主编：《陇南金石校录》第 3 册《碑碣摩崖·徽县》收录，第 1253—1254 页。

杜公祠经过，记述尤为详细："潘公命典试文（县）、徽（县），驾临兹土，梦睹先生于途中，越□日，询诸土人，有二三黄发为言故老传闻曰：'唐至中叶，穷逆悖乱，帝京凌夷，杜工部少陵先生遂致仕归隐，度陇客秦，由秦（州）之成（县）适徽，结庵于墩山之侧，垂钓在元观之下。哲人已萎，遗迹犹存，迄今渔人樵牧经其故址，莫不动物是人非之感焉。畴昔之夜，公梦醒吟而过车前者，不□是耶非耶？'公曰：'然！'遂厚捐乐施，嘱此地绅耆二为之建祠焉。"①

童华祖所作碑记能够较为准确的追溯杜公祠的创建历程，应当是基于当时可见的明代碑刻文献。佚名《创修杜公祠乐楼并历述建祠始末碑记》虽作于民国二十九年（1940），但对于栗亭杜公祠的创建过程叙述翔实，应当是直接抄录自潘傲创建杜公祠碑文。但遗憾的是，潘傲创建杜公祠的碑文未能流传至今，我们只能根据有限的材料了解栗亭杜公祠的创建经过。

二　明万历年间左之贞重修

童华祖《重建杜少陵先生祠堂记》载"万历中，州牧左公葆其芳躅，又为之重修"。明清时，文人沿袭官职旧称，将知州称为州牧。"州牧左公"即徽州知州左之贞。清嘉庆《徽县志》卷四《官师·明·知州》载："左之贞，万历中任，山东人。"②但清乾隆《直隶秦州新志》卷七下《徽州知州》又载："左之贞，襄阳人，贡生。"③左氏籍贯虽有二说，但其万历年间任徽州知州，并重修杜公祠之事，应是毫无异议的。民国《创修杜公祠乐楼并历述建祠始末碑记》亦载："万历年，本州牧左君之贞来摄徽事，闻风怀想，情切瞻□，初下车，即拜谒焉。及登公之堂，窥见遗像沉寂，图绘剥漏溅

---

①（民国）佚名：《创修杜公祠乐楼并历述建祠始末碑记》，赵逵夫主编：《陇南金石校录》第3册《碑碣摩崖·徽县》，第1321页。
②（清）张伯魁纂修：嘉庆《徽县志》卷四《官师·明·知州》，《中国地方志集成·甘肃府县志辑》第36册，第321页。
③（清）费廷珍修，胡釴纂：乾隆《直隶秦州新志》卷七下《徽州知州》，《中国地方志集成·甘肃府县志辑》第29册，第163页。

污；墙垣圮毁，辄被蔓草迷离，睹此坠像残壁，不禁悠然太息，黯然神伤，遂嗣而葺之，尤增其旧制焉。"①

三 清康熙五十八年童华祖重建

此次重建经过见童华祖撰《重建杜少陵先生祠堂记》。童华祖，浙江山阴人，清康熙年间由监生入仕，初任陕西蒲城县县丞，后升广西兴业县知县，"寻擢户部郎中、四川遵义府知府"②。康熙五十四年（1715）任陕西按察司整饬洮岷道副使。故其所撰《重建杜少陵先生祠堂记》碑文云："予山阴末学，遭逢盛世，奉命观察陇右。"清康熙五十六年（丁酉）冬，童华祖巡视徽县，至栗亭，见杜公祠毁弃无存，"风雨飘摇，岁久剥蚀，惟余残壁颓垣，渐成瓦砾场矣！"有乡绅张思敬提议重建杜公祠，并"修词以白署牧，详请各捐己资，以兴盛事"。童华祖"亦捐俸以助"③。重建完工之后，张思敬请童华祖撰写碑文，记录杜公祠重建始末。该碑文留存至今，碑文左侧上部为"徽州知州周元良、署徽州事于珽、儒学学正王翰、训导贾又谊、吏目张镰"诸位徽县地方官员题名，下部为重建杜公祠董事人员名单，共开列以贡生张思敬为首的乡绅九十余人。由此可见，杜公祠重建工程是由徽州乡绅张思敬倡议，徽州地方官员及童华祖等高级官员共同捐资完成的。但由于捐资官员中童华祖官职最高，《重建杜少陵先生祠堂记》又由童华祖撰写，后世方志遂将杜公祠重建的功绩记在了童华祖名下。清嘉庆《徽县志》卷三《建置志·庙宇》载：杜公祠，"国朝康熙中观察童华祖，乾隆初知县牛运震相继修葺"④。

---

① （民国）佚名：《创修杜公祠乐楼并历述建祠始末碑记》，赵逵夫主编：《陇南金石校录》第3册《碑碣摩崖·徽县》，第1321页。
② （清）张心镜修，吴泰来纂：乾隆《蒲城县志》卷六《职官·县丞·明》，《中国地方志集成·陕西府县志辑》，凤凰出版社2007年版，第26册，第159页。
③ （清）童华祖：《重建杜少陵先生祠堂记》，据原碑抄录。
④ （清）张伯魁纂修：嘉庆《徽县志》卷三《建置志·庙宇》，《中国地方志集成·甘肃府县志辑》第36册，第316页。

四　清乾隆六年牛运震重修

清嘉庆《徽县志》卷四《名宦》载："牛运震，字真谷，山东滋阳进士。乾隆六年（1741），以秦安知县来摄徽事，专务读书训士，士子皆亲受业。数月间，声誉翕然。修杜公祠，捐置守祀田，手书记文，勒石为士林宝贵，亦以慕其人也。两载复还秦安，先后莅秦安最久，成进士、举省元者，皆所指授。教民开渠，溉田若干亩，民至于今能言之。"① 可知牛运震是以秦安县知县代为署理徽县知县，乾隆六年至八年在任。牛运震在徽县时，治绩颇多，重修杜公祠是其中较为重要的政绩之一。

牛运震在《杜公祠记》中自述重修杜公祠之经过："乾隆六年，运震摄符是邑，按部之暇，控骖栗亭。穆然子美之高风，两造堂室，瞻拜遗像，迹其缭垣。"更为重要的是拨给祭田、指定守祠人户，"置守祠二户，并购田十亩，以供春秋享祀之事"②。此举也为祠宇的长久维持提供了条件。

五　清嘉庆十四年张伯魁重修

张伯魁，浙江海盐人。由保举，于嘉庆七年（1802）任徽县知县③。此时的杜公祠"距乾隆初，署邑令牛运震大加修葺。迄今又七十年。祠宇倾颓，享祀俱废，无人过而问之"。张伯魁瞻拜祠下，"触目兴怀"。恰巧有监生梁负栋"家于栗亭，爰与谋而新之"，张伯魁"率众捐赀重修"。重修工程"议始于丁卯之春，落成于己巳之秋也"，即始于嘉庆十二年（丁卯，1807），完工于嘉庆十四年（己巳，1809）。重修工程完毕之后，张伯魁作《重修杜少陵祠堂记》，记录

---

① （清）张伯魁纂修：嘉庆《徽县志》卷四《名宦》，《中国地方志集成·甘肃府县志辑》第36册，第342页。
② （清）张伯魁纂修：嘉庆《徽县志》卷八《艺文下》，《中国地方志集成·甘肃府县志辑》第36册，第415页。
③ （清）张伯魁纂修：嘉庆《徽县志》卷四《官师·国朝·知县》，《中国地方志集成·甘肃府县志辑》第36册，第324页。

此次重修事宜。

《重修杜少陵祠堂记》首次对栗亭杜公祠的规模做了详细记录："祠之南为木皮岭，东望青泥，若俯而即也。南六里许，元观峡、钓台皆遗迹也。稍西里许则旧祠也，明御史潘公梦拾遗，始建祠宇，其遗址存焉。今重修祀堂三间，明州牧左公建也。献宇三楹，国朝观察童公建也。赡祠田十亩，前令牛公置也。详于碑石，久为民占，今复归于祠前。有隙地，今为祠门，其左若右各增盖耳房二间。"① 若张伯魁所言不虚，则说明栗亭杜公祠有旧址、新址之别，旧址为明代潘傚创建的杜公祠原址，后被废弃；新址则由知州左之贞迁建。清代人重建、扩建杜公祠均是在左氏新址之上进行的。张伯魁"又增置赡祠田十亩，与牛公所置之十亩并以属之"。并命梁负栋"俾司春秋享祀，岁时修葺之事"。但此说仅见张伯魁一家之言，清光绪王偁《重修杜少陵先生祠堂记》则称杜公祠"要皆仍旧重修，未尝迁移改作也"。

张伯魁重修后，又有道光年间知县洪茂香重修杜公祠。但事迹不详。光绪年间，王偁《重修杜少陵先生祠堂记》载："杜公祠者古迹也。始于大明正德，创自潘、童二公。万历以至道光，邑令左、牛、张、洪四贤侯相继重修者，不一而足。"民国《徽县新志》卷四《官师志·清知县》有"洪茂香"题名②，杜公祠重修应是洪茂香任内所为。

六　光绪二十六年王偁重修

清同治、光绪年间，社会动荡不安，地处陕、甘两省交界的徽县也饱受战乱、灾害之苦。栗亭杜公祠由于"贼匪扰攘、地震动摇，

---

① （清）张伯魁：《重修杜少陵祠堂记》，（清）张伯魁纂修：嘉庆《徽县志》卷八《艺文下》，《中国地方志集成·甘肃府县志辑》第36册，第421页。
② 董杏林修，赵钟灵纂：民国《徽县新志》卷四《官师志》，民国十三年石印本，《中国地方志集成·甘肃府县志辑》第37册，第68页。

第七章　栗亭杜公祠研究

大殿败坏，卷棚斜倾，门窗亦相继焚烧，祀典虽存，神像焉□"①。由此可见，杜公祠已经到了不重修则难以维系的地步。

以生员王偑为首的董事，召集"会内绅耆人等，屡议兴工"，但是"众议烦乱，有言仍旧补修，有言移庙下店"。王偑等人商议之后认为，"恢复古迹诚非易事，不禀官，工不敢动；不改作，古迹难复"，必须取得徽县主政官员的支持，才能顺利完成杜公祠重修工程。在各位董事议论纷纷之际，王偑"具禀报官"，徽县知县罗佐清于光绪十六年（1890）二月，"过祠验庙，始捐奉以开端"。在知县直接过问之下，杜公祠重修工程拉开了序幕，但在是否迁移大殿的关键问题上仍无定论。几经讨论之后，王偑等人最终决定"变古创今，由前退后，易地基，别经大殿，使乞丐不便搅扰，舍旧图新，添神位，各显威灵。俾四民都来朝参，既盖喫会前愆，又杜骚攘后患，名为重修，实同创建"，最终完成了杜公祠的大殿重建工程。王偑感叹道："改作之事在人为，岂不信然乎哉?!"②

但杜公祠附属建筑还未完工，"大殿既成，故可以安神位；献殿不修，亦难告厥成功。倘若半途而废，人讥有始无终"，王偑又"与众商议，拆旧卷棚，改作献殿"。由于金额不足，"愧乏寸金"，不得不求助于知县张若金，"何幸县主张公过祠，参神捐钱，而又赐印。尔时椽瓦匠工之夫，持皆县主与三行之成也"。

在大殿、献殿均已经大体完工，重建工作即将大功告成之际，又出变乱，"不意献殿上架方成，而世道□且荒庐，下架停工五年，而会内布施未动"。直到光绪二十五年"秋末冬初，余以数年所存之地租□钱贰拾串，并伏镇、甸川之募化相帮，才安门窗，动画工完，献殿始见，庙貌重新，古迹宛在，有始无终之讥，庶几可免也"。内部装饰完成，意味着杜公祠重建工程最终完工。此时已是光绪二十六年

---

①　（清）王偑：《重修杜少陵先生祠堂记》，清光绪二十六年撰文，据杜公祠遗址原碑碑文抄录。亦见赵逵夫主编：《陇南金石校录》第3册《碑碣摩崖·徽县》收录（第1305—1306页），但所录碑文多有错漏。

②　（清）王偑：《重修杜少陵先生祠堂记》，据杜公祠遗址原碑碑文抄录。

（1900）四月孟夏，距离光绪十六年二月开工之时，已过去整整十年时间。王偰等人心生感慨，将重修杜公祠的艰辛历程及所思所感记录下来，并刊刻《重修杜少陵先生祠堂记》碑，留存至今。

民国二十九年（1940），以"国有灵台，所以察灾祥；神有歌台，欲以端风化"，于"祠堂之前而创修乐舞楼台"，并作《创修杜公祠乐楼并历述建祠始末碑记》。但由于碑刻毁损严重，今仅能辨识涉及杜公祠创建始末的部分碑文，民国兴建乐楼的具体情况则无法确知①。至20世纪"五十年代初，杜公祠才彻底毁废，变成了农人瓦舍"②。

第三节 栗亭杜公祠碑记中的杜甫形象

自明正德间创建，到清光绪二十六年最后一次重修完毕，徽县杜公祠共经历了六次重建、重修。其中清代又有四篇重建（重修）碑记保存至今。分别是康熙五十八年童华祖《重建杜少陵先生祠堂记》、乾隆六年牛运震《杜公祠记》、嘉庆十四年张伯魁《重修杜少陵祠堂记》、光绪二十六年王偰《重修杜少陵先生祠堂记》。这些碑记对于杜甫形象的认知却各有特点。

一 忠君爱国之楷模

童华祖于《重建杜少陵先生祠堂记》开篇就指出后世学者对杜甫的崇敬之情："今夫人生有闻于当时，殁有传于后代，世之学者无问乎识与不识，莫不仰望风徽而思慕不已者，孰有如少陵先生也哉！"而后，童华祖谈到了栗亭有杜甫遗迹，杜甫曾"于徽之城西三十里许有栗亭川，结草为堂，栖迟偃息"，但为时不久，杜甫即由秦入蜀。由此，童华祖提出一个问题："少陵先生不产于徽、非官于

---

① 参见赵逵夫主编《陇南金石校录》第3册《碑碣摩崖·徽县》，第1320—1322页。
② 马晓宏：《杜甫在徽县遗迹简介》，吕兴才主编：《杜甫与徽县》，甘肃人民出版社1994年版，第36页。

第七章　栗亭杜公祠研究

徽，亦无深泽厚惠及于徽。粤考当日，不过疏救房琯，出为华州司功。弃官入秦陇时，往来于东柯、河池间，就地停居。数阅月后而飘梗远□，又复□移寄适矣。何徽之人士思之深、慕之切，于千载后犹同心？"① 简言之，杜甫虽然在栗亭生活过，但时日极短，对当地并没有什么实质贡献，后世为何思慕杜甫，并为其兴建祠宇呢？

童华祖认为，对该问题的最佳解释便是杜甫的家国情怀。他解释道："先生之诗文垂后，浸渍人心。观夫《咏怀古迹》以及《秋兴》诸章，以一腔忠爱再匕见于楮端。千载以下，读其诗而楷模是式，想其行则高山仰止。以视深厚惠之及人，不又更出其右乎？□□使先生遗迹不致湮没于荒烟蔓草中，私心窃为喜幸焉。"因此，童华祖认为栗亭重建杜公祠、保护杜甫遗迹，是为了褒扬杜甫一腔忠爱之忱。而作为忠爱楷模的杜甫，理应是后世学人高山仰止的典范。童华祖对于杜甫的认知与文人书斋中的杜甫形象完全一致。

嘉庆年间的徽县知县张伯魁的观点亦与童华祖相似，张氏所撰《重修杜少陵祠堂记》云："唐杜拾遗祠在县城西栗亭川，先为古同谷县地。当拾遗处阽危，走巴蜀，于斯休驾焉。人第知残膏剩馥，沾丐于后人者无穷，而不知其忧深见远、盱衡天下国家之故，而流连愤发于君父之间者，其心至今如见。前之人建祠栗亭，尊衣冠、肃俎豆，尸而祝之，茅茨鸟雀，松菊藩篱，非恃有司土者之护持欤？"② 张伯魁认为，后世之所以崇祀先贤，是因为前贤的功绩事业有利于后代。但功绩又有大小之分，一种是具体的"事功"，即非常具体的工作与成绩，但这些贡献并不高尚，只是所谓"残膏剩馥"而已，通过给予人利益的方式求得后人的尊崇祭祀；另一种则是深谋远虑、举目扬眉、胸怀天下的前贤，后人感念其家国情怀，受其激励，故而崇祀。显然，杜甫是后者的杰出代表。张伯魁也明确提出这是作为"司土者"的地方官员的职责。张伯魁的解说虽是寥寥数语，但较童

---

① （清）童华祖：《重建杜少陵先生祠堂记》，据原碑抄录。
② （清）张伯魁：《重修杜少陵祠堂记》，嘉庆《徽县志》卷八《艺文下》，《中国地方志集成·甘肃府县志辑》第 36 册，第 420 页。

华祖的认知更进了一步，基本上跳脱了空谈家国情怀的书斋闲话，将杜甫的家国情怀和一腔忠爱的形象与一方主官教化地方的职责结合起来。

二 运命多舛之文士

乾隆初年牛运震在《杜公祠记》中则充满了对杜甫人生际遇的同情。他在广阔的历史背景中考察杜甫的人生遭遇，而将杜甫忧心国事的形象置于次要地位。《杜公祠记》云：

> 昔唐中叶，帝京凌夷，垣城解散，子美亦不宁厥居，顾乃弃官挈家，蓬行茧步，间关秦陇，崎岖蜀道。今之栗亭川者，实为有唐同谷之故界。子美历秦窜蜀，扰攘艰难，风尘之际，盖尝淹处息憩于兹。短衣山雪，乱发天风，负薪拾橡，号饥呻寒，文士穷愁，莫此为烈。然而悲慨时事，吟咏孤怀，伤中原板荡，盗贼纵横，欲归不得；眷顾宗国，恻恋兄弟，忧在君父，忘身贱贫。《国风》"周京"之思，《小雅》"黄鸟"之叹，千载同声，其可伤怀永慕者矣。夫古来畸人骚侣，中有不能自己，于人伦世道之隐，于以顿挫四时，激昂风物，既已舒忧而写郁矣。后之人览其作，悲其志，因思追表其遗迹。苟其室庐、壤土、树木，犹有什一存者，固将宝重爱惜。高望遐思，溯其所以兴怀，未尝不低徊三致意焉。虽坛社而尸祝之，诚非过也。矧如子美之激《骚》扬《雅》，出于忠爱真意之至性，足以起兴百代者哉。①

牛运震明确指出"文士穷愁，莫此为烈"，杜甫的国士形象实则是出于自身生活际遇的痛苦经历，由个人的人生痛苦最终上升为一种浓烈的家国情怀。后人对于杜甫的仰慕，实为对杜甫"舒忧而写郁"

---

① （清）牛运震：《杜公祠记》，嘉庆《徽县志》卷八《艺文下》，《中国地方志集成·甘肃府县志辑》第 36 册，第 414 页。

的内心进行体会与认同的过程,最终才产生了"览其作,悲其志,因而追表其遗迹"的具体行动,期望"子美有灵,千载后犹乐思此地,将以星月云雾之境,妥彼去国丧家之神"。这一论证过程一气呵成,顺理成章,为论证栗亭杜公祠崇祀杜甫提供了最为合情合理的解读。

"终悲夫子美之遗文高节,固不免奔走穷、饿、老、病以死",牛运震对杜甫际遇满怀悲悯之情。与此同时,亦从地方主政官员的角度,设想自己若能与杜甫相识又当如何。首先,他否定了自己陪伴杜甫浪迹江湖、居无定所的可能性,"余生晚暮,不得陪子美杖履遨游万里,藉以发山水之奇迹"。那么,作为今日徽县的东道主,为杜甫解决生活困境应该是毫无疑义的,故而又曰:"又哀子美当日悲歌山谷,未获有如余者为之东道主人,得以脱其厄而艳其奇。"牛运震不禁感叹,"嗟乎!诗卷常留,子美安在?生乏箪瓢之供,殁有俎豆之褒。表遗韵于先贤,抚往迹而太息,不可谓非吏有司事也"①。对牛运震而言,当时当世未必没有如杜甫一般的人物,如何帮助其摆脱杜甫当年的厄运,则是主政者的责任。这也成为他"专务读书训士,士子皆亲受业"的动力,所教授的学生多"成进士、举省元者",这或许就是牛运震"子美安在"之问的答案。而通过杜公祠的兴修,亦可以起到教化百姓的积极作用,所谓"俾世之樵牧,咸知尊礼贤者之旧迹,以与东柯、浣花、瀼水诸草堂标韵流徽,不亦舆壤之胜概,人伦之茂轨乎?然则潘公之为是祠,以存子美于栗亭也,可谓无关世教者哉!"

三 护佑一方之神灵

栗亭杜公祠与地方基层乡绅群体关系密切。康熙年间的张思敬、嘉庆年间的梁负栋、光绪年间的王倜均以乡绅、当地知识分子的身份

---

① 牛运震:《杜公祠记》,嘉庆《徽县志》卷八《艺文下》,《中国地方志集成·甘肃府县志辑》第36册,第414页。

参与到杜公祠的日常维护乃至重修工作之中。但清代四篇重修碑记中，仅有光绪二十六年的《重修杜少陵先生祠堂记》出自乡绅王倜之手。王倜在碑记中详细叙述了重修杜公祠的艰辛历程，对杜甫本人却极少提及，其中仅有寥寥数语，从中也可看出地方乡绅对于杜甫的认识。

在王倜的认识中，杜甫既不是忧国忧民的伟大诗人，也不是什么值得同情的落魄文人，而是一尊乡村社会中的本土神灵。他在重修杜公祠大殿的过程中"新添神位，各显威灵，俾四民都来朝参"，"大殿落成，庙可以安神位"。徽县知县张若金前来查看杜公祠重修情况，王倜解释道："县令张公过问，参神捐钱而又赐印。"杜甫不但有威灵，又有神位，甚至还有赐印，本质上与中国历史上各地私祀、未得到国家祀典认可的淫祠并无本质区别。对于杜公祠的社会价值，王倜只是强调"栗亭川有杜公祠者，古迹也"，重修完工之后"庙貌重新，古迹宛在"，单纯强调杜公祠的古迹属性，而对杜公祠与杜甫的关系，没有进一步的阐述。这或许是两方面原因：其一，地方乡绅文化程度较低，对杜公祠的历史价值缺乏认知；其二，乡土社会需要有地方的保护神，尤其是在清末同治、光绪时期，匪寇四起，地方不宁，百姓心理上乞盼神灵庇佑，古迹杜公祠的存在正好填补了普通百姓的心灵需求。在此情况下，杜甫由诗圣转变成护佑当地的本土神灵，也是可以理解的了。

第八章　成都杜甫草堂遗迹研究

唐乾元二年（759）岁末，杜甫偕家人历经长途跋涉，抵达成都。在成都尹裴冕的接济下，于成都西郊浣花溪上游选择了一处环境清幽之所拟建草堂，并得到了表弟王十五司马的资助，有《王十五司马弟出郭相访兼遗营茅屋赀》为证①。杜甫认为自己应当在成都久居，故而对此处居所甚为重视，不断加以经营。其《寄题江外草堂》诗云："经营上元始，断手宝应年。"② 当是指肃宗上元元年（760）开始营建草堂居所，至代宗宝应元年（762）才最终建成，前后历经两年。由此可知此处固定居所也是有一些规模的，并非草草营建、仅供栖身的所在。

杜甫在成都的诗歌、生活历程，以及成都草堂的历史变迁等一系列问题，学术界都有极为热烈的讨论。这一方面是由于杜甫流寓成都的时间较久，所遗诗篇数量庞大、佳作迭出；另一方面与此后历代学者及官员积极维护杜甫成都草堂遗迹、建立杜公祠等纪念性建筑也存在极为密切的关系。正是基于以上两种情况，学术界极为重视成都杜甫草堂的研究，近数十年可谓硕果累累。笔者在前人研究业已成熟的方面并无特别创见，若加以详细论述，多有拾人牙慧、重复研究的嫌疑。因此，本章在梳理成都草堂历史的基础上，拟对一些枝节问题略作考辨发明。例如前人考证错误的明人何宇度籍贯、官职问题，以及

---

① 《杜甫集校注》卷一一《近体诗一百十五首》，上海古籍出版社2015年版，第1765页。

② 《杜甫集校注》卷四《古诗三十六首》，第673页。

前人未曾提及的清代杜玉林数次重修草堂的因由，福康安离去后草堂衰败的原因等。

第一节 杜甫草堂得名由来

一 历史上以"草堂"为名的建筑

草堂，究其本意就是以茅草为顶的房屋，也就是俗话所说的茅草屋。如果追溯"草堂"一词的由来，则可上溯至南北朝时期。后秦弘始三年（401），后秦皇帝姚兴遣陇西公姚硕德西伐盘踞凉州的后凉吕氏政权。姚硕德大败后凉国主吕隆，"至九月，隆上表归降"。在后凉政权控制之下的高僧鸠摩罗什"以其年十二月二十日至于长安"①。鸠摩罗什抵达长安之后，便开始了佛经翻译工作。《魏书》载："是时，鸠摩罗什为姚兴所敬，于长安草堂寺集义学八百人，重译经本。"② 此草堂寺即为鸠摩罗什与八百弟子译经之所，由于译经人数众多，一时之间或难以兴建大规模的寺院，遂以茅草覆于屋顶，故以"草堂寺"称之。这是目前所知以"草堂"为名的建筑物的最早文献记载。

此后，成都也出现了以草堂命名的寺院。《文选》卷四十三《书下》收录孔德璋《北山移文》云："钟山之英，草堂之灵。"唐人李善注引梁简文帝《草堂传》曰："汝南周颙，昔经在蜀，以蜀草堂寺林壑可怀，乃于钟岭雷次宗学馆立寺，因名草堂，亦号山茨。"③《南齐书·周颙传》载："周颙字彦伦，汝南安城人。晋左光禄大夫颙七世孙也。……颙少为族祖朗所知。解褐海陵国侍郎。益州刺史萧惠开赏异颙，携入蜀，为厉锋将军，带肥乡、成都二县

---

① （梁）慧皎撰，汤用彤校注，汤一玄整理：《高僧传》卷二《译经中》，中华书局1992年版，第52页。
② （北齐）魏收：《魏书》卷一一四《释老志》，中华书局1974年版，第3031页。
③ （梁）萧统编，（唐）李善注：《文选》卷四三《书下》，上海古籍出版社1986年版，第1957页。

第八章 成都杜甫草堂遗迹研究

令。"又载:"颙于钟山西立隐舍,休沐则归之。"① 萧惠开任益州刺史在南朝刘宋大明八年(464)至泰始四年(468)之间②,周颙在成都任职也当在此时。由此可知,南朝刘宋时成都已有草堂寺,且"林壑可怀",足见其地处城外丘陵。周颙隐居金陵钟山时,仿成都草堂寺筑室,隐居之所即以草堂为名,这一名称是由成都草堂寺移植而来。

由上述文献线索大致可知,先有长安鸠摩罗什译经的草堂寺,后有成都郊外的草堂寺,再有周颙隐居地金陵钟山草堂。

二 杜诗以"草堂"称居所

既知成都曾有草堂寺,杜甫在成都又建有草堂,后人常常误以为杜甫成都草堂是因草堂寺得名的。加之杜甫一家抵达成都之初,尚无居所,曾一度隐居古寺之中,《酬高使君相赠》诗中有云:"古寺僧牢落,空房客寓居。"③ 后人又认为该寺就是南朝时的草堂寺,进一步强化了草堂寺与成都草堂的关系,故明人曹学佺《蜀中广记》有"蜀之草堂寺著名久矣。子美依其地而卜筑,题咏日多"之说④。

但需要明确的是,杜甫并没有在诗中记录初到成都时寓居的古寺名称,至于南朝时草堂寺的具体位置也没有非常明确的记载。2001年,成都草堂在施工过程中,出土古井一口,井盖为唐代僧人塔铭,铭文题为《益州正觉寺故大德行感禅师塔铭并序》,铭文载:"禅师讳行感,生缘王氏,蜀郡人也。……粤以垂拱三年龙集丁亥春三月乙

---

① (梁)萧子显:《南齐书》卷四一《周颙》,中华书局1972年版,第730页、732页。

② 按,(梁)沈约:《宋书》卷七《前废帝》载:大明八年八月"己巳,以青、冀二州刺史萧惠开为益州刺史"(中华书局1974年版,第142页)。同书卷八七《萧惠开传》载:萧惠开"泰始四年,还至京师"(第3202页)。

③ 《杜甫集校注》卷一一《近体诗一百十五首》,第1862页。

④ (明)曹学佺撰,杨世文点校:《蜀中广记》卷二《蜀中名胜记·成都府二》,上海古籍出版社2020年版,第26页。

丑朔十三日丁丑终于本寺。"① 据周维扬介绍，该塔铭"出土地点在今杜甫草堂博物馆东庄盆景基地，其距杜甫草堂工部祠的直线距离为60米左右，而距浣花溪畔的直线距离则不到200米"②。该正觉寺是否即是南朝周颙所说的草堂寺，杜甫是否就曾寓居此寺，目前仍没有找到确切的文献依据，学术界对此存在较多争议③。

不过有一点是非常明确的，杜甫将居所称为草堂，并不是受到了成都草堂寺的传统，而是自周颙以来，文人将避世隐居之地称作"草堂"的影响。草堂之名在杜甫营建成都草堂之前，就已经出现在杜诗之中。

唐肃宗乾元二年七月，杜甫自华州奔秦州，曾与赞公和尚一同至西枝村寻觅居址，作《西枝村寻置草堂地夜宿赞公土室二首》④。此处已将可能的隐居地称为草堂。几乎同时，又将其侄杜佐秦州居所称作草堂。《示侄佐》诗原注云："佐草堂在东柯谷。"诗中有"自闻茅屋趣，只想竹林眠"二句⑤。至德元载（756），杜甫还曾作《崔氏东山草堂》诗，诗云："爱汝玉山草堂静，高秋爽气相鲜新。"⑥

杜甫离开成都草堂之后，于大历元年（766）移居夔州，作《阻雨不得归瀼西甘林》诗有云："三伏适已过，骄阳化为霖。欲归瀼西宅，阻此江浦深。坏舟百版坼，峻岸复万寻。篙工初一弃，恐泥劳寸心。伫立东城隅，怅望高飞禽。草堂乱悬圃，不隔昆仑岑。"⑦ 可见杜甫亦称夔州居所为草堂。

---

① 按，《益州正觉寺故大德行感禅师塔铭并序》录文见周维扬《从草堂唐碑出土略谈古今草堂寺之争》，《杜甫研究学刊》2002年第1期，第102页。
② 周维扬：《从草堂唐碑出土略谈古今草堂寺之争》，《杜甫研究学刊》2002年第1期，第102页。
③ 按，相关学术成果参见郭世欣《成都草堂遗址考》（《草堂》1981年第1期创刊号）、王文才《冀国夫人歌词及浣花亭考》（《草堂》1981年第2期）、吴鼎南《略谈古草堂、梵安两寺及杜甫草堂的位置》（《草堂》1981年第2期）、周维扬《从草堂唐碑出土略谈古今草堂寺之争》（《杜甫研究学刊》2002年第1期）。
④ 《杜甫集校注》卷三《古诗七十八首》，第414页。
⑤ 《杜甫集校注》卷一〇《近体诗一百二十二首》，第1702—1703页。
⑥ 《杜甫集校注》卷九《近体诗八十五首》，第1513页。
⑦ 《杜甫集校注》卷六《古诗四十八首》，第946页。

第八章 成都杜甫草堂遗迹研究

由此可知,"草堂"之名并不是成都草堂所特有,更不是因为成都在南朝时有草堂寺,杜甫才以寺院名称命名居所。草堂只是当时文人雅士对隐居地或普通居所的泛称而已,并没有特指的意味。

第二节 唐五代草堂的历史变迁

一 唐代成都草堂文献概述

唐代宗永泰二年(766)五月,杜甫一家迫于形势,离开成都,沿长江而下。此后成都草堂遗迹并未湮灭,而是屡见于晚唐及五代文献记载。唐大和四年(830)十月,"以(李)德裕检校兵部尚书,兼成都尹,充剑南西川节度使"①。李德裕赴任成都后,由张周封担任"西川节度使李德裕从事,试协律郎",撰有《华阳风俗录》一卷②。该书今已散佚,但北宋人王洙曾见此书,并引此书为杜诗作注。杜甫《溪涨》诗有云:"当时浣花桥,溪水才尺余。白石明可把,水中有行车。"王洙注曰:"《华阳风俗录》:浣花亭在州之西南,有江流,至清之所也,其浅可涉。故中有行车。甫有宅在焉。"③由此可知,张周封在大和年间仍能见到杜甫草堂旧址。

唐大和八年(834)进士、成都人雍陶亦曾作《经杜甫旧宅》诗云:"浣花溪里花多处,为忆先生在蜀时。万古只应留旧宅,千金无复换新诗。沙崩水槛鸥飞尽,树压村桥马过迟。山月不知人事变,夜来江上与谁期。"④

除上述诗文提及杜甫旧宅之外,又有将成都草堂旧址称为"台"

---

① (后晋)刘昫:《旧唐书》卷一七下《文宗下》,中华书局1975年版,第539页。
② (宋)欧阳修、宋祁:《新唐书》卷五八《艺文二》,中华书局1975年版,第1507页。
③ (宋)王洙、赵次公等注:《分门集注杜工部诗》卷四《江河》,叶一二,《中华再造善本》据中国国家图书馆藏宋刻本影印。
④ 《全唐诗》卷五一八,中华书局1960年版,第5915页。按,雍陶登第时间参见辛文房撰《唐才子传》卷七载:"雍陶字国钧,成都人。……大和八年陈宽榜进士及第。"(傅璇琮主编:《唐才子传校笺》,中华书局1987年版,第三册,第244—246页)

的情况。此说首见于卢求《成都记》。据《新唐书》载："卢求《成都记》五卷。西川节度使白敏中从事。"① 检《资治通鉴》载：唐大中六年（852）"夏，四月，甲辰，以邠宁节度使白敏中为西川节度使"②。可知卢求所撰《成都记》当成书于唐大中年间。宋人王洙注杜诗《狂夫》"万里桥—西草堂，百花潭水即沧浪"二句，引《成都记》云："杜员外别业在百花潭，台犹在。"③ 又有唐光启三年（887）进士郑谷《蜀中三首》之二云："夜多无雨晓生尘，草色岚光日日新。蒙顶茶畦千点露，浣花笺纸一溪春。扬雄宅在唯乔木，杜甫台荒绝旧邻。却共海棠花有约，数年留滞不归人。"④ 古人建造房屋之前均会建筑夯土台基，巩固的地基决定了房屋的坚固程度。卢求说"台犹在"，郑谷说"杜甫台荒"，两相比较便知，杜甫草堂旧址在浣花溪上，晚唐时地面建筑损毁无存，但草堂房屋地基犹在，故而成为后人凭吊的场所。

唐乾宁四年（897）五月，"（王）建自将攻东川，昭宗遣谏议大夫李洵、判官韦庄宣谕两川，诏建罢兵"⑤。韦庄到达成都后，为王建所挽留，"辛酉（天复元年，901年）春，应聘为西蜀奏记。明年，浣花溪寻得杜工部旧址，虽芜没已久，而柱砥犹存。因命芟夷，结茅为一室。盖欲思其人而成其处，非敢广其基构耳"⑥。

由上述晚唐时期的文献可知，杜甫离开成都之后，位于浣花溪旁的草堂旧居一直存在，随着时间的推移，地面建筑虽然毁损无存，但草堂台基犹在，所谓"柱砥犹存"，当地人皆能指出。成都草堂当时已经成为诗人、官员凭吊杜甫的处所。

---

① （宋）欧阳修、宋祁：《新唐书》卷五八《艺文二》，第1507页。
② （宋）司马光编著：《资治通鉴》卷二四九，中华书局1956年版，第8172页。
③ （宋）王洙集注：《分门集注杜工部诗》卷七《居室下》，叶二。
④ （唐）郑谷：《郑守愚文集》卷三《云台编·杂著》，叶一三，景印宋刊本，张元济主编：《四部丛刊续编》第367册。
⑤ （宋）欧阳修撰，（宋）徐无党注：《新五代史》卷六三《前蜀世家》，中华书局1974年版，第786页。
⑥ （五代）韦蔼：《韦庄浣花集序》，韦庄《浣花集》卷首，张元济主编：《四部丛刊初编》，商务印书馆1929年版，景印明江阴朱氏刊本。

二 崔宁妾任氏居草堂考辨

上文以晚唐文献证实了杜甫离开成都草堂之后，草堂旧址一直存在的事实。但又有文献记载：杜甫离开成都不久，草堂即被达官贵人的小妾所占居。后人多信以为真，为杜甫草堂增添了些许"香艳"的色彩。

就目前所知，该说法最早的文献记载有两处，均见于宋人刊印的图书。其一为宋刻本《分门集注杜工部诗》，该书卷十九《简寄下》收录《将赴成都草堂图中有作先寄严郑公五首》，其中第三首诗的首句云"竹寒沙碧浣花溪"，下有王洙的注解云："洙曰：《梁益记》溪水出湔江，居人多造䌽笺，故号'浣花'。公之别馆，后为崔宁宅，舍为寺，今尚在焉。"①

另一处记载见于南宋庆元年间编成的《成都文类》，该书卷七收录北宋时人葛琳《和浣花亭》一首，该诗前四联云："井络西南区，成都号佳丽。锦城十里外，景物居然异。傍萦浣花溪，中开布金地。杜宅岿遗址，任祠载经祀。"随后，葛氏自注云："按《蜀记》：梵安寺乃杜甫旧宅，在浣花，去城十里。大历中，节度使崔宁妻任氏亦居之。后舍为寺，人为立庙于其中。每岁四月十九，凡三日，众邀乐于此。"②

由以上两处记载，我们可以厘清大致情况：杜甫离开成都草堂之后，大历年间，节度使崔宁与其妻任氏将草堂改为居所，后又将居所捐为佛寺，佛寺名为梵安寺。

崔宁，原名崔旰，卫州人，曾从军剑南。严武镇剑南，以其为汉州刺史，统兵西山。永泰二年，朝廷应杜鸿渐之请，加崔旰"成都

---

① （宋）王洙集注：《分门集注杜工部诗》卷一九《简居下》，叶三，《中华再造善本》。
② （宋）扈仲荣、程遇孙编：《成都文类》卷七《诗·亭馆一》，《景印文渊阁四库全书》第1354册，第354—355页。北京大学古文献研究所编《全宋诗》卷六六〇收录，题为《和运使学士浣花亭》，北京大学出版社1998年版，第7727页。

尹，兼西山防御使、西川节度行军司马，仍赐名曰宁。大历二年（767），鸿渐归朝，遂授宁西川节度使"①。大历三年（768）四月"壬寅，西川节度使崔旰入朝"，"以弟宽为留后，泸州刺史杨子琳帅精骑数千乘虚突入成都"，"崔宽与杨子琳战，数不利，秋，七月，崔宁妾任氏出家财数十万，募兵得数千人，帅以击子琳，破之；子琳走"②。《旧唐书》亦载："宁妾任氏魁伟果干，乃出其家财十万募勇士，信宿间得千人，设队伍将校，手自麾兵，以逼子琳。子琳惧，城内粮尽，乃拔城自溃。"③ 这位巾帼英雄任氏因保卫成都有功，受封冀国夫人，后人为其建冀国夫人祠，又称浣花祠。任氏就是将杜甫草堂改为居所的主角。

崔宁与妾任氏在浣花溪畔确有别业，嘉州刺史岑参于大历三年元月至成都，曾与崔宁宴饮浣花溪上，作《早春陪崔中丞泛浣花溪宴》，诗云："旌节临溪口，寒郊斗觉暄。红亭移酒席，画舫逗江村。云带歌声飏，风飘舞袖翻。花间催秉烛，川上欲黄昏。"④ 但就晚唐五代文献而言，吟咏成都草堂的诗歌以及《华阳风俗录》《浣花集序》均未提及杜甫旧居被崔宁及妾任氏侵夺的情况，仅见宋人转引《梁益记》与《蜀记》中的寥寥数语。由此应当考虑《梁益记》《蜀记》二书的基本情况与文献的可靠性问题。

宋人陈振孙《直斋书录解题》卷八《地理类》载："《梁益记》十卷。著作佐郎益州知录事参军任弁撰。天禧四年（1020）自为序。"⑤ 宋人晁公武《郡斋读书志》卷八《地理类》亦载："《梁益志》十卷。右皇朝任弁撰。天禧中，游宦于成都，以《蜀记》数家，

---

① （后晋）刘昫：《旧唐书》卷一一七《崔宁传》，第3400页。
② （宋）司马光编著：《资治通鉴》卷二二四，第7319—7320页。
③ （后晋）刘昫：《旧唐书》卷一一七《崔宁传》，第3402—3403页。
④ （唐）岑参撰，廖立笺注：《岑嘉州诗笺注》卷三《五言律诗》，中华书局2004年版，第599—600页。按，岑参此诗系年见廖立笺注。
⑤ （宋）陈振孙撰，徐小蛮、顾美华点校：《直斋书录解题》卷八《地理类》，上海古籍出版社2015年版，第257页。

第八章 成都杜甫草堂遗迹研究

其言皆无所据依，乃引书传刊正其事。"① 由此二书可知，《梁益记》一名《梁益志》，为宋人任弁编著，成书于北宋真宗天禧四年。尤其值得注意的是，晁公武指出《梁益记》是以《蜀记》等书为基础校正而成。但《蜀记》的情况就较为复杂了。

《直斋书录解题》同卷又载："《蜀记》二卷。唐郑暐撰。杂记蜀事、人物、古迹、寺观之属。"② 而《郡斋读书志》则记载："《蜀记》一卷。右皇朝张守约撰。载孟昶初降至薨事。"③ 仅据两种知名的宋人藏书目录就发现，《蜀记》存在作者不同、书名一致的情况。葛琳《和运使学士浣花亭》诗中自注征引的《蜀记》究竟是唐人郑暐所撰，还是宋人张守约所撰，抑或另有别种同名书籍，已难以考订。但有一点值得重视，葛琳所引《蜀记》中提及梵安寺及每年四月十九日的浣花溪游赏风俗。众多学者均考证认为，梵安寺之名及浣花溪游赏之风始于宋朝，而非唐时已有④。由此推测，《蜀记》及《梁益志》皆为北宋时期的文献，所述史实是否可靠则要打一个问号，加之年代久远，相关记载仅存两条，崔宁与妾任氏位高权重，是否有侵占草堂之必要，其可信度亦有疑问。

唐大历后，成都草堂仍能屡屡见诸文人雅士、地方官员的笔端。至宋初，成都草堂依然存在。《太平寰宇记》载："杜甫宅，在西郭外，地属于犀浦县，接浣花溪，地名百花潭。"⑤ 宋人任正一《游浣花记》云："成都之俗，以游乐相尚，而浣花为特甚。每岁孟夏十有九日，都人士女丽服靓装，南出锦官门，稍折而东，行十里入梵安寺，罗拜冀国夫人祠下，退游杜子美故宅。遂泛舟

---

① （宋）晁公武撰，孙猛校证：《郡斋读书志校证》卷八《地里类》，上海古籍出版社1990年版，第353页。
② （宋）陈振孙：《直斋书录解题》卷八《地理类》，第257页。
③ （宋）晁公武撰，孙猛校证：《郡斋读书志校证》卷八《地里类》，第353页。
④ 按，参见王文才《冀国夫人歌词及浣花亭考》（《草堂》1981年第2期，第69页）、陶喻之《浣花古刹考略——唐益州正觉寺钩沉》（《杜甫研究学刊》2003年第4期，第72页）
⑤ （宋）乐史撰，王文楚等点校：《太平寰宇记》卷七二《剑南西道一·益州》，中华书局2007年版，第1470页。

浣花溪之百花潭，因此名其游。"① 亦可见梵安寺、冀国夫人祠、杜甫草堂三者相安无事，且同时并存。葛琳《和运使学士浣花亭》诗中"杜宅岿遗址，任祠载经祀"二句也同样说明，草堂与冀国夫人任氏祠互不相扰。由此可知，即便是崔宁及妾任氏确有侵占杜甫草堂的行径，但对杜甫草堂的遗迹并没有什么破坏。唐时不乏在浣花溪畔营建宅邸、草堂之人，上至达官显贵、下至普通百姓，房屋别业不止一处，崔宁与任氏宅与杜甫故宅相邻的可能性或许更大一些。崔氏舍宅为寺之后，杜甫宅、冀国夫人祠亦由寺院代为打理，从而形成了如今杜甫草堂的格局，这一推测或许更接近于历史的真实情况。

第三节　两宋时期成都草堂的营建

就目前文献所知，成都草堂在宋代曾经历三次重修，分别为北宋元丰年间成都府知府吕大防重修，北宋元祐年间成都府知府胡宗愈重修，南宋绍兴年间成都府知府张焘重修。现将宋代三次重修的基本情况概述如下。

一　元丰年间吕大防重建草堂

北宋元丰年间，吕大防出任成都府知府，曾于任职成都期间重修杜甫草堂。据胡宗愈《成都新刻草堂先生诗碑序》记载："丞相吕公大防镇成都，复作草堂于先生之旧址，绘先生之像于其上。"② 吕大防出任成都府知府的具体年月不详，但据《续资治通鉴长编》载：元丰六年（1083）八月"己亥，知成都府吕大防言：'岁额上供锦，豫支丝红花工直与机户雇织，多苦恶欠负。

---

① （宋）扈仲荣、程遇孙编：《成都文类》卷四六《记·杂记》，《景印文渊阁四库全书》第1354册，第798—799页。

② （宋）胡宗愈：《成都新刻草堂先生诗景印序》，（清）仇兆鳌：《杜诗详注》附编，中华书局2015年版，第2713页。

第八章 成都杜甫草堂遗迹研究

昨创令军匠八十人织，比旧费省而工善。今先织细法锦及透背鹿胎样进呈，乞换充本府机院工匠．'"①《续资治通鉴长编》又载：元祐元年（1086）四月己酉，"吕大防言：'前任成都府日，准朝旨，与成都府、利州两路转运司官同经制买马，藉其协力，颇见成效．'"②可知，宋神宗元丰六年八月吕大防已在成都府知府任上；哲宗元祐元年四月，吕大防已自成都府知府离任返京。由此推测，吕大防重修成都草堂事当在元丰六年至元祐元年之间，但重修事迹仅见胡宗愈记述，具体情形不详。因《成都文类》收录赵次公《杜工部草堂记》一文，清人以为此文为"赵次公撰吕公修草堂记"③，实则有误。首先，赵次公为南宋时人，以注释杜诗而闻名，著有《杜诗赵次公先后解》五十九卷，与吕大防并非同时代人；其次，赵次公《杜工部草堂记》并不涉及吕大防重修杜公祠的事迹，而是一篇针对杜甫以及杜诗的文论。

二　元祐五年胡宗愈刊立诗碑

北宋元祐五年（1090）二月"丁巳，知陈州、资政殿学士胡宗愈知成都府"④，至元祐七年"夏四月癸丑朔，资政殿学士胡宗愈为礼部尚书，龙图阁待制、知永兴军蔡京为龙图阁直学士、知成都府"⑤。可知胡宗愈在成都府知府任上有两年之久。胡宗愈于元祐庚午（五年）作《成都新刻草堂先生诗碑序》，序有云："宗愈假符于

---

① （宋）李焘撰，上海师范大学古籍整理研究所、华东师范大学古籍研究所点校：《续资治通鉴长编》卷三三八"神宗元丰六年八月己亥"，中华书局1995年版，第8153页。又赵已萱：《吕大防的政治生涯研究》亦引此文献，硕士学位论文，四川师范大学，2016年。

② （宋）李焘撰，上海师范大学古籍整理研究所、华东师范大学古籍研究所点校：《续资治通鉴长编》卷三七六"哲宗元祐元年四月己酉"，第9115页。

③ （清）常明修，杨芳灿等纂：嘉庆《四川通志》卷四八《舆地·古迹》，叶三三，清嘉庆二十一年刻本。

④ （宋）李焘撰，上海师范大学古籍整理研究所、华东师范大学古籍研究所点校：《续资治通鉴长编》卷四三八"哲宗元祐五年二月丁巳"，第10565页。

⑤ （宋）李焘撰，上海师范大学古籍整理研究所、华东师范大学古籍研究所点校：《续资治通鉴长编》卷四七二"哲宗元祐七年四月癸丑"，第11259页。

此，乃录先生诗，刻石置于草堂之壁间。"① 此处仅提及刊刻杜甫诗碑，并立于草堂壁间，未提及草堂重修扩建之事，应当是维持了吕大防重修草堂之后的格局，以诗碑略加装饰、增添草堂的人文意趣而已。

三　绍兴十年张焘重建草堂

南宋绍兴九年（1139）十月癸丑，朝廷任命"权吏部尚书兼史馆修撰张焘充宝文阁学士、知成都府兼本路安抚使四川制置司"②。张焘至成都后，多所兴厘，"念文翁以道训蜀，诸葛武侯以义保蜀，张忠定公以鉏恶表善治蜀，乃即其庙宫而治新之，辛勤拭刮，不留昏埃，神来神去，照映羽卫"。张焘主持修复了文翁、诸葛亮、张咏等三人的祠宇之后，想到了杜甫祠宇。此时的草堂"骞陊摧剥"，难以"昭斯文之光"，张焘便"斥公帑之余费，弗匮府藏，弗勤民力，命僧道安董其事，增饰之。虑工一千五百，计泉八十万有奇。创手于绍兴庚申（1140）八月丙戌，讫季冬之乙亥告成。断石为碑二十有六尺，镵其祠于堂之四周，次第甲乙，毛末不欠"。杜甫草堂重修工程完工后，张焘请喻汝砺游览杜甫草堂，"吊少陵之遗像，置酒沧浪亭。亭并浣花、竹柏，濯濯可爱"③。喻汝砺应张焘之请，撰写了《杜工部草堂记》一文以纪其事。此次重修情况记载清晰，较北宋两次营建工程，记述内容更为翔实充分。

---

① （宋）胡宗愈：《成都新刻草堂先生诗碑序》。仇兆鳌：《杜诗详注》附编，中华书局2015年版，第2713页。按，此文初见于宋刻本《分门集注杜工部诗》卷首《诗序》收录，文章无题名，正文之前有"胡氏序曰"四字，无作者姓名，全篇文字有缺漏。又见（明）虞怀忠修，郭棐纂万历《四川总志》卷二四《文二·序》收录，题为《成都草堂诗碑序》，作者胡宗愈（明万历九年刻本，《四库全书存目丛书》第199册，第705页）。

② （宋）李心传：《建炎以来系年要录》卷一三二"绍兴九年十月癸丑"，中华书局1988年版，第2125页。按，（宋）喻汝砺《杜工部草堂记》亦载：绍兴己未，"以吏部尚书张焘为宝文阁学士、知成都府兼本路安抚使"。参见《成都文类》卷四二《记·堂宇》，《景印文渊阁四库全书》第1354册，第758页。

③ （宋）喻汝砺：《杜工部草堂记》，《成都文类》卷四二《记·堂宇》，《景印文渊阁四库全书》第1354册，第758页。

第四节 "文贞"谥号与元代草堂学宫

《元史》载：元顺帝至元三年（1337）四月"丁酉，谥唐杜甫为文贞"①。该条史料仅记载了追授杜甫谥号的时间与谥号本身。杜甫为何会在逝世近六百年后，被元代统治者追封谥号，《元史》没有做出具体的说明。

查元代诗人张雨有诗《赠纳琳大监》，诗云："论卷聚书三十万，锦江江上数连艘。追还教授文翁学，重叹征求使者劳。石室谈经修俎豆，草堂迎诏树旗旄。也知后世扬雄在，献赋为郎愧尔曹。"张雨于诗下自注云："请以蜀文翁之石室、扬雄之墨池、杜甫之草堂，皆列学宫，又为甫得谥曰'文贞'，以私财作三书院，遍行东南，收书三十万卷，及铸礼器以归。虞奎章记其事，邀予赋诗如上。"②此诗初见元人顾瑛《草堂雅集》，而今传本张雨《句曲外史集》则无此诗③。该诗又见明人朱存理辑、赵琦美编《赵氏铁网珊瑚》卷六《张外史书杂诗》，诗题作《赠钮怜大监》④。诗题中"纳琳"与"钮怜"系同一人，因蒙古人的汉字姓名均为音译文字，故出现了"纳琳""钮怜"等多种写法。

明代史学名家王世贞则误认为此纳琳（钮怜）《元史》有传，其所著《弇州山人四部稿》载："偶阅张伯雨《赠钮怜大监诗》诗跋云：曾疏请以蜀文翁之石室、扬雄之墨池、杜甫之草堂，皆列祀典，又为甫请得赐谥曰'文贞'，虞奎章集纪其事。按《元史》有

---

① （明）宋濂：《元史》卷三九《顺帝二》，中华书局1976年版，第839页。
② （元）顾瑛：《草堂雅集》卷五《张雨》，《景印文渊阁四库全书》第1369册，第281页。
③ 按，（元）张雨《句曲外史集》三卷、《附录》一卷、《补遗》三卷、《附》一卷，都被《景印文渊阁四库全书》收录（第1216册），但未录此诗，张元济主编《四部丛刊初编》收录《句曲外史贞居先生诗集》五卷，亦未录此诗。
④ （明）朱存理辑、赵琦美编：《赵氏铁网珊瑚》卷六《张外史书杂诗》，《景印文渊阁四库全书》第815册，第439页。

《纽怜传》，而不载此事，又杜甫之谥文贞，亦出奇闻。"① 《元史》有《纽璘传》，而无《纽怜传》。《纽璘传》载：纽璘，珊竹带人（蒙古人的一支）。祖父、父亲均为成吉思汗、蒙哥等大汗的亲军宿卫。"纽璘伟貌长身，勇力绝人，且多谋略，常从父军中"，在蒙古攻打四川的战争中屡立战功，此后长期主政四川。卒于元世祖中统四年（1263）②。可知，纽璘生活在蒙古入主中原之际，南宋尚未灭亡就已经病卒了。与张雨诗中的"纳琳（纽怜）大监"绝非一人。

张雨在诗中提及"虞奎章""邀予赋诗"，虞奎章即是元代著名学者虞集。虞集有诗《送秘书也速答儿大监载书归成都》，诗云："连舸载书三十万，雪消春水上成都。列仙歌舞成烟雾，世将旌旗属画图。定有鸿儒刊设醴，岂无佳客共投壶。子云白首归无日，独抱遗篇隔五湖。"③ 所述事实与张雨诗相符，可知"纳琳大监"与"也速答儿大监"为同一人。据翟墨考证，也速达儿为"蒙古后裔，曾为官三朝，致仕时升授秘书大监，最后归隐于四川果山"④。

正是在也速答儿的支持之下，成都草堂进一步扩大了规模，转而形成了以草堂为中心的学宫书院，也速答儿又亲自前往东南地区购置书籍三十万卷、祭祀礼器。更为重要的是，也速答儿又为杜甫请得"文贞"谥号，这一系列崇祀杜甫的文化活动，既与成都草堂关系密切，又与元朝统治下的四川文化教育活动紧密关联。也速答儿不仅保护了杜甫草堂，也对整个蜀地的人文继承与发展做出了不凡的贡献。杜甫草堂也因此被赋予了更多的学术内涵。

---

① （明）王世贞：《弇州山人四部稿》卷一六〇《说部·宛委余编五》，叶一八，天津图书馆藏明万历五年王氏世经堂刻本。
② （明）宋濂：《元史》卷一二九《纽璘》，第3143—3144页。
③ （元）虞集撰，（明）虞堪编：《道园遗稿》卷三《七言律诗》，《景印文渊阁四库全书》第1207册，第770页。
④ 翟墨：《蒙元时代的杜甫记忆——以至元三年追谥杜甫为中心》，《中华文史论丛》2017年第2期，第223页。

第五节　明代成都草堂的再造与扩建

一　洪武二十六年蜀王重建

经历元末明初的战火，成都草堂再次毁于兵燹。明洪武二十三年（1390）正月，朱元璋之子、蜀王朱椿来到了封地成都府①。朱椿为"太祖第十一子，洪武十一年封。……性孝友慈祥，博综典籍，容止都雅，帝尝呼为'蜀秀才'"。朱椿对理学名家方孝孺极为推崇，尝"聘方孝孺为世子傅，表其居曰'正学'，以风蜀人"②。洪武二十六年（1393）十二月，朱椿"遣官以牲醴之奠致祭于草堂先生杜公"，并亲作祭文曰："先生距今之世数百余年，而成都草堂之名，至今而犹传。予尝纵观乎万里桥之西，浣花溪之边，寻草堂之故址，黯衰草兮寒烟，是以不能无所感也。于是命工构堂辟地一廛，扁旧名于其上，庶几过者仰慕乎先贤。然人之所传者，先生之遗编也。"③祭文中已明确记载朱椿命人重建杜甫草堂之事。方孝孺《成都杜先生草堂碑》所述更为翔实："成都浣花溪之上故有草堂，废于兵也盖久。大明御四海，贤王受封至蜀，以圣贤之学施宽厚之政，既推先王之心以惠斯民，贫无食者赐之以粥，陷于夷者赎之以布，岁所活以万计，欢声达于遐迩。复谓先生为万世所慕者，固不专在乎诗，而成都之民思先生而不忘，亦不在乎草堂。然使士君子因睹先生之居，而想先生之为心，咸有愿学之志，则草堂不可终废。乃于洪武二十六年冬十二月，命臣工更作之，不逾月而成。中为祠以奉祀，庑其左右，而门其前后，为草堂以存其

---

①《明太祖实录》卷一九九"洪武二十三年（1390）正月丙寅"，台北"中央研究院"历史语言研究所校勘本，1962年，第2981页。

②（清）张廷玉等：《明史》卷一一七《诸王二·蜀王椿》，中华书局1974年版，第3579页。

③（明）朱椿：《献园睿制集》卷七《祭杜子美》，影印明成化三年刻本，胡开全主编：《明蜀王文集五种》第1册，巴蜀书社2018年版，第208页。

旧。高杰华敞，皆昔所未有。下教俾臣某记其事。"① 由此可知，成都草堂由蜀王朱椿出资重建于洪武二十六年十二月，不到一个月的时间草堂重建工程完成。洪武二十八年（1395）七月，朱椿再次撰写祭文祭祀杜甫。祭文云："幸分封于全蜀，寻草堂之故基，抚前修之遗躅，方隅缭兮垣墙，堂宇撑其梁木，神位孔安，恍兮在目。"② 可知此时所见的草堂就是在一年多前重修而成的，祠堂、神位、两庑、垣墙齐备。朱椿亦以祭文赞颂杜甫"一饭之顷而忠君爱国之惓惓""慨秋风之茅屋，惟忠义之不忘"的可贵品质。

二 正统年间重建

据万历《四川总志》卷五《郡县志一·成都府·祠庙》载："杜甫祠，浣花溪上。宋吕大防建，本朝洪武、正统中重建。"③ 可知，蜀王洪武二十六年重修后，又有正统年间重修事。这一时期的杜甫草堂已经与杜甫祠合为一体，与前代仅言草堂、诗碑有了较大的变化。若将吕大防重建草堂之时曾绘杜甫画像于堂中视为杜甫祭祀的开始，至此时杜甫祭祀已经形成规模。正统年间重建草堂事并未见碑记文献流传，但我们可以从薛瑄游记中一窥重建后的草堂情形。明景泰元年（1450）闰正月，"命大理寺右寺丞薛瑄往四川、云南督运军饷于贵州"④，薛瑄于同年九月二十五日，应巡抚四川右佥都御史李匡之约，同游草堂⑤。薛瑄所见成都草堂在草堂寺西，"寺西行仅半里，门扁

---

① （明）方孝孺：《成都杜先生草堂碑》，徐光大点校：《方孝孺集》，浙江古籍出版社2013年版，第812页。
② （明）朱椿：《献园睿制集》卷七《祭杜子美》。
③ （明）虞怀忠修，郭棐纂：万历《四川总志》卷五《郡县志一·成都府·祠庙》，明万历九年刻本，《四库全书存目丛书》史部第199册，第285页。
④ 《明英宗实录》卷一八八"景泰元年闰正月己巳"，台北"中央研究院"历史语言研究所校勘本，1962年，第3850页。
⑤ 按，（明）薛瑄《游草堂记》载："景泰元年九月二十五日，佥都御史李匡约予泊大理少卿张固、监察御史罗俊，同为草堂之游。"张鼎校辑：《敬轩薛先生文集》卷一九《记》，叶八，云南省图书馆藏明弘治二年刻本。据《明英宗实录》卷一八九载：景泰元年二月"壬辰，升四川按察司副使李匡为都察院右佥都御史、巡抚四川，吏科都给事中张固为大理寺少卿、镇守四川行都司"（台北"中央研究院"历史语言研究所校勘本，1962年，第3883页）。

曰'杜工部祠',以子美尝为工部郎故,以是扁其祠云。入门有堂三间,以奉子美之神,后有中堂三间,以为游者宴息之所,最后有堂三间,覆之以茅,盖蒙子美当时之草堂也"①。薛瑄所见较明洪武二十六年重修之时规模有所扩大,增加了中堂及后堂各三间,尤其是后堂三堂覆盖茅草,以符合"草堂"的本意。

三 弘治十五年改建扩修

明弘治十三年(庚申,1500)春,由巡抚四川都察院右副都御史钟蕃倡议,巡按监察御史姚祥主持,监察御史正弘协助,开始了重建杜甫草堂的工程,"经始于弘治庚申之春,断手于其年之秋,财不废而功侈,民不劳而事集"②。工程完工之后,成都府同知吴廷举向左春坊大学士兼翰林院侍读学士杨廷和寄去了信函,并附上了新修后的草堂图像,请杨廷和撰写重修记。杨廷和虽不曾目睹草堂新貌,但根据书信所知与图画所见,做出了如下记述:

> 临于官道者为门,门之后为祠三楹,遗像俨然,如春之所有事焉者也。祠之改作,钟公实委郡僚任之,于时以公帑无羡余,未遑其他。他日姚公往视之,则以为他之不葺,又遗后人以呲,是其责在我。再令郡中捡括所藏,乃以两巡院所没入者,益之藩臬诸公亦各助之十一,于是他不治者并手偕作。祠后为书院,楹如祠之数,屋其左右各称是。引水为流,横绝其后,桥其上,以通往来于其前门焉,榜曰'浣花深处',进于是则草堂也。堂故在院之前,来游者杂然欢哗,弗严也。姚公乃令易置之院后隙地,尽以属之堂,而制益宏矣。堂之左右亦各为屋三楹,其东则选释氏之徒居之,以奉祠之香火;其西则礼神之器与延宾之具皆

---

① 薛瑄:《游草堂记》,张鼎校辑:《敬轩薛先生文集》卷一九《记》,叶八,云南省图书馆藏明弘治二年刻本。
② (明)杨廷和:《杜工部草堂记》,(明)万历《四川总志》卷二七《文五·记类》,《四库全书存目丛书》史部第200册,第11页。

贮焉。缭以周垣，廉隅有截。又其东偏为池，引桥下之水注其中，菱莲交加，鱼鸟上下相乐也；名花时果杂植垣内，盆池楚楚，离列其间，其外则树以桤柳，象子美之旧也。①

根据杨廷和的描述，弘治十三年的草堂改建工程规模极大，远远超过了明代洪武、正统年间的建筑规模。不但改变了草堂的位置，又增建了房屋、重设了书院，还注重营造以水榭、小桥、花木等为主要元素的园林景观。杜甫旧居草堂与祭祀杜甫的祠庙、发挥教育文化功能的书院、水榭园林等一并结合到了一起。此次重修改建，奠定了成都草堂留存至今的基本格局。

四 嘉靖新建存梅亭与草堂别馆

自明弘治十三年草堂重建工程完工之后，明人又对草堂进行了数次维修、扩建，但规模均不能与弘治十三年相提并论，只是对原有建筑的局部修整，或是对树木亭台的保护工程。

"杜工部祠祠后有亭，亭东西有梅。亭以工部故，古今重焉。梅以亭故，古今游者又争重焉。"明嘉靖十六年（1537），邵经济出任成都府知府，见"亭隘朽欲新之，恻怆梅下曰：'工来新其亭，勿剪伐厥梅。'又曰：'新其亭基，隆乃宏构，详乃规制，拓乃幽邃，勿剪伐实难，改卜则良。'于是卜之乎祠之东，为亭相向，凿池其中，盖翚如洞如，旧亭得以不毁，而梅存矣"②。新亭命名为"存梅亭"，二亭相对。

嘉靖二十年（1541），巡抚四川都察院右佥都御史刘大谟接到成都府通判徐玑的报告，告知前任成都府知府邵经济在完成存梅亭的建

---

① （明）杨廷和：《杜工部草堂记》，（明）万历《四川总志》卷二七《文五·记类》，《四库全书存目丛书》史部第200册，第11页。
② （明）杜朝绅：《存梅记》，（清）李玉宣修，衷兴鉴纂：同治《重修成都县志》卷一四《艺文志·记》，清同治十二年刻本，《中国地方志集成·四川府县志辑》第2册，巴蜀书社2017年版，第602页。

造之后，因丁忧离职，"兹亭若池功亏一篑，可委之榛莽"。由此可知，邵经济原先进行的就是园池树木的整修工程。刘大谟便命徐玘重修草堂别馆，"鸠材僝工，沿池加以栏杆，桥其上而屋焉。更引百花潭水流于下，植荷数本，凡亭之未备者，咸葺而新之"。刘大谟又为新建亭桥命名，"扁其东向之亭曰'怀古'，西向之亭曰'息机'，桥之东楣曰'百花桥'，桥之西楣曰'万里别桥'，其中两楣，东曰'锦江春涨'，西曰'玉垒秋横'，总以'草堂别馆'榜其所入之门。盖皆取诸少陵诗中之句，亦实草堂目中之景也"①。

五　嘉靖二十五年重修草堂

明嘉靖二十五年（1546），巡抚四川都察院右副都御史张时彻欲重修成都草堂。他得知明初蜀王朱椿重建草堂的往事，便请成都府"知府马九德、蜀王府长史李钧、游淄启于今王（蜀成王朱让栩），为言祠事"，请蜀王出资重修成都草堂。"王辄报诺，乃遂辟廊庑、起甍栋，引流为池，易甃以石，规模壮丽，增于故昔盖十之六七，费白金三千有奇，经时日岁有奇。"②此次整修工程巨大、工时亦久，但因其记载较为简略而未知其详。

六　万历初年新建茅亭

明万历二年（1574）正月，陈文烛出任四川按察司提学副使③。陈文烛既是主管四川文教事业的最高官员，又是杜甫的崇拜者，对杜诗极为谙熟。陈文烛至成都观草堂后，忆及杜甫成都诗《高柟》有

---

①（明）刘大谟：《草堂别馆记》，同治《重修成都县志》卷一四《艺文志·记》，《中国地方志集成·四川府县志辑》第2册，第602页。

②（明）张时彻：《重修杜工部祠碑》，张时彻《芝园定集》卷三八《碑文》，影印明嘉靖间刻本，《四库全书存目丛书》集部第82册，第245页。按，此文亦见万历《四川总志》卷二七《文五·记》，题为《杜工部草堂记》，载"费白金二十有奇"，当为误载，见《四库全书存目丛书》史部第200册，第22页。

③《明神宗实录》卷二一"万历二年正月辛卯"，台北"中央研究院"历史语言研究所校勘本，1962年，第566页。

云：" 柟树色冥冥，江边一盖青。近根开药圃，接叶制茅亭。落景阴犹合，微风韵可听。寻常绝醉困，卧此片时醒。"① 认为草堂周围当有茅亭，"因叹曰：'有唐至今赫赫盛哉！何无以茅为亭者？'" 成都府官员命经历王忠建造茅亭一所，陈文烛为茅亭题名"乾坤一草亭"，"俾当年所营茅屋千载如新也"。陈文烛于亭中"见层轩所面，即百花潭水，而幽澄入户，足消客愁者，又鸂鶒飞鸟时相上下，风月之夕则桤林翠竹作呜呜声，如垂老之别、无家之叹，忠臣义士闻者泪不可禁。亭外老树饱历霜雪，其凌霄之状若俯挺之子，而小之流落景光咸在亭中"②。亭中所见景物皆为潭水、水鸟、幽竹、老树之类，均为园林景观，则该茅亭的建造位置也在杜甫祠后的园林水榭之中。

由以上叙述可知，自明弘治年间改建草堂之后，有明一代草堂规模再无大的变化，嘉靖之后大多仅作局部景观建筑的维修与增建工作，且这些建筑小品又多与杜甫成都诗歌相对应。这一方面体现了明人对于草堂纪念物的多元化表现形式，另一方面也说明时至明朝末年成都草堂已拥有了较大规模，明人为将杜甫旧居、祠堂、书院、园林等建筑物与杜甫诗歌的精神境界相互融合做出了巨大的努力。

第六节 清代成都草堂的复建与改建

一 康熙十年复建杜公祠

经过明末清初的战乱，成都草堂再次沦为一片瓦砾。清康熙十年（1671）川湖总督蔡毓荣"奉命入蜀，于役之遐，极目郊坰，过浣花溪，游草堂寺。访草堂遗址，在寺数十武，薙草披荆以入，荒池断碑

---

① 《杜甫集校注》卷一一《近体诗一百一十五首》，第1832页。
② （明）陈文烛：《建浣花草亭记》，万历《四川总志》卷二七《文五·记类》，《四库全书存目丛书》史部第200册，第35页。按，该文亦见陈文烛《二酉园文集》卷九《记》，题为《建杜工部浣花草亭记》，影印明天启三年陈之蓬重刻本，见《四库全书存目丛书》集部第139册，第117页。

第八章 成都杜甫草堂遗迹研究

犹存焉"①。蔡毓荣因忆及杜甫与严武交往过从的诗篇,"游览之余,悄然动容。谋之藩、臬诸君,亟图经始"。由于蔡毓荣为川湖总督,总管四川与湖广两省军政要事,草堂"方鸠工而得代归楚"。"越明年壬子夏,以(草堂)落成来告",请蔡毓荣撰写重修碑记。蔡氏深感欣慰,但又不愿将草堂重建的功劳包揽在自己名下,因而实事求是地写道:"余一岁之中,往来荆益,入蜀则诵将赴成都之什,归楚而咏江临望幸之章。徘徊两地,窃有感于君臣、朋友之际也。于成都草堂之成,尤欣慰焉。是役也,虽自余始,实为大中丞罗公成之,中丞今之吕汲公(吕大防)也。昔汲公设草堂、绘先生像,时胡学士宗愈知成都,遂刻诗于石,置堂壁。今堂成而诗尚阙,风雅未坠,行有嗣学士而起者,聊志岁月,以俟后之君子。"

蔡毓荣文中提及的"大中丞罗公",即四川巡抚罗森②,罗森因接替蔡毓荣主持草堂复建工程,亦作有《重修杜少陵草堂碑记》。碑文载:"祠将废,维总制楚蜀蔡公倡助经始,会余奉命来抚,为捐俸,而属其事于藩长金君、臬长宋君。越明年春仲而落成。于是鸟革飞翚,黝垩丹漆,奕奕具举,登堂肃拜,蘧蘧然先生在焉。"③

罗森在碑记中说得也非常清楚,他与蔡毓荣一样,是成都草堂复建工程的主持人,但具体工作是由"藩长金君、臬长宋君"负责的。"藩长金君"即四川布政使司布政使金儁,"臬长宋君"即四川按察使司按察使宋可发。清雍正《四川通志》载:"金儁,辽东辽阳人,

---

① (清)蔡毓荣:《重修成都少陵草堂记》,同治《重修成都县志》卷一四《艺文志·记》,清同治十二年刻本,《中国地方志集成·四川府县志辑》第2册,第602页。按,原文作"过浣花溪,游草堂寺。访草堂寺遗址,在寺数十武","访草堂寺遗址"之"寺"字当是衍文。又按,(清)黄廷桂修,张晋生纂:雍正《四川通志》卷三一《皇清职官·总督》载:"蔡毓荣,辽东锦县人。康熙九年以兵部左侍郎、都察院右副都御史任,兼制川湖,驻扎重庆。"《景印文渊阁四库全书》第560册,第653页。

② 按,雍正《四川通志》卷二九下《僭窃》载:"罗森者,直隶大兴人。康熙十年任四川巡抚,后污伪职,今《职官志》内俱已削其名氏,附见于此。"(《景印文渊阁四库全书》第560册,第604页)所谓伪职是指罗森于康熙十三年投降吴三桂之事,因此其人不列入《职官志》。

③ (清)罗森:《重修杜少陵草堂碑记》,同治《重修成都县志》卷一四《艺文志·记》,《中国地方志集成·四川府县志辑》第2册,第604页。

康熙八年任"四川布政使①,"宋可发,山东胶州。进士。康熙八年任"按察使②。因此金儁、宋可发二人全程参与并具体负责草堂的复建工作。金儁亦有《重建杜工部祠堂碑记》,碑文载:

> 岁辛亥,从大中丞蔡公跨马出郊,遵万里桥,西沂而上,过百花潭,求所谓草堂者,榛蔓瓦砾,一望凄迷。傍有老僧稽首曰:"此杜公草堂地也。"相传为其读书、咏歌、遨游、栖息之所。旧有祠,今废。余低徊久之,澄江未改,红蕖翠篠之遗犹有存者,而草堂固不可得而见也。夫前贤之迹弗彰,地主之责也。吊古者有余憾焉。爰承蔡公命,剪棘构祠,不侈雕镂,不事丹艧,体公俭也。悬额设像,从众慕也。后之君子,赓浣花溪水之句,翠然神往,庶于是祠焉遇之。③

金儁作为康熙十年至十一年成都草堂复建工程的实际负责人,所作碑记应当是非常准确的,比蔡毓荣、罗森的碑记更为详细。据金氏碑记可知,有明一代兴建的成都草堂建筑群已化为榛莽瓦砾,此次重建杜公祠是在一片废墟的基础上进行的。重建的杜公祠虽然是成都草堂的主体建筑,但毕竟只是占据了草堂的一个小区域,与明代草堂建筑群的庞大和园林景观的精致不可同日而语。加之祠堂"不侈雕镂,不事丹艧",仅"悬额设像"而已,可见祠堂的规模与装饰也是极为俭朴的。不过,此次复建工程对于清代成都草堂的恢复与兴建具有极为重要的开创意义。

---

① (清)黄廷贵修,张晋生纂:雍正《四川通志》卷三一《皇清职官·布政司》,《景印文渊阁四库全书》第560册,第655页。
② (清)黄廷贵修,张晋生纂:雍正《四川通志》卷三一《皇清职官·按察司》,《景印文渊阁四库全书》第560册,第657页。
③ (清)黄廷贵修,张晋生纂:雍正《四川通志》卷四七《皇清艺文·碑记》,《景印文渊阁四库全书》第561册,第644页。

二 康熙二十六年建堂保护杜甫画像碑

康熙十年复建杜公祠之时，还有一项较大收获：在清理废墟的过程中，人们发现了明人何宇度刻的杜甫石刻画像。何宇度，字仁仲，南京刑部侍郎何迁之子。何氏家族先祖何贵于元朝末年投入朱元璋麾下，因屡立战功，授予世职，后以军队变更驻防地区，何氏家族移居德安守御千户所，驻扎湖广德安府安陆县，因此何宇度自称楚人、安陆人①。明万历三十年（1602）前后，何宇度曾以夔州府通判之职，署理成都府华阳县知县事，在任期间曾编成《益部谈资》三卷，所叙"皆蜀故事、山川、人物之胜"②。《益部谈资》载何宇度修整草堂及刊刻杜甫像事，"予稍为之修葺，镌公遗像及唐本传于石"③。至明末战乱，成都草堂毁于兵燹，杜甫石刻画像也一并沦入废墟。

至康熙十年复建杜公祠之时，清理祠宇废墟，"畚锸初施，忽得断碣一片，绘先生之像于上。兵燹之余，全躯具存，一尘不染，斯亦其灵不昧者矣！"④何宇度所刻杜甫石刻画像亦有小序，题为《题杜少陵遗像》，文载：

> 浣花溪上，工部草堂在焉。俎豆虽存，而宋、元以来碑刻寂无存者。予先司寇公故藏有公遗像一纸，质之世传圣贤图谱罔异。予因取而勒诸石，并增易公本传于其上，树之祠中，俾千载

---

① 按，何氏家族事迹详见王世贞撰《通议大夫南京刑部右侍郎何公（迁）神道碑》，（明）王世贞《弇州山人续稿》卷一二九《文部·神道碑》，叶一五至二〇，天津图书馆藏明万历刻本。有学者误以为何宇度是江西德安县人，盖将德安府与德安县混淆之故。参见李霞锋《成都草堂古代碑刻初考》，《杜甫研究学刊》2013年第4期，第89页。

② （明）李维桢：《益部谈资引》，（明）何宇度撰：《益部谈资》卷首，叶一，国家图书馆藏明刻本。按，何宇度任职情况亦见《益部谈资引》载："何仁仲辞赋之业，士林声称籍甚，而不悉其有政事材。浮沉两都散署十许年，仅得判夔府……居夔仅数月，督府置诸幕下，使佐成都守，摄华阳令。"

③ （明）何宇度：《益部谈资》卷中，叶五。

④ （清）王邦镜：《草堂先生像赞并序》，清康熙十年刊刻，原碑在成都草堂杜公祠内。释文参见李霞锋《成都草堂古代碑刻初考》，《杜甫研究学刊》2013年第4期，第89页。

怀古之士登斯堂者，宛奉公馨欬，补成都一典故云。宇度识。

画像左下角又题："明万历壬寅孟夏月，楚后学何宇度勒石。"①碑上文字与《益部谈资》的记载完全一致，"先司寇公"即是何宇度的父亲刑部侍郎何迁，由此亦可知该画像的来历了。遗憾的是，清人未见唐本传文字碑。

金儁得知有杜甫画像碑刻出土之后非常高兴，但同时又担心原碑损坏，故而命人仿刻一碑，又作文赞叹："成都草堂，其卜居地也。楚焰秦锋，衰为瓦砾，乃埋灭淹渍之余，当年风采不与劫灰同泯，掘地得石，则公之小像宛存焉。噫！是殆以慰后世思慕之情欤？时方葺公祠，是像适若有俟而出，宾客父老咸庆，以为因感之所至。余惟恐残碑断碣传之不久也，临摹既成，命诸剞劂。"② 但出人意料的是，何宇度原刻杜甫画像碑保存完好，复刻碑反而遭到了破坏。这应当是出乎金儁等人意料之外的。

清康熙二十六年（丁卯，1687），周灿出任提督四川学政，与布政使李祖辉等人同游成都草堂，见到了何宇度刊刻的杜甫画像碑刻及金儁重刻碑。周灿观察后发现，重刻碑"仿斯图稍扩大之，前堂所供者是，而碑石仍置之荒草间，几二十年矣"，认为将今人仿刻画像碑立在祠堂供奉，而将何宇度原碑置放风雨荒草之间，殊有本末倒置之嫌。恰巧李祖辉又得别种杜甫画像，周灿就此提出："何公所摹未知与李公孰优？其自称为家藏遗纸，质之世传《圣贤图》罔异，是尤为近真者。"因与李祖辉商议如何妥善处置何宇度杜甫画像石刻，后由李祖辉"捐清俸，命经历罗公董其事，为堂三楹，绘斯像于其

---

① （明）何宇度：《题杜少陵遗像》，原石在成都草堂杜公祠内。（民国）何明礼编《浣花草堂志》卷三《艺文·杂著》著录（叶三七，民国十二年刻本），但文字与原碑多有不同，今据李霞锋《成都草堂古代碑刻初考》著录碑文，见《杜甫研究学刊》2013年第4期，第89页。

② （清）金儁：《题少陵先生遗像》，清康熙十一年（壬子，1672）刊刻，原碑在成都草堂杜公祠内。亦见何明礼辑《浣花草堂志》卷三《艺文·杂著》，叶三八，民国十二年刻本。

中，成夙志焉"①。周灿与李祖辉为安置明代杜甫碑刻画像新建一堂，也说明了清初草堂仅有杜公祠一座建筑，空余土地面积极大，仍有不少石刻文物未能得到妥善的保护，这也为此后草堂的扩建工程提供了施展空间。

三 乾隆四十三年整修草堂

清乾隆三十七年（壬辰，1772），杜玉林出任四川通省盐茶道②。杜玉林以杜甫后裔自居，"成都草堂为先贤少陵公遗迹。千载向往以一登斯堂为幸"，"访草堂旧址，面溪背郭，竹木阴翳，境地幽胜。登堂谒公像，榱桷蠹坏，不蔽风雨"。杜玉林见此衰败景象，意欲重修草堂。但由于四川通省盐茶道兼管驿传之事③，杜氏"方欲稍为葺治，以金川之役，驰驱徼外，不暇及也"④。大小金川战役结束之后，因督办驿传有功，杜玉林于乾隆四十年（1775）十二月，升为四川按察使⑤。直到此时，杜玉林方才从繁重的公务中解脱出来，"爰以重修草堂谂同官，佥谋胥协，经始于戊戌（四十三年，1778）冬十月，岁杪工竣"。此次重修工程的重点有二：一在整修废坠，二在重建园林，"除腐易朽，疏泉筑亭，邃室修廊，境兼奥旷，荫嘉树，俯

---

① （清）周灿：《方伯李公重修少陵祠宇记》，同治《重修成都县志》卷一四《艺文志·记》，清同治十二年刻本，《中国地方志集成·四川府县志辑》第2册，第614页。

② 按，杜玉林任职情况见其自述："壬辰春日，余奉命来川主邮政。"（嘉庆《四川通志》卷三四《舆地·祠庙·成都府》，叶二七，清嘉庆二十一年刻本）又见嘉庆《四川通志》卷一一二《职官·题名·通省盐茶道》载："杜玉林，江苏金匮，进士。乾隆三十七年任。"叶一九。

③ 按，嘉庆《四川通志》卷一一二《职官》载："按察司，旧管通省驿传。雍正五年复设盐茶道，以驿传归道专管。乾隆四十四年仍管驿传事。"叶一五。

④ （清）杜玉林：《重修草堂记》，嘉庆《四川通志》卷三四《舆地·祠庙·成都府》，叶二七，清嘉庆二十一年刻本。按，杜玉林原文无题，今题据清同治《重修成都县志》卷一四《艺文志·记》所收杜文补。见《中国地方志集成·四川府县志辑》第2册，第609页。

⑤ 《清高宗实录》卷九九八"乾隆四十年十二月戊午"载："以四川按察使李世杰为湖北布政使，四川驿传道杜玉林为四川按察使。"影印清内府钞本，《清实录》第20册，中华书局1987年版，第357页。

澄湵，形释心凝，洒然尘表"①。草堂整修工程竣工次年，杜玉林又升迁为四川布政使②，同年四月，因刑部侍郎空缺，令杜玉林赴京补任③。

　　杜玉林最初重修草堂的动机是考虑到"数千百年名迹荒芜日甚，无以妥公灵，为官斯土者之责。期薙荆榛，辟户牖，高明爽垲，典型如在，足矣"。但随着升迁之路顺畅，杜玉林自然会将自身官运亨通与成都草堂默佑之功联系在一起。因此在得知返京擢升刑部侍郎之后，一方面感慨"还京有日矣"，一方面又"念经营草堂规制大备，倘不为岁修计，曷由垂久？因贮银二千两于成都郡署，嘱太守王君徐图之，嗣是昭垂奕祀。后之君子，同此向往之心也。振兴大雅，实厚望焉"④。由此可见，杜玉林对杜甫及成都草堂的尊崇与笃信之情。

四　嘉庆十六年扩建工程

　　清嘉庆十五年（1810）五月，命翰林院编修史评、翰林院修撰陶澍分任正、副考官，前往成都主持四川乡试⑤。同月二十九日自京城出发，至八月底方才抵达成都。陶澍等人于九月初十日前往武侯祠、草堂游览。陶澍在日记中描述了他所见草堂的情景：

　　　　草堂寺创齐梁间，其西即杜工部祠，桤林松径，窈然而深。修竹尤多，高几三四丈，始知"野竹上青霄"语不虚也。祠前室宇虚敞，略如京师西苑景概，而丹青零落，草莽不剪，断桥流

---

①　（清）杜玉林：《重修草堂记》，嘉庆《四川通志》卷三四《舆地·祠庙·成都府》，叶二七，清嘉庆二十一年刻本。
②　按，《清高宗实录》卷一〇七八载：乾隆四十四年三月乙酉，"以四川按察使杜玉林为四川布政使"。《清实录》第22册，第478页。
③　按，《清高宗实录》卷一〇八一载：乾隆四十四年四月戊寅，"其刑部侍郎员缺，著杜玉林补授"。《清实录》第22册，第528页。
④　（清）杜玉林：《重修草堂记》，嘉庆《四川通志》卷三四《舆地·祠庙·成都府》，叶二七，清嘉庆二十一年刻本。
⑤　《清仁宗实录》卷二二九载：嘉庆十五年五月乙丑，"以翰林院编修史评、为四川乡试正考官，陶澍为副考官"。《清实录》第31册，第76页。

第八章　成都杜甫草堂遗迹研究

水，岑寂无声。阅壁碣，始知祠创康熙中，其后杜廉访玉林稍扩之。乾隆庚戌，大将军福康安自西藏归，驻此数月，于是雕墙峻宇，豁然改观，迄今廿余年矣！渐就芜落。①

陶澍在日记中提及大将军福康安驻节草堂事，不过时间有误。福康安取得廓尔喀战役胜利之后，自西藏返回成都，再任四川总督，时在乾隆五十八年（1793），而非乾隆五十五年（庚戌，1790）②。据嘉庆十六年（1811）曹六兴所撰《重修草堂记》载：福康安"驻节草堂，有司加以藻饰，极一时土木之胜"③。可见，有司在草堂之内大兴土木，并不是为了草堂本身的营建，而是为了满足福康安的奢华生活所需。但是既然是在草堂之后兴建的建筑，也算是变相为嘉庆十六年草堂扩建工程做了不少前期准备工作④。

造成乾隆末年草堂荒芜、倾圮殆尽的原因，据曹六兴《重修草堂记》所载是由于"寺僧苦车马之烦，割而弃之，不为修治，故寺仅存而祠日以荒也"⑤。这也说明成都草堂的日常维护与接待工作原本是由相邻的草堂寺（梵安寺）僧人负责的。僧人苦于迎来送往，与成都草堂做了切割。但这或许只是当时官方的一面之词。乾隆末年福康安驻节草堂之时，草堂自然不需要僧人加以照料，福康安离去后，草堂或许也便无人照料了。总之，时至嘉庆年间，成都草堂已渐渐呈现一片荒芜景象。

---

① （清）陶澍：《蜀輶日记皇华草合编》卷二，影印清道光十三年刻本，李德龙、俞冰主编：《历代日记丛钞》第35册，学苑出版社2006年版，第347页。
② 按，福康安再任四川总督时间参见嘉庆《四川通志》卷一〇三《职官·题名·总督》载："福康安，乾隆五十八年再任。"叶四，清嘉庆二十一年刻本。
③ （清）曹六兴：《重修草堂记》，同治《重修成都县志》卷一四《艺文志·记》，清同治十二年刻本，《中国地方志集成·四川府县志辑》第2册，第620页。
④ 按，这一时期的草堂建筑情况未见文字记载，但有乾隆五十八年石刻《少陵草堂图》传世。今石刻在草堂杜公祠内，图中建筑物都标注了名称，祠亭轩阁建筑齐备。参见李霞锋《成都草堂古代碑刻初考》，《杜甫研究学刊》2013年第4期，第93页。
⑤ （清）曹六兴：《重修草堂记》，同治《重修成都县志》卷一四《艺文志·记》，清同治十二年刻本，《中国地方志集成·四川府县志辑》第2册，第620页。

陶澍等人离开成都的次年，清嘉庆十六年，在四川总督常明、布政使方积等人的倡议下，将重修草堂之事提上了议事日程。"今总督、兵部尚书佟伊公（常明）镇蜀之三年，时和年丰，百废俱举，以先贤胜迹为名流所景行，与同官僚属议修之。大府各出俸钱，同官皆相约寄赀"，命成都府知府曹六兴主持重修事宜。曹六兴在重修碑文中详细描述了此次重修后的草堂规制：

  鸠工庀材，相度区画，堂庑亭阁，位置略具。其中为草堂，颜曰诗史，谳集之所也。左为独立楼，右为露梢风叶之轩。堂东有径，达草堂寺西隅。西之廊曰春水舍、曰竹斋。其南大廨三楹，左右廊各五楹，引西北隅溪水入注西南而环其前，以桥度之。春秋佳日，可泛益舟也。堂之北为公祠，其门曰药兰花径，前有小桥，桥西有阁，曰水槛。分东西隅之水，由水槛绕花径而东，汇为池，广可二亩，丛篁万竿，水碧如玉。小艇经桥下，行可达于池。祠三楹，造像树栗主，祀杜公，以宋秘书监、渭南伯陆公配之。祠左一亭，书公《卜居》《堂成》二诗，刊版嵌诸壁。亭北有屋，覆果[清]（亲）王书碣。祠右一轩如舟，曰恰受舫轩。北为草亭，草亭北为台，曰春风啜茗。登台望舍北水田，一碧无际。周遭短垣，竹木阴翳，三面皆水，水曲各垒小山，杂植花果之属，桤林笼竹，犹见吏隐之风韵焉。经始于嘉庆十六年七月，落成于十七年正月。费金五千五百余两，计造屋九十楹有奇。小桥二、官舫二、小艇一，帘幕几榻之具咸备。以属草堂寺僧谨启闭，躬洒扫，且以金五百两畀寺僧，为岁时补葺之赀，使顾名思义，永护此堂，毋忘杜公旧宅之本意。①

此次重修草堂始于嘉庆十六年六月，完工于嘉庆十七年正月，历

---

① （清）曹六兴：《重修草堂记》，同治《重修成都县志》卷一四《艺文志·记》，清同治十二年刻本，《中国地方志集成·四川府县志辑》第2册，第620页。

第八章　成都杜甫草堂遗迹研究

时七个月时间，扩建规模巨大，基本上恢复了明弘治十五年重修草堂时的规模，园林小品也能够点缀其间。如今成都草堂依然保持着清嘉庆十六年大修之后的规制，曹六兴所述建筑及景观绝大多数保存完好。经此次重修之后，草堂的日常养护之责重又交还草堂寺僧人手中。

扩建后的草堂在祭祀方面有重大变化。此前杜公祠内只祭祀杜甫一人，草堂内最初是悬挂杜甫画像，后改为刊刻杜甫石刻像，或是树立木主牌位，但并没有其他历史人物配祀其中。此次将陆游纳入杜公祠，与杜甫为伴，是由于布政使方积采纳了户部广东司员外郎杨芳灿的建议。嘉庆十七年春，杨芳灿至成都游玩，应方积之邀游览了新落成的草堂。杨芳灿提出可以以陆游配祀杜甫，并梳理出三条理由：其一，"以其心迹之同也"，二人都具备"爱君忧国，每饭不忘，发而为诗，忠愤郁结"的高贵品质；其二，二人都曾为官成都，寓居于此，"先生与放翁，则皆寓公也"，杜甫为工部员外郎，陆游则为参议官；其三，"去蜀也不能忘蜀"，陆游又以《剑南诗稿》命名其诗篇。陆游与杜甫有这些共同点，二人共处一祠，接受后人香火也就成为顺理成章的事[①]。

[①]　按，陆游配祀草堂之事，详见杨芳灿《重修少陵草堂以渭南伯陆子配飨记》，同治《重修成都县志》卷一四《艺文志·记》，《中国地方志集成·四川府县志辑》第 2 册，第 619—620 页。

第九章　梓州杜甫遗迹考

杜甫偕家人寓居成都二年后，"上元二年（761）冬，黄门侍郎、郑国公严武镇成都……武与甫世旧，待遇甚隆"①。作为好友，严武怜杜甫生活困窘，常予接济。宝应元年（762）"四月己巳，代宗践阼，召武以太子宾客"②。杜甫作《奉送严公入朝十韵》，诗云："鼎湖瞻望远，象阙宪章新。四海犹多难，中原忆旧臣。"③严武回京途中，杜甫一路相送，直送至绵州城东三十里的奉济驿方才依依惜别，作《奉济驿重送严公四韵》。送别严武之后，杜甫并未返回成都草堂，而是流寓梓州，同年"秋，归成都迎家，遂径往梓"④。自宝应元年至广德元年（763）秋，杜甫客居梓州，间至梓州所辖各县及邻近的阆州交游访古。故其《去蜀》诗云："五载客蜀郡，一年居梓州。"⑤

第一节　明人创建牛头山草堂及怀杜亭

《元和郡县图志》载：梓州属剑南道，"今为东川节度使理所"。

---

① （后晋）刘昫：《旧唐书》卷一九〇《文苑下》，第5054页。
② （宋）鲁訔编次、蔡梦弼会笺：《杜工部草堂诗笺》卷二二，叶九（《奉送严公入朝十韵》注），影印宋刻本，《中华再造善本》唐宋编《集部》。
③ 《杜甫集校注》卷一二《近体诗一百三首》，上海古籍出版社2015年版，第1924页。
④ （宋）鲁訔：《杜工部诗年谱》，蔡志超：《宋代杜甫年谱五种校注》，（台北）万卷楼图书股份有限公司2014年版，第67页。
⑤ 《杜甫集校注》卷一八《补遗》，第2844页。

第九章 梓州杜甫遗迹考

东川节度使"管州一十二",梓州为其治所。梓州得名于隋开皇末年,"因梓潼水为名也。州城,宋元嘉中筑,左带涪水,右挟中江,居水陆之冲要"。梓州"管县九:郪,射洪,通泉,玄武,盐亭,永泰,飞乌,铜山,涪城"。郪县又为梓州治所,境内有"牛头山,一名华林山,在县西南二里。四面危绝"①。杜甫寓居梓州时,常至牛头山、牛头寺游玩,作有《上牛头寺》《望牛头寺》《登牛头山亭子》诸诗。

一 梓州牛头山与牛头寺

杜甫所谓的"牛头寺",盖因位于牛头山而称之,但其本名未见杜诗记载。唐人王勃有《梓州郪县灵瑞寺浮图碑》,文载:"牛头山者,即广汉之名峰也。圆裔几乎数里,直上逾乎百仞。……隋开皇中,王秀作牧益州,来窥胜地,首旌嘉号,仍疏净域。因危裂户,就岭磴之成规;跨险分荣,借冈峦之迥势。工穷雕镂,妙出丹青。飞栋神行,回甍灵构。又于山顶,别建浮图。"② 可知牛头山有灵瑞寺。

北宋初年成书的《太平寰宇记》则载:"牛头山,在(郪)县西南二里。高一里,形似牛头,四面孤绝,俯临州郭,下有长乐寺,楼阁烟花,为一方之胜概。"③ 则牛头山又有长乐寺。重和元年(1118)十一月"己巳,升梓州为潼川府"④,自此潼川取代梓州之名。故南宋《舆地纪胜》卷一五四《潼川府·景物下》又载:"牛头山,在郪县西南二里,形似牛头。……《图经》云:'罗汉洞在岩之半,永福寺据其顶,广化寺据其岗,罗汉院据其麓。山上无禽鸟栖集。'"⑤ 一山则有四寺之多。

明嘉靖《潼川志》卷八《方外志·寺观》则载:"永福(寺),

---

① (唐)李吉甫撰,贺次君点校:《元和郡县图志》卷三三《剑南道下》,中华书局1983年版,第841—842页。
② (清)董诰等编:《全唐文》卷一八五《王勃九》,中华书局1983年版,第1879页。
③ (宋)乐史,王文楚等点校:《太平寰宇记》卷八二《剑南东道一·梓州》,中华书局2007年版,第1650页。
④ (元)脱脱等:《宋史》卷二一《徽宗三》,中华书局1977年版,第401页。
⑤ (宋)王象之:《舆地纪胜》卷一五四《潼川府·景物下》,中华书局1992年版,第4169页。

在牛头山顶。梁武帝赐名长乐,唐名云端,宋名永福。今仍之。"①明末曹学佺《蜀中广记》则载:"永福寺,梁武赐名长乐,唐名灵瑞,宋名永福也。"② 这一记载则指"云端"为"灵瑞"之误。若依此说,牛头寺历代寺名便可厘清,但在牛头山为杜甫创建纪念建筑,已是明朝后期的事情了。

二 潼川牛头山工部草堂的创建

梓州在北宋时已升为潼川府,元代仍为潼川府,直隶四川行省。至明"洪武九年四月降为(潼川)州,以州治郪县省入,直隶布政司"③。领射洪、中江、盐亭、遂宁、蓬溪、安岳、乐至等七县。故四川按察司提学副使陈文烛所撰《牛头山工部草堂记》开篇即云:"潼川,盖唐梓州境,而牛头山在郭门外,杜工部尝登其上,所云'五载客蜀郡,一年居梓州',是也。"④

《牛头山工部草堂记》载:"参知梁尚贤、宪使王元德分镇剑南,捐金度木,命刺史张辉南为草堂于山巅。"由此可知,潼川牛头山工部草堂由梁、王二人捐资,命潼川州知州张辉南创建。但陈文烛未提及草堂的创建时间。我们只能从三人的任职时间加以推断。

梁尚贤,即梁问孟。梁问孟,字尚贤,河南新乡人。明嘉靖四十四年(1565)进士⑤。万历三年(1575)八月,"复除福建布政司右

---

① (明)陈讲纂修:嘉靖《潼川志》卷八《方外志·寺观》,叶一,嘉靖二十九年抄本。
② (明)曹学佺著,杨世文点校:《蜀中广记》卷二九《蜀中名胜记·潼川州》。上海古籍出版社2020年版,第294页。
③ (清)张廷玉等:《明史》卷四三《地理四·四川》,中华书局1974年版,第1040页。
④ (明)陈文烛:《二酉园文集》卷九《记》。影印明天启三年陈之蘧重刻本。《四库全书存目丛书》集部第139册,第119页。亦见(明)陈时宜修,张世雍等纂:万历《潼川州志》卷四一《记》,题为《潼川工部草堂记》(页七十至七一)。
⑤ 按,孙文龙纂修万历《承天府志·秩官》载:"分巡荆南西道"载:"梁问孟,字尚贤,河南新野人。由进士。万历十一年任。"(影印日本尊经阁文库藏明万历三十年刻本。《日本藏中国罕见地方志丛刊》第8册,书目文献出版社1992年版,第139页。)。但据朱保炯、谢沛霖编《明清进士题名碑录索引》载:"梁问孟,河南新乡人。嘉靖四十四年第三甲第三百名。"上海古籍出版社1979年版,第1116页。

第九章　梓州杜甫遗迹考

参政梁问孟为四川右参政"①，万历六年（1578）八月，升梁问孟为四川按察司按察使②。陈文烛称其为"参知梁尚贤"，应指梁问孟时任四川布政司参政一职，时在万历三年至六年间。

王来贤，字元德，云南临安卫人。隆庆五年（1571）进士。③ 万历四年（1576）二月，"升南京户部广西司主事王来贤为四川佥事"④。万历七年（1579）二月，升"四川佥事王来贤为广东右参议"⑤。陈文烛称其为"宪使王元德"，应指王来贤时任四川按察司佥事一职，时在万历四年至七年间。

明万历《潼川州志》卷十《官师表》"国朝知州"载：万历"五年，张辉南，安庄人，由举人"，"十年，陆如衢，赵州人，由举人"⑥。由此可知，张辉南于万历五年至十年间任潼川直隶州知州。

由三人任职时间考察，参政梁问孟、佥事王来贤二人共事四川，当在万历四年至六年，而张辉南万历五年始任知州，由此推测，潼川州牛头山工部草堂当创建于万历五年至六年。陈文烛视学潼川之时，又"命张刺州创工部草堂而记之。海内同志移书嘉焉，谓兢兢卫道，匪徒重词人尔也"，至万历"戊寅（六年）春"，陈文烛"迁山东参政以去"⑦。由此推断，牛头山工部草堂始建于万历五年至六年初殆无疑议。简言之，牛头山草堂由梁问孟、王来贤、陈文烛三人捐资，

---

① 《明神宗实录》卷四一"万历三年八月庚寅"，台北"中央研究院"历史语言研究所校勘本，1962年，第940页。

② 《明神宗实录》七八载：万历六年八月己丑，"升江西、河南、湖广、山西、四川、广西各左右参政，陶幼学、杨芷、王玺、柴涞、梁问孟、汤仰俱为按察使。幼学，仍江西。芷，山东。玺，广东。涞，陕西。问孟，仍四川。仰，云南"。第1679页。

③ 朱保炯、谢沛霖编《明清进士题名碑录索引》载："王来贤，字元德，云南临安卫人。隆庆五年进士，二甲第十六名。"（上海古籍出版社1979年版，第279页）按，王来贤生平事迹参见明刘文徵纂修天启《滇志》卷十四《乡贤·临安府》"王来贤传"。（影印清钞本，《续修四库全书》第681册，第763页）。

④ 《明神宗实录》卷四七，"万历四年二月丙子"，第1065页。

⑤ 《明神宗实录》卷八四，"万历七年二月丁丑"，第1761页。

⑥ （明）陈时宜修，张世雍纂：万历《潼川州志》卷一〇《官师表》，叶二四至二五，明万历四十七年刻本。

⑦ （明）陈文烛：《怀杜亭记》，《二酉园续集》卷一一《记》，《四库全书存目丛书》集部第139册，第518页。

命知州张辉南负责营建事宜。工程完工之后，由陈文烛撰写《牛头山工部草堂记》以纪其事。

牛头山工部草堂创建情况仅见陈文烛有记，文中虽未提及草堂规模，但据文载："昔唐陈子昂，梓州人。公过射洪学堂，抚遗迹而吊焉，有盛事会一时。此堂岂千年之咏，若为今日而言者，则牛山数椽与金华并峙，乃不穀之慨慕于公，奚啻公于伯玉哉！"① 只言牛头山草堂有"数椽"而已，想来规模并不壮观。杜甫客居梓州时，曾至射洪县金华山寻访陈子昂学堂，作《冬到金华山观因得故拾遗陈公学堂遗迹》。牛头山新建草堂既可作为后人凭吊杜甫之所，又可与金华山陈子昂学堂并峙而不朽，寄托后世学人的仰慕之情。

创建牛头山工部草堂的意义并不止于满足后人的凭吊、敬仰之情，更是为了凸显杜甫梓州诗的丰富内涵。

一方面，陈文烛同情杜甫的人生际遇，感慨杜甫忠君爱国之赤诚。"嗟乎！公遭禄山之变，飘零于蜀，或自绵而梓，或自阆而梓，坎壈之状，千载流涕，而诵其诗者，兴忠君爱国之思。"② 杜诗名篇《闻官军收河南河北》即作于广德元年春客居梓州之时，诗云："剑外忽传收蓟北，初闻涕泪满衣裳。却看妻子愁何在，漫卷诗书喜欲狂。白日放歌须纵酒，青春作伴好还乡。即从巴峡穿巫峡，便下襄阳向洛阳。"③ 忠君爱国之诚溢于言表。

另一方面，陈文烛又引杜甫梓州所作《谒文公上方》诗句"王侯与蝼蚁，同尽随丘墟。愿闻第一义，回向心地初"④，宋人赵次公注云："第一义，如《华严经》有第一义谛；《法华经》更以异方便助显第一义。愿闻字，则《论语》：愿闻子之志。回向，则《华严经》有十回向。心地初，押初地字韵，倒言之也。初地，则《楞严

---

① （明）陈文烛：《牛头山工部草亭记》，《二酉园文集》卷九《记》，《四库全书存目丛书》集部第139册，第119页。
② （明）陈文烛：《牛头山工部草亭记》，《二酉园文集》卷九《记》，《四库全书存目丛书》集部第139册，第119页。
③ 《杜甫集校注》卷一二《近体诗一百三首》，第1955页。
④ 《杜甫集校注》卷五《古诗五十二首》，第689页。

经》修行有十地,以欢喜为初地。以心地字贴之,则佛书有心地法门;《华严经·梵行品》《初发心功德品》亦详此义矣。"① 诗中多佛经典故,苏轼论曰:"乃至子美诗外尚有事在也"②,盖指杜甫于儒家传统之外,又有佛家出世之情怀。陈文烛则认为此乃杜甫"以诗入道,犹庖丁以牛入也,轮扁以轮入也",是杜甫神思妙悟的产物,故而得出杜甫"诗多于蜀,而妙悟于梓"的结论③。

忠君爱国之诚,辅以妙悟之神,于牛头山建工部草堂,则可使得"公神其托兹山哉,天壤俱敝,可矣",可谓正当其地、恰如其分。

三 潼川牛头山怀杜亭的创建

牛头山工部草堂创建未久,四川按察司提学副使陈文烛又命潼川知州张辉南于牛头山新建一亭。该亭亦与杜甫有关。杜甫《登牛头山亭子》诗云:"路出双林外,亭窥万井中。江城孤照日,山谷远含风。兵革身将老,关河信不通。犹残数行泪,忍对百花丛。"④ 陈文烛对此诗赞誉有加,至潼川视察学政,即往牛头山寻访故址。"牛头寺旧有山亭,杜子美登之。所谓'路出双林外,亭窥万井中',斯千古绝景,真惊人语乎!万历甲戌(二年,1574),不佞奉命督蜀学政,三试梓州,徘徊牛头山者三,询亭旧基在寺之后。……复命刺史仍创一亭。"但随着陈文烛调离四川,建亭之事遂不了了之。"戊寅(六年,1578)春,迁山东参政以去。庚辰(八年,1580)春,宅先大夫忧。癸未(十一年,1583)春,诏以前官,分守川北,首巡梓州,而亭成。"⑤ 万历十一年二月,"复除原任山东左参政陈文烛为四

---

① (宋)赵次公注,林继中辑校:《杜诗赵次公先后解辑校(修订本)》,上海古籍出版社2012年版,第529—530页。
② (宋)苏轼:《评子美诗》,(明)茅维编,孔凡礼点校:《苏轼文集》卷六七《题跋》,中华书局1986年版,第2105页。
③ (明)陈文烛:《牛头山工部草亭记》,《二酉园文集》卷九《记》,《四库全书存目丛书》集部第139册,第119页。
④ 《杜甫集校注》卷一二《近体诗一百三首》,第1981页。
⑤ (明)陈文烛:《怀杜亭记》,《二酉园续集》卷一一《记》,《四库全书存目丛书》集部第139册,第518页。

川左参政"①，陈文烛回任四川，重访故地，新亭方才建造完成，历时五年有余。

陈文烛面对此情此景，心中生出无限感怀，"夫兵革关河之感，子美及之；冷猿秋雁之悲，严武慰子美者及之。遇使然也。圣明在上，千载一时，视杜陵所遭，何幸哉！乃无一语以答山川，古今人不相及，若扶桑、濛汜，又何怪也"②。"兵革关河"典出杜甫《登牛头山亭子》"兵革身将老，关河信不通"二句；"冷猿秋雁"典出严武《巴岭答杜二见忆》"跋马望君非一度，冷猿秋雁不胜悲"③二句。二诗皆言人生际遇之悲，故陈文烛称其为"遇使然也"。陈氏虽自称身在圣明之世、千载一时，视杜甫之遇，有不见兵戈、幸遇太平之叹；但就其为官经历而言，自任职四川、升职山东、回乡丁忧，直到再任四川，多年仕途磨砺，陈文烛对杜甫梓州诗歌的感悟，早已超脱了忠君爱国、神思妙悟的层次，转而形成了古今奕代的人生通感。陈文烛认为，古人与今人虽不能对语，但杜甫梓州诗《奉赠射洪李四丈》云："丈人屋上乌，人好乌亦好"④，通过重建牛头山亭子这一活动，既能体现其爱屋及乌的敬仰之情，又能抒发与杜甫古今知己的人生感怀。"爱子美者，时修葺，而亭常好矣！牛山有灵，当亦护持哉！题曰'怀杜亭'。"⑤怀杜亭由此得名。

第二节 杜甫梓州寓所的论争

杜甫客居梓州时的寓所在何处，未见杜诗提及，唐宋两朝文献中亦未有相关记载。有关杜甫梓州寓所的记录，皆出现在明代以后。

---

① 《明神宗实录》卷一三三，"万历十一年二月乙巳"，第2486页。
② （明）陈文烛：《怀杜亭记》，《二酉园续集》卷一一《记》，《四库全书存目丛书》集部第139册，第518页。
③ 《杜甫集校注》卷一二《近体诗一百三首》，第1949页。
④ 《杜甫集校注》卷五《古诗五十二首》，第693页。
⑤ （明）陈文烛：《怀杜亭记》，《二酉园续集》卷一一《记》，《四库全书存目丛书》集部第139册，第518页。

第九章 梓州杜甫遗迹考

一 明代文献所见杜甫梓州寓所

有关杜甫梓州寓所的最早记录,始见于明代潼川方志。明嘉靖《潼川志》卷八《方外志·寺观》载:"草堂(寺),城东隅,世传杜甫尝寓此。"① 万历《潼川州志》卷五《宫室志·附寺观》"潼川"载:"草堂寺,城东隅。世传杜甫尝寓此。故名。"② 同书卷一《郡治衢陌宫室总图》标注有"草堂寺"③,该寺位于东门内大街——正气衢街北、靠近东门城楼,寺西与按察分司(马神祠、华阳驿)为邻,故而志书载草堂寺位于"城东隅"。但志书的态度较为审慎,只说是"世传杜甫尝寓此",即指草堂寺原为杜甫梓州故居之说源于民间口耳相传,这一说法既没有切实可信的历史文献依据,更没有唐宋以来的碑铭题刻作为佐证。

陈文烛在《牛头山工部草堂记》中既没有提及杜甫寓居草堂寺的传说,也没有提及牛头山存有杜甫遗迹,但众人却不约而同要在牛头山创建工部草堂。这无非存在两种可能:一是,城内草堂寺为杜甫梓州故居的可信度不值一提,陈文烛不必为此耗费笔墨、详加解说;二是,潼川城内及城外牛头山均没有任何可供凭吊的杜甫遗迹,因此不得不另辟蹊径,在牛头山为杜甫创建草堂,以表纪念、追慕之情。但牛头山亦不是杜甫梓州寓所,其同样没有杜诗及传世文献的佐证。因此,陈文烛只能在《牛头山工部草堂记》及《怀杜亭记》中反复强调杜甫梓州诗歌的意蕴以及自身对杜诗的感悟,而对牛头山工部草堂与杜甫梓州寓所的关系不置一词。

不过,我们也应当注意到,嘉靖《潼川志》成书于嘉靖三十年(1551),万历《潼川州志》成书于万历四十七年(1619),两种潼

---

① (明)陈计纂修:嘉靖《潼川志》卷八《方外志·寺观》,叶一。
② (明)陈时宜修,张世雍纂:万历《潼川州志》卷五《宫室志·附寺观》,叶八二。
③ 明)陈时宜修,张世雍纂:万历《潼川州志》卷一《郡治衢陌宫室总图》,叶十九。

川志书的编纂年代与牛头山工部草堂、怀杜亭的创建年代大体同时；且万历《潼川州志》又收录陈文烛《牛头山工部草堂记》一文。既是如此，今人同样无法否定明人所载草堂寺原为杜甫梓州故宅的可能性。

二 杜甫梓州寓所辨疑

有学者根据唐人孙樵所撰《梓潼移江记》一文相关记载，分析认为"杜甫寓居梓州期间，城东那一大片地方，当时还是涪江河流，或者是河滩沙卵石地带。杜甫怎能在那上面去修房居住呢？这个河滩一直保持到杜甫离开梓州后四十余年，才被剑南东川节度使郑复（荥阳公）改变"①。杜甫不可能居于城东这一说法是否可靠，我们还需要重新考察唐代乃至两宋时期梓州城的修筑情况，再做进一步的论断。

孙樵《梓潼移江记》载："涪潦于郪，迫城如蟠。淫潦涨秋，狂澜陆高，突堤啮涯，包城荡庐，岁杀州民，以为官忧。荥阳公始至，则思所以洗民患。颇闻前观察使欲凿江东墙地，别为新江，使东北注流五里，复汇而东，即堤墟旧江，使水道与城相远，以薄江怒。"涪江流经梓州（郪县）城东，水患频仍，常侵袭梓州城，导致百姓伤亡。剑南东川节度使郑复到任后，得知此前有将涪江水道引入江东空地的治水方案，可使涪江水道远离梓州城，便积极筹措工程实施，修成之后，"新江长步一千五百，阔十分其长之二，深七分其阔之一。盘堤既隆，旧江遂墟，凡得田五百亩。其年七月，水果大至，虽逾防稽陆，不能病民，其绩宜何如哉！"②涪江改道之后，百姓免于水患，失之江东的田地在旧江水道内得以补偿，可谓一举两得。

但据此认定郑复迁移水道之前，梓州城濒临涪江水道，城东皆为河滩卵石，不宜人居的说法，也存在漏洞。其一，孙樵所说"涪潦

---

① 杨重华：《杜甫梓州草堂遗址考辨》，《草堂》1985年第2期，第97页。
② （唐）孙樵：《孙可之文集》卷四《杂著》，叶一、二，《中华再造善本》影印宋刻本，北京图书馆出版社2003年版。

第九章 梓州杜甫遗迹考

于鄣,迫城如蟠。淫潦涨秋,狂澜陆高,突堤啮涯,包城荡庐",应当是涪江洪水来袭之时的场景,并不是梓州城的生活常态,若是常年如此,梓州城早已迁移他处了。其二,孙樵又称"使水道与城相远",说明涪江旧水道与梓州城也是有一定距离的。其三,《梓潼移江记》作于"开成五年(840)",而成书于元和八年(813)的《元和郡县图志》卷三三《剑南道下·梓州》"鄣县"载:"涪江水,经县东,去县四里。"① 这一记载明确说明,早在元和八年之前,涪江就远在梓州(鄣县)城东四里开外,郑复迁移水道只是使涪江主水道更加东移、愈加远离梓州城罢了。今人所谓杜甫若是居于梓州城东,只能居于河滩卵石之上的说法显然是夸大了唐人移江水利工程的实际效用,加之所见文献有限,做出了错误的判断。

既然否定了"唐代梓州城城东不能居人"的结论,那么,唐代梓州城与明代潼川城是否存在历史传承关系呢?我们尚可从史籍中的若干零星记载略作推测。如上文引《太平寰宇记》《舆地纪胜》仍称牛头山在鄣县西南二里,可知宋代城址大致仍如唐时。南宋嘉定十二年(1219),潼川府知府李垕与潼川路提刑判官曹叔达曾大规模重修潼川府城墙。魏了翁所撰《潼川府新城铭》正文前有"小引"载:"嘉定十二年春,眉山李侯(垕)被命守潼。夏四月庚午,兴元禁旅为乱,批利、阆,捣果、遂,将窥潼川。永嘉曹君(叔达)奉使按刑,盛守备以待。侯闻变疾趋,厥既领州,益大修武备,威声外憺,贼不涉境。秋七月庚子,贼平,乃建城隍,且包牛峰、移西溪为久远计。伻来以图,属临邛魏了翁为之《铭》。"该记载较为详细地说明了嘉定十二年潼川府整修城池的前因后果,其中将牛头山包络入城、西溪改道,是新建城池的重点工程。《潼川府新城铭》载:"梓非无城,鞠于水浒。侯吴、侯王,侯沈、侯许,元丰迄今,绩用亦著。人心弗同,前作后沮,或修或否,靡届靡究。况城之南,殷彼牛首,如

---

① (唐)李吉甫撰,贺次君点校:《元和郡县图志》卷三三《剑南道下》,第842页。

薄而登，如俯而取，方时宁晏，未睹其咎，卒然有戎，委柄授手"①，正是由于潼川城自北宋元丰以来即年久失修，加之牛首山虽在城外，却居高临下、迫近城池，一旦沦入敌手，城池卒难保全。故李垕与曹叔达等人"既修城门"之后，考虑到"西牛头山，高峭腾突，按《图志》相里贵据其土，攻城几破。二公谋曰：'城而得山，天遗我也。可委于敌而外求险耶？'于是追改前谬，跨巅连趾，通合为一。支西溪之渠，循山而南，达于武江，弥霖骤潦，无奔湍蚀流焉"②。

明代潼川州城池仍承袭宋代旧基，万历《潼川州志》载："城池宋李垕初守潼川即缮治城垣，魏了翁有《记》。国朝修筑不常，嘉靖九年（1530）知州赵德宏甃之以石，周九里三分，高一丈一尺。万历间以杨酉乱，增高七尺，厚称之。"③ 该志卷一《郡治衢陌宫室总图》虽未将牛头山包络城池之内，但明代潼川州城必然是在唐代梓州城、宋代潼川府城的基础上兴建的。因此，草堂寺也大致应在唐代梓州城、宋代潼川府城的范围之内，那么，草堂寺原为杜甫寓所的可能性亦无法排除。即便是该寺后出，因其名为"草堂"，后人以讹传讹，将其与杜甫梓州草堂联系起来，也无法消弭后人据此兴建杜甫纪念建筑的热情。

第三节　清代草堂书院与李杜祠

入清之后，随着四川社会稳定，人口逐渐繁盛，潼川再度设府。雍正十二年（1734）十一月，吏部议覆四川巡抚鄂昌疏奏，"直隶嘉定、潼川二州，请俱升为府治，设知府、通判、经历各一员。二府附郭、各增置一县。设知县、典史各一员。"其中"潼川新升府曰潼

---

① （宋）魏了翁《重校鹤山先生大全文集》卷五七《铭》，叶三至四，《中华再造善本》影印宋开庆元年刻本。

② （宋）魏了翁：《潼川府修城记》，万历《潼川州志》卷三八《记》，叶七五至七六。按，此文作者署名魏了翁，但未被魏了翁《重校鹤山先生大全文集》收录，或是后世志书将宋代碑文误作魏氏手笔。

③ （明）陈时宜修，张世雍纂：万历《潼川州志》卷四《建置志》，叶五四。

川，附郭县曰三台"①。

一 文峰书院选址草堂寺

乾隆十九年（1754），浙江归安人费元龙出任潼川府知府②。费氏鉴于潼川学风未振，即于就任当年创立书院一所。乾隆《潼川府志》卷十一《政事部·书院志》载："稽始于乾隆十九年，归安费云轩元龙守潼，度城东隅草堂寺侧地，创建书院，曰'文峰'。"③ 四川按察司副使、分巡川北道刘益撰有《文峰书院记》，对费元龙创建文峰书院的经过有详细记述。其曰："集得数百金，即城东草堂古寺之左买民地若干亩，草堂寺僧复捐地若干亩，乃鸠工庀材，相度兴作，择绅士之干练者，董其事，凡七阅月而落成，计竖屋四十三间，几案、床榻与夫一切器用，靡不备具。""书院与文峰山相对，因名曰'文峰书院'。"④

文峰书院屋宇众多、陈设俱全，这得益于书院土地筹划得宜，兴建文峰书院的土地一方面源于购买草堂寺寺东的民地，一方面源于草堂寺僧人的捐地。但草堂寺原为杜甫故居的传说，似乎并未引起费元龙、刘益等人的重视，书院命名"文峰"，以期潼川文风鼎盛；刘益也未在《文峰书院记》中论及书院与杜甫梓州故居的关联。

二 文峰书院更名草堂书院

乾隆四十一年（1776），浙江仁和人沈清任出任潼川府知府⑤。沈清任认为草堂寺既是前人所指的杜甫梓州故居原址，那么选址草堂寺的文峰书院自然也应是杜甫梓州故居的一部分。因此，沈清任便前

---

① 《清世宗实录》卷一四九，"雍正十二年十一月癸巳"，《清实录》第 8 册，中华书局 1987 年版，第 850—851 页。
② （清）张松孙纂修：乾隆《潼川府志》卷五《人民部·官师表》，叶一五，清乾隆五十一年刻本。
③ （清）张松孙纂修：乾隆《潼川府志》卷一一《政事部·书院志》，叶二。
④ （清）张松孙纂修：乾隆《潼川府志》卷一一《政事部·书院志》，叶四。
⑤ （清）张松孙纂修：乾隆《潼川府志》卷五《人民部·官师表》，叶一八。

往实地考察,期望能够在草堂寺内发现一些古迹碑刻,以佐证杜甫梓州故居的真实性。

实地考察情况并未令沈清任满意,其《草堂故址考》云:"今文峰书院之西有草堂寺。余循名访求,碑记古迹,片石无有,而书院与草堂寺比连,并在城东隅,书院之地,按碑石,半为草堂寺僧让出。花木掩暎,古井瀹然,濯濯有秀气,洵文人学士之居也。工部于蜀有四草堂,成都、云安、瀼西及梓也。梓州城郭、都市改其旧观,而山川如故、风物依然。今寺院相毗,读书声与钟鱼梵贝合遝。即谓工部之灵在是夫!谁曰不宜?至于少陵涉足所到,必谓之'草堂',亦甚无谓矣!"① 沈清任不但没有发现草堂寺存有任何与杜甫故居相关的证据,甚至于该寺古碑也是"片石无有"。但这并没有影响沈清任将草堂寺视为杜甫故居的基本判断,他一边表示杜甫所至必谓草堂之说其实没有必要,另一边却急于为文峰书院更名。吴省钦《潼川草堂书院碑记》即云:"仁和沈澹园清任为守之次年,……即(书院)讲堂之后室,祠少陵,树碑考其出处。复改题兹院曰'草堂'。"② 乾隆《潼川府志·书院志》又载:"迨乾隆四十一年丙申,仁和沈澹园清任守潼,乃正之,更寺为'观音禅院','文峰'为'草堂'。大书'杜少陵草堂故址'于石,树闌右壁。"③

可以说,沈清任将文峰书院改为草堂书院,是由崇敬杜甫之心引发,又确信此地为杜甫故居,进而出现的必然举措。但其直接剥夺草堂寺之名的行为,未免过于霸道了。为此,沈清任解释说:"潼郡东门内,向有文峰书院,其邻为草堂寺,询之土人,稽之志乘。以少陵先生入蜀,避徐知道之乱,卜居于潼,今之书院其故址也夫。寺得因邻而名,而院名转失其实,甚无谓矣!丙申(乾隆四十一年)之秋,因而新之,正之曰'草堂书院',而改寺为观音禅院,僧与寺始各得

---

① (清)张松孙纂修:乾隆《潼川府志》卷一一《政事部·书院志》,叶六。
② (清)吴省钦:《潼川草堂书院碑记》,乾隆《潼川府志》卷一一《政事部·书院志》,叶七。
③ (清)张松孙纂修:乾隆《潼川府志》卷一一《政事部·书院志》,叶五。

第九章 梓州杜甫遗迹考

其名。"① 由此可见，沈清任认为这不过是一场还原历史真相的正名活动，目的在于寺庙与书院各得其所，书院理应成为梓州杜甫遗迹的传承者，所谓"少陵在潼而堂，堂而寺，寺而书院，视奉祠、讲学之义未远"②。

沈清任的背后，还有四川学政吴省钦等坚定支持者。吴省钦在《潼川草堂书院碑记》中先是说明了"梓州牛头山有前朝所建草堂，今不可考"的实际情况，强调潼川府设立新的杜甫纪念建筑的必要性。既而针对"少陵无二草堂"、书院"当仍文峰之旧"的反对意见，着重论述了以草堂命名杜甫故宅的普遍性，又批评反对者"笃于时、闇于古，而名迹不以之日晦耶"，更名草堂书院则可使"登斯堂者，尚其本忠爱之义、亲风雅之旨，被磨奋起，以冀我学之大成。则少陵之所贶已多，而亦贤太守广厉人才之志也夫！"③ 总而言之，文峰书院更名草堂书院有百利而无一害。

在沈清任、吴省钦等官员的主导之下，草堂书院得以顺利更名，并重新"厘清"了杜甫梓州故居——潼川草堂寺——潼川草堂书院三位一体、传承有序的历史脉络。

三 杜甫崇祀与李杜祠的建立

草堂书院更名之后，因三台县典史朱世爵（蕉谿）"善绘事"，沈清任命其"写《工部读书秋树图像》，吴学士白华（省钦）题诗于幀，岁奉祀焉"④，当时并未设立专祠，只是在书院"讲堂之后室"悬挂杜甫画像，岁时奉祀而已，形式较为简单。

---

① （清）沈清任：《李杜两先生升位草堂小序》，乾隆《潼川府志》卷十一《政事部·书院志》，叶一九。
② （清）吴省钦：《潼川草堂书院碑记》，乾隆《潼川府志》卷一一《政事部·书院志》，叶八。
③ （清）张松孙纂修：乾隆《潼川府志》卷一一《政事部·书院志》，叶七至八。
④ （清）沈清任：《李杜两先生升位草堂小序》，乾隆《潼川府志》卷十一《政事部·书院志》，叶一九。

乾隆四十八年（1783），江苏长洲人张松孙出任潼川府知府①。张松孙认为"讲堂规模宏敞，乃仅悬先生画像于后楹，非所以尊崇先生，而妥先生之灵也"，因此准备新建专祠一所，"踌躇久之，他日相度讲堂后隙地……爰攘剔繁秽、庀材鸠工，再阅月而成。堂三间，轩窗高朗，黝垩如制，覆茅茨其上，从其朔也"。张松孙所建专祠并非杜甫独享，而是将李白、杜甫合祀祠内。将李杜合祀，张松孙有两方面的考量：一是与杜甫"才相敌、品相埒，意气相投，无如青莲先生。爰命梓匠雕塑两先生像，而合祀之"，以表达其"私淑之诚"；另一方面，"青莲先生，蜀人，独未得崇祀乡贤。先生故无遗行，亦从来当事者之疏也。少陵先生流寓蜀中，于成都最久，其次莫如梓州，所谓魂魄犹将恋此者。是又余合祀两先生微意所在"②。因此"虔修二像，冠带、乌履、笔砚、杯斝、帷帐之属咸备。筮日送祠，卜吉于甲辰（乾隆四十九年）七月七日合乐飨祀"③。

张孙松又向已升任川东兵备道的沈清任通报草堂书院新建李杜祠的情况，得到沈氏高度赞许。沈清任特地作《迎神曲》《送神曲》以备合祀仪式之用。张松孙选择七月七日举行祭祀仪式，并为杜甫上寿，是为了"从公乞巧，佑启后学，即以为是日寿两公也可"④。沈清任得知后，再作《杜文贞公寿宴诗》，诗云："但得杜李指津逮，韩潮苏海波翻澜。我闻双星最怜护，况兼奎斗躔同度。十丈如椽彩笔飞，一时齐上青云路。"⑤乞巧李杜，获得文思，进而步入仕途，这是张松孙、沈清任等对本地人才的美好愿景，而这亦与草堂书院振兴潼川文运的设立初衷相吻合。

---

① （清）张松孙纂修：乾隆《潼川府志》卷五《人民部·官师表》，叶一九至二〇。
② （清）张松孙：《补建草堂合祀李杜两先生记》，乾隆《潼川府志》卷一一《政事部·书院志》，叶一八至一九。
③ （清）沈清任：《李杜两先生升位草堂小序》，乾隆《潼川府志》卷十一《政事部·书院志》，叶一九。
④ （清）张松孙：《杜文贞公寿宴诗》，乾隆《潼川府志》卷一一《政事部·书院志》，叶二三。
⑤ （清）沈清任：《杜文贞公寿宴诗》，乾隆《潼川府志》卷一一《政事部·书院志》，叶二三。

四 李杜祠改文昌祠

乾隆四十一年沈清任更名书院之时，曾做过简单修葺，此后直到嘉庆年间草堂书院才得以再度重修。光绪《新修潼川府志》卷十四《学校志二·书院》载："嘉庆十四年（1809），知府谭光祐、三台县知县沈昭兴重修。十六年，知府张世濂落成。孟邵有《记》。"①

"孟邵，字少逸，号鹭洲"，潼川府中江县人。乾隆二十五年（1760）进士，"授翰林院庶吉士，历任刑部山西司主事、安徽司员外郎，升山东道监察御史"，"迭升工、礼二科给事中，转鸿胪寺卿"，官至大理寺卿。嘉庆九年（1804）致仕还乡②。孟邵是乾隆四十一年草堂书院更名及修葺的见证人，他在《草堂书院记》中追忆往事云："回忆丙申（乾隆四十一年）、丁酉（四十二年）间，修葺之时，适予乞假在籍，与澹园太守（沈清任）及徐袖东观海、李香畲芳毂，诸君子晨夕过从，诗酒盘桓，诚极一时之盛。"其晚年致仕还乡后，但见草堂书院日益残破，不由心有戚戚焉。"曾几何时，而梁栋蠹朽，墙垣颓败，更无有过而问者，抚今思昔，不禁感慨系之。"③

作为重修祠堂的亲历者，孟邵对重修过程的一波三折叙述得十分详尽："嘉庆十二年（1807）秋，秀水研怡沈明府昭兴来莅三台。公余考课诸生，睹兹荒落，亟思葺而新之。于是商于江西东岚邓太守煐，议捐廉重修。而东岚每因公滞省，研怡又独力难支，用是未果。十四年（1809）秋，东岚调任夔门，南丰子受谭别驾光祐来权郡篆。谓'此有关文教之事，吾虽五日京兆，必当力为之'。于是捐廉设簿，分札八县，募捐修费，距半载即卸事。湘潭张霁岩世濂以名进

---

① （清）阿麟修，王龙勋纂：光绪《新修潼川府志》卷一四《学校志二·书院》，叶一，清光绪二十三年刻本。
② （清）阿麟修，王龙勋纂：光绪《新修潼川府志》卷二二《人物志二·后贤》，叶三三至三五。
③ （清）孟邵：《草堂书院记》，光绪《新修潼川府志》卷一四《学校志二·书院》，叶五。

士，特简是郡，又续而集之。研怡董其事，鸠工庀材，择吉相度，始于庚午（嘉庆十五年，1810）八月，落成于辛未（十六年，1811）二月。"①由此可知，重修草堂书院由三台县知县沈昭兴提议，经邓熿、谭光祜、张世濂三任知府之手，方才由沈昭兴主持修葺完工。若以嘉庆十二年秋提出重修动议作为重修之始，至嘉庆十六年二月重修工程完毕，前后历时三年半，但实际重修工程仅花费半年时间。

重修后的草堂书院"轮奂聿新，崇墉式焕，较向之规制，益加宏丽"。但整修之后，主政官员对草堂书院的基本布局进行了调整。乾隆四十一年时，沈清任曾命"三台尉朱蕉溪世爵绘文昌像，祀于经义治事斋；写《少陵读书秋树根图》祀于讲堂后室"②。此番修葺之后，因"向者供奉文昌之处，室临湫隘，不足以昭诚敬。今易李杜祠为文昌祠，供帝君像于中，以李杜二像及费（元龙）、沈（清任）二公神主，分设左右。更觉神人共洽，以妥以侑矣！"③至此，李杜让位于文昌帝君，杜甫亦由奉祀主角退为陪祀地位。由此可见，主政官员尊杜与否，对于杜甫遗迹的保护以及杜甫的祠祀地位影响甚巨。将李杜祠改为文昌祠，也并没有引发世人的不满，书院毕竟是培养读书人通往科举仕途的文教场所，文昌帝君作为人们公认的主管文运的神灵，在心理效应上多少要比杜甫、李白更为灵验。因此，将李杜祠改为文昌祠也是再正常不过的事情了。清光绪三十一年（1905），草堂书院"改建学校，废其名"④。清末学制改革、废除科举之后，各地官办书院纷纷停办，草堂书院之名亦随之消失在历史尘埃之中。

梓州可考的杜甫遗迹皆产生于明清时期，可分为截然不同的两种

---

① （清）孟邵：《草堂书院记》，光绪《新修潼川府志》卷一四《学校志二·书院》，叶五。
② （清）张松孙纂修：乾隆《潼川府志》卷一一《政事部·书院志》，叶八。
③ （清）孟邵：《草堂书院记》，光绪《新修潼川府志》卷一四《学校志二·书院》，叶五。
④ 林志茂等纂修：民国《三台县志》卷一七《学校志一·书院》，叶九，民国二十年铅印本。

第九章 梓州杜甫遗迹考

类型。一种是以杜诗为基础，根据杜诗吟咏的山川、景物，在山川原址建造的若干纪念建筑。杜甫梓州诗常以牛头山为题，故而明人在此建牛头山草堂，以志纪念；杜诗《牛头山亭子》则成为陈文烛营建怀杜亭的文献依据。另一种则是以传说中的杜甫梓州故居为基础，展开更名、崇祀活动。虽说潼川草堂寺原为杜甫梓州故宅的说法并没有历代文献佐证，仅可视为口耳相传的民间传说；起初也并未引起明人重视，甚至于清乾隆十九年在草堂寺范围之内选址建造文峰书院时，也未将书院与杜甫故居联系起来。但这并不影响此后地方官员、学者崇祀杜甫的热情。他们在一番"考据"之后，重新"厘定"了杜甫梓州故居——潼川草堂寺——草堂书院的传承脉络，并在书院为杜甫、李白营建专祠。两类杜甫遗迹的营建年代恰巧发生在明、清两个不同的朝代，入清之后，明人所建牛头山杜甫草堂的消亡，或许间接促成了草堂书院的出现，但二者之间并不存在直接关联，这一情况相较于它处杜甫遗迹也是极为罕见的。

第十章　阆州杜甫遗迹考

杜甫寓居梓州期间，曾两度前往位于梓州东北、与梓州接壤的阆州。阆州与梓州同属剑南道。《旧唐书》载："阆州。隋巴西郡。武德元年，改为隆州，领阆中、南部、苍溪、南充、相如、西水、三城、奉国、仪陇、大寅十县。"后因避玄宗李隆基讳，"先天元年（712），改为阆州。天宝元年（742），改为阆中郡。乾元元年（758），复为阆州"①。杜甫入蜀之后，曾两度来到阆州。第一次是在广德元年（763），该年八月汉州刺史房琯奉诏回京，途中病逝于阆州。杜甫奔赴阆州，祭奠老友，于九月朔日作《祭故相国清河房公文》，又作《为阆中王使君进论巴蜀安危表》《王阆州筵奉酬十一舅惜别之作》等诗文。同年秋，即返回梓州。第二次来到阆州是在广德二年（764）正月。此次杜甫自梓州移家阆州，原计划自阆州南下出峡，但因严武再任剑南，以书召之，故而偕全家于同年春末自阆州返回成都。

杜甫虽两至阆州，但在阆州生活时间只有短短数月。后人为纪念杜甫，同样在阆州兴建了一些纪念建筑，其中以锦屏山杜公祠、景杜亭为代表。

---

① （后晋）刘昫：《旧唐书》卷四一《地理四·剑南道》，中华书局1975年版，第1672页。

第十章　阆州杜甫遗迹考

第一节　锦屏山杜公祠

一　陆游拜谒锦屏山杜公祠

北宋初年成书的《太平寰宇记》载："阆中山，其山四合于郡，故曰阆中。按《名山志》曰：'阆中山多仙圣游集焉。'"① 南宋祝穆《方舆胜览》卷六七《利州东路·阆州》载："锦屏山，在城南三里，对郡治。其山四合于郡，山上有四院，曰玛瑙寺、罗汉寺、昼锦院、西桥院，后又筑阆峰亭以眺望焉。"② 阆中山、锦屏山均有"其山四合于郡"之记载，或为一山，北宋初年称阆中山，后更名为锦屏山。

就目前文献所知，锦屏山有杜公祠，初见于陆游诗。南宋乾道八年（1172），四川宣抚使王炎征辟陆游为四川宣抚使司干办公事兼检法官。"三月抵南郑。"同年九、十月间，陆游"因公到阆中，游锦屏山，展拜杜甫祠堂"③，作《游锦屏山谒少陵祠堂》，诗云："城中飞阁连危亭，处处轩窗临锦屏。涉江亲到锦屏上，却望城郭如丹青。虚堂奉祠子杜子，眉宇高寒照江水。古来磨灭知几人？此老至今元不死。山川寂寞客子迷，草木摇落壮士悲。文章垂世自一事，忠义凛凛令人思。夜归沙头雨如注，北风吹船横半渡。亦知此老愤未平，万窍争号泄悲怒。"④ 由诗意分析，锦屏山在阆州（阆中县）城南，隔嘉陵江与州城遥遥相望。杜公祠在锦屏山上，祠为高堂，规模宏广，祠内或塑有杜甫像，故云"眉宇高寒照江水"。陆游拜其祠、瞻其像，因而缅怀杜甫忧国忧民的忠义品行，发出"此老至今元不死"的感叹。夜归阆州城中，但见大雨如注、北风横吹，陆游又将大雨、北风

---

① （宋）乐史撰，王文楚、魏嵩山点校：《太平寰宇记》卷八六《剑南东道五·阆州》，中华书局2007年版，第1714页。
② （宋）祝穆撰，祝洙增订，施和金点校：《方舆胜览》卷六七《利州东路·阆州》，中华书局2003年版，第1174页。
③ 于北山：《陆游年谱》，上海古籍出版社2006年版，第155—157页。
④ （宋）陆游撰，钱仲联校注：《剑南诗稿》卷三，上海古籍出版社2005年版，第249页。

想象成杜甫悲愤所化,风雨之声更似怨怒的宣泄。陆游恢复河山的理想与杜甫的忠贞爱国的悲愤由此产生了极大地共鸣。

二 祠或因杜诗《阆水歌》兴建

锦屏山杜公祠始建于何时未见文献记载,但乾道八年陆游至阆中时,杜公祠应已建成多时了。由此推测,锦屏山杜公祠的始建年代当在北宋。宋人在锦屏山创建杜公祠则与杜甫《阆水歌》有关,诗云:"嘉陵江色何所似,石黛碧玉相因依。正怜日破浪花出,更复春从沙际归。巴童荡桨欹侧过,水鸡衔鱼来去飞。阆中胜事可肠断,阆州城南天下稀。"① 诗题中"阆水"即指位于阆州城南的嘉陵江,古人又以嘉陵江为西汉水,故《水经注》卷二十《漾水》载:"汉水又东南迳津渠戍东,又南迳阆中县东,阆水出阆阳县,而东迳其县南,又东注汉水。"②《太平寰宇记》又载:"嘉陵水,又名西汉水,又名阆中水。《周地图记》云:'水源出秦州嘉陵,因名之,经阆中,即阆中水。'"③ "阆中胜事可肠断,阆州城南天下稀"即是指阆中山(锦屏山)景致独得山川秀色。北宋名臣赵抃《答阆州通判吴师孟职方》诗有云:"阆州之景天下奇,尝见老杜城南诗。嘉陵江湍清且洁,锦屏山叠雄复巇。"④ 可见北宋时人已将杜甫《阆水歌》与锦屏山联系起来,在锦屏山为杜甫建祠亦属顺理成章之事,属于因杜诗兴祠之列。

三 明清文献中的锦屏山杜公祠

自乾道八年陆游来访之后,锦屏山杜公祠再未见南宋及元代相关文献记录。元人迺贤《送杨梓人待制出守阆州兼寄嘉定宣慰家兄》

---

① 谢思炜校注:《杜甫集校注》卷五《古诗五十二首》,第 732 页。
② (北魏)郦道元撰,陈桥驿校证:《水经注校证》卷二〇《漾水》,中华书局 2007 年版,第 485 页。
③ (宋)乐史撰,王文楚、魏嵩山点校:《太平寰宇记》卷八六《剑南东道·阆州》,第 1714 页。
④ (宋)赵抃:《清献公文集》卷一《七言古诗》,叶九,明成化七年阎铎刻本。

第十章 阆州杜甫遗迹考

二首，其一云："簪笔三年侍禁林，分符还向蜀江浔。莫云尽处峨眉出，春雪消时灌口深。铃阁雕盘香冉冉，台门画戟昼森森。锦屏山下多遗迹，好觅城南老杜吟。"① 此诗与赵抃诗一致，同样将锦屏山与杜甫《阆水歌》联系起来，虽提及锦屏山遗迹众多，但并未指明杜公祠的有无。

锦屏山杜公祠再度见诸记载，已经是明嘉靖年间的事情了。此时阆州早已更名为保宁府，阆中仍为附郭县②。明嘉靖《四川总志》卷六《保宁府》"祠庙"载："忠义祠，祀唐姚洪。杜陵祠，在锦屏山。俱阆中。"③ 嘉靖《四川总志》成书于嘉靖二十四年，志中有关保宁府祠庙的内容或是抄录自此前二年成书的嘉靖《保宁府志》。嘉靖《保宁府志》卷四《建置纪下·神祀》载："杜陵祠，在锦屏山。"其后附"佥事杨瞻"诗一首，诗云："阆苑山亭接草亭，苍紫屏山如画屏。琅玕含霭枝枝翠，嵯峨凌□点点青。树上黄鹂朝哺子，江边白鸥暮没水。可怜蜉蝣蔽天飞，只是朝生即暮死。尘世愚人如酒迷，少陵老子不胜悲。豪句写出天地秘，不费雕琢不费思。壮如轰雷润雨注，奔崩飞过禹门渡。就里温淳和且平，既不伤怨又不怒。"④ 此诗以描摹锦屏山景致入手，山色、草亭、树木、鹂鸥、蜉蝣，静中有动，动中有静。由世人之迷醉，反衬老杜之悲悯，称颂杜诗气象雄浑壮阔，又蕴含醇厚平和、不怨不怒的精神。但是单从杨瞻诗中完全看不到任何与锦屏山杜公祠相关的信息，更不涉及明代杜公祠的具体情况。尤其令人惋惜的是，嘉靖《保宁府志》及《四川总志》等明代方志均未留下锦屏山杜公祠创建、修葺等相关文献。

---

① （元）迺贤：《金台集》卷二，叶三三，明末毛氏汲古阁刻本。
② 按，阆州更名保宁府，参见《元史》卷六〇《地理三·四川等处行中书省》载："保宁府，唐隆州，又改阆州，又为阆中郡。后唐为保宁军。元初立东川路元帅府。至元十三年，升保宁府。"（中华书局1976年版，第1437页）明代仍沿袭保宁府之名。
③ （明）刘大谟等修，王元正等纂，周发俊等重编：嘉靖《四川总志》卷六《保宁府》。影印明嘉靖二十四年刻本，《北京图书馆藏古籍珍本丛刊》第42册，第127页。
④ （明）杨思震纂修：嘉靖《保宁府志》卷四《建置纪下·神祀》，叶四，明嘉靖二十二年刻本。

入清之后，康熙《四川通志》卷九《祠祀》"保宁府"仍载："杜陵祠，在锦屏山。"① 道光《保宁府志》卷十二《舆地·祠庙》记载稍详："杜陵祠在锦屏山上。嘉庆十六年（1811），川北道黎学锦重修。并祀宋司马君实、陆放翁于内，亦名三贤祠。"② 陆游曾游锦屏山并拜谒杜公祠，故将陆游祀于祠中。将司马光（君实）列入祠内则是缘于阆州台星岩有司马池、司马光父子题刻。《舆地碑记目》卷四"阆州碑记"载："司马公留题。本路运使司司马池，丞相光父也。天圣九年游台星岩。君实侍题于崖上。末云'司马光捧砚'。"③ 杜甫、司马光、陆游皆是曾在阆州停留的著名人物，故而黎学锦将三人共聚一堂，以示江山留胜迹之意。但与此同时，杜甫专祠的意义也随之削弱了。至咸丰《阆州县志》则载："杜陵祠，在锦屏山上。久废。"又云："嘉庆十四年，川北道黎学锦新建一祠，并祀宋司马温公、陆放翁，未几倾圮。后人以像无所归，别建一祠亭也，非祠也。"④ 这说明嘉庆年间黎学锦所建杜陵祠虽为新建，但建筑规模庳陋、工程质量堪忧，故而不久即倾圮无存。至咸丰初年依三人塑像搭亭，仅称祠亭而已。

第二节 杨瞻创建锦屏山景杜亭

嘉靖《保宁府志》卷六《名胜纪·宫室》载："景杜亭，在锦屏山先蚕祠右。揽秀亭，在景杜亭右。翠云亭，在揽秀亭右。长啸亭，在翠云亭右。振衣亭，在长啸亭右。阆南亭，在锦屏山之东，兀然临

---

① （清）蔡毓荣修，钱受祺纂：康熙《四川总志》卷九《祠祀》，叶一九，清康熙十二年刻本。
② （清）黎学锦、徐双桂等修，史观等纂：道光《保宁府志》卷一二《舆地·祠庙》，叶三，清道光元年刻本。
③ （宋）王象之：《舆地碑记目》卷四，影印清《粤雅堂丛书》本，《石刻史料新编》第1辑第24册，第18574—18575页。
④ （清）徐继镛修，李惺等纂：咸丰《阆中县志》卷三《古迹》，叶一五，清咸丰元年刻本。

第十章 阆州杜甫遗迹考

江,其北有'锦屏山'三大字碑亭。自江干而南,又折而西,有锦屏书院坊,渐进为三洞,皆甃石为之,一曰阆南名胜,二曰渐入佳境,三曰别是一天,又渐进始达于书院。各有记,见《艺文》。以上亭洞俱佥事杨瞻创建。"①

由此记载可知,景杜亭由"佥事杨瞻"创建,但创建年代不详。我们可以通过杨瞻官职履历考察景杜亭的创建年代。《明世宗实录》载:嘉靖二十年(1541)二月,升"大理寺副杨瞻"为四川按察司佥事②。杨瞻所撰《增修锦屏书院记》载:"锦屏山在阆城南,嘉陵江走其下,万花千卉,松柏竹杉,蓊郁铺翠,云物时出,望之若锦。山当城郭如障,故曰锦屏。嘉靖乙酉(四年),知府张君思聪创建书院,中则尊道阁,侧则斋厨,余舍栖守僧二人。有自作《记》。壬寅(嘉靖二十一年,1542),余以监察御史,奉命出佥蜀臬,分巡川北,驻节阆。夏五月,适安绵兵宪、近沙方公按兹,余邀饮于阁。方公顾予曰:'赤壁佳胜闻天下,以台阁亭榭侈尔。兹山不减赤壁,肯增修之?杜陵诗云'阆州城南天下稀'者,名称积矣,岂亚赤壁哉?余领之,遂谋诸同知于君淳、通判袁君衍、推官郭君谦、阆尹毕君汝勤、外博王君□辈,拓地相工而增修。"③

四川按察司佥事杨瞻于嘉靖二十一年抵达保宁府。同年五月,在四川按察司佥事、安绵兵备道方任(字志尹、号近沙)的提议下,杨瞻与保宁府及阆中县官员商议,再度增修锦屏书院。据杨瞻描述,"渡江循麓,入书院坊",经阆南名胜洞、渐入佳境洞、别是一天洞等三洞之后,即可见"两旁杂植竹木,名亭者六,由此而东,曰阆南,而南曰振衣,以次而西曰长啸、曰翠云、曰揽秀、曰景杜,名祠者一,曰先蚕"④。杨瞻创建六亭、一祠,意在以台阁亭榭比拟方任

---

① (明)杨思震纂修:嘉靖《保宁府志》卷六《名胜纪·宫室》,叶六,明嘉靖二十二年刻本。
② 《明世宗实录》卷二四六,"嘉靖二十年二月庚申",台北"中央研究院"历史语言研究所校勘本,1962年,第4934页。
③ (明)杨思震纂修:嘉靖《保宁府志》卷一三《艺文纪·记》,叶三一。
④ (明)杨思震纂修:嘉靖《保宁府志》卷一三《艺文纪·记》,叶三二。

所说的赤壁风光。景杜亭仅仅是所建六亭之一，虽有追慕杜甫的意味，但创建者更大程度上仍是出于再造景观的考量，着眼于增添锦屏山的人文之趣。

本地举人许敷谟所作《景杜亭记》则是借机赞颂杨瞻之政绩。《景杜亭记》载："在唐玄宗时，杜少陵以救房琯，谪华司功，寻弃官入蜀，避禄山之乱。广德间尝往来于阆。阆山、阆水有歌，与夫玉台观、滕王亭各形于所感，以寄幽兴，历数百载而下，类能述而诵之，至于慕古兴怀，未之前闻，是则可憾也。"通过对杜甫阆州行踪、诗歌的叙述，引出杨瞻创建怀杜亭的事迹，"嘉靖辛丑（二十年）秋，舜原杨公来驻节于阆。越明年壬寅，风纪振扬，宪度贞肃，时和年丰，民安盗息"，杨瞻才得以登临锦屏山，寻幽访胜，创建斯亭。文末又说："后之景公（杨瞻），不犹公之景杜乎？若曰纵情山水，□所用志，则非公之愿也已，则非公之愿也已！"① 由此可见，景杜亭及《景杜亭记》与敬仰杜甫、追慕前贤虽有一定的联系，但其本质却是一篇为主政官员书写政绩的小品文。在锦屏山创建景杜亭既与宋元两朝赵抃、迺贤诗歌所咏一脉相承，又与明人增修锦屏书院、添设人文胜景密切相关，而与以杜甫为中心的专祠奉祀相去甚远。

今人所见锦屏山杜少陵祠及景杜亭皆是阆中县于1984年重建的仿古建筑②。此外，道光《保宁府志》载："杜工部草堂在（阆中）县东。"③ 咸丰《阆中县志》又载：杜甫"避地阆州，尝寓城东。后人葺其居曰'工部草堂'"④。只说阆中城东有杜甫寓所但皆无详细记载，且出现较晚，并不可信。

---

① （明）许敷谟：《景杜亭记》，嘉靖《保宁府志》卷一三《艺文纪·记》，叶五十。
② 四川省阆中市地方志编纂委员会编纂：《阆中县志》，四川人民出版社1993年版，第879页。
③ （清）黎学锦、徐双桂等修，史观等纂：道光《保宁府志》卷一五《舆地·古迹》，叶七，清道光元年刻本。
④ （清）徐继镛续，李惺等纂：咸丰《阆中县志》卷六《流寓》，叶四八。

第十一章　夔州杜甫遗迹研究

永泰元年（765）四月，严武卒。五月，杜甫携家离开成都，乘舟沿岷江而下，先至戎州（今宜宾），继沿大江东去，又过泸州，再至渝州（今重庆）。下峡抵忠州，有《题忠州龙兴寺所居院壁》诗。九月已至云安（今云阳）。永泰二年（766）春，杜甫移居夔州（同年十一月改元大历）。杜甫在夔州居住了近两年时间，至大历三年（768）正月方才离夔州出峡。宋人蔡兴宗《杜工部年谱》"大历元年丙午"载："春晚，移居夔州，有诗最多，合次年所赋古、律诗，几盈五卷。"①

杜甫在夔州居住期间又曾多次迁移居址，西阁、赤甲、瀼西、东屯等居址之名屡见其夔州诗篇。后人对杜甫夔州居所等问题多有探访与研究，但观点极多，存在互相矛盾、莫衷一是的情况，令人无所适从。究其原因，大致有以下两方面：一是古今地理变迁，唐时夔州旧址与宋代乃至明清的夔州城址迥然不同。这就对后世学者寻访杜甫遗迹、做出正确判断造成了极大地障碍；二是研究者从杜甫夔州诗中寻找线索时，往往忽视宋本杜集笺注及唐宋夔州相关历史文献的搜集整理与系统解读。需知"诗无达诂"，仅就诗句本身分析，不参照其他历史文献，很难消除歧义，得出人尽信服的答案。因此，本章力图在唐宋以来夔州城址变迁的基础上，对杜甫夔州诗所涉迁居地址重作分析，以期作出更为符合史实的判断。

---

① （宋）蔡兴宗：《杜工部年谱》，蔡志超校注：《宋代杜甫年谱五种校注》，（台北）万卷楼图书股份有限公司2014年版，第41页。

第一节　杜甫夔州居所重考

一　唐代夔州州城考

南宋乾道六年（1170）十月，新任夔州通判陆游抵达夔州。次年，陆游在夔州"访寻杜甫故居，四月，为《东屯高斋记》以志其景仰，兼以自况之意"①。陆游在《东屯高斋记》中详细记录了其寻找杜甫夔州故居的过程，其文曰：

> 少陵先生晚游夔州，爱其山川，不忍去，三徙居皆名高斋。质于其诗，曰次水门者，白帝城之高斋也；曰依药饵者，瀼西之高斋也；曰见一川者，东屯之高斋也。故其诗又曰：'高斋非一处。'予至夔数月，吊先生之遗迹，则白帝城已废为丘墟百有余年，自城郭府寺，父老无知其处者，况所谓高斋乎？瀼西，盖今夔府治所，画为阡陌，裂为坊市，高斋尤不可识。独东屯有李氏者，居已数世，上距少陵财三易主，大历中故券犹在。而高斋负山带溪，气象良是。②

陆游认为杜甫在夔州的故居，均可称为"高斋"。高斋共有三处，分别在白帝城、瀼西和东屯。但白帝城已沦为废墟百余年，城郭、府寺皆无法确指，更不用说找到白帝城高斋了。瀼西则因成为宋代夔州治所，阡陌纵横、坊市交错，也无法寻找高斋的踪迹。唯有东屯"负山带溪"，有遗址可寻，且有唐大历年间的地契为证，因而东屯是唯一保存了原貌的高斋遗迹。简言之，乾道七年陆游能够确指的高斋唯有东屯一处，其余两处旧迹已湮灭多时了。

陆游的叙述又引出了两点疑问：一是白帝城与杜甫夔州故居有何

---

① 于北山：《陆游年谱》，上海古籍出版社2006年版，第151页。
② （宋）陆游撰，马亚中、涂小马校注：《渭南文集校注》卷一七《记》，浙江古籍出版社2015年版，第213页。

第十一章 夔州杜甫遗迹研究

关联？二是瀼西故居所在地为何成为南宋夔州治所？要想回答上述疑问，还必须弄清楚夔州历代治所的变迁问题。

《旧唐书》卷三九《地理二·山南东道》载：夔州，"隋巴东郡。武德元年（618），改为信州"，武德二年，"又改信州为夔州"。"天宝元年（742），改为云安郡。""乾元元年（758），复为夔州。"领奉节、云安、巫山、大昌等四县。其中"奉节。汉鱼复县，属巴郡，今县北三里赤甲城是也。梁置信州，周为永安郡，隋为巴东郡，仍改为人复县。贞观二十三年（649），改为奉节"①。由此记载揆诸常理，奉节县应为夔州治所，奉节县县城当是夔州州城所在。但实际情况则要复杂得多。

唐夔州州衙设在白帝山上的白帝城中。刘禹锡《夔州刺史厅壁记》载："夔在春秋为子国，楚并为楚九县之一，秦为鱼复，汉为固陵，蜀为巴东，梁为信州。初城于瀼西，后周大总管龙门公柘王述登白帝，叹曰：'此奇势可居。'遂移府于今治所。是岁建德五年（576）。隋初杨素以越公领总管，又张大之。"②《方舆胜览》引《元和郡县图志》云：白帝山，"即州城所据，与赤甲山相接。初，公孙述殿前井有白龙出，因号白帝山"③。唐会昌五年（845）夔州刺史李贻孙所撰《夔州都督府记》亦载："州初在瀼西之平上，宇文氏建德中，王述徙白帝城，今衙是也。东南斗上二百七十步，得白帝庙。白帝，公孙述自名也。后人因其庙时享焉。"④ 上述记载均确切指出，北周建德年间，夔州治所就已从瀼西迁至白帝山上，唐代的夔州州衙（夔州都督府府衙）就在白帝城。

---

① （后晋）刘昫：《旧唐书》卷三九《地理二·山南道五》，中华书局1975年版，第1555页。
② （唐）刘禹锡：《刘梦得文集》卷二七《记》，叶一，《四部丛刊初编》影印上海涵芬楼藏武进董氏景宋刊本。
③ （宋）祝穆撰，祝洙增订，施和金点校：《方舆胜览》卷五七《夔州路·夔州》，中华书局2003年版，第1009页。
④ （清）董诰等编：《全唐文》卷五四四《李贻孙》，中华书局1983年版，第5515页。

白帝城的规模见《水经注》记载："白帝山城，周回二百八十步，北缘马岭，接赤岬山。其间平处，南北相去八十五丈，东西七十丈。又东傍东瀼溪，即以为隍，西南临大江，窥之眩目。惟马岭小差委迤，犹斩山为路，羊肠数四，然后得上。"① 古人以三百步为一里，白帝城"周回二百八十步"，可见白帝城周长不足一里，规模极小。故而严耕望认为白帝城"盖高踞崖岸，为一堡垒耳"②。正是缘于白帝城的堡垒性质，导致城内除了夔州州衙、白帝庙、杨素所建越公堂等建筑之外，其余官衙只能就近建在城外。李贻孙《夔州都督府记》载："城东北约三百步有孔子庙，赤甲山之半，庙本源乾曜廨，[常]（尝）为郡参军，著图经焉，其后为宰相。今其地又为孔子庙，传者称为盛事矣。"③ 夔州参军官廨即在白帝城东北"赤甲山之半"，亦可见白帝城城内的逼仄环境，不但无法容纳百姓居住，甚至于官府衙门也只能另觅它处，夔州州城不得不向外拓展。

　　《水经注》又载："江水又东迳赤岬城西，是公孙述所造，因山据势，周回七里一百四十步，东高二百丈，西北高千丈。南连基白帝山，甚高大，不生树木，其石悉赤，土人云：如人袒胛，故谓之赤岬山。"④ 此"赤岬山"即赤甲山。赤甲山在北，白帝山在南，由赤甲山孔子庙在白帝"城东北约三百步"，可知白帝城与赤甲城已合为一城。故宋人王应麟《通鉴地理通释》引《元和郡县图志》云："白帝山，即州城所据也，与赤甲山接。初，公孙述殿前井有白龙出，因号白帝城。城周回七里，西南二里，因江为池，东临瀼溪，唯北一面小差，逶迤羊肠，数转然后得上。"⑤ 此处记载显然是将《水经注》中

---

① （北魏）郦道元著，陈桥驿校证：《水经注校证》卷三三《江水》，中华书局2007年版，第777页。
② 严耕望：《唐代交通图考》第四卷《山剑滇黔区》附篇五《唐代夔府地理与民户生计》，上海古籍出版社2007年版，第1146页。
③ （清）董诰等编：《全唐文》卷五四四，第5515页。
④ （北魏）郦道元著，陈桥驿校证：《水经注校证》卷三三《江水》，第777页。
⑤ （宋）王应麟著，傅林祥点校：《通鉴地理通释》卷一一《三国形式考上》，中华书局2013年版，第312—313页。

有关白帝城的记述与赤甲城糅合的结果，所说城池规模或是将赤甲、白帝二城合围计算得出的数据。

总而言之，经过上述考证，我们大致可以得出以下结论：夔州州衙在白帝城，夔州州城则包括白帝城、赤甲城两座古城。白帝城在南，俯瞰大江，规模小。赤甲城在北依赤甲山，规模大。两城在唐时已连为一体。杜甫《夔州歌十绝句》其二有句云："白帝夔州各异城，蜀江楚峡混殊名。"① 所指白帝即为夔州州衙所在的白帝城，夔州则指赤甲城而言，这一结论当是明确无疑的②。

夔州州城则在北宋景德年间再度迁往瀼西，即大瀼水以西。《方舆胜览》卷五七《夔州路》载："大瀼水，在奉节县。州城以景德二年（1005）迁瀼西。"③《宋史》卷八九《地理五·夔州路》亦载："夔州，都督府，云安郡，宁江军节度。州初置在白帝城，景德三年（1006），徙城东。"④ 虽有景德二年、三年之别，但夔州州城于景德年间迁往瀼西殆无疑议。至乾道七年陆游寻访之际，"白帝城已废为丘墟百有余年"。

二 西阁居所在白帝城

弄清楚唐代夔州州城的基本情况，杜甫夔州诗中的居址问题也便迎刃而解了。陆游所称"曰次水门者，白帝城之高斋也"，"次水门"之高斋，杜甫《宿江边阁》诗云："暝色延山径，高斋次水门。薄云岩际宿，孤月浪中翻。鹳鹤追飞静，豺狼得食喧。不眠忧战伐，无力

---

① 谢思炜校注：《杜甫集校注》卷一六《近体诗一百三十二首》，上海古籍出版社2015年版，第2597页。

② 按，据严耕望考证，"夔州治所之县曰奉节，然不在州城"，唐代奉节县城当在白帝城之西或西南四里。参见严耕望《唐代交通图考》第四卷《山剑滇黔区》附篇五《唐代夔府地理与民户生计》，第1147页。

③ （宋）祝穆撰、祝洙增订，施和金点校：《方舆胜览》卷五七《夔州路》，第1012页。

④ （元）脱脱等：《宋史》卷八九《地理五·夔州路》，中华书局1977年版，第2226页。

正乾坤。"① "水门"即为白帝城之水门。《水经注》载:"益州刺史鲍陋镇此(白帝城),为谯道福所围,城里无泉,乃南开水门,凿石为函道,上施木天公,直下至江中,有似猨臂相牵引汲,然后得水。水门之西,江中有孤石,为淫预石,冬出水二十余丈,夏则没,亦有裁出处矣。"② 白帝城水门南临大江,杜甫所宿江边阁既"次水门",也同样是在白帝城内,故能见对岸薄云山崖、孤月倒影江中,又见鹳鹤豺狼等飞禽走兽。但"次水门"的"江边阁"只是杜甫初至白帝城的暂居地,之后杜甫又迁至西阁居住。

  杜甫以西阁为题的诗歌共有八首,又有《中宵》一诗提及西阁。通过对诗中季节、景物及交往人物的分析,大致可以得出以下结论:

  其一,杜甫居住西阁当在大历元年秋冬季节。《夜宿西阁晓呈元二十一曹长》云:"城暗更筹急,楼高雨雪微。"③《西阁口号》云:"山木抱云稠,寒江绕上头。雪崖才变石,风幔不依楼。"④《西阁夜》云:"击柝可怜子,无衣何处村。"⑤《西阁曝日》云:"凛冽倦玄冬,负暄嗜飞阁。"⑥ 诗句皆言寒冬雨雪,故赵次公在《夜宿西阁晓呈元二十一曹长》诗题下注云:"此篇而下,或言寒江,或言寒山,或言寒空,大抵皆冬诗也。"⑦

  其二,西阁在白帝城内,极为高峻。《西阁二首》其一云:"层轩俯江壁,要路亦高深。"⑧《中宵》云:"西阁百寻余,中宵步绮疏。"⑨《西阁雨望》云:"楼雨沾云幔,山寒著水城",赵次公注曰:

---

① 《杜甫集校注》卷一六,第2459页。
② (北魏)郦道元著,陈桥驿校证:《水经注校证》卷三三《江水》,第777页。
③ 《杜甫集校注》卷一六,第2476页。
④ 《杜甫集校注》卷一六,第2478页。
⑤ 《杜甫集校注》卷一六,第2515页。
⑥ 《杜甫集校注》卷七《古诗五十七首》,第1153页。
⑦ (宋)赵次公注,林继中辑校:《杜诗赵次公先后解辑校(修订本)》,上海古籍出版社2012年版,第849页。
⑧ 《杜甫集校注》卷一六,第2487页。
⑨ 《杜甫集校注》卷一六,第2506页。

第十一章 夔州杜甫遗迹研究

"云幔,则带云之幔,以西阁高故也。"① 西阁不但极高,且可俯瞰长江,又可夜闻击柝之声,则必在白帝城内。

其三,西阁当是夔州州衙馆舍。《西阁三度期大昌严明府同宿不到》诗云:"问子能来宿,今疑索故要。匣琴虚夜夜,手板自朝朝。金吼霜钟彻,花催腊炬销。早鳬江槛底,双影漫飘飖。"②《旧唐书》卷三九《地理二》载:大昌为夔州所辖四县之一,"晋分巫、秭归县置建昌县,又改为大昌。隋不改"③。严明府当为大昌县知县。杜甫既是漂泊夔州未久,尚且居无定所,如何能够三度邀约大昌严明府同宿西阁呢?再者,严明府作为一县之长,欲来州城却有投宿西阁的可能性,是何道理?要想解决这一疑问还需考察《夜宿西阁晓呈元二十一曹长》及《西阁口号呈元二十一》两诗。《西阁口号呈元二十一》诗云:"山木抱云稠,寒江绕上头。雪崖才变石,风幔不依楼。社稷堪流涕,安危在运筹。看君话王室,感动几销忧。"④ 赵次公认为此诗"前四句言景,后四句应是同元二十一曹长共宿,而元(二十一)话当日之事乎?故感动也"⑤。这自然是结合《夜宿西阁晓呈元二十一曹长》诗题得出的结论。正是因为杜甫与元二十一夜宿西阁秉烛谈天,才有"晓呈"诗作之事。元二十一不详其人,但杜甫称其为"曹长",唐人好以它名标榜官称。李肇《唐国史补》载:"尚书丞郎、郎中相呼为曹长。"⑥ 元二十一与大昌严明府同为在职官员,与严明府不同的是,元二十一不但夜宿西阁,且能与杜甫彻夜长谈。由此也可以进一步明确,西阁绝不可能是杜甫个人寓所,而应属于夔州接待外来官员的馆舍。若非如此,则无法解释杜甫待严明府同宿、与元二十一畅论天下为何都发生在白帝城西阁之内。前文已经明确了白帝城为夔州州衙所在地,因此将负责公务接待之馆舍置于白帝

---

① (宋)赵次公注,林继中辑校:《杜诗赵次公先后解辑校(修订本)》,第813页。
② 《杜甫集校注》卷一六,第2484—2485页。
③ (后晋)刘昫:《旧唐书》卷三九《地理二·山南道》,第1556页。
④ 《杜甫集校注》卷一六,第2478页。
⑤ (宋)赵次公注,林继中辑校:《杜诗赵次公先后解辑校(修订本)》,第850页。
⑥ (唐)李肇:《唐国史补》卷下,上海古籍出版社1979年版,第49页。

城中也同样是合乎情理的。

此外，西阁与"次水门"的"江边阁"也不可能是同一建筑，白帝城水门在南，西阁则必然在西，将两建筑混为一谈乃是不了解白帝城水门所在地理位置造成的。又有学者根据《客堂》一诗"忆昨离少城，而今异楚蜀。舍舟复深山，窅窕一林麓"四句①，认为杜甫初至夔州之时，居于深山林麓之间。这一说法也是不正确的。《客堂》诗又云："栖泊云安县，消中内相毒。"当是客居云安县时的作品。宋人黄鹤注云："诗曰'栖泊云安县，消中内相毒'。又云'石暄蕨芽紫，渚秀芦笋绿'。当是大历元年春在云安作。"② 此说甚是。

总而言之，杜甫移家夔州之后先是暂住白帝城江边阁，该阁南面长江，位于白帝城水门之次。秋冬之际移居白帝城西阁，西阁当是夔州接待外地官员下榻的馆舍，杜甫与元二十一秉烛夜谈、纵论天下即在西阁之内。正是由于西阁的官方馆舍性质，无法满足杜甫举家长居于此的需求，因而老杜不得不于大历二年另觅赤甲居所。

三 赤甲居所在赤甲城

杜甫夔州诗中有三首提及赤甲。《入宅三首》其一云："奔峭背赤甲，断崖当白盐。客居愧迁次，春酒渐多添。花亚欲移竹，鸟窥新卷帘。衰年不敢恨，胜概欲相兼。"③《赤甲》诗云："卜居赤甲迁居新，两见巫山楚水春。炙背可以献天子，美芹由来知野人。荆州郑薛寄书近，蜀客郗岑非我邻。笑接郎中评事饮，病从深酌道吾真。"④《黄草》诗云："黄草峡西船不归，赤甲山下行人稀。秦中驿使无消息，蜀道兵戈有是非。万里秋风吹锦水，谁家别泪湿罗衣。莫愁剑阁终堪据，闻道松州已被围。"⑤

---

① 《杜甫集校注》卷六《古诗四十八首》，第832页。
② （宋）黄希原注，（宋）黄鹤补注：《补注杜诗》卷一一，《景印文渊阁四库全书》第1069册，第216页。
③ 《杜甫集校注》卷一四《近体诗一百首》，第2172页。
④ 《杜甫集校注》卷一四，第2175页。
⑤ 《杜甫集校注》卷一五《近体诗一百三十三首》，第2334页。

第十一章 夔州杜甫遗迹研究

据以上三首诗可对杜甫迁居赤甲的情况略作分析。其一，杜甫迁居地为赤甲山。《入宅》诗云"奔峭背赤甲"，仇兆鳌《杜诗详注》载："谢灵运诗：徒旅苦奔峭。邵（傅之）注：山峰高峻，如奔涌然。"[①] 可知杜甫新居即在赤甲山上，故有"奔峭"之感。《赤甲》诗云"卜居赤甲迁居新"，更是确指在赤甲山选择了新的居址。《黄草》诗云"赤甲山下行人稀"，正是杜甫自赤甲山居所俯瞰所见情形。

其二，杜甫卜居赤甲山应在大历二年春。《入宅》中有"春酒"与"花"，《赤甲》有"两见巫山楚水春"，皆指向春季。所谓"两见"则指永泰二年春晚移居夔州为"一见"，此次卜居赤甲山为"二见"。上文既已经分析了赤甲山上赤甲城为夔州州城所在地。杜甫当是大历元年年末或大历二年年初自白帝城西阁迁出，卜居于白帝城以北的赤甲城中。但杜甫在赤甲居住未久，即于暮春迁至瀼西新赁草屋居住。

陆游所谓"三徙居皆名高斋"，"曰次水门者，白帝城之高斋也"，只注意到了杜甫暂住白帝城江边阁的诗篇，或是将江边阁与西阁视为同一建筑；但确实忽视了杜甫曾卜居赤甲的诗句。陆游《入蜀记》又载：乾道六年十月二十六日，"晚至瞿塘关，唐故夔州，与白帝城相连。杜诗云：'白帝夔州各异城。'盖言难辨也"[②]。既然难以分辨，便将杜甫江边阁、西阁、赤甲三处居所一并视为白帝城高斋。

第二节 杜甫瀼西高斋故址考

一 杜甫迁居瀼西

杜甫迁居瀼西的打算由来已久，《瀼西寒望》诗云："瞿唐春欲至，定卜瀼西居。"[③] 黄鹤注："当是大历元年冬作，明年春晚果自赤

---

① （清）仇兆鳌：《杜诗详注》卷一八，中华书局2015年版，第1945页。
② （宋）陆游撰，蒋方校注：《入蜀记校注》，湖北人民出版社2005年版，第233页。
③ 《杜甫集校注》卷一六，第2517页。

甲迁居瀼西。"①《卜居》诗又云："云障宽江左，春耕破瀼西。"② 黄鹤注曰："诗云'春耕破瀼西'，当是大历二年作，公是年三月自赤甲迁居瀼西。"③

杜甫自夔州城迁居瀼西，一方面是夔州城建在白帝、赤甲二山之上，环境逼仄、不宜久居，另一方面则是由于杜甫在瀼西购置了四十亩柑橘园。《暮春题瀼西新赁草屋五首》其三有句"此邦千树橘，不见比封君"④。夔州种植橘树历史悠久，《汉书》卷二八《地理志》载：巴郡辖"县十一"，其中"鱼复，江关，都尉治。有橘官"⑤。《新唐书》卷四十《地理四·山南道》亦载"夔州云安郡"土贡："纻锡布、熊、罴、山鸡、茶、柑、橘、蜜、蜡。"⑥ 大历二年暮春，购得橘园、新赁草屋之后，杜甫便在瀼西开始了躬耕生活。《阻雨不得归瀼西甘林》诗云："园甘长成时，三寸如黄金。诸侯旧上计，厥贡倾千林。"又云："虚徐五株态，侧塞烦胸襟。焉得辍两足，杖藜出岖嵚。条流数翠实，偃息归碧浔。"⑦ 暂栖瀼西的田园生活虽然在一定程度上转移了杜甫对时局的忧虑，但《暮春题瀼西新赁草屋五首》其四又云："壮年学书剑，他日委泥沙。事主非无禄，浮生即有涯。高斋依药饵，绝域改春华。丧乱丹心破，王臣未一家。"⑧ 仇兆鳌《杜诗详注》云："四章，旅居而慨身世也。书剑委于泥沙，欲用而世不见用也。非无禄，前曾授官。即有涯，后无余望矣。五六承浮生，七八承事主。高斋，指草屋。绝域，指瀼西。春华，点暮春。丧

---

① （宋）黄希原注，黄鹤补注：《补注杜诗》卷三一，《景印文渊阁四库全书》第1069册，第588页。
② 《杜甫集校注》卷一六，第2490页。
③ （宋）黄希原注，黄鹤补注：《补注杜诗》卷三一，《景印文渊阁四库全书》第1069册，第582页。
④ 《杜甫集校注》卷一四，第2197页。
⑤ （汉）班固：《汉书》卷二八《地理志》，中华书局1962年版，第1603页。
⑥ （宋）欧阳修、宋祁：《新唐书》卷四〇《地理四·山南道》，中华书局1975年版，第1028—1029页。
⑦ 《杜甫集校注》卷六，第946—947页。
⑧ 《杜甫集校注》卷一四，第2199页。

第十一章 夔州杜甫遗迹研究

乱,应前战伐。王臣未一,诸镇犹多叛志也。"① 诗题虽指向暮春季节于瀼西新赁草屋之事,但诗中又充满了对漂泊人生的惆怅感怀。陆游《东屯高斋记》所称:"曰依药饵者,瀼西之高斋也。""依药饵"之典即出于此。

二 瀼西的得名与地理方位

关于瀼西的地理方位,杜诗也有简略地描述,《秋日夔府咏怀奉寄郑监审李宾客之芳一百韵》云:"阵图沙北岸,市暨瀼西巅。"原注曰:"八阵图、市暨,夔人语也。江水横通山谷处,方人谓之瀼。"② 仇兆鳌《杜诗详注》所引原注曰:"峡人目市井泊船处曰市暨,江水横通山谷处,方人谓之瀼。"③ 这两句诗大致是说八阵图在长江北岸沙地之上,市井泊船处则在江水横通山谷的西巅。江水横通山谷处能够泊船,也意味着有溪水自山谷流出注入长江之中。

八阵图是传说中著名的三国遗迹,郦道元《水经注》卷三三《江水》载:"江水又东迳南乡峡,东迳永安宫南,刘备终于此。诸葛亮受遗处也。其间平地可二十许里,江山回阔,入峡所无。城周十余里,背山面江,颓墉四毁,荆棘成林,左右民居,多垦其中。江水又东迳诸葛亮图垒南,石碛平旷,望兼川陆,有亮所造八阵图,东跨故垒,皆累细石为之。自垒西去,聚石八行,行间相去二丈,因曰:八阵既成,自今行师,庶不覆败。皆图兵势行藏之权,自后深识者所不能了。今夏水漂荡,岁月消损,高处可二三尺,下处磨灭殆尽。"④《水经注》对刘备托孤之永安宫及诸葛亮垒八阵图所述甚详,但并未提及山谷溪水或瀼西的存在。

陆游《入蜀记》则载:乾道六年十月"二十七日。早,至夔州。

---

① (清)仇兆鳌:《杜诗详注》卷一八,第1951—1952页。
② 《杜甫集校注》卷一五,第2247页。
③ (清)仇兆鳌:《杜诗详注》卷一九,第2069页。
④ (北魏)郦道元撰,陈桥驿校证:《水经注校证》卷三三《江水》,第776—777页。

州在山麓沙上，所谓鱼复永安宫也。宫今为州仓，而州治在宫西北，甘夫人墓西南，景德中转运使丁谓、薛颜所徙。比白帝颇平旷，然失关险，无复形势。在瀼之西，故一曰瀼西。土人谓山间之流通江者曰瀼云。州东南有八阵碛，孔明之遗迹，碎石行列如引绳。每岁江涨，碛上水数十丈，比退，阵石如故"①。

　　由此可知，陆游所见永安宫城即为北宋景德年间夔州城的迁入地——瀼西。永安宫城东侧有溪水自山谷流出、注入大江，故将溪水以西之地称作瀼西。溪水两岸"平地可二十许里"，"比白帝颇平旷"，且"背山面江"，"荆棘成林，左右民居，多垦其中"，适宜从事农业生产。唐代已将此水称作大瀼水，两岸聚集了大量民户，故而杜甫《夔州歌十绝句》之五云："瀼东瀼西一万家，江北江南春冬花。背飞鹤子遗琼蕊，相趁凫雏入蒋芽。"② 陆游认为，正是由于夔州州城迁至瀼西，导致杜甫瀼西故居毁坏殆尽，无处可寻。所谓"瀼西，盖今夔府治所，画为阡陌，裂为坊市，高斋尤不可识"③。

第三节　东屯故居方位考

　　宋人鲁訔《杜工部诗年谱》载：大历二年"秋，又移居东屯，有《自瀼西荆扉且移居东屯茅屋四首》，曰：'东屯复瀼西，一种住青溪。来往皆茅屋，淹留为稻畦。'迄冬居夔"④。所谓"淹留为稻畦"是指杜甫暂受夔州都督府差遣，以"行官张望"之名负责督促东屯一带官田水稻的种植事宜。《行官张望补稻畦水归》诗云："东屯大江北，百顷平若棋。六月青稻多，千畦碧泉乱。插秧适云已，引

---

① （宋）陆游撰，蒋方校注：《入蜀记校注》，第236—237页。
② 《杜甫集校注》卷一六，第2600页。
③ （宋）陆游：《东屯高斋记》，（宋）陆游撰，马亚中、涂小马校注：《渭南文集校注》卷一七《记》，第213页。
④ （宋）鲁訔：《杜工部诗年谱》，蔡志超校注：《宋代杜甫年谱五种校注》，（台北）万卷楼图书股份有限公司2014年版，第74页。

第十一章 夔州杜甫遗迹研究

溜加溉灌。更仆往方塘，决渠当断岸。公私各地著，浸润无天旱。"①由于瀼西距离东屯较远，杜甫不得不在东屯另觅居所，以便于督促、检校收稻。故有《自瀼西荆扉且移居东屯茅屋四首》《秋行官张望督促东渚耗稻向毕清晨遣女奴阿稽竖子阿段往问》《茅堂检校收稻二首》。

杜甫对东屯的具体位置有较为细致的记述。《自瀼西荆扉且移居东屯茅屋四首》云："白盐危峤北，赤甲古城东。平地一川稳，高山四面同。"②白盐山在夔州广溪峡北岸。《水经注》载：江水迳白帝城，再迳东瀼溪，"又东迳广溪峡，斯乃三峡之首也。其间三十里，颓岩倚木，厥势殆交。北岸山上有神渊，渊北有白盐崖，高可千余丈，俯临神渊。土人见其高白，故因名之。天旱，燃木岸上，推其灰烬，下秽渊中，寻即降雨"③。赤甲古城前已详细考证，即为唐代夔州城城址。《方舆胜览》载："东屯乃公孙述留屯之所，距白帝城五里。……东屯有青苗陂。杜诗云：'东屯稻田一百顷，北有涧水通青苗。晴浴狎鸥分处处，雨随神女下朝朝。'又云：'东屯复瀼西，一种住青溪。'东屯之田，可得百许顷，稻米为蜀第一。郡给诸官俸廪，以高下为差，帅漕月得九斗。故王龟龄（王十朋）诗云：'少陵别业古东屯，一饭遗忠甽亩存。我辈月叨官九斗，须知粒粒是君恩。'"④东屯是否为公孙述留屯地未见早于南宋的文献记录，但由杜诗可知，在唐时东屯确有"百顷"公田。

乾道七年陆游于夔州境内寻访杜甫故居，仅见东屯一处。所谓"曰见一川者，东屯之高斋也"，典出《自瀼西荆扉且移居东屯茅屋

---

① 《杜甫集校注》卷六，第881—882页。
② 《杜甫集校注》卷一六，第2533页。
③ （北魏）郦道元撰，陈桥驿校证：《水经注校证》卷三三《江水》，第777—778页。
④ （宋）宋穆撰，祝洙增订，施和金点校：《方舆胜览》卷五七《夔州路·夔州》，第1016页。按，宋人王应麟《困学纪闻》亦载此说，所述文字大致相同。参见（宋）王应麟著，（清）翁元圻辑注，孙通海点校《困学纪闻注》卷一八《评诗》，中华书局2016年版，第2182页。

四首》之三有句"道北冯都使，高斋见一川"①。陆氏《入蜀记》载：乾道六年十月二十六日，"晚至瞿塘关，唐故夔州，与白帝城相连。……肩舆入关，谒白帝庙……自关而东，即东屯，少陵故居也"②。《东屯高斋记》又载："独东屯有李氏者，居已数世，上距少陵财三易主，大历中故券犹在。而高斋负山带溪，气象良是。"③ 此溪则当为东瀼溪无疑。这便是宋人唯一确认的夔州杜甫故居。

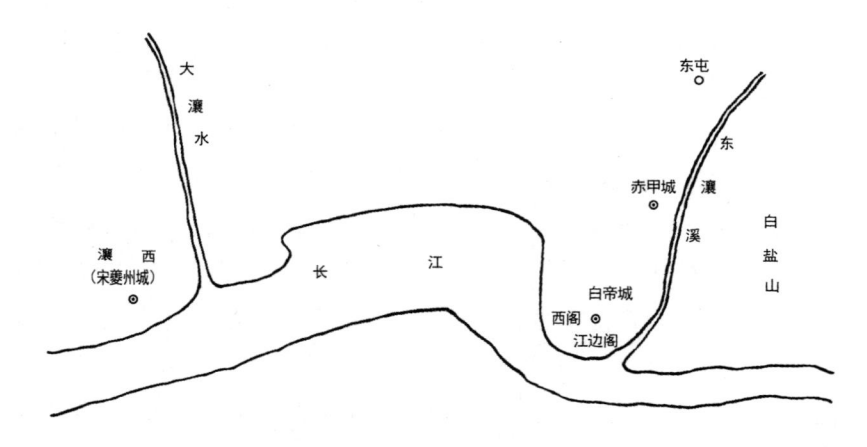

图 11—1　杜甫夔州江边阁、西阁、赤甲、瀼西、东屯故居方位示意图

第四节　瀼西杜甫纪念建筑的变迁

一　郡治内的诗史堂

乾道七年，陆游寻访夔州杜甫故居之时，瀼西早已成为夔州城所在地，"画为阡陌，裂为坊市，高斋尤不可识"，但这并不影响人们在瀼西兴建诗史堂、漕司高斋等建筑，以追怀杜甫客居瀼西之往迹。

---

① 《杜甫集校注》卷一六，第2535页。
② （宋）陆游撰，蒋方校注：《入蜀记校注》，第233页。
③ （宋）陆游：《东屯高斋记》，（宋）陆游撰，马亚中、涂小马校注：《渭南文集校注》卷一七《记》，第213页。

诗史堂不知创建于何时，据目前所见文献，南宋乾道初年即有此建筑。乾道元年（1165），王十朋出任夔州知州①。其所作《州宅杂咏》其四《诗史堂》云："诗镌堂上石，光艳少陵章。莫作诗人看，斯文似子长。"②将《诗史堂》诗列在《州宅杂咏》之中，可知诗史堂应在夔州州衙之内。王十朋又有《登诗史堂观少陵画像》《诗史堂荔枝歌》《诗史堂荔枝晚熟》等诗，又可知诗史堂内有杜甫画像、诗歌碑刻，堂外有荔枝树。

明洪武四年（1371）改元夔州路为夔州府。"九年（1376）四月降为州，属重庆府。十年（1377）五月直隶布政司。十三年（1380）十一月复为府。"③奉节县为附郭县。据明正德《夔州府志》载："诗史堂，在府治内，昔有唐杜甫画像。"④康熙《夔州府志》亦载："诗史堂。治内。"⑤可知，自宋代以至明清，夔州虽由州升路、由路改府，但夔州治所内的诗史堂一直未改，成为夔州官员纪念杜甫的重要场所。

二 瀼西杜公祠与漕司高斋

瀼西有杜公祠之说，始见于南宋嘉定元年（1208）夔州知州费士戣所撰《漕司高斋堂记》，其文曰："今东屯，白帝城，斋像俱存，

---

① 按，王十朋出任夔州知州的具体时间见（清）徐炯文《梅溪王忠文公年谱》载"孝宗乾道元年乙酉，公五十四岁。官饶州，抑强扶弱。七月移知夔州。"（《北京图书馆藏珍本年谱丛刊》第25册，第290—291页）王十朋《夔州新修诸葛武侯祠堂记》自述："乾道改元，某被命自番易夔……十有一月至郡，首谒祠下，谏之以文。"（《梅溪先生后集》卷二六《记》，叶八，《四部丛刊初编》，影印上海涵芬楼藏正统中刊本）

② （宋）王十朋：《梅溪先生后集》卷一三《诗》，叶六，《四部丛刊初编》，影印上海涵芬楼藏正统中刊本。

③ （清）张廷玉等：《明史》卷四三《地理四·四川》，中华书局1974年版，第1029页。

④ （明）吴潜修，傅汝舟纂：正德《夔州府志》卷七《宫室·本府》，叶一，《天一阁藏明代方志选刊》影印明正德八年刻本，上海书店1981年版。

⑤ （清）吴美秀修，程溥等纂：康熙《夔州府志》卷二《楼阁》，影印清康熙二十五年刻本，《国家图书馆藏地方志珍本丛刊》第779册，天津古籍出版社2016年版，第287页。

而瀼西居，按图经所载，漕廨即其故地。尝询之故老，谓旧亦有祠，不知废于何年。而斋颜则前使者范公荪移之东路，盖犹未远，遂使故地寂无一迹，良可慨叹。"① 宋人将转运使司简称为"漕司"，"漕廨"即指转运使司衙门。依费士戣所说，夔州转运使司衙门即为杜甫瀼西高斋故址，且此地原亦有杜公祠，但湮灭已久。原有高斋的"斋颜"为夔州转运使范荪移至东屯。

乾道年间，夔州知州王十朋未在诗文中提及瀼西高斋的存在，通判陆游则明确说瀼西高斋了无痕迹，二人更未提及瀼西有杜公祠。晚至四十余年后的嘉定元年，知州费士戣却能据故老所闻言之凿凿，又能明确瀼西高斋门额为范荪移去东屯，不能不说是一件令人奇怪的事情。据《宋史》载，宁宗开禧元年（1205），范荪仍任"夔路转运判官"②，下距嘉定元年不过三年而已，可知费士戣所言非虚，或可佐证瀼西高斋及杜公祠当是乾道之后复建的产物，至开禧年间再度颓毁无存了。

费士戣对瀼西高斋的消失甚为遗憾，因而决定另觅他处，再建高斋。"属东台有堂，岁久弗支，梁栋桡折，檐楹摧陁，一遇震风凌雨，凛然有倾压之惧。议者欲撤去之屡矣，予惜其规摹杰壮，不忍撤。乃鸠巨材、积栾桷、运瓦甓，葺而新之。竹章木个，悉从官市，不以劳民。既成，则取前移于东屯者东斋旧字，临而揭之。斋之对旧有公诗石刻成列，因肖公像于其中而祠焉。于是遗响复存，废典且举，始有以副一方之愿。"③ 该高斋以衙署东台废弃旧堂改建而成，又将范荪移往东屯的旧字斋颜"临而揭之"，复制于新建高斋之上。除新建建筑之外，斋内设有杜甫肖像，斋外有旧日杜诗碑刻。高斋建成之后，费士戣于"嘉定元年季冬（十二月）"作《漕司高斋堂记》

---

① （宋）费士戣：《漕司高斋堂记》。（明）杨慎辑：《全蜀艺文志》卷三四《记乙》，影印明嘉靖二十四年刻本，《北京图书馆古籍珍本丛刊》第42册，北京图书馆出版社2000年版，第557页。

② （元）脱脱等：《宋史》卷一七三《食货上·农田》，第4178页。

③ （宋）费士戣：《漕司高斋堂记》，《全蜀艺文志》卷三四《记乙》，《北京图书馆古籍珍本丛刊》第42册，第557页。

以纪其事。新建的高斋被费士戣称为"漕司高斋堂",应是该处高斋仍在漕司官廨之内,且仅有一堂,是一座单体建筑;另一方面则是意在说明该高斋是后人重建,并非杜甫瀼西高斋的原址原貌。

三 静晖楼与邵杜祠

明万历二年(甲戌,1574),夔州府知府郭棐创建仰高书院。书院前身为静晖楼,正德《夔州府志》载:"静晖楼,在府治。王十朋有诗。"① 郭棐《仰高书院记》则载:"郡故有静晖楼,盖取少陵'千家山郭静朝晖'之义。"② 此句出自杜甫夔州诗《秋兴八首》之三,诗云:"千家山郭静朝晖,一日江楼坐翠微。信宿渔人还泛泛,清秋燕子故飞飞。匡衡抗疏功名薄,刘向传经心事违。同学少年多不贱,五陵衣马自轻肥。"③ 王十朋《静晖楼》诗亦为《州宅杂咏》之一,诗云:"占得高明地,长闻燕寝香。江流匹练白,竹日万金黄。"④ 可知静晖楼之名确实出自杜诗,且南宋乾道初年已有此楼。

郭棐《仰高书院记》又载:"嘉靖中,郡守许公应元、唐公时,以祀少陵、康节(邵雍)二先生,名邵杜[词](祠)。后守许公宗镒益以宋潜溪先生(宋濂),名三贤祠。春秋虔祀,表前修、风来叶也。岁久栋宇颓塌,丹垩漫漶,至弗蔽风雨。予承乏来视夔篆,拜谒祠下,愀然念曰:'庙貌弗严,是谁责哉?'昕夕思为鸠僝计者。岁甲戌(万历二年)夏,乃诹吉抡梓,撤而新之。又念夔士肄习无所,即其前为讲堂三间,两翼为书舍十六间,又前为仪门三间,其它则仍旧贯而饬之。秋九月厥功告竣。……更名曰'仰高书院',释奠三先生,妥其灵焉。"⑤ 可知静晖楼于嘉靖年间改为邵杜祠,祀杜甫、邵

---

① (明)吴潜修,傅汝舟纂:正德《夔州府志》卷七《宫室·本府》,叶一。
② (清)吴美秀修,程溥等纂:康熙《夔州府志》卷八《艺文》,《国家图书馆藏地方志珍本丛刊》第 779 册,第 363—364 页。
③ 《杜甫集校注》卷一五,第 2374 页。
④ (宋)王十朋:《梅溪先生后集》卷一三《诗》,叶六。
⑤ (清)吴美秀修,程溥等纂:康熙《夔州府志》卷八《艺文》,《国家图书馆藏地方志珍本丛刊》第 779 册,第 363—364 页。

雍二人；后又将宋濂迎入祠中，遂改称三贤祠。至万历二年，郭棐又将三贤祠改作仰高书院。康熙《夔州府志》则载："杜邵祠，治北。即静晖书院。嘉靖中知府许应元建。岁久颓圮。万历二年知府郭棐重修，改为仰高书院。"① 进一步说明杜邵祠与静晖书院，以及此后的仰高书院，本就是集祠宇与书院功能为一体的一组建筑。

第五节　东屯杜甫纪念建筑的变迁

一　南宋复建东屯高斋

乾道二年（1166），夔州知州王十朋至东屯寻访杜甫遗迹，作《至东屯谒杜少陵祠》二首，其一云："宦游夔子两经年，未到东屯意慊然。端为先生旧吟处，不应容易上诗篇。"其二云："忠不忘君句有神，当时无地可容身。草堂遗像英灵在，又见匙翻雪稻新。"② 可知此时东屯已有草堂，堂内有杜甫遗像，据诗题"杜少陵祠"，或指东屯草堂与杜少陵祠为同一建筑。王十朋《拜谒杜工部祠文》又载："诗史有堂，遗像有祠。光艳照人，膏馥满碑。歌蜀道难，诵杜鹃词。忠不忘君，先生是思。"③ 所谓"诗史有堂"即指郡治内的诗史堂，"遗像有祠"仍应是指东屯草堂。由此可进一步确定王十朋拜谒的杜工部祠即是东屯草堂无疑。堂内有杜甫遗像，又有杜诗碑刻。

东屯草堂的重建者应是彼时东屯主人李襄。乾道七年四月十日夔州通判陆游应"郡博士雍君大椿"之请，为东屯主人李襄撰写《东屯高斋记》，文中称："独东屯有李氏者，居已数世，上距少陵财三易主，大历中故券犹在。"陆游还夸赞李氏云："今李君初不践通塞荣辱之机，读书弦歌，忽焉忘老，无少陵之忧而有其高。少陵家东屯不浃

---

① （清）吴美秀修，程溥等纂：康熙《夔州府志》卷五《祠庙》，《国家图书馆藏地方志珍本丛刊》第779册，第183页。
② （宋）王十朋：《梅溪先生后集》卷一五《诗》，叶一。
③ （宋）王十朋：《梅溪先生后集》卷二八《祝文》，叶二。

岁,而君数世居之。使死者复生,予未知少陵自谓与君孰失得也。"①

庆元三年(1197)十二月二日夔州通判于奠所撰《修夔州东屯少陵故居记》又载:"少陵既出峡,其地三易主,近世始属李氏,少陵手书之券犹在。至子襄颇好事,讲求故迹,复置高斋,用涪翁(黄庭坚)名少陵诗意,创大雅堂,临溪又建草堂,绘其遗像。"②结合王十朋、陆游、于奠等三人诗文分析,乾道年间李襄已在东屯复建杜甫高斋,又建大雅堂、草堂等纪念建筑,草堂内有杜甫像,即为杜工部祠。

但此后李襄后人对祖业不甚爱惜,"历岁滋久,屋且颓圮弗治,券亦为有力者取去,而前贤旧隐,几为荆榛之墟"。至"庆元三年春,连帅阆中毋丘公、漕使苏台钱公,暇日联辔访古,叹高风之既远,而故居之弗葺,无以致思贤尚德之意。因李氏子欲析居,毋丘公捐金市之,而归诸官,为田一十一亩有奇"。最终将杜甫东屯故宅遗址及土地一并收归官有。

毋丘氏等人以官方名义收买东屯田地,其用意自然是为了褒扬杜甫之高风,以表"思贤尚德"之意。因此必然要有所作为,对昔日李氏复建的高斋、大雅堂及草堂进行重修增建。"缭以短垣,树以嘉木。斋与堂之欹腐桡折者,从而增葺之。架为凭轩,辟为虚牖,开新径以直溪,而东屯之景物,深窈幽窅,与少陵寓居之日无异。钱公又跨草堂,创为重阁,移置少陵像于其上。凭阑一望,则平川之绮丽,四山之环合,若拱若揖,与宾主相领略,盖东屯至是,遂为夔州胜处。"③高斋、大雅堂、草堂、重阁共同构成了一组杜甫纪念建筑。

二 明代重修东屯草堂

东屯故址直至明代仍具有一定的规模。明正德《夔州府志》卷

---

① (宋)陆游撰,马亚中、涂小马校注:《渭南文集校注》卷一七《记》,第213—214页。

② (明)杨慎辑:《全蜀艺文志》卷三九《记庚》,《北京图书馆古籍珍本丛刊》第42册,第623页。

③ (宋)于奠:《修夔州东屯少陵故居记》,《全蜀艺文志》卷三九《记庚》,《北京图书馆古籍珍本丛刊》第42册,第623页。

七《古迹》载："杜甫宅，在府东北，即古之东屯，今草堂是也。十朋有诗。"① 同书卷八《流寓》又载："大历初，蜀乱。（杜）甫乃泛江游嘉、戎，次云安，移居夔之东屯。有草堂，前废坏。正德癸酉（八年，1513）郡守吴公重修。"② 郡守吴公即是正德《夔州府志》的主修人吴潜。正德《夔州府志》卷六《书院》载："少陵书院，在府治东一十里，即杜少陵草堂。"③ 同书卷七《宫室》载："万丈楼，府治东十里，杜甫故居后。建楼取'李杜文章在，光焰万丈长'之义为名。"④ 由此可知，明正德年间，东屯草堂有少陵书院、万丈楼等附属建筑，仍保持一定规模。

　　明人认可的杜甫夔州故居仅有东屯草堂一处。万历年间夔州府通判何宇度所撰《益部谈资》云："工部旧日草堂在城东十余里外，尚有遗址可寻。止一碑存数字，题《重修东屯草堂记》，似亦元物。"⑤

第六节　明清瀼东杜公祠

一　瀼东杜公祠的兴建

　　明代夔州除东屯草堂外，又出现了位于瀼东的杜公祠。何宇度《益部谈资》载："杜工部祠在郡东数里，倚山俯江，云亦新创，祠中止塑像，其《秋兴八诗》近代虽有刻字，殊不佳，余无足观者。予置碑二，一刻公像及史传，树祠中；一大书'唐杜工部游寓处'，树道旁。"⑥ 道光《夔州府志》载："今关庙沱有明通判何宇度之碑，题云'唐杜工部子美游寓处'。"⑦ 同书卷三《形胜》绘有《奉节县

---

① （明）吴潜修，傅汝舟纂：正德《夔州府志》卷七《古迹》，叶七。
② （明）吴潜修，傅汝舟纂：正德《夔州府志》卷八《流寓》，叶三二。
③ （明）吴潜修，傅汝舟纂：正德《夔州府志》卷六《书院》，叶一二。
④ （明）吴潜修，傅汝舟纂：正德《夔州府志》卷七《宫室》，叶一。
⑤ （明）何宇度：《益部谈资》卷下，叶四，国家图书馆藏明刻本。
⑥ （明）何宇度：《益部谈资》卷下，叶四。
⑦ （清）恩成修，刘德铨纂：道光《夔州府志》卷三六《艺文》，叶一一，清道光七年刻本。

第十一章 夔州杜甫遗迹研究

形胜图》，图中明确标注关庙沱位于在长江北岸、白帝城以西，虽位于夔州府城以东，但却有大瀼水相隔，其地理位置更靠近白帝城①。因此，何宇度所见的杜工部新祠位于大瀼水以东"倚山俯江"之处。

何宇度只称瀼东杜公祠为新创，但创建经过不详。夔州府知府许应元有《立杜工部祠祭文》，既称"立杜工部祠"，瀼东杜公祠应创自许应元之手。康熙《夔州府志》载："许应元，钱［唐］（塘）人。嘉靖乙未（十四年，1535）进士，以工部郎中任知府，悉心民事，锐意学校，文章政绩赫然著闻，升本省按察司副使。"② 未载其就任知府年月。万历《四川总志》卷三《秩官》"按察司副使"又载："许应元，钱塘人。进士。嘉靖二十九年（1550）任。"③ 可知许应元创建杜公祠当在嘉靖二十九年之前。

《立杜工部祠祭文》载："承圣皇之景况，返按职于夔子。陟赤甲之巑岏，历东屯之遗址。悼哲人之逢尤，居委约于江潭。睹鸿藻之缤纷，增累欷而汍澜。"又云："遭浊世之纷拏，媵遭连以窘步。顾江皋而戾止，淹三年以东鹜。瞻遗墟之辽廓，叹禾黍之离离。敞崇宫于北阜，愿招神以来栖。山有椒兮沚有兰，灵之来兮云旗翻。"④ 该祭文是对杜甫夔州居址行迹的总论，并没有具体指明杜工部祠与杜甫夔州故居的关联；结合何宇度有关城东新祠的描述，可知该祠为择址瀼东的新祠无疑。

二 陈文烛《重修瀼西草堂记》引发的地理方位问题

万历初年，陈文烛应夔州府知府郭棐之请，撰写《重修瀼西草

---

① （清）恩成修，刘德铨纂：道光《夔州府志》卷三《形胜·奉节县形胜图》，叶七。

② （清）吴美秀修、程溥等纂：康熙《夔州府志》卷六《宦迹》，《国家图书馆藏地方志珍本丛刊》第779册，第448页。

③ （明）虞怀忠修，郭棐纂：万历《四川总志》卷三《秩官》，《四库全书存目丛书》史部第199册，第237页。

④ （明）虞怀忠修，郭棐纂：万历《四川总志》卷三〇《文八·祭文类》，《四库全书存目丛书》史部第200册，第125页。

堂记》。文中称："考先生自成都下瞿塘、浮湘望洛，而寓于夔门，其居三徙，有瀼东，有东屯，而瀼西尤著，地多平旷，田可水稻。先生出峡，即易其主，而所手书券，宋元间得而珍之。后日荒圮。万历改元，夔守郭君棐访遗址，檄奉节令罗绣藻新祠事，肖先生像。太守能文章、有记述，而又请余碑焉。"又云："今瀼西更新，比于同谷、浣花，可谓无关世教哉？余为迎送神曲，使歌以祀其祠。"①

该文章问题极多。其一，文章题目及内文皆称"瀼西"，但文中所谈种稻、手券等事皆属陆游所述之东屯高斋，与杜甫种橘的瀼西高斋毫无关联。陈文烛很明显是将杜甫在两地的事迹混为一谈。其二，陈文烛称"太守能文章、有记述"，夔州志书收录郭棐所撰艺文多篇，但仅有《仰高书院记》与杜甫崇祀有关。据上文，仰高书院在郡治之内，而郡治在瀼西。但若据此判断陈文烛只是将瀼西与东屯弄混了，郭棐所建草堂确在瀼西，则又无法解释夔州志书相关记载。

明清夔州志书有所谓"草阁"。正德《夔州府志》卷七《宫室》载："草阁，在府治内。杜甫立。"②康熙《夔州府志》卷二《楼阁》则载："草阁，治东十里。万历二年知府郭棐行奉节县知县罗绣藻重修，以祀少陵杜先生。"③据此可推测，陈文烛所述郭棐在万历年间重修"瀼西"草堂，即当为康熙《夔州府志》所述将府治内草阁迁往治东十里之事。但上文已述，东屯草堂即在府治以东十里许，则草阁重建之后亦当在东屯。如此，即便该草阁在迁址之前可被称为瀼西草堂，但迁往东屯后，必然不能继续以瀼西草堂命名。可见，无论认为郭棐重修的草堂位于瀼西还是东屯，都有无法解释的矛盾。

道光《夔州府志》为此问题提供了新线索，该志载：关庙沱"相近有六碑，明陈文烛碑记亦在内，俱为土瘗"④。同书卷十八《祠

---

① （明）陈文烛：《二酉园文集》卷九《记》，影印明天启三年陈之莲重刻本，《四库全书存目丛书》集部第139册，第118页。
② （明）吴潜修，傅汝舟纂：正德《夔州府志》卷七《古迹》，叶二。
③ （清）吴美秀修，程溥等纂：康熙《夔州府志》卷二《楼阁》，《国家图书馆藏地方志珍本丛刊》第779册，第286页。
④ （清）恩成修，刘德铨纂：道光《夔州府志》卷三六《艺文》，叶八。

第十一章 夔州杜甫遗迹研究

庙》又云："又有草阁在关庙沱。"① 上文已述，关庙沱在大瀼水以东，何宇度所见的许应元修建的瀼东杜公祠即在此地。若是此地确系陈文烛《重修瀼西草堂记》立碑原址，则可说明两个结论：其一，郭棐重修草堂，即是在许应元所修瀼东杜公祠的基础上加以重修；其二，郭棐重修草堂与其迁移草阁本为一事，只是康熙《夔州府志》对其方位的描述不够准确。

郭棐重修之草堂既在大瀼水之东，则陈文烛所谓"瀼西草堂"，从地理方位来说，已经名不副实了。但陈文烛继续称其为"瀼西草堂"并非出于习惯，亦非仅仅是记混了那么简单，这其中还有明清时期地名所指区域范围与前代发生变化的关系。

乾隆四十年（1775）二月，夔州府知府江权撰写《夔州杜工部祠碑记》，碑记载："工部入蜀所居皆名草堂，惟夔之草堂有三，一曰瀼西，二曰瀼东，一曰东屯。瀼西由鱼复入江，瀼东由西陵入江。盖唐时治城与白帝相唇齿，鱼复在其西，西陵在其东，故以此指而名之。若今时郡治则前所称西瀼，亦在郭之东矣。"由此段记述可见，江权所谓的"瀼西""瀼东"，已非前代所指的大瀼水以西和以东的土地，而是两条河流。他将唐时大瀼水称为瀼西，将东瀼溪称为瀼东，并进一步解释说瀼西因位于白帝城西侧而得名，瀼东则因位于白帝城东侧而得名，这也就解释了瀼西在当时夔州府城东侧的情况。江权又进一步说："然西瀼源远而流浅，夏秋水涨可通小舟，余时则涸，两岸又皆悬崖仄径，无可容十笏者，谚以此为草堂故处，岂山川今昔易形欤？"② 显而易见，江权将"西瀼"与"瀼西"两个词的含义等同起来，这样一来瀼西的地域范围即可包括西瀼水（唐宋时大瀼水）两岸的大片地区。这并不是江权一人的错误认知，而是所谓"谚以此为草堂故处"，是得到了当时众人认可的。江权也由此产生了杜甫如何在"悬崖仄径"间生活的疑问。

---

① （清）恩成修，刘德铨纂：道光《夔州府志》卷一八《祠庙》，叶四。
② （清）恩成修，刘德铨纂：道光《夔州府志》卷三六《艺文》，叶九。

瀼西所指地域含义的变化并不是一朝一夕发生的，而是历时极久，与明清时期当地的水文变化有很大关系。在瀼西所指的地理区域涵盖了大瀼水两岸广大区域的情况下，陈文烛将郭棐在大瀼水以东重建的草堂冠以"瀼西草堂"之名也便顺理成章了。该草堂当与嘉靖年间许应元新建的杜公祠一脉相承，与杜甫本人的真正寓所以及宋代遗迹皆毫无关联，可算作明人臆造的杜甫纪念建筑。按唐宋的地理概念，将此祠称为瀼东杜公祠是较为准确的。

三 杜枢重建瀼东杜公祠

乾隆十四年（1749），夔州府知府杜枢以杜甫同宗后人身份，在明代瀼东杜公祠原址重建新祠。杜枢所撰《夔州重建先少陵祠记》载："后人因地而建祠者三，今白帝城祠废矣，瀼西祠又圮。余两摄夔篆，邦之士大夫素知余留意于忠节事迹，咸以少陵祠为请。"① 杜枢所谓的"瀼西祠又圮"指的就是位于瀼东的"瀼西草堂"，这显然是受到了陈文烛《重修瀼西草堂记》先入为主的影响。

至道光年间，再度倾圮的瀼东杜公祠，"地被居民耕种。奉节张明府安其着人掘土抄其碑，睹者称快"。道光《夔州府志》的编纂者将杜枢《夔州重建先少陵祠记》等碑文收入《艺文志》中。编纂者又于文末"附录"称："此碑今在关庙沱。相近有六碑，明陈文烛碑记亦在内，俱为土瘞。盖杜守所建工部祠在此。……明何宇度碑在路旁。"② 由此进一步确认了乾隆十四年杜枢重建的杜公祠，其原址就是明人在瀼东兴建的杜公祠及瀼西草堂。

四 晋阶书院改建杜公祠

杜枢重建的杜公祠不知毁于何年，至道光年间最终废为民田。这一状况并不是夔州官员坐视不管导致的，恰恰相反，夔州主政官员对

---

① （清）恩成修，刘德铨纂：道光《夔州府志》卷三六《艺文》，叶九。
② （清）恩成修，刘德铨纂：道光《夔州府志》卷三六《艺文》，叶八。

第十一章 夔州杜甫遗迹研究

杜公祠极为重视,并且为杜甫重新设立了新的专祠。

杜甫专祠原址为康熙四十一年(1702)夔州府同知毛文铨创建的晋阶书院①。李兴祖《晋阶书院碑》载:

> 余观察西川秩满,恭膺简命,擢江右藩政,舟发岷江,道经夔门。郡司马毛君,名文铨、字晋阶,三韩人也。倾囊捐俸,创修义学于郡城之东,礼延名儒,训课子衿。余闻而重之,亲诣其地,览其形势轩敞,规模壮阔,生徒济济,遂题为晋阶书院,并书诸石以识其盛事云。康熙四十一年岁在壬午仲冬月三韩李兴祖题。②

晋阶书院以创建者毛文铨的表字"晋阶"而得名。夔州举人李秘生所撰《晋阶书院记》又载:毛文铨"间于退食之暇,步郡城之东,去城二里许,地属西瀼,览其基址,大江流其前,小溪南折而入于江,面山数峰,挺秀插天,端凝若屏者;其后山也,左右峰峦绮缩绣错。司马顾而喜……决然拓基于此,慨捐清俸,买闲田三十亩,而经营方向,鸠工庀材……作我攸宇,共计五十间,不数月而工告成"③。所谓城东二里、"地属西瀼",实为大瀼水以东区域。

至雍正十三年(1735),山西贡生崔邑俊出任夔州府知府,于晋阶书院内建杜公祠,"以祀杜工部"④。乾隆三十三年(1768),知府李复发于城内创建莲峰书院,以晋阶书院"地去城郭远,于书院为非宜",将晋阶书院等城外书院"移而建之郭内"⑤,并入莲峰书院,晋阶书院原址则处于空置状态。

乾隆三十八年(1773),江权出任夔州府知府。作为杜甫的崇拜者,江权工作之余常寻访夔州杜甫遗迹,颇有心得。在见到了位于瀼

---

① 按,(清)崔邑俊修,杨崇等纂:乾隆《夔州府志》卷五《秩官》"同知"载:"毛文铨,康熙三十八年任。升福建巡抚。"页五八,清乾隆十一年刻本。
② (清)恩成修,刘德铨纂:道光《夔州府志》卷三六《艺文》,叶一一。
③ (清)恩成修,刘德铨纂:道光《夔州府志》卷三六《艺文》,叶一二。
④ (清)恩成修,刘德铨纂:道光《夔州府志》卷一八《祠庙》,叶四。
⑤ (清)江权:《夔州杜工部祠碑记》,道光《夔州府志》卷三六《艺文》,叶一〇。

东的"瀼西草堂"之后,江权评论道:"近人于旧城西偏,筑数椽为草堂,谓即工部诗中称草阁者。然湫隘卑陋,不足观,且日久倾圮。"所谓"旧城西偏"即白帝城以西,应是颓毁倾圮的瀼东杜公祠无疑。江权对此草堂并不认可,对其残破规制甚为不满。"寻草堂而不得,得晋阶书院旧址",书院遗址内本就有崔邑俊创建的杜公祠,江权遂"别构斯堂",将晋阶书院改为杜甫专祠。"虽非当时故绛所存,而介在东西两瀼之间,知亦为工部之神之所降格也。"① 江权于乾隆四十年(1775)二月作《夔州杜工部祠碑记》以纪念书院改建专祠之事。嘉庆十九年(1814),杨世英出任夔州府知府之后,"重修虚室三楹,以作游观之所,器具全"②。

道光《夔州府志》仍称"杜工部祠在瀼东,即晋阶书院旧址"③,其意在廓清明清两朝对于唐宋瀼西、瀼东地理概念的错误解读。又于同书卷三《奉节县形胜图》中明确标明"杜公祠"位于"瀼溪"以

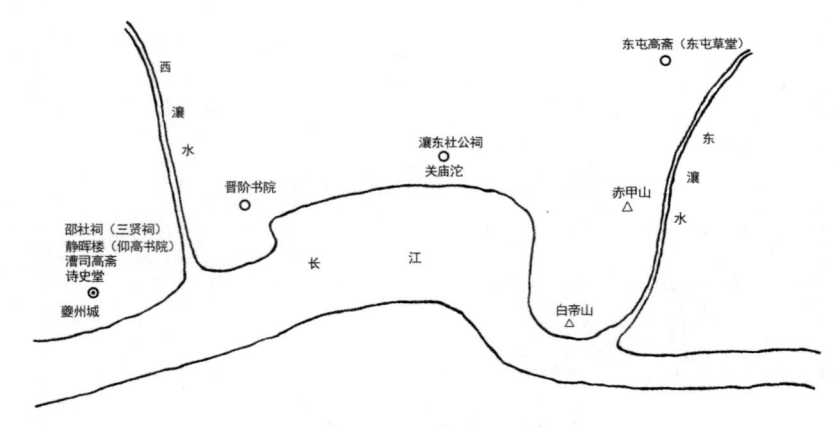

图 11—2 宋代以来夔州城杜甫遗迹方位示意图

---

① (清)江权:《夔州杜工部祠碑记》,道光《夔州府志》卷三六《艺文》,叶九至一〇。
② (清)恩成修,刘德铨纂:道光《夔州府志》卷一八《祠庙》,叶四。
③ (清)恩成修,刘德铨纂:道光《夔州府志》卷一八《祠庙》,叶四。

东,"关庙沱"以西,与武侯祠一西一东,并列一处①。此后此处便成为夔州官方唯一认可的杜公祠,清光绪十九年(1893)修成《奉节县志》仍照录道光《夔州府志》的记载未变②。

至于白帝城内的杜公祠,向来无详细记载。仅道光《夔州府志》载:"旧时工部祠有三:一在白帝城,一在东屯,一在瀼西。惟东屯草堂今尚存。白帝无专祠,与李白附祀义正祠旁。瀼西祠在城中十贤堂之后。又有草阁在关庙沱,今俱废。"③ 所述旧闻言语简略,只言"俱废",尤其是城中"瀼西祠"兴于何时、废于何时,皆无详细记载,已不可考。

---

① (清)恩成修,刘德铨纂:道光《夔州府志》卷三《形胜·奉节县形胜图》,叶七。
② (清)曾秀翘修,杨德坤纂:光绪《奉节县志》卷一九《坛庙》,叶五,清光绪十九年刻本。
③ (清)恩成修,刘德铨纂:道光《夔州府志》卷一八《祠庙》,叶四。

第十二章　偃师杜甫墓及遗迹考

全国有多处杜甫墓，较为知名的有四处，分别是河南偃师杜甫墓、巩义杜甫墓，湖南耒阳杜甫墓、平江杜甫墓。四地都认为本地的杜甫墓是真墓，且都有着较为"充分"的论证依据与历史传承关系。后世学者及当代学人对此多有考辨，但至今分歧仍难以弥合，究其原因，既有地域文化的本位认同及相关利益因素，也有对于基本文献认识角度的差异。此外，各地的历史和文献依据也都难以做到无懈可击。在不具备新出权威文献的前提下，杜甫墓的真伪问题即便大部分学者自有观点，也难以拿出能令各方都信服的结论。因此，笔者无意参与真伪的争论。以下四章仅将各地杜甫墓的基本文献依据进行全面、客观的考辨分析，将重点放在各地之间相互争讼过程中体现出的文化心态、各地杜甫遗迹的文化传承以及对杜甫精神和杜甫文化的热爱和弘扬上。本章即考辨偃师杜甫墓的历史依据，考察清人寻访、重现杜甫墓的过程，并关注其与巩县争讼中所体现的文化心态。

第一节　杜甫归葬偃师文献考辨

一　《墓志铭》记载归葬偃师

今人考察古人的生平事迹，多借助于正史传记、墓志铭、诗文集、笔记小说之类文献。但正史传记往往寥寥数语、语焉不详；个人诗文集仅及生前生活片段、游历所经，不可能涉及作者身后事；笔记小说多有道听途说，乃至杜撰之语，真伪莫辨，难以取信；墓志铭虽

第十二章　偃师杜甫墓及遗迹考

亦有"阿谀枯骨"之讥，但属于同时代人记录去世未久者的生平事迹，纵有掩恶溢美之辞，但所记录的逝者生平情况应当是可信的。因此，墓志铭是研究墓主生平的不二选择。

杜甫墓志铭至今未见出土，但其墓志铭因是唐代著名诗人元稹所作，故而随元稹诗文集传承至今。元稹《唐故工部员外郎杜君墓系铭并序》载："子美之孙嗣业，启子美之柩，襄袝事于偃师，途次于荆楚，雅知予爱言其大父之为文，拜予为志，辞不可绝。予因系其官阀，而铭其卒葬云。"杜甫之孙杜嗣业将杜甫迁葬偃师，途经荆楚，与元稹相遇，请元稹为杜甫撰写墓志铭。元稹也因此了解了杜甫身前身后事，他在墓志铭中写道：杜甫"扁舟下荆、楚间，竟以寓卒，旅殡岳阳。享年五十九。……嗣子曰宗武，病不克葬，殁，命其子嗣业。嗣业贫，无以给丧，收拾乞丐，焦劳昼夜，去子美殁后余四十年，然后卒先人之志，亦足为难矣。铭曰：维元和之癸巳，粤某月某日之佳辰，合窆我杜子美于首阳之山前。呜呼！千岁而下，曰：此文先生之古坟。"①

元稹在杜甫墓志铭中明确指出，杜嗣业要将祖父杜甫迁葬偃师，又说"合窆我杜子美于首阳之山前"，此首阳山即是杜氏祖茔所在地。偃师县唐代属河南道河南府，西邻东都洛阳，为京畿之地。《元和郡县图志》又载："首阳山，在（偃师）县西北二十五里。"② 宋人蔡兴宗也据此认为"后余四十年，其孙嗣业，始克归葬于偃师，元和八年癸巳岁也"③。

---

① （唐）元稹：《子美墓志铭》，（宋）王洙、赵次公等注：《分门集注杜工部诗》卷首《分门集注杜工部诗序》，叶一三，《中华再造善本》据中国国家图书馆藏宋刻本影印。亦见冀勤校注《元稹集》，中华书局2015年版，第691页。
② （唐）李吉甫撰，贺次君点校：《元和郡县图志》卷五《河南道一》，中华书局1983年版，第132页。
③ （宋）蔡兴宗：《杜工部诗年谱》，蔡志超校注：《宋代杜甫年谱五种校注》，（台北）万卷楼图书股份有限公司2014年版，第43页。

二　远祖杜预首葬首阳山麓

杜甫的远祖是西晋名臣杜预。"杜预字元凯，京兆杜陵人也"，出身于魏晋名门世家。其祖杜畿、其父杜恕均为曹魏大臣。至杜预少年时，曹魏政权已被司马氏家族所篡夺。杜预因与司马懿的次女、司马昭的姐姐成婚，拜尚书郎，袭封祖爵丰乐亭侯，充当司马昭的高级幕僚。在曹魏伐蜀、西晋伐吴的过程中，杜预都发挥了卓越的军事才干与政治智慧。灭吴后，封当阳县侯，入为司隶校尉。杜预病逝前，先为遗令，安排自己的身后事。遗令有云："自表营洛阳城东首阳之南为将来兆域。而所得地中有小山，上无旧冢。其高显虽未足比邢山，然东奉二陵，西瞻宫阙，南观伊洛，北望夷叔，旷然远览，情之所安也。故遂表树开道，为一定之制。至时皆用洛水圆石，开隧道南向，仪制取法于郑大夫，欲以俭自完耳。棺器小敛之事，皆当称此。"杜预选取"洛阳城东首阳之南"为墓地所在，"子孙一以遵之"①。《太平寰宇记》载："杜预墓，在首阳山南。"②又载："杜预墓，在（偃师）县西北山上二十里。"③亦可作为杜预安葬偃师首阳山的确证。

自杜预安葬首阳山之后，杜氏后世子孙也在此地营建墓地。元稹《唐故工部员外郎杜君墓系铭并序》所称"首阳之山前"，即指此地。杜甫《祭远祖当阳君文》云："维开元二十九年岁次辛巳月日，十三叶孙甫，谨以寒食之奠，敢昭告于先祖晋驸马都尉、镇南大将军、当阳成侯之灵。……小子筑室首阳之下，不敢忘本，不敢违仁。庶刻丰石，树此大道。论次昭穆，载扬显号。"④由此可知，

---

①　（唐）房玄龄等：《晋书》卷三四《杜预传》，中华书局1974年版，第1033页。
②　（宋）乐史撰，王文楚等点校：《太平寰宇记》卷五《河南道五·西京三·偃师县》，中华书局2007年版，第81页。
③　（宋）乐史撰，王文楚等点校：《太平寰宇记》卷五《河南道五·西京三·偃师县》，第82页。
④　谢思炜校注：《杜甫集校注》补遗《祭远祖当阳君文》，上海古籍出版社2015年版，第3075—3076页。

第十二章 偃师杜甫墓及遗迹考

杜氏家族祖茔即在以杜预墓冢为中心的首阳山一带。霍松林先生据杜甫墓志铭进一步指出:"'襄祔事于偃师'这个关键性的句子应该略作解释:'襄'是'完成'的意思,'祔'指合葬,亦指葬于祖茔之旁。全句大意是:杜嗣业完成了杜甫归葬偃师祖茔的大事。"① 此说当为定说,并无疑议。此外,杜甫家族成员确有葬于偃师首阳山的文献记载与墓志实证。

三 杜甫家族成员归葬偃师

就目前所见墓志铭,杜甫的继祖母及叔父等家族成员亦归葬偃师首阳山祖茔。杜甫所撰《唐故范阳太君卢氏墓志》载:"维天宝三载五月五日,故修文馆学士、著作郎京兆杜府君讳某之继室,范阳县太君卢氏,卒于陈留郡之私第,春秋六十有九。呜呼!以其载八月旬有一日,发引归葬于河南之偃师。以是月三十日庚申,将入著作之大茔,在县首阳之东原,我太君用甲之穴,礼也。坟南去大道百二十步奇三尺,北去首阳山二里。"② 卢氏系杜甫祖父杜审言之继妻,据墓志所言,卢氏死后归葬于偃师祖茔。

杜甫的叔父名杜并,因替父亲杜审言报仇而被杀。《新唐书》载:杜审言"累迁洛阳丞,坐事贬吉州司户参军。司马周季重、司户郭若讷构其罪,系狱,将杀之。季重等酒酣,审言子并年十三,袖刃刺季重于坐,左右杀并。季重将死,曰:'审言有孝子,吾不知,若讷故误我。'审言免官,还东都。苏颋伤并孝烈,志其墓,刘允济祭以文"③。

民国四年(1915),杜并墓志出土于偃师县土娄村,今藏偃师商城博物馆。墓志铭原题《大周故京兆男子杜并墓志铭并序》,最早由罗振玉著录于《芒洛冢墓遗文续补》之中。杜并墓志云:"男子,讳

---

① 霍松林:《杜甫与偃师》,《河东学刊》(社会科学版)1999年第1期,第4页。
② 《杜甫集校注》卷二〇《策问文状表碑志十四首》,第3067页。
③ (宋)欧阳修、宋祁:《新唐书》卷二〇一《文艺上·杜审言传》,中华书局1975年版,第5735页。

并,字惟兼,京兆杜陵生也。……圣历中,杜君公事左迁为吉州司户,子亦随赴官。联者阿党比周,惑邪丑出,兰芳则败,木秀而摧。遂构君于司马,周季重妄陷于法。君幽系之日,子盐酱俱断,形迹于毁,口无所言。因公府宴集,手刃季重于座,期杀身以请代,故视死以如归。仇怨果复,神情无扰。呜呼!彼奚弗仁,子毙之以鞭挞;我则非罪,父超然于尉罗。为谳之理莫申,丧明之痛宁甚。以圣历二年七月十二日终于吉州之厅馆,春秋一十有六。……子曾未婚冠,便罹夭枉,休其家声,著在史笔者,下亦高乎?今以长安二年四月十二日瘗于建春门东五里。"①

杜并葬地在"建春门东五里",此建春门为晋代洛阳城城门名。《洛阳伽蓝记》载:"东面有三门。北头第一门曰'建春门',汉曰'上东门'。阮籍诗曰:'步出上东门'是也。魏、晋曰'建春门',高祖因而不改。"② 东汉魏晋时的洛阳城在今洛阳城东北方,离偃师极近,杜并墓志又出土于偃师县土娄村,应当就是墓志所说建春门东五里之地③。

以上两位杜甫家族成员归葬偃师首阳山祖茔之事,也从另一个侧面证实了杜甫身后终葬偃师应当是确切无疑的。这也得到了唐代以来文献的佐证。

第二节 明清文献所载偃师杜甫墓

一 明代志书中的偃师杜甫墓

偃师杜甫墓未见宋元文献记载,但明代文献对偃师杜甫墓记载颇

---

① 罗振玉校录:《芒洛冢墓遗文续补》,《石刻史料新编》第1辑第19册,新文丰出版有限公司1982年版,第14101—14102页。
② (北魏)杨衒之撰,范祥雍校注:《洛阳伽蓝记校注》卷首《原序》,叶二,上海古籍出版社1978年版。
③ 按,有关杜并志铭的研究,可参见胡可先《杜甫叔父杜并墓志铭笺证》,《杜甫研究学刊》2001年第2期,第35—44页。

为具体。《大明一统志》载:"杜甫墓,在偃师县首阳山。甫,唐人,能诗者,卒耒阳。"① 早于《大明一统志》成书的《寰宇通志》记载更为详尽,记云:"杜甫墓,在偃师县首阳山,杜预墓侧。甫,唐人。元稹作《志》。甫卒,旅殡耒阳,后返葬祖坟,彼葬其一履耳。"② 明弘治《偃师县志》载:"杜甫墓,在县西。诗人。明皇授幕府参军。肃宗拜拾遗,以攻房琯出为华州功曹。弃官入蜀,寓荆襄。年五十九,旅殡岳阳。后四十年,归葬于此。"③"杜甫墓"下又有小字注"见唐志",当指元稹所撰墓志铭。但或许地方志编者对杜甫生平并不熟悉,将"救房琯"误为"攻房琯",这一记述反而说明杜甫墓的确在偃师,具有明确的历史文献传承关系。明末曹学佺《大明一统名胜志》则载:"《郡国志》云:首阳山在(偃师)县西北二十五里。每日方升,光必先及,故名。……《城冢记》云:魏文帝陵在首阳山南,晋杜预、唐杜甫墓俱在此山。"④ 清初编纂的顺治《偃师县志》亦有"工部员外郎杜甫墓在土娄村,从当阳侯葬"的记载⑤。上述明清代文献与唐代杜甫及其家族成员归葬偃师的史实一脉相承,这也说明最晚至明末清初,世人对于杜甫归葬偃师并无异议。

二 明清《河南通志》引发的歧见

不过值得注意的是,明成化《河南总志》、嘉靖《河南通志》、清

---

① (明)李贤撰修:《大明一统志》卷二九《河南府·陵墓》,影印明刻本,三秦出版社1990年版,第2062—2063页。
② (明)陈循、彭时等纂修:《寰宇通志》卷八五《河南府上·陵墓》,叶一八A,郑振铎编:《玄览堂丛书续集》第69册,民国三十六(1947)年国立中央图书馆影印本。
③ (明)魏津纂修:弘治《偃师县志》卷一《陵墓》,《天一阁藏明代方志选刊》,上海古籍书店1981年版,第79册,第35页。
④ (明)曹学佺:《大明一统名胜志》之《河南通叙》卷九《河南府志胜·偃师县》,叶一,美国哈佛大学图书馆藏明崇祯三年刻本。
⑤ (清)艾元复修,蔺楠然纂:顺治《偃师县志》卷一,叶三五,清顺治刻康熙增修本。

顺治《河南通志》、康熙《河南通志》均未记载偃师杜甫墓的情况①。上述《河南通志》失载偃师杜甫墓并不是说该处杜甫墓不存在，相反，在上文中我们已经充分列举了明代其他志书中有关偃师杜甫墓的记载。但正是由于历代《河南总志》《河南通志》沿袭传抄、陈陈相因的编纂方式，导致明成化、嘉靖、清顺治及康熙共四个时期的河南地方通志均未著录偃师杜甫墓的相关内容。直至清雍正《河南通志》方才出现了"杜甫墓"的记载："杜甫墓，在偃师县土楼村。元和八年元微之志其墓。甫，工部员外郎。"②

但与偃师杜甫墓失载形成鲜明对比的是，自清顺治以来，《河南通志》一直存有巩县杜工部祠的记载。顺治《河南通志》卷十八《祠祀》载："杜工部祠，在巩县康家店。"③ 康熙《河南通志》、雍正《河南通志》均沿袭巩县康家店有杜公祠的记载④。当然我们也应当注意到巩县有杜公祠的记载首次出现在《河南通志》已经是清代之后的事，更早的明成化《河南总志》、嘉靖《河南通志》均无巩县杜公祠的记载⑤。

《河南通志》是明清河南地方总志，其文献价值重大，文献权威

---

① 按，（明）胡谧纂修：成化《河南总志》卷七《河南府·陵墓》（明成化二十二年刻本，《原北平国立图书馆甲库善本丛书》第 343 册，第 569—571 页），（明）邹守愚修，李濂纂：嘉靖《河南通志》卷二〇《陵墓·河南府·唐》，均未载杜甫墓（明嘉靖三十四年刻本，《原北平国立图书馆甲库善本丛书》第 344 册，第 331—332 页）。（清）贾汉复修，沈荃纂：顺治《河南通志》卷一九《陵墓·河南府·唐》（叶一五至一六，清顺治十七年刻本），（清）顾汧修，张沐纂：康熙《河南通志》卷一九《陵墓·河南府·唐》未载杜甫墓（页一五至一六，清康熙三十四年刻本）亦未载杜甫墓。

② （清）田文镜、王士俊监修，孙灏、顾栋高编纂：雍正《河南通志》卷四九《陵墓·河南府·唐》，《景印文渊阁四库全书》第 537 册，第 66 页。

③ （清）贾汉复修，沈荃纂：顺治《河南通志》卷一八《祠祀·河南府·唐》，叶一三。

④ 按，参见康熙《河南通志》卷一八《祠祀·河南府·唐》，叶一三，清康熙三十四年刻本。雍正《河南通志》卷四八《祠祀·河南府·唐》，叶六〇，《景印文渊阁四库全书》第 537 册，第 31 页。

⑤ 按，参见成化《河南总志》卷七《河南府·祠庙》（《原北平国立图书馆甲库善本丛书》第 343 册，第 567—568 页），嘉靖《河南通志》卷一八《祠祀·河南府》（《原北平国立图书馆甲库善本丛书》第 344 册，第 301—309 页）。

第十二章 偃师杜甫墓及遗迹考

性强，往往对各府县志书的修纂起到较强的引领作用。虽然《河南通志》对偃师杜甫墓的失载并不影响《偃师县志》对杜甫墓的认定，但通志中屡次出现巩县杜公祠的记载，必然在一定程度上强化了巩县与杜甫的关联。《河南通志》编纂的无心疏漏，为此后巩县与偃师争讼杜甫归葬地埋下了"隐患"，两地为杜甫墓真伪争论不休，与《河南通志》的记载确实存在莫大关联①。

第三节 "正本清源"的努力
——偃师杜甫墓的维护

一 查访与造茔

清朝初年，巩县杜甫墓是真墓的呼声日益高涨，大有"超越"偃师杜甫墓的趋势。偃师地方官员不得不采取一系列的措施，以正视听。虽然历代文献依据不绝于书，但首阳山下以杜预墓、杜甫墓为代表的杜氏家族墓已湮灭多时了。

清乾隆十一年（1746），偃师县知县朱续志亲自前往县西北土楼村查访杜预墓与杜甫墓遗址。朱续志是一位学问颇为渊博的学者型官员，将寻访目的地确定为土楼村，自有他的道理。他指出"偃之西偏土楼村有晋当阳侯杜预及其十三叶孙唐工部杜甫二墓，在首阳山南，洛阳故城之东。此城即汉魏晋魏建都旧址，非今洛阳也，今地隶偃师。"② 杜甫《祭远祖当阳君文》云："小子筑室首阳之下，不敢忘本，不敢违仁。"杜诗《凭孟仓曹将书觅土娄旧庄》又有"平居丧乱后，不到洛阳岑"二句③。宋人蔡梦弼注云："土娄村在今洛阳东。"④ 上文引顺治《偃师县志》亦有杜甫墓在土娄村，从杜预葬之

---

① 按，有关巩县杜甫墓的缘起与论争参见本书第十三章《巩县杜甫墓杜甫故里考》。
② （清）朱续志：《重修晋当阳侯杜公唐工部员外郎杜公二墓碑记》，（清）汤毓倬修，孙星衍等纂：乾隆《偃师县志》卷二五《艺文志》，叶四一，清乾隆五十四年刻本。
③ 《杜甫集校注》卷一六《近体诗一百三十二首》，第2529页。
④ （宋）鲁訔编次，蔡梦弼会笺：《杜工部草堂诗笺》卷三九，叶六，《中华再造善本》唐宋编《集部》影印宋刻本。

说，而康熙《偃师县志》则又云："晋当阳侯杜预墓，在治西北十里余土楼村。"① 诸方依据相结合，杜预墓在首阳山，杜甫又在首阳山下筑室，杜诗又提及土娄旧庄，正与偃师西北的土楼村地理位置相符，土娄与土楼应是一地，当无疑议。

但朱续志到访所见情景不容乐观。"土楼村前故有小祠数楹，询诸父老，曰：此当阳侯杜公祠也。村人改为土神庙祠，后有杜侯墓。墓西南有工部墓，微址尚存，遂从祠后搜觅得诸丰草中。侯墓为土人马现习耕地，工部墓为田方禾耕地，封土几平。"简而言之，坟墓封土均被平毁，地表已无墓冢遗址了。朱续志"讶二公皆前代名贤，况当阳以帝室之亲，分茅食邑，其冢墓岂无公侯仪制，不应湮没至此"②，一时之间颇为犯难，如何令世人相信封土久已不存的耕地就是杜预与杜甫二位前贤的墓址，成为摆在朱续志面前必须解答的难题。

朱续志分别从杜预《遗令》及元稹《唐故工部员外郎杜君墓系铭并序》入手，进行说理分析：

> 按当阳遗令，于洛阳城东、首阳之南为兆域，用洛水圆石开隧道，仪制取法于郑大夫，欲以俭自完，子孙一以遵之。又按元微之作《工部墓志铭》，子美于天宝后寓卒荆、楚间，旅殡岳阳。孙嗣业贫，无以给丧，收拾乞丐，焦劳昼夜，去没后四十年，始克移窆于首阳山前。是两贤者，一则以俭自完，一则因贫薄葬。既无穹窿壮致，又无华表丰碑。而后人涖兹土者，等于邙山故垒，莫之整葺，毋感乎世远年湮，几何不夷于钱镈也？③

---

① （清）王泽长修，姬之簋纂：康熙《偃师县志》卷一《陵墓》，叶三四，清康熙三十七年刻本。
② （清）朱续志：《重修晋当阳侯杜公唐工部员外郎杜公二墓碑记》，乾隆《偃师县志》卷二五《艺文志》，叶四一。
③ （清）朱续志：《重修晋当阳侯杜公唐工部员外郎杜公二墓碑记》，乾隆《偃师县志》卷二五《艺文志》，叶四一。

第十二章 偃师杜甫墓及遗迹考

朱续志认为杜预墓因魏晋时期崇尚俭朴节葬而湮灭，杜甫墓因其孙嗣业家贫薄葬而不存。因二人墓葬规制俭朴，"无穹窿壮致""无华表丰碑"，后人于邙山古坟无法一一确指，因此缺乏整理修葺，导致杜预、杜甫二先贤墓封土无存。这一番论证分析应当是朱续志所能做出的最符合常理的解释了。

那么，不论真伪，朱续志既然已将杜预墓、杜甫墓找出，则必须有所标识，以正视听。"将墓表而出之，遂各增封土立碣，以标其处，各具牲醴。祭毕，召乡老属以不时守护，无纵耕樵，而两坟抔土，于今复见日星矣。"① 今偃师杜预墓前仍树立着朱续志重立的墓碑。墓碑大书"晋当阳侯杜公讳预之墓"，墓碑右上角刊刻立碑时间，"乾隆十一年岁次丙寅九月穀旦"；墓碑左下角刊刻"偃师县知县朱续志立石"②。

至乾隆五十五年（1790），杜甫墓"今复陵削"，偃师县知县汤毓倬"向村民购阔兆域广轮，共地二亩六分三厘九毫，崇封环墙，前开墓道，并树碑碣通衢，修而不废"③。汤毓倬所立杜甫墓碑至今保存完好。墓碑大书"唐工部拾遗少陵杜文贞公之墓"，墓碑右上角题"乾隆五十五年岁在上章阉茂之如月河南尹张松孙书"④，左下角刊刻"偃师县知县渤海汤毓倬修墓后勒石"⑤。

乾隆五十六年正月，河南府知府张松孙途经偃师。此前一年，张松孙已应汤毓倬之请，为杜甫墓题写了墓碑。此番路经土娄村杜甫墓，张松孙"敬谒公墓，知（汤毓）倬有志重修，亟怂恿之，并赋诗五章，总括公平生事迹，长言永叹，志意激昂"。汤毓倬在上级官

---

① （清）朱续志：《重修晋当阳侯杜公唐工部员外郎杜公二墓碑记》，乾隆《偃师县志》卷二五《艺文志》，叶四二。
② 按，该墓与杜甫墓同在一处，今在偃师市城关镇前杜楼社区第三初级中学校园内，墓碑文字据现场考察抄录。
③ （清）汤毓倬修，孙星衍等纂：乾隆《偃师县志》卷四《陵庙记》，叶一三。
④ 按，"上章"为天干"庚"的别称，"阉茂"为地支"戌"的别称，庚戌年即乾隆五十五年。
⑤ 墓碑文字据现场考察抄录，偃师杜甫墓现为河南省重点文物保护单位。

员的支持下,"既为公(杜甫)哀崇旧邱,复鸠工庀材,于墓前建享屋三楹,缭以垣墙,植以松柏,遂乃勒石记事,并于壁间镌鹤坪先生(张松孙字鹤坪)之诗,俾士大夫之来往瞻谒者,读是诗而如见公于秦蜀湘汉之间,登斯堂而尽识公于王李高岑之表。庶几千秋灵爽安故土,而征未坠之风;绝代惊才睨旧乡,而鲜不平之气云尔"[①]。

该地今为偃师市城关镇前杜楼社区,清人认定的杜预墓、杜甫墓在城关镇第三初级中学院内。杜甫墓封土完整,清代碑刻保存完好。近年来又树立杜甫祖父杜审言墓碑,碑阴刻杜审言生平,由中国古都学会副会长刘志清撰文,偃师市人民政府于2005年端阳佳节复立。

自清代以来延续至今的寻访与再造坟茔、享堂活动,都有一个共同的主题,就是要将偃师杜甫墓的相关史实变成可以看得见、摸得着的历史遗存与纪念物,如将"土楼村""土娄村"改为"杜楼村",即是一明证。这些举措一方面增强了杜甫终葬偃师的说服力,另一方面则是为了与巩县杜甫墓一争高下。

二 缅怀与争讼

清乾隆年间,在偃师知县朱续志、汤毓倬,河南府知府张松孙等人的努力之下,偃师杜甫墓墓址得以"重现",墓碑重新树立,又新建享堂三楹,偃师当地纪念杜甫的场所日益完善。但以汤毓倬为代表的主政官员并不满足于此,他们意识到若想坐实偃师杜甫墓的真实性,必须将杜甫墓及相关文献写入《偃师县志》之中,这既是对杜甫的缅怀,也可以永传后世、扩大偃师杜甫墓的影响力。

清乾隆五十五年,汤毓倬在其主持修纂的《偃师县志》中明确记载:"唐杜甫墓在县西土娄村。"[②] 并将杜甫列入流寓人物之列,

---

① (清)汤毓倬:《重修唐拾遗杜文贞公墓记》。按,该《墓记》分刻碑刻五方,清乾隆五十六年十一月立于偃师杜甫墓,今移至偃师商城博物馆内。洛阳师范学院、洛阳市文物钻探管理办编:《洛阳明清碑志·偃师卷》(中州古籍出版社2015年版)著录拓片及抄录碑文。拓片见该书第163—167页;录文见该书第559—560页。

② (清)汤毓倬修,孙星衍等纂:乾隆《偃师县志》卷四《陵庙记》,叶一二。

第十二章 偃师杜甫墓及遗迹考

《流寓传》载:"杜甫,《旧唐书·文苑传》:'字子美,本襄阳人,后徙河南巩县。曾祖依艺,位终巩令。'元稹《杜君墓志铭》:'当阳成侯姓杜氏,下十世而生依艺。'甫《祭远祖当阳君文》:'开元二十九年小子筑室首阳之下,不敢忘本,不敢忘仁。'《奉寄河南韦尹丈人》诗原注:'甫故庐在偃师。'又《凭孟仓曹将书觅土娄旧庄》诗。毓倬按:子美自开元二十九年至天宝四年皆居偃师,有田园,曰'陆浑庄',又曰'土娄庄'。"① 同书《艺文志》中,不但收入元稹《唐工部员外郎杜甫墓志铭》②、《两唐书》杜甫本传③,又将《唐故范阳太君卢氏墓志》收入其中④。以此增强杜甫归葬偃师的说服力。

偃师杜甫墓地的最终"认定"已是较晚近的乾隆十一年,且墓前绝无前朝碑刻。地方官员或是出于缅怀前贤,或是出于以正视听的需要,在新建享堂内树立了诸多碑刻。除上文中提到的范续志《重修晋当阳侯杜公唐工部员外郎杜公二墓碑记》、汤毓倬《重修唐拾遗杜文贞公墓记》之外,还刊刻了一些诗碑,目前所知有户部主事冯敏昌《谒唐杜少陵先生祠诗碑》《谒少陵先生墓诗碑》,河南府知府张松孙《谒杜少陵先生墓诗碑》等。这些碑刻保存完好,现藏于偃师商城博物馆。

冯敏昌《谒唐杜少陵先生祠诗碑》《谒少陵先生墓诗碑》均刊刻于乾隆五十五年。《谒唐杜少陵先生祠诗碑》诗序云:"至偃师谒唐工部员外郎杜少陵先生祠,敬赋五言古诗一百韵",全篇以五言诗的形式叙述杜甫生平履历,只在最后强调"土娄缅遗庄,尸乡见新祠。瓣香夙有怀,迷方更多岐。愿登大雅堂,重问多师师。"⑤

《谒少陵先生墓诗碑》则重在强调偃师是杜甫的终葬之地,驳斥

---

① (清)汤毓倬修,孙星衍等纂:乾隆《偃师县志》卷一九《流寓传》,叶五至六。
② (清)汤毓倬修,孙星衍等纂:乾隆《偃师县志》卷二四《艺文志》,叶六至八。
③ (清)汤毓倬修,孙星衍等纂:乾隆《偃师县志》卷二三《艺文志》,叶一三至一六。
④ (清)汤毓倬修,孙星衍等纂:乾隆《偃师县志》卷二四《艺文志》,叶五至六。
⑤ (清)冯敏昌:《谒唐杜少陵先生祠诗碑》,《洛阳明清碑志·偃师卷》著录拓片及抄录碑文。拓片见该书第153页;录文见该书第548—550页。

巩县杜甫墓之"谬说"。如诗中云:"土娄荆棘今无宅,武库功名合有孙。千里艰难归祔处,后人还复祖能尊。"又云:"图经庐墓太纷纭,欲订差讹秪旧闻。窀地请看符史志,庄居况复合诗文。"再云:"元公语到温公误,偃界山原巩界分,邻壤尚然高邺冢,猥谈何怪述靴坟。"诗歌大字下又刊刻双行小字,对诗意进行解释。就内容而言,堪比以纠正谬误为己任的学术论文①。

张松孙《谒杜少陵先生墓诗碑》刊刻于乾隆五十六年(1791)十一月,共分五章,每章刊石一方,共有碑五方。《首章》云:"偃师城西北土娄村谒杜文贞公墓,回郡检阅新旧《唐书》,考稽集中编年诗目,爰赋五章,章二十韵,以志向遄。"《首章·总序》又云:"文贞一生吏迹,遭时不遇,而忠君爱国之心,每饭不忘。世称'诗圣''诗史',宜矣!"②诗碑以诗叙事,讲述新旧《唐书》中的杜甫传记。与冯敏昌《谒唐杜少陵先生祠诗碑》一样,均是以文为诗、以诗叙事,文采寥寥。

20世纪80年代,山东大学《杜甫全集》校注组造访偃师,于杜甫墓前见到了张松孙《谒杜少陵先生墓诗碑》,评价道:"知府张鹤年的诗共五章,每章十二韵。好像一篇诗歌体的杜甫传记。虽年月事迹还比较确切,却难免以文为诗、枯燥乏味之弊。"③这一评价若是就诗论诗,可谓中肯之论;但就其文献意义与文化心态而言,则又是另一回事了。

偃师既然是当地官员认定的杜甫终葬之地,就存在所谓盖棺定论的问题,于情于理都应当对杜甫的一生及其成就做一番总结。冯敏

---

① (清)冯敏昌:《谒少陵先生墓诗碑》。《洛阳明清碑志·偃师卷》著录拓片及抄录碑文。拓片见该书第152页;录文见该书第547—548页。

② 按,张松孙《谒杜少陵先生墓诗碑》之《五章》碑左刊刻落款及纪年:"河南尹长洲张松孙撰,知偃师县事焕亭汤毓倬立石,邑人耿晋柳扶六书丹。乾隆五十六年岁次辛亥葭月上浣之吉。"《洛阳明清碑志·偃师卷》著录拓片及抄录碑文。拓片见该书第158—162页;录文见该书第555—558页。

③ 山东大学《杜甫全集》校注组编著:《访古学诗万里行》,人民文学出版社1982年版。按,河南府知府张松孙,字鹤坪,非鹤年,见汤毓倬《重修唐拾遗杜文贞公墓记》。

第十二章 偃师杜甫墓及遗迹考

昌、张松孙等人正是凭借杜甫墓志铭、传记以及杜诗等文献资料，将杜甫生平以诗歌的形式进行叙述。以文为诗，必然是乏味、无趣的，但他们刊刻诗碑的目的显然不是为了叙述而叙述，其目的至少有三个方面：其一，唯有作为杜甫终葬之地偃师才有资格对杜甫生平进行总述与褒扬，这是其他杜甫流寓之地所不能比拟的"优势"；其二，偃师杜甫墓在当时缺少应有的文化底蕴和外界认同，刊刻诗碑意在于进一步加强世人对偃师杜甫墓是真墓的认同感；其三，偃师与巩县同属河南府，河南府的倾向性对两地的竞争非常重要。此前，乾隆《河南府志》曾明确站在了巩县一方，导致偃师十分被动[1]。因此，偃师此次要汲取教训，请河南府知府张松孙撰写《诗碑》，不仅获得了河南府的认同，也意在告诫巩县，偃师杜甫墓获得了河南府的认可。此外，汤毓倬又以杜甫之名，借刊刻《重修唐拾遗杜文贞公墓记》之机，对知府张松孙的诗作大加奉承，拉近了与上级主管官员的私人友谊，可谓一举多得。

由此可见，偃师杜甫墓既有唐宋以来传世文献的支持，又有清代地方官员的积极查访与苦心营造。事实上，偃师知县朱续志、汤毓倬等人认定地点并重新建造的杜甫墓，与文献所载的唐代杜甫墓并不具有同一性，但却是符合历史真实的"发现"与"再造"过程，其文化象征意义与文化工程意味得以凸显。而这些官员数十年中绞尽脑汁、不辞辛苦的努力过程，无疑彰显了他们热爱杜甫、崇祀杜甫的真挚情怀。

---

[1] （清）汤毓倬修，孙星衍等纂：乾隆《河南府志》支持巩县杜甫墓详见第十三章《巩县杜甫墓暨杜甫故里考》。

第十三章　巩县杜甫墓暨杜甫故里考

上文通过对元稹《唐故工部员外郎杜君墓系铭并序》（《杜甫墓志铭》）等唐代文献的考辨与研究，可以看出杜甫归葬偃师首阳山祖茔是有理有据的。但与偃师相邻的巩县（今河南巩义市）也有一座杜甫墓，巩县方面也认为本地的杜甫墓才是真墓。本章主要考辨杜甫终葬巩县说、杜甫故里说的由来与流传，以及本地杜甫祠的相关问题，重点关注巩县各界为争取杜甫墓与杜甫故里所作的各种努力，并与上一章对比，考察两地争讼中巩县方"出招""对策"所体现的文化心态和对杜甫的崇敬与执着。

第一节　巩县杜甫祠墓文献考辨

一　杜甫归葬巩县说之出处

巩县方面为了证明本地的杜甫墓是真墓，提出了一些历史证据，其中最早的一条文献出自北宋。

北宋司马光《续诗话》载："杜甫终于耒阳，藁葬之。至元和中，其孙始改葬于巩县，元微之为《志》。而郑刑部文宝谪官衡州，有《经耒阳子美墓诗》，岂但为志而不克迁，或已迁而故冢尚存耶？"① 相同文献又见于与司马光同时代者宋敏求的《春明退朝录》，

---

① （宋）司马光：《续诗话》不分卷，叶一二，（明）毛晋编：《津逮秘书》第五集，明崇祯毛氏汲古阁刻本。

文字完全相同①。

　　司马光与宋敏求都是北宋著名的史学家，这段文字不论出自司马光还是宋敏求，都值得考辨一番。首先，唐元和中，杜甫之孙杜嗣业迁葬之事，见元稹所撰墓志铭，并无疑问。其次，这段文字提及元稹（元微之）为杜甫撰写墓志铭之事，司马光、宋敏求皆是大学问家，必然读过该墓志铭，但将迁葬之地由偃师改为巩县，显然与墓志铭原文不符。针对这一情况，偃师方面立即予以反驳。清人冯敏昌在《谒少陵先生墓诗碑》中称其为"元公语到温公误"，即元稹说的话，到司马光（温国公）那里出现了偏差。诗注又云："盖温公述先生墓，初仍以墓志为据，而后始献疑。不过临文失检，误以墓志改葬于偃师者为改葬于巩耳。诚使非由失检，则宜先据在巩之墓以驳墓志葬偃师之非，然后又据（郑）文宝之诗，再疑在巩之墓，何竟先未置办耶？"② 明确指出了这是由于司马光写作笔记的过程中出现了记忆偏差，但由于是信手写就的随笔，并未进一步核查元稹撰写的原文，由此造成了错误。

　　综上所述，杜甫葬于巩县的说法最早出现于北宋时期司马光及宋敏求的诗话、笔记中，且两处记载文字雷同，当出同源。巩县以此为据证明本地杜甫墓的真实性，而偃师方则认为这个记载完全就是出于司马光的误记。

二　明清文献中的巩县杜甫墓——孝义保与康家店

　　巩县有杜甫祠墓的明确记载始见于明嘉靖《巩县志》③。该志记

---

① （宋）宋敏求：《春明退朝录》上卷，中华书局1980年版，第15页。
② （清）冯敏昌：《谒少陵先生墓诗碑》，《洛阳明清碑志·偃师卷》（中州古籍出版社2015年版）著录拓片及抄录碑文。拓片见该书第152页；录文见该书第548页。
③ 按，据（清）李述武修、张紫岘纂：乾隆《巩县志》记载，明宣德元年（丙午，1426）三月，翰林院编修周叙赴巩县代祀北宋皇陵，曾游历嵩山、凭吊巩县杜甫墓。作《游嵩记》一文，又作《经少陵墓》："杜陵诗客墓，遥倚北邙颠。断碣居人识，高名信史传。猿声悲落照，树色翳寒烟。惟有文章在，辉光夜烛天。"　　　　　　（转下页）

载："杜工部祠在孝义里，今废。"①"杜工部墓，在县西南孝义保。"② 可知，巩县杜甫祠与墓应在一处，均位于县西南的孝义保地界之内。该志"保里"又载："孝义（保）二里，以田真故里为名。"③ 又有"孝义店，县西孝义保，即田真故里为名"④。

孝义保以田真而得名，据南朝梁人吴均《续齐谐记》载："京兆田真兄弟三人，共议分财，生赀皆平均，惟堂前一株紫荆树，共议欲破三片。明日就截之，其树即枯死，状如火燃。真往见之，大惊，谓诸弟曰：'树本同株，闻将分斫，所以颗顇，是人不如木也。'因悲不自胜，不复解树。树应声荣茂，兄弟相感，合财宝，遂为孝门。真仕至太中大夫。"陆机诗云"三荆欢同株"，即指此事⑤。此处田真兄弟三人为京兆人（今陕西西安），明嘉靖《巩县志》则指田真兄弟为隋时巩县人，其居址"庄基俱存"⑥。此孝义保即今巩义市市区所在地孝义镇（今名孝义街道）。由于明嘉靖《巩县志》对杜甫祠墓的记载较为模糊，未详细记载该祠与墓的具体情况，故而并不清楚该祠墓

（接上页） 《游嵩记》见清乾隆《巩县志》卷一八《艺文上》节录，叶二一至二二。《经少陵墓》诗见乾隆《巩县志》卷一九《艺文》，叶一七，清乾隆五十四年刻本）。即有学者据此认为，该诗可作为巩县杜甫墓早在明初已有记载的旁证（参见李丛昕《杜甫终葬巩县说——兼向霍松老请教》，《北京社会科学》2000年第2期）。今查（明）周叙《石溪周先生文集》卷七收录《游嵩阳记》一文（《四库全书存目丛书》集部第31册，第726—728页），但其文集未见《经少陵墓》诗。明嘉靖《巩县志》卷六《艺文·诗》收录周叙《登宋陵》诗（参见《天一阁藏明代方志选刊续编》第59册，第1125页），亦未载《经少陵墓》诗。虽无法否定清乾隆《巩县志》据碑刻等文献抄录诗歌的可能性，但由于未见周氏文集，此旁证尚存疑问。

① （明）周泗修，康绍第纂：嘉靖《巩县志》卷四《祠祀》，明嘉靖三十四年刻本，《天一阁藏明代方志选刊续编》，上海书店1990年版，第59册，第1029页。

② （明）周泗修，康绍第纂：嘉靖《巩县志》卷四《陵墓》，《天一阁藏明代方志选刊续编》第59册，第1032页。

③ （明）周泗修，康绍第纂：嘉靖《巩县志》卷二《保里》，《天一阁藏明代方志选刊续编》第59册，第981页。

④ （明）周泗修，康绍第纂：嘉靖《巩县志》卷二《店镇》，《天一阁藏明代方志选刊续编》第59册，第985页。

⑤ （梁）吴均撰，（明）吴琯校：《续齐谐记》不分卷，叶一，民国上海涵芬楼《元明善本丛书》景明刻本《古今逸史》第55册。

⑥ （明）周泗修，康绍第纂：嘉靖《巩县志》卷五《孝义》，《天一阁藏明代方志选刊续编》第59册，第1053页。

第十三章　巩县杜甫墓暨杜甫故里考

的具体位置。

入清之后，顺治《河南通志》载："杜工部祠，在巩县康家店。"① 仅言巩县有杜甫祠堂，未提及杜甫墓。清康熙十九年（1680），河南驿盐兼分守开归河道参政杜漺前往巩县赈灾，听闻巩县有杜甫祠墓，遂前往祭拜，作《巩县杜少陵先生墓碑记》立碑于墓前。碑文云："先生墓在康家店之西麓"，"今康家店有老龙窝，得为先生生处，而祠、墓咸在焉"②。将清顺治《河南通志》与杜漺碑文对照可知，巩县杜甫祠与杜甫墓皆在巩县康家店。康家店，今名康店镇，在巩县城西，洛河西岸，西倚邙山，杜甫墓就在康店镇邙山西麓的黄土坡上。康家店杜甫祠墓与明嘉靖《巩县志》记载的孝义保（里）杜甫祠墓应指同一地。但孝义保当以今孝义镇为中心，该镇在洛河以东，康店镇则在洛河以西。孝义保虽有二里，但明代孝义保辖区是否深入洛河以西，并无明文记载。入清以后保里又经归并，基层行政区划再经调整③。虽然康家店杜甫祠墓就是孝义保杜甫祠墓的可能性极大，但尚缺失确凿的文献记录。

三　杜甫改葬巩县说及"去偃师化"

如果按照上文引述司马光《续诗话》的说法，杜嗣业当初是直接将杜甫灵柩归葬在巩县，与偃师并无关系。但元稹所作《墓志铭》原文又十分明确，即便是巩县杜甫墓的支持者，也难以反驳。在此情况下，出现了杜甫初葬偃师，又改葬巩县的说法。

目前所知，杜甫"初葬偃师，又改葬巩县"说法最早见诸康熙十九年杜漺《巩县杜少陵先生墓碑记》。该文载："读《偃师县志》

---

① （清）贾汉复修，沈荃纂：顺治《河南通志》卷一八《祠祀·河南府》，叶一三，清顺治十七年刻本。
② （清）杜漺：《巩县杜少陵先生墓碑记》，清康熙十九年二月六日立，碑在巩义市康店镇杜甫墓前，据原碑文抄录。
③ 按，（清）施诚修，童钰、裴希纯纂：乾隆《河南府志》卷四《疆域志·保里》载："巩县旧设二十里，今归并十里"，叶九，清同治刻本。

云：'先生归葬，尝祔于当阳侯之墓侧，复移墓于巩焉。'"① 杜溆所见《偃师县志》不知是何版本，但至少今所见明嘉靖《偃师县志》中并没有这样的记载。由本书上一章考证可知，康熙年间，偃师杜甫墓早已难觅其踪。杜溆熟知杜甫《祭远祖当阳君文》，也应读过元稹所撰墓志，故而很可能是见巩县有墓而偃师无墓，便做出了又改葬巩县的判断。至于其所谓《偃师县志》的记载，可能仅是出于伪托。

杜溆的《碑记》刻在了巩县杜甫墓前，得以流传。但到了乾隆年间，形势却突然发生了变化。乾隆十一年，在偃师知县朱续志的寻访下，偃师杜甫墓得以重现。这严重威胁到了巩县杜甫墓的"正统"地位。在此情形之下，杜溆提出的"尝祔于当阳侯之墓侧，复移墓于巩"之说便不能满足与偃师争讼的需求了。

为了应对偃师新造杜甫墓的冲击，保住杜甫终葬之地的正统地位，巩县杜甫墓淡化与偃师的关系，甚至"去偃师化"，都势在必行。面对巩县、偃师两地都存在杜甫墓的情况，作为上级行政单位的河南府站在了巩县一方。清乾隆《河南府志》载："唐杜甫墓。《温公诗话》：'杜甫终于耒阳，藁葬之。至元和，其孙始改葬巩县。'按：《偃志》据元微之撰墓铭，以工部墓在首阳山前当阳侯之墓次。而巩县康家店邙山上有工部墓，《志》遂以为始葬偃而复迁巩。今考微之作墓志时，乃途次荆楚，据谱谓当葬当阳侯之墓次，其实归葬于巩，不葬于偃也。又冢旁有二冢，《县志》以为宗文、宗武祔葬云。"② 清乾隆《巩县志》的记载与之相同③。这段记载，直接提出了元稹作墓志之时，杜嗣业携杜甫灵柩尚未归来，因而虽然元稹说杜甫归葬于偃师，但实则未必。又由于巩县康家店旧有杜甫墓，且有宗文、宗武祔葬，所以乾隆《河南府志》及《巩县志》断定，当初杜

---

① （清）杜溆：《巩县杜少陵先生墓碑记》，清康熙十九年二月六日立，碑在巩义市康店镇杜甫墓前，据原碑文抄录。

② 按，（清）施诚修，童钰、裴希纯纂：乾隆《河南府志》卷七四《古迹志·陵墓》，叶一二。

③ （清）李述武修，张紫岘纂：乾隆《巩县志》卷一六《古迹》，叶三六至三七，清乾隆五十四年刻本。

甫的灵柩其实直接归葬于巩县，根本没有葬在过偃师。这就相当于否定了偃师新建杜甫墓的真实性。

此说一出，同样遭到偃师杜甫墓支持者们的反对，他们认为："偃界山原巩界分（首阳在偃，去巩特远。），邻壤尚然高邺家。（又《巩志》谓：康店大冢旁有宗文宗武祔墓，皆近添设。）"① 同样指出了巩县方作为证据的宗文、宗武墓也是新造的，两方的隔空论战更加激烈。

第二节 巩县杜甫故里说考辨

一 杜甫家族与巩县的关联

清康熙十九年，参政杜漈因赈灾前往巩县，"睹道侧有先生故里之碑。窃思先生乃杜陵人，胡于巩为故里乎？因索其《志》而观之，□自先生祖审言先生，即徙居于此，至今族姓不替云。"② 依杜漈所言，杜甫故里碑立于道路之侧，因杜甫祖父杜审言迁居巩县，故称杜甫故里。

但据元稹《唐故工部员外郎杜君墓系铭并序》载："晋当阳成侯姓杜氏，下十世而生依艺，令于巩。依艺生审言，善诗，官至膳部员外郎。审言生闲，闲生甫。闲为奉天令。"③《旧唐书》载："杜甫字子美，本襄阳人，后徙河南巩县。曾祖依艺，位终巩令。祖审言，位终膳部员外郎，自有传。父闲，终奉天令。"④ 由此可知，杜氏家族与巩县之渊源可追溯到杜甫的曾祖父杜依艺担任巩县县令，并卒于巩

---

① （清）冯敏昌：《谒少陵先生墓诗碑》，《洛阳明清碑志·偃师卷》（中州古籍出版社2015年版）著录拓片及抄录碑文。拓片见该书第152页；录文见该书第548页。
② （清）杜漈：《巩县杜少陵先生墓碑记》，清康熙十九年二月六日立，碑在巩义市康店镇杜甫墓前，据原碑文抄录。
③ （唐）元稹：《子美墓志铭》。《分门集注杜工部诗》卷首《分门集注杜工部诗序》，叶一三，《中华再造善本》据中国国家图书馆藏宋刻本影印。亦见冀勤校注《元稹集》，中华书局2015年版，第691页。
④ （后晋）刘昫：《旧唐书》卷一九〇下《杜甫传》，中华书局1975年版，第5054页。

县任上。揆诸常理，杜氏家族成员当在巩县与杜依艺一同生活，若是杜依艺逝世后，杜氏家族仍在巩县生活，经过杜甫祖父杜审言、父亲杜闲，到杜甫一辈，足足四代人，确实可以将巩县视为故里、故乡。

但杜甫生于何地，是否生于巩县，至今仍未出现重量级的证据，亦无法得出权威性的结论。杜甫《观公孙弟子舞剑器诗序》云："开元三载，余尚童稚，记于郾城观公孙氏舞剑器浑脱。"① 据此可推断，杜甫幼年时其家族生活当在以东都洛阳为中心的中原地区，但具体居住何处并不清晰。

二 巩县杜甫故里说的流传

明清之际，巩县是杜甫故里以及杜甫出生地的说法逐渐流传开来。杜甫生于巩县之说，据目前所知最早的文献，当出自杜漈《巩县杜少陵先生墓碑记》，文载："今康家店有老龙窝，得为先生生处，而祠墓咸在焉。"② 巩县杜甫墓所在地康家店又是杜甫出生地老龙窝，这一说法即便在当时，也难以令大多数人信服，故而后人不得不加以改造。

清乾隆《河南府志》则明确记载杜甫故里在巩县瑶湾。该志卷十三《山川志》仿《水经注》作《洛水志》，志载：洛水"又东北康水东流注之"，注云："《杜工部集》：甫十余岁，梦人令采文石于康水，觉而问人，水在二十里外。乃往求之，见峨冠童子曰：'可于豆坡下取。'甫依言，果得一石，有金字文。按：康水即康店南水。工部故里在瑶湾，去康店在二十里外。"③ 清乾隆《巩县志》则称杜甫康水寻文石之事，载诸《杜诗逸事》，并引《河南府志》为证④。

---

① 谢思炜校注：《杜甫集校注》卷七《古诗五十七首》，上海古籍出版社2015年版，第1052页。
② （清）杜漈：《巩县杜少陵先生墓碑记》，据原碑文抄录。
③ （清）施诚修，童钰、裴希纯纂：乾隆《河南府志》卷一三《山川志七·洛水》，叶一五。
④ （清）李述武修，张紫岘纂：乾隆《巩县志》卷一五《古迹》，叶一〇，清乾隆五十四年刻本。

第十三章 巩县杜甫墓暨杜甫故里考

今检《杜工部集》，并不存在康水采石的诗文，《杜诗逸事》亦不知何书。此故事始见于《云仙散录》，该书载："《文览》曰：杜甫十余岁，梦人令采文于康水。觉而问人，此水在二十里外。乃往求之，见峨冠童子，告曰：'汝本文星典吏，天使汝下谪为唐世文章海，九云诰已降，可于豆垅下取。'甫依其言，果得一石，金字曰：'诗王本在陈芳国，九夜扪之麟篆熟，声振扶桑享天福。'后因佩入葱市，归而飞火入室，有声曰：'邂逅秽吾，令汝文而不贵！'"[①]

首先应当明确的是《云仙散录》是一部古体小说集。"《云仙散录》，又名《云仙杂记》，旧署名后唐冯贽编，是五代时一部记录异闻的古小说集。"[②] 该书内容驳杂，作者冯贽身世不明，引书的可靠性更值得怀疑，故而不具备史料价值，只能视为小说家之言。乾隆《河南府志》据该故事认为杜甫采石的康水就是康店南水，但这一说法并非无懈可击。首先，《云仙散录》本就是小说家言，且未说明康水在何地；其二，历史上洛水的水流所经是非常明确的，《水经注》卷十五《洛水》并无康水注入的记载；其三，巩县康店，又称康家店，因明初有康姓在此聚居逐渐形成市镇，故名。明嘉靖《巩县志》尚无此康家店之名，至清顺治《河南通志》才有巩县康家店有杜工部祠的记载。结合前文中乾隆《河南府志》在巩县、偃师之争中支持巩县的行为，不难看出，乾隆《河南府志》在此显然是有意将康店南水附会为小说中的康水。

小说又言康水在二十里外，未指出明确方向。就算我们假设康水就是康店南水，那么，杜甫故里是在此水的任何一方向都是有可能的。但《河南府志》与《巩县志》都偏偏将杜甫故里指在康店以东二十里处的瑶湾，这也是有一番考量的。因为，若是指向康店以西二十里处，则已是偃师县境内了，与巩县杜甫故里说不能相符。

不过，巩县瑶湾为杜甫故里逐步获得了后世的肯定。今巩义市瑶

---

① （后唐）冯贽编，张力伟点校：《云仙散录》一○《陈芳国》，中华书局 2008 年版，第 20—21 页。

② （后唐）冯贽编，张力伟点校：《云仙散录》前言，第 1 页。

湾有"杜甫故里景区",景区内有"杜甫诞生窑",窑为土窑,四壁及地面铺有砖石,窑洞内壁嵌立"唐杜工部讳甫位"石碑①,窑内又有河南府知府"石屏张汉"立于"雍正丁未菊月"的"诗圣故里"碑刻一方。窑外又树有"乾隆三十一年(1766)八月吉旦"刊刻的"唐工部杜甫故里"碑,由"此进士出身知巩县事李天埅勒石"。这两方故里碑均晚于康熙十九年,并不是杜溁所见。该碑上又有后人补刻小字"生于巩南摇湾,葬于康店岭"②。窑洞所在黄土山名笔架山,又有砚池子窝等传说。

总而言之,杜甫故里与诞生窑的说法最早仅能追溯至清乾隆《河南府志》及乾隆《巩县志》的记载。其主要依据一则源于杜甫家族与巩县的关联,二则是对杜甫康水采石故事的附会,加之再无其他地方提出反对意见,杜甫故里、杜甫诞生窑遂逐渐为后人认可。冯至《杜甫传》即认为杜甫"降生的地点则在河南巩县"③。莫砺锋《杜甫评传》亦载:"唐睿宗太极元年(712),杜甫出生在河南巩县城东二里的瑶湾村。"④ 所依据的正是张汉、李天埅等刊立的故里碑。陈贻焮《杜甫评传》则未讨论杜甫故里、出生地等问题,采取了更为审慎的态度。

第三节 清代巩县杜甫祠的创建与维护

一 巩县杜甫祠的选址

上文我们已经分析了巩县杜甫故里说的起源与形成过程,下文我们将讨论清雍正年间巩县杜公祠的创建与杜甫故里瑶湾之间的密切关系。

---

① 按,该碑刻原在巩县东站镇杜公祠内,1962年自杜公祠旧址迁入杜甫诞生窑。参见《访古学诗万里行》,人民文学出版社1982年版,第26页。

② 按,此"南摇湾"与"瑶湾"文字不同。上述碑刻内容据巩义"杜甫故里"景区碑刻抄录。

③ 冯至:《杜甫传》,人民文学出版社1980年版,第2页。

④ 莫砺锋:《杜甫评传》,南京大学出版社1993年版,第9—10页。

第十三章 巩县杜甫墓暨杜甫故里考

明嘉靖《巩县志》载:"杜工部祠在孝义里,今废。""杜工部墓,在县西南孝义保。"①清康熙十九年,杜濬《巩县杜少陵先生墓碑记》碑文云:"先生墓在康家店之西麓","今康家店有老龙窝,得为先生生处,而祠、墓咸在焉"②。上文我们分析了孝义里祠墓与康家店祠墓极有可能所指是同一地点,只是以不同的地名加以标注。一般而言,古人一般是在先人墓冢之前设立庐舍、祠堂等纪念性建筑物,为后世子孙及仰慕者提供祭扫、瞻仰之便。巩县杜甫祠墓也同样如此,墓与祠是在一处的。但到了清雍正年间,则出现了祠与墓分离的情况。

清雍正五年(1727),云南石屏人张汉出任河南府知府③。张汉是杜甫终葬巩县说的积极倡导者,其所撰《建杜工部祠记》云:"汉守河南郡,五载于兹矣。每过巩邑,洛汭之间,先生之故里,有神存焉。古人谓殁而可祀于其乡者,先生定无愧。乃闻其冢在巩之康家店,祠则无有。喟然叹曰:是非后死者之责欤?汉不守兹土,斯已耳;又况先生之诗,汉愿学焉,如子舆氏之于先师孔子者欤?"由此产生了为杜甫重建祠堂的想法。

但值得玩味的是,张汉并不是在墓前重建新祠,而是将杜公祠改建于巩县的东站。雍正五年"乃于巩之东站为先生置祠三楹,以慰吾生平愿学之意,而又访求后裔,置奉祀生一人,自是人人知先生为巩人矣"④。清乾隆《巩县志》载:"东站镇,在县东。即旧递运所。

---

① (清)李述武修,张紫岘纂:嘉靖《巩县志》卷四《陵墓》,《天一阁藏明代方志选刊续编》第59册,第1029—1032页。
② (清)杜濬:《巩县杜少陵先生墓碑记》,据原碑文抄录。
③ 按,张汉出任河南府知府时间记载不一。乾隆《河南府志》卷一八《职官志二·知府·国朝》载:"雍正。张汉,字月槎,石屏人。进士。二年任。"页八。张汉《诗圣全谱序》载:"丁未岁(雍正五年),余奉简命出守周南郡(杨保东等修,刘莲青等纂:民国《巩县志》卷二五《文征三》,叶二〇,民国二十六年泾川图书馆刻本)。张生馨《代杜君锡工部祀田记》"承郡伯张公之命,既建修文贞公祠堂之后,于酉北原置祀田一区,盖以金贸之蒋氏。时雍正五年也"。故张汉出任河南府知府当在雍正五年。
④ (清)张汉:《建杜工部祠记》,乾隆《河南府志》卷八六《艺文志·记四》,叶四三,清乾隆四十四年刻本。

今废为镇。"① 递运所是明朝设立掌管运送官方粮食、物资的机构。《明史》载：递运所"掌运递粮物。洪武九年始置。先是，在外多以卫所戍守军士传送军囚，太祖以其有妨练习守御，乃命兵部增置各处递运所，以便递送。设大使、副使各一人"②。

明成化《河南总志》载："巩县递运所，属本县。在县治东三里。洪武九年耆民董成建。"③ 巩县递运所位于城东，故俗称东站，后递运所裁撤，改设东站镇。此东站镇就是今巩义市站街镇。由此镇向北一千米路程即是杜甫故里瑶湾。清代巩县杜甫墓、祠、故里方位关系如下图所示：

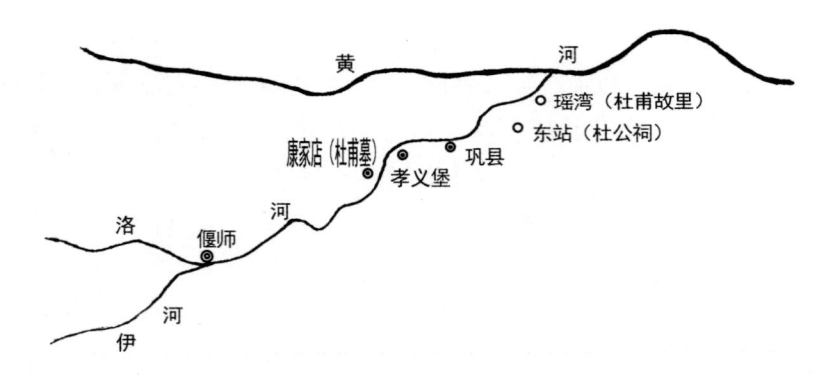

图 13—1　清代巩县杜甫遗迹方位示意图

张汉虽未说明在东站镇创建杜公祠的原因，但不难看出，杜公祠是为配合杜甫故里瑶湾而新建的纪念建筑，其目的在于确立并加深世人对巩县就是杜甫故里的认知，所谓"自是人人知先生为巩人矣"。

---

①（清）李述武修，张紫岘纂：乾隆《巩县志》卷三《建置·镇集》，叶二九，清乾隆十年刻本。
②（清）张廷玉等：《明史》卷七五《职官四》，中华书局1974年版，第1853页。
③（明）胡谧纂修：成化《河南总志》卷七《河南府·置邮》，《原北平国立图书馆甲库善本丛书》第343册，第562页。

二　杜氏家族与杜公祠

巩县有杜氏家族成员，皆自称为杜甫后裔。清康熙十九年杜漈赈灾巩县，见道侧杜甫故里碑，便向巩县知县李国维询问本地是否有杜氏后裔，得与巩县杜氏家族成员相见。杜漈《巩县杜少陵先生墓碑记》即载："自先生祖审言先生即徙居于此，至今族姓不替云。乃问邑令，□其族孙□□□知先生墓在康家店之西麓，漈乃具牲牢往奠之。"《巩县杜少陵先生墓碑记》亦是由"后裔孙杜□□、杜□□书丹"①。可惜不知何故，碑文中杜氏家族成员姓名皆被凿毁。

张汉虽不姓杜，但也是一位有名人后裔情结的主政官员。他在《诗圣全谱序》中自述了与巩县杜氏家族成员的交往情况："丁未岁（雍正五年），余奉简命出守周南郡。《郡志》公墓在巩。巩，周南属，既凭吊展拜成礼，遂访公裔，有若铄、若渊者业儒业，余劝建公祠，置地若干亩，渊等出家所藏谱，自嗣业以来，世世相继，皆可悉。呜呼！公生于巩，卒葬巩，宜其子子孙孙，阅千余年而不替于巩矣。抑前人名当世传百代，皆所自树立，诚无藉于后，而子孙克绳绍述为大。"②

巩县杜氏族人自称是杜甫后裔，族人杜景熹《杜氏族谱》载："我《杜氏族谱》著于世者，始自《唐宰相世系表》。宋陆氏（陆游），明钱氏（钱谦益），近世仇氏（仇兆鳌）、浦氏（浦起龙），考据互有异同，无足信也。先平江公仕岳州，工部敕命与谱牒犹存。明季遭流寇乱，敕命遗失已久。本朝定鼎后，四十代祖孝则公得谱系一卷于壁隙中。至我伯祖相生公、我祖光午公，又历百有余年，纸帙蠹蚀，自宋元而上剥落几十之四五。会郡伯石屏张公命建文贞公祠，呈谱考证，参酌群书，始成完本。熹恐久就散佚，因付剞劂，以承先人之志，我后嗣其共宝之。"③ 这里虽然一再强调巩县杜氏家族为杜甫后裔，但同时又承认族谱"自宋元而上剥落几十之四五"，实难证明

---

① （清）杜漈：《巩县杜少陵先生墓碑记》，据原碑文抄录。
② （清）张汉：《诗圣全谱序》，民国《巩县志》卷二五《文征三》，叶二〇。
③ （清）杜景熹：《杜氏族谱》，民国《巩县志》卷二五《文征三》，叶二〇。

巩县杜氏就是杜甫后裔的事实。不过这并不影响张汉及杜氏家族兴建杜公祠的热情，不但全程参与了东站杜公祠的兴建，还为杜公祠购买祭祀田地。

杜景熹的伯父"承郡伯张公之命，既建修文贞公祠堂之后，于仓西北原置祀田一区，盖以金贸之蒋氏。时雍正五年也。迨十三年秋，洛水涨，漂没祠堂。其墙壁栏楹尽付洪流。我伯父惧陨郡伯之命，亟招工修葺之，而赀力不给，不得已质田于仓西李氏"。杜氏家族典卖祀田的考虑是"夫昔日之置此田以祀神也，其后之弃此田以安神也。堂废则神失其所依，田废亦祭无所出，祭无所出尚可以荐时物，神失所依将陟降无地，对越骏奔之事永绝矣。故与其废堂而留田，毋宁废田以存堂，堂存而田可徐图"。必须先筹措资金，将遭受水灾的杜公祠重新修复，然后再想办法将祀田赎回，要不然，祠堂不存，祀田的意义也就无存了。

由于杜氏家族资金不足，"以赀力不给之故，至弃亲身所置之田，则目前苾芬之祀事既失，即当年报本之初意顿乖。我伯父实隐痛之，故时时以不及赎复为恨，为我兄弟语及之，辄流涕。余耳熟焉，惜欲承命而力未能也。每春秋享祀之期，凡一切粢盛牲具无不竭力供奉。然要不若有此祀田，尤可告丰盛、成先志。所以数十年来痛心疾首，夙夜不敢少安者，职是故也"。由这段文字可知，杜氏家族承担杜公祠的奉祀事宜，日常维护杜公祠的工作亦由该家族主导实施，甚至于典卖祀田亦由其家族完成。但由于杜公祠是由政府官员主持创建的，祀田的维护又涉及巩县一方。

"去年十月间，适承梁县主（知县梁溥）之命，爰出金二百二十镪，赎田于李氏，乃以所得课资三分之二供祀事，其一储为修葺之［废］（费）。夫然后先人之隐痛以释。呜呼！在我嗣人其宜共体斯志矣。向后家资，若有赢余，可再置数亩，以广其居，否则谨守之，勿令失坠。夫以十数亩之田，不遇水旱之灾，罄其土之所出，谅无不给于用。苟或不给，亦当出家之物力以补其缺乏。故凡修葺祠堂之费，宁损我财产，必不可再弃此田者。以先人之为是举，出于万万不得已

第十三章　巩县杜甫墓暨杜甫故里考

之计,慎勿袭为成例,以滋先人之痛也。"① 杜公祠的祀田在巩县官员的帮助下得以赎回,杜景熹因此撰文刻碑,叙述祀田本末,以垂不朽。由此亦可见,杜氏家族成员对杜公祠祭祀之尽心尽力,以及极力维护之情。

通过本章研究可以看出,杜甫是否归葬于巩县,是否出生于巩县,巩县是否杜甫故里,这三大问题都是很值得商榷的。但这并不影响后世官员、学者乃至巩县杜氏家族对杜甫的敬仰崇祀之心。整修康店坟墓、寻觅瑶湾故里、创建东站祠堂、购置仓西祀田等活动有板有眼、一丝不苟,每一步都付出了巨大的努力,体现了对杜甫的尊崇与热爱。这与我们当代兴建仿古街区等"假古董"的出发点有着本质性的区别。20 世纪 80 年代,山东大学《杜甫全集》校注组成员在萧涤非先生的带领下,寻访巩县杜甫公里及杜甫墓遗址,就曾评价道:"一味热心好古的人,有时是难免会'信伪为真'的。"但"我们实在应该感谢张汉,正是因为有他的旧碑作标志,1962 年人民政府才得以在这里建立'杜甫故里纪念馆',并把这个窑洞(指杜甫诞生窑)保留了下来"②,推而广之,也正是因为有张汉这些的官员,才为后人提供了一处凭吊杜甫的去处。清人吕守曾《杜工部祠》诗云:"邙岭东来势不齐,残碑屹立河之西。金藓剥落字难扪,空来系马绿杨枝。鸡皮野老相邀坐,淡水浓阴憩少时。指点路东新庙堂,建自周南张太史。额曰诗圣杜工部,当年笃生在此里。天地间气钟一身,穆然诗思含真宰。一饭不敢忘君国,何但区区惊神鬼。新安石壕恣苦吟,西去北征徒忧死。后世诗人皆师承,契合非诗以性始。太史名集传河洛,为圣者徒应如此。有唐到今已千年,请为太史屈一指。"③ 且不论历史的真假,这其中实在是蕴含着尊重杜甫、崇敬杜甫的真挚情怀。

---

① (清)张生馨:《代杜君锡工部祀田记》,民国《巩县志》卷二四《文征二》,叶一九。
② 山东大学《杜甫全集》校注组编著:《访古学诗万里行》,人民文学出版社 1982 年版,第 27 页。
③ 杨保东等修,刘莲青等纂:民国《巩县志》卷二六《文征四》,叶二一,民国二十六年泾川图书馆刻本。

第十四章　耒阳杜甫墓遗迹研究

唐大历三年（768），杜甫自夔州启程，出峡东下，经江陵、公安，于同年暮冬南下岳州（今岳阳市）。大历四年（769）春，杜甫自岳州出发，经洞庭湖，至潭州（今长沙市），再往衡州（今衡阳市）投奔老友河南观察使韦之晋。因韦之晋改任潭州刺史，杜甫仍在衡州。同年夏，韦之晋病死任所，杜甫返回潭州居住。大历五年（770）四月，湖南兵马使臧玠杀观察使崔瓘，据谭州作乱。杜甫携家逃往衡州，又溯耒水而上，打算前往郴州投奔舅氏崔伟。因耒水暴涨而受阻于耒阳县北四十里的方田驿。《元和郡县图志》载：耒阳县"因耒水在县东为名。汉属桂阳郡。隋改为耒阴，属衡州"[①]。本章将对杜甫身死耒阳的各种说法进行溯源和考辨，并研究历代耒阳杜甫祠墓的发展以及其中所蕴含的多元祭祀内涵。

第一节　杜甫死因传说与耒阳杜甫墓溯源

一　唐代杜甫饱食而死说

《旧唐书》卷一九〇《杜甫传》载："永泰元年夏，（严）武卒，甫无所依。及郭英义代武镇成都，英义武人粗暴，无能刺谒，乃游东蜀依高适。既至而适卒。是岁，崔宁杀英义，杨子琳攻西川，蜀中大

[①]（唐）李吉甫撰，贺次君点校：《元和郡县图志》卷二九《江南道五·衡州》，中华书局1983年版，第705页。

第十四章 耒阳杜甫墓遗迹研究

乱。甫以其家避乱荆、楚，扁舟下峡，未维舟而江陵乱，乃溯沿湘流，游衡山，寓居耒阳。甫尝游岳庙，为暴水所阻，旬日不得食。耒阳聂令知之，自棹舟迎甫而还。永泰二年，啖牛肉白酒，一夕而卒于耒阳，时年五十九。"①

《新唐书》卷二〇一《杜甫传》载："（严）武卒，崔旰等乱，甫往来梓、夔间。大历中，出瞿唐，下江陵，溯沅、湘以登衡山，因客耒阳。游岳祠，大水遽至，涉旬不得食，县令具舟迎之，乃得还。令尝馈牛炙白酒，大醉，一昔卒，年五十九。"②

两处记载中，杜甫死因皆为耒阳县县令馈赠杜甫牛肉白酒，杜甫长期缺少食物，酒醉饱食，一夜而卒。《旧唐书》记杜甫卒于永泰二年（767），《新唐书》则改为较为模糊的大历中。除此之外，杜甫的死因《新唐书》与《旧唐书》的记载并无差别。新、旧《唐书》皆为正史，且二书皆持一说，后世多以此为是。

杜甫因啖牛肉白酒饱食而死的说法最早见诸唐人郑处诲《明皇杂录》，书载："杜甫后漂寓湘潭间，旅于衡州耒阳县，颇为令长所厌。甫投诗于宰，宰遂致牛炙白酒以遗，甫饮过多，一夕而卒。《集》中犹有《赠聂耒阳》诗也。"③郑处诲，字延美，荥阳人，当朝宰相郑余庆之孙。大和八年（834）进士。"《明皇杂录》系他为校书郎时所作。此前，李德裕曾撰著《次柳氏旧闻》一书，记载开元、天宝杂事，处诲以为该书记事不详，遂据所闻，更撰《明皇杂录》，盛传于世。"④

---

① （后晋）刘昫：《旧唐书》卷一九〇下《杜甫传》，中华书局1975年版，第5055页。

② （宋）欧阳修、宋祁：《新唐书》卷二〇一《杜甫传》，中华书局1975年版，第5738页。

③ （唐）郑处诲撰，田廷柱校点：《明皇杂录》补遗《杜甫之死》，中华书局1994年版，第47页。按，《太平御览》卷八六三《饮食部二一·炙》引《明皇杂录》曰："杜甫后漂寓湘潭间，羁旅鶊蜍，于衡州耒阳县，颇为令长所厌。甫投诗于宰，宰遂致牛炙白酒以甫遗，甫饮过多，一夕而卒。《集》中犹有《赠聂耒阳》诗也。"缩印商务印书馆影宋本，中华书局1960年版，第3836页。

④ （唐）郑处诲撰，田廷柱校点：《明皇杂录》卷首《点校说明》，第3页。

郑处诲将杜甫饱食酒肉之说记入《明皇杂录》之时,距离杜甫之卒已有六七十年之久。所说情形当是出自民间传说掌故,并不足以当真。但唐人多信以为真,且由于五代时期编纂的《旧唐书》、北宋编纂的《新唐书》都受此说法的影响,遂广为流传,以致宋人多信以为真。如赵次公即认为:"本传谓之数遭寇乱,挺节无所污,盖亦谓此。寻于江上阻暴水,半旬不食。耒阳聂令具舟致酒肉迎归。一夕而卒。"①

二 唐诗对"身死耒阳说"及杜甫墓的体现

由上文可见,杜甫饱食而死的传说最早出自《明皇杂录》。但《明皇杂录》虽然记载了杜甫死因,但并未记载杜甫死后安葬于何地。《旧唐书》沿袭《明皇杂录》的传闻,亦未载杜甫是否曾安葬在耒阳。耒阳有杜甫墓的记述最早见于唐人诗歌。

唐乾符三年(876)进士郑谷《送田光》诗云:"九陌低迷谁问我,五湖流浪可悲君。著书笑破苏司业,赋咏思齐郑广文。理棹好携三百首,阻风须饮几千分。耒阳江口春山绿,恸哭应寻杜甫坟。"②直指"耒阳江口"有"杜甫坟"。晚唐诗人罗隐《经耒阳杜工部墓》诗云:"紫菊馨香覆楚醥,奠君江畔雨萧骚。旅魂自是才相累,闲骨何妨冢更高。潏骥丧来空蹇蹶,芝兰衰后长蓬蒿。屈原宋玉邻君处,几驾青螭缓郁陶。"③明确了耒阳有杜甫墓的说法。唐天祐三年(906)进士、礼部员外郎裴说《经杜工部坟》诗云:"骚人久不出,安得国风清。拟掘孤坟破,重教大雅生。皇天高莫问,白酒恨难平。

---

① (宋)赵次公注,林继中辑校:《杜诗赵次公先后解辑校(修订本)》,上海古籍出版社2012年版,第1538页。
② (唐)郑谷:《郑守愚文集》卷一《云台编·杂著》,叶五至六,景印宋刊本,张元济主编:《四部丛刊续编》第367册。按,郑谷登第有乾符三年、光启三年两种说法,参见清人徐松《登科记考》卷二三《乾符三至四年》,中华书局1984年版,第872页。
③ 《全唐诗》卷六六二,中华书局1960年版,第7587页。按,此诗亦见罗隐《甲乙集》卷八,但诗题误作《经来阳今林工部墓》,张元济主编《四部丛刊初编》影印常熟瞿氏铁琴铜剑楼藏宋刻本。

悒怏寒江上,谁人知此情?"① 此诗虽未提及耒阳,但亦言"白酒""寒江上"也意指杜甫墓应在耒阳。

晚唐五代诗僧、益阳人齐己《次耒阳作》诗云:"绕岳复沿湘,衡阳又耒阳。不堪思北客,从此入南荒。旦夕多猿狖,淹留少雪霜。因经杜公墓,惆怅学文章。"② 则明确指出杜甫墓在由江入湘,由衡阳来到耒阳的路线上,较前人之说更加明确了耒阳杜甫墓的方位。以上诗人对于耒阳有杜甫墓一事可谓众口一词,由此可知,《明皇杂录》所载杜甫卒于耒阳的观点是唐末以来接受度较广的流行说法。故而宋初《太平寰宇记》亦载:耒阳县"杜甫墓,在县北二里"③。

三 宋代杜甫醉酒溺亡说

到了宋代,杜甫的死因又有了新的传说。有人认为杜甫并不是因饱食牛肉白酒而死,而是醉酒溺水身亡,"饱食而死"只是耒阳县聂姓县令蒙哄唐玄宗的说辞而已。该说法目前所知,最早见于宋朝人李观撰写的《遗补传》,传载:

> 唐杜甫子美,诗有全才,当时一人而已。洎失意蓬走天下,由蜀往耒阳依聂侯,不以礼遇之。子美忽忽不怡,多游市邑村落间,以诗酒自适。一日,过江上洲中,饮既醉,不能复归,宿酒家。是夕,江水暴涨,子美为惊湍漂泛,其尸不知落于何处。洎玄宗还南内,思子美,诏天下求之。聂侯乃积空土于江上,曰:子美为白酒牛炙胀饫而死,葬于此矣。以此事闻玄宗。吁!聂侯当以实对天子也。既空为之坟,又丑以酒炙胀饫之事。子美有清才者也,岂不知饮食多寡之分哉?诗人皆憾之。题子美之祠,皆

---

① 《全唐诗》卷七二〇,第8268页。
② (唐)齐己:《白莲集》卷六,叶二,景印旧钞本,张元济主编:《四部丛刊初编》。
③ (宋)乐史撰,王文楚等点校:《太平寰宇记》卷一一五《江南西道十三·衡州》,中华书局2007年版,第2332页。

有感叹之意，知非酒炙而死也。高颙宰耒阳，有诗曰：诗名天宝大，骨葬耒阳空。虽有感，终不灼然。唐贤诗曰：一夜耒江雨，百年工部坟。独韩文公诗，事全而明白，知子美之坟空土也，又非因酒炙而死耳。①

由这段文章可见，虽然李观所谓"玄宗下诏"等说法并不真实，但此文的行文方式显然与我们常见的小说家杜撰传说故事的写法有很大区别，可以看出其在主观上是在非常认真地论述杜甫的死因，这也是后人注杜时引用此论的原因所在。李观断定杜甫是在江上小洲醉酒之后夜宿酒家，因江水暴涨溺水而亡，且尸首无存。待到唐玄宗返回长安，想起杜甫，下诏访求之时，耒阳聂姓县令于江岸垒空坟一座，回禀称：杜甫因饱食白酒牛肉胀饫而死，墓就在耒水岸边。

杜甫醉酒溺亡说既含有对此前饱食而死说的否定，又对杜甫之死提出了新的看法与见解。这也说明醉酒溺亡说必然晚于饱食而死说，并且是在饱食而死说的基础上演绎而来的。李观所撰《遗补传》见《分门集注杜工部诗》，但其人生平事迹不详，因《遗补传》署"皇朝李观撰"，可知此人当是北宋时人。《分门集注杜工部诗》卷首有《集注杜工部诗姓氏》亦有李观题名，作"李氏名观，《补遗子美传》"②。由此可见，杜甫醉溺而死之说在宋代即已流传开来，并且能够当作杜甫传记的补充，聊备一说。

---

① （宋）李观：《遗补传》，（宋）王洙、赵次公等注：《分门集注杜工部诗》卷首《杜诗序》，叶一七，《中华再造善本》。按，李观此文后世文献常见征引，但误作唐人李观，文章题为《杜传补遗》（参见仇兆鳌注《杜诗详注》卷二三《聂耒阳以仆阻水书致酒肉疗饥荒江》，中华书局 2015 年版，第 2524 页）。据日本学者松浦友久《关于李白"捉月"传说——兼及临终传说的传记意义》（《北京大学学报》1995 年第 5 期）一文介绍：中国台湾学者胡传安《〈两唐书杜甫传〉补正（下）》（《大陆杂志》第 30 卷第 11 期，1965 年）、陈文华《杜甫传记唐宋资料考辨》第 3 篇（文史哲出版社 1987 年版），以及日本学者黑川洋一《关于〈唐书〉杜甫传中的传说》（《杜甫研究》，创文社 1977 年版）等研究成果均指出，《杜传补遗》就是成书于南宋中期《分门集注杜工部集》的序中所收录的李观《遗补传》。

② （宋）王洙、赵次公等注：《分门集注杜工部诗》卷首《集注杜工部诗姓氏》，叶四，《中华再造善本》影印中国国家图书馆藏宋刻本。

第十四章 耒阳杜甫墓遗迹研究

大约与此同时,耒阳当地也演绎出了靴洲的传说。到了清代,靴洲的传说更是进入了官修方志中。雍正《耒阳县志》载:"靴洲,在东门外里许,耒水中。俗传杜甫在洲饮,醉宿酒家,是以水暴至溺水,聂令使人求之不得,但得一靴,葬于洲上。"①

第二节 杜甫身死耒阳传说辨误

一 臆解杜诗的演绎故事

不论杜甫是饱食牛肉白酒而亡,还是醉酒溺水而死,总而言之,唐宋时期的主流观点认为杜甫是死在耒阳的,至于杜甫有没有吃上牛肉,溺亡的尸首有没有找到,则是另一个问题。

两种"故事"的源头其实都是由杜甫的诗歌演绎而来。杜甫确曾因江水暴涨而受阻,也曾接受耒阳聂姓县令馈赠的酒肉,并作诗向聂令致谢,诗题名为《聂耒阳以仆阻水书致酒肉疗饥荒江诗得代怀兴尽本韵至县呈聂令陆路去方田驿四十里舟行一日时属江涨泊于方田》,诗中有云:"耒阳驰尺素,见访荒江眇",又云:"知我碍湍涛,半旬获浩溔。"②可知杜甫因江水暴涨被困耒阳方田驿,耒阳聂姓县令得知消息,命人为杜甫送去酒肉,确是事实。但杜甫非但没有因为饱食酒肉而死,甚至非常愉快的到达了耒阳县,亲眼见到了聂县令,还相谈甚欢,"代怀兴尽"。由此诗即可知杜甫并未死于耒阳,耒阳的杜甫墓更属于无稽之谈了。但不知何故,唐宋时人多对杜甫死于耒阳深信不疑,如注解杜诗的名家赵次公亦云:"此诗盖公之绝笔矣。"③这大概是对新旧《唐书》深信不疑的思想作祟,认为杜甫当死于与聂县令相见之后未久。

---

① (清)张应星纂修,徐德泰增修:雍正《耒阳县志》卷一《山川·洲附》,清雍正三年增刻本,《中国地方志集成·湖南府县志辑》,江苏古籍出版社2002年版,第33册,第47页。

② 谢思炜校注:《杜甫集校注》卷八《古诗四十五首》,上海古籍出版社2015年版,第1339页。

③ (宋)赵次公,林继中辑校:《杜诗赵次公先后解辑校(修订本)》,第1538页。

不过此说破绽终究过于明显，宋人黄鹤即指出："尝考先生谢[摄]（聂）令诗有云'礼过宰肥羊，愁当置清醥'，其诗至云'兴尽本韵'；又且宿留，驿近山亭，若果以饫死，岂复更能为是长篇？又复游憩山亭？以诗证之，其诬自可不攻。"① 清人黄生《杜诗说》针对钱谦益坚持杜甫耒阳饱食而死说，针锋相对的指出："详史（《唐书》）所书牛酒饫死之说，实采之《（明皇）杂录》。《录》叙此事而终之云'今集中犹有赠耒阳诗'，即此勘破，作者正因此诗饰成其事，小说家伎俩毕露。"②

二 韩愈《题子美坟》系伪作

李观所说："唐贤诗曰：'一夜耒江雨，百年工部坟。'独韩文公诗，事全而明白，知子美之坟空土也，又非因酒炙而死耳。"其中的两句诗传说出自韩愈（韩文公）之手。此诗亦见《分门集注杜工部诗》卷首《杜诗序》。诗题《题子美坟》，诗中有云："今春偶客耒阳路，凄惨去寻江上墓。……当时处处多白酒，牛肉如今家家有。饮酒食肉今如此，何故常人无饱死。子美当日称才贤，聂侯见待诚非喜。洎乎圣意再搜求，奸臣以此欺天子。捉月走入千丈波（李白入水捉月），忠谏便沉汨罗底（屈原沉湘）。固知天意有所存，三贤所归同一水。……坟空饫死已传闻，千古丑声竟谁洗。……"③ 可知李观是根据此诗内容重新演绎了杜甫醉酒溺亡的死因新说，但此诗并未被韩愈诗文集收录，当是宋人伪托韩愈之作。

同样是以集注杜诗闻名后世的南宋人蔡梦弼就已经指出："此退之题《工部坟》，惟见于刘斧《摭遗小说》，《韩昌黎正集》无之，似非退之所作。然大历、元和时之相去，犹未为远，不当与本集抵牾

---

① （宋）黄鹤：《杜工部诗年谱》，蔡志超校注：《宋代杜甫年谱五种校注》，（台北）万卷楼图书股份有限公司，2014年版，第111—112页。
② （清）黄生撰，徐定祥点校：《杜诗说》，黄山书社2014年版，第422页。
③ （宋）王洙、赵次公等注：《分门集注杜工部诗》卷首《集注杜工部诗姓氏》，叶一二。

若是。乃后之好事俗儒，托而为之，以厚诬退之，决非退之所作也，明矣。梦弼今漫录于此，以备后人之观览也。"① 此后，钱谦益等名家亦持此论。如今，此诗为宋人伪托之作已成学界共识，兹不赘述②。

三 杜甫北返仍有诗

宋人王得臣则从杜诗入手，分析后认为杜甫不可能逝于耒阳。《麈史》卷中《辨误》载：

> 予观子美侨寄巴峡三岁，大历三年二月，始下峡，流寓荆南，徙泊公安。久之，方次岳阳，即四年冬末也。既过洞庭，入长沙，乃五年之春。四月，遇臧玠之乱，仓皇往衡阳，至耒阳，舟中伏枕，又畏瘴，复沿湘而下，故有《回棹》之作，末云："舟师烦尔送，朱夏及寒泉。"又《登舟将适汉阳》云："春色弃汝去，秋帆催客归。"盖《回棹》在夏末，此篇已入秋矣。继之以《暮秋将归秦留别湖南幕府亲友》云："北归冲雨雪，谁悯弊貂裘？"则子美北还之迹见此三篇，安得卒于耒阳耶？要其卒当在潭、岳之间，秋、冬之际。③

黄生亦云："本传既难凭信，元《志》迹公事虽略，犹赖'旅殡岳阳'四字幸亏一线，为《回棹》《登舟》《发潭》《过湖》诸诗左证，而顾必为耒阳争一杜公之遗蜕，其智不反出宋人下哉。"④ 仇兆鳌则对传说故事颇为不屑，对于加诸杜甫身后的"污名"甚为痛恨，

---

① （宋）蔡梦弼会笺：《集注草堂杜工部诗外集·酬唱附录》，《丛书集成新编》第70册，第41页。
② 可参见莫砺锋《重论杜甫卒于大历五年冬——与傅光先生商榷》，《杜甫研究学刊》1998年第2期，第37页。
③ （宋）王得臣撰，俞宗宪点校：《麈史》卷中《辨误》，上海古籍出版社1986年版，第64—65页。
④ （清）黄生撰，徐定祥点校：《杜诗说》，第423页。

他说:"此欲雪牛酒饫死之冤,而反加以水淹身溺之惨,子美何不幸罹此奇祸。目考泰陵(唐玄宗)升遐,以及少陵逝世,其间相去十载。《补传》颠倒先后,是全不见杜诗年次者。元宾博雅人,岂肯为此不根之说乎?此必后人伪托耳。"① 总而言之,杜甫身死耒阳的传说仅仅是个故事,并非历史真实。当代学者虽对杜甫卒于何时、何地争议颇多,但杜甫并未卒于耒阳已为学界普遍接受。

第三节　耒阳杜甫祠墓的变迁历程

一　后晋黄廷翰建祠考

上文我们已有讨论,杜甫虽然不是在耒阳病逝的,但在唐代就已经出现了杜甫在耒阳饱食而死的传说。耒阳耒水边有杜甫墓,亦屡见于晚唐五代诗人之吟咏。但耒阳何时开始为杜甫兴建祠堂并予以祭祀,则存在一些疑议。

明人邓淮《杜公祠记》载:"按公(杜甫)大历四年、五年皆在衡。耒,衡之属邑也。公尝寄足于耒,后死于其所,葬于其所,而可不祠乎?且修其祠者,在晋有若黄廷翰,在宋有若杜惟一,在元有若党思聪,在本朝有若王道,而张齐贤、罗处约、徐得之、蒋莘夫诸公,又皆为之记。"② 邓淮列举了自五代以至明朝,为耒阳兴修杜公祠的人员名单。其中"在晋有若黄廷翰",即指五代后晋时人黄廷翰。清雍正《耒阳县志》卷四《职官志·县令》载:"后晋。黄廷翰,开运间任。重建杜工部祠。"开运为后晋出帝石重贵年号,共用三年,即公元944年至946年。但五代时期十国分立,当时湖南全境皆属于楚国领土,耒阳亦在其中。楚国统治者是马氏家族,在政治上采取"上奉天子、下抚士民"的政策,只称王不称帝,向中原王朝

---

① (清)仇兆鳌:《杜诗详注》卷二三《聂耒阳以仆阻水书致酒肉疗饥荒江》,中华书局2015年版,第2524页。
② (明)邓淮:《杜公祠记》,雍正《耒阳县志》卷七《艺文·记》,《中国地方志集成·湖南府县志辑》第33册,第234页。

称臣，并一直使用中原王朝的年号。由此可知后晋黄廷翰实为楚国黄廷翰。明人邓淮应当是根据当时所能见到的、耒阳杜公祠碑刻上的"开运"年号，才说有后晋黄廷翰修祠之事。

但北宋淳化元年（990），赵师古《题杜工部墓祠序》则云："工部以文章名，独步千古，虽三尺童子皆知，此不复道。晚属唐室丧乱，避地死葬于衡之耒阳。余叨佐理，按《图经》，未尝不叹息而后已。湘楚间好鬼神事，无文之祀，庙貌碁布，牲牢之荐，厌于神腹，祝告之词，倦于巫工。独工部之祠缺焉。"① 淳化为北宋太宗年号，此时距后晋开运年间不足50年，赵师古却说耒阳"独工部之祠缺焉"，或可说明明人邓淮所见黄廷翰《记》仅为祭扫杜甫墓的石碑题刻，并不是兴修杜公祠的记录。不过由于世代悠远，我们已无法得知黄廷翰究竟题刻了哪些内容了。

二 宋代杜甫祠墓的兴修

目前文献所知，耒阳杜甫祠墓在宋代曾历经四次兴修，分别为北宋淳化元年首度兴建，南宋嘉定年间两度重修，景定四年（1263）再度重修。

上文已述，北宋淳化元年九月，耒阳县县丞赵师古在《题杜工部墓祠序》中指出，北宋初年，耒阳仅有杜甫墓，未有杜甫祠堂，赵师古因此叹息不已、深感遗憾。幸而"今河清君宰是邑，以礼见因，为志于墓前，庶使后之好事君子化民而祀之，则豚酒之荐不专幸于淫非之鬼，而亦被及于唐异人之祠墓焉"②。由耒阳县知县"河清君"于杜甫墓旁创建祠堂，祠堂建成之后，既可满足祭祀前贤的需

---

① （宋）赵师古：《题杜工部墓祠序》，雍正《耒阳县志》卷七《艺文·记》，《中国地方志集成·湖南府县志辑》第33册，第236页。按，雍正《耒阳县志》缺失作者赵师古题名，据（清）道光《耒阳县志》卷一八《艺文上·序》（叶二四）收录赵师古《题工部祠序》补。

② （宋）赵师古：《题杜工部墓祠序》，雍正《耒阳县志》卷七《艺文·记》，《中国地方志集成·湖南府县志辑》第33册，第236页。按，雍正《耒阳县志》卷四《职官·县丞》载："宋。赵师古。"《中国地方志集成·湖南府县志辑》第33册，第141页。

求，也希望通过祭祀杜甫等名士，起到教化民众、改变当地百姓重视神鬼祭祀的传统。赵师古《题杜工部墓祠序》作于"淳化元年九月望"，当为杜甫祠建成立碑之时，但"河清君"则不详其人。

南宋绍熙元年（庚戌，1190）十二月二日，徐得因公事"道耒阳使得谒先生（杜甫）祠下，孤冢在祠后"，"酹而拜焉"。十八年后的嘉定元年（1208），"耒阳邑大夫严陵黄君茂报政未几，重建祠宇而一新之，比旧加壮"①，黄茂又请徐得作重修碑记，碑文见明嘉靖《衡州府志》②。

明人邓淮《杜公祠记》又载："且修其祠者……在宋有若杜惟一。"清雍正《耒阳县志》卷四《职官志·县令》载："杜惟一，嘉定间任。修杜陵祠。"③ 可知，杜惟一为南宋嘉定年间（1208－1224）耒阳县知县，在任期间曾重修杜公祠。

今耒阳杜甫墓墓冢一周由石条圈砌而成，其中镶嵌白色长方形石刻墓碑，题为"景定癸亥夏孟。有唐工部杜公之墓。县令王禾立石"④。景定癸亥，为南宋景定四年（1263），由该墓碑可知，耒阳县令王禾曾整修杜甫墓。清雍正《耒阳县志》卷四《职官志·县令》则误作："王和，景定间任。杜墓立有石碑。"⑤

由于宋代文献的缺失，我们目前仅知上述四次兴修杜甫祠墓的零星情形，对当时杜甫祠墓的建筑形式、地理环境并没有较为全面的了解与认识。不过上文我们分析了宋人伪托韩愈之名，作有《题子美

---

① （明）杨珮纂修：嘉靖《衡州府志》卷四《陵墓·耒阳》，叶一八，《天一阁藏明代方志丛刊》第59册，上海书店1982年版。
② 按，雍正《耒阳县志》卷四《职官·县令》载："黄君茂，严陵人。嘉定间任。修杜陵祠。"（《中国地方志集成·湖南府县志辑》第33册，第134页）此条记载当是据徐得重修碑记补录。徐得重修记又载："今又得黄君再葺而新之，非少陵幸耶？"可知耒阳知县名"黄君茂"为"黄茂"之误。
③ （清）张应星纂修，徐德泰增修：雍正《耒阳县志》卷四《职官·县令》，《中国地方志集成·湖南府县志辑》第33册，第134页。
④ 按，该题刻据耒阳杜甫墓墓碑抄录。
⑤ （清）张应星纂修，徐德泰增修：雍正《耒阳县志》卷四《职官·县令》，《中国地方志集成·湖南府县志辑》第33册，第134页。

坟》诗,该诗虽是伪作,但因是宋人作品,我们多少可借此窥见宋代耒阳杜甫祠墓的情况。诗云:"今春偶客耒阳路,凄惨去寻江上墓。召朋特地踏烟芜,路入溪村数百步。招手借问骑牛儿,牧儿指我祠堂路。入门古屋三四间,草茅缘砌生无数。寒竹珊珊摇晚风,野蔓层层缠庭户。升堂再拜心恻然,心欲虔启不成语。一堆空土烟芜里,虚使诗人叹悲起。怨声千古寄西风,寒骨一夜沉秋水。"① 诗中指出祠堂依墓而建,有古屋三四间,寒竹珊珊,野蔓层层,大概是初春时节,作者不由心生寒凉之意,便想起杜甫醉酒溺亡耒水的传说。由此诗来看,宋时杜甫祠墓的规模并不大,古祠也仅有"古屋三四间"而已。

三 元明清杜甫祠墓的重修

明人邓淮《杜公祠记》载:"且修其祠者……在元有若党思聪,在本朝有若王道。"元至元十九年(1282),升耒阳为州②。党思聪于元至正年间(1341-1368)为耒阳州知州,曾重修杜甫祠墓③。

邓淮所称"本朝"重修杜公祠者有王道,清雍正《耒阳县志》卷四《职官·县令》载:"王道,永乐乙未任。"④ 永乐乙未为永乐十三年(1415)。由此可知,明代最早一次重修杜公祠应在永乐年间,且有"张齐贤、罗处约、徐得之、蒋莘夫诸公又皆为之记",但上述四人所作碑记均已无存,文献未能流传至今,故无法详考。

明弘治八年(1495),"自本朝王道至于今,又将百年,而祠又废。今三尺童子尚皆知其为公之祠墓,凛然不敢亵"。衡州府同知邓

---

① (宋)王洙、赵次公等注:《分门集注杜工部诗》卷首《集注杜工部诗姓氏》,叶一二。

② (明)宋濂:《元史》卷六三《地理六·湖广等处行中书省》,中华书局1976年版,第1531页。

③ 按,雍正《耒阳县志》卷四《职官·县令》载:"元至正中改县为州,州官为知州。""党思聪,至正间为尹。""至正中改县为州",有误,当以《元史》至元十九年为是。《中国地方志集成·湖南府县志辑》第33册,第134页。

④ (清)张应星纂修,徐德泰增修:雍正《耒阳县志》卷四《职官·县令》,《中国地方志集成·湖南府县志辑》第33册,第134页。

淮"既至耒，扫地谒公，谋所以新之"。经过一番考察讨论，邓淮将重修杜公祠之事委托给本地耆老李良、邓班二人，"二人者不谋于官，不资于众，率僮仆市材鸠工，朝往而夕忘归，不阅月而祠告成"。邓淮再次前往耒阳查看，于此同时，新任知县徐政业已到任。在一番祭奠之后，众人请邓淮撰文叙述重修杜公祠的经过，"以表公之有神，且以彰耒之有人"①。邓淮遂于"弘治乙卯（八年）仲春"作《杜公祠记》。该文献是目前所见最早的杜公祠重修记，较宋人赵师古《题杜工部墓祠序》叙事更为明了清晰。但明代重修杜甫祠墓仅留下永乐、弘治年间两次记录。此后情况不详。

清顺治十五年（1658），衡州府知府李光座、理刑推官刘梦兴与耒阳县知县屈成品商议，共同修葺杜公祠。衡州兵备道副使彭而述撰《杜工部祠记》以纪其事。文中载："衡李汝南、刘子梦兴有新公祠之举，时予治兵朱陵（道教洞天，在衡山县），闻而壮之，为之记。"② 同年八月，由李光座、刘梦兴、屈成品三人共同立石。

清雍正二年（1724）二月，徐德泰出任耒阳县知县③。徐德泰"莅耒年余，访先生（杜甫）之后人而不得，惟施黝垩、涂丹雘，增辉先生之祠，而妥神灵焉"。重修工程完工后，徐德泰于"雍正三年小春月"作《唐工部杜先生墓记》④。此后清代亦未见耒阳重修杜甫祠墓的记录。

由上述文献可见耒阳杜甫墓与杜甫祠是一个整体，上述文献题目或只称"祠记"或只称"墓记"，但在文章中对杜甫祠墓都有涉及，维修工程是同时进行的。杜甫祠墓由官方每年主持两次祭祀活动，

---

① （明）邓淮：《杜公祠记》，《中国地方志集成·湖南府县志辑》第33册，第234—235页。

② （清）彭而述：《杜工部祠记》，雍正《耒阳县志》卷七《艺文·记》。《中国地方志集成·湖南府县志辑》第33册，第236页。按，雍正《耒阳县志》缺失作者题名，据清道光《耒阳县志》卷一九《艺文中·记》（页三三）收录彭而述《杜工部祠记》补。

③ （清）张应星纂修，徐德泰增修：雍正《耒阳县志》卷四《职官·县令》，《中国地方志集成·湖南府县志辑》第33册，第137页。

④ （清）徐德泰：《唐工部杜先生墓记》，雍正《耒阳县志》卷七《艺文·记》，《中国地方志集成·湖南府县志辑》第33册，第237页。

"岁支正供春秋二祭"①。

第四节　地方文献中的杜甫墓及杜甫形象

一　历代祭祀的多元内涵

秏阳的杜甫墓到底是真是假，今人早有答案。但是秏阳杜甫墓自唐以来就已存在，历史甚为悠久，且经历代整修维护，已成为秏阳重要的历史人文标志。历代重修祠墓的当地官员从文化情感上大多倾向于杜甫墓是真墓。正如明人邓淮《杜公祠记》所云："秏阳之祠杜公七百年于今矣。公之忠义，寓于诗，垂于世，而何系于祠不祠也哉！按公大历四年、五年皆在衡。秏，衡之属邑也。公尝寄足于秏，后死于其所，葬于其所。"② 又如清雍正《秏阳县志》以杜甫《赠聂令》诗、韩愈《题子美坟》诗为据，认为"大历至贞元仅二十余年耳，父老犹目击其事。当日内官左迁，外官尊之若神明，岂有公不葬城北，而敢引文公至葬所？""则公之卒于秏，葬于秏无疑矣"③。

在这些官员眼里，秏阳的杜甫祠墓祭祀的是实实在在卒于此、葬于此的杜甫本人。

除了以上这些坚定认为杜甫卒葬地皆在秏阳的官员外，历代也有一些地方官员或感"饱食""溺亡"之传说未必可信，因而采取了模糊的手法，只谈杜甫祠祀，避谈杜甫墓的真伪问题。

南宋嘉定元年，秏阳知县黄茂请徐得撰写杜公祠重修碑记，就希望徐得能够"详订之，以解后世之惑"。徐得则说："先生英灵忠义之气在天而不在地，文章光焰之气在万世而不在一方。或者刻舟求

---

①　佚名：《墓辨》，雍正《秏阳县志》卷八《通考·丘墓》，《中国地方志集成·湖南府县志辑》第33册，第316页。
②　（明）邓淮：《杜公祠记》，《中国地方志集成·湖南府县志辑》第33册，第234页。
③　佚名：《墓辨》，雍正《秏阳县志》卷八《通考·丘墓》，《中国地方志集成·湖南府县志辑》第33册，第316页。

剑，而取正于朽骨则过矣。邑有墓，墓有祠，耒阳所私而重也。"①

清初，彭而述也指出："耒阳在衡岳以南介僻，旧有杜祠。按公《本传》及《年谱》缘以与聂令相善，一夜啖牛炙白酒，饱而死，为水所没。后因皇帝下诏将官之，遂为疑冢云。其说亦自不一。要之，公诗在天地间，气无所不之、无不之，则随处皆公也，何必冢？且何必耒阳？今耒阳既为公旧游地，即不冢，亦当祠。然则耒重公耶？抑公重耒也！"②

在徐得、彭而述这些人看来，耒阳杜甫墓的真假并不重要，杜甫墓只是杜甫忠义正气的具体寄托罢了，修建杜甫祠、杜甫墓的真正目的在于崇祀这种忠义正气。

除以上两种祭祀内涵外，尚有人对修祠祭祀持其他看法。清人徐德泰便指出，杜甫墓真伪的争讼毫无意义。他认为："余以为天意忌才，才人具不得其死。屈原死于汨罗，贾谊死于长沙，先生之友李白亦死于采石江。则先生即不死于耒江，而洞庭浩渺，旅槥岳阳，想亦未必令终。悲先生者触处兴思，何必纷纷聚讼耶？"徐氏更为明确的指出，士人怀念杜甫、祭祀杜甫的深层次原因："最可悼者，服周孔之教，穷经史之学，具伊吕王佐之才，而不得文武之君以辅之，使大展其勋略，乃至流离奔窜，乞食四方，抱纡郁而死焉。徒使后之君子追溯前徽，诵读遗编，悲其志之不得伸，而咏歌嗟叹之。如有唐杜子美先生是已。"③ 这段表述实际上是在说，祭拜耒阳杜甫祠墓的意义是借凭吊那些空有一腔报国热忱、却因时代所限或个人际遇而志气才能不得施展的前贤，抒发后代文人怀才不遇的身世之慨和乱世之悲。

吟咏杜甫祠墓的诗篇之中，很大一部分与徐德泰心意相通，惜杜甫之才、悲杜甫之遇，同时寄托了时代的悲声。明崇祯时耒阳县知县

---

① （明）杨珮纂修：嘉靖《衡州府志》卷四《陵墓·耒阳》，叶一九，《天一阁藏明代方志丛刊》第59册，上海书店1982年版。
② （清）彭而述：《杜工部祠记》，《中国地方志集成·湖南府县志辑》第33册，第236页。
③ （清）徐德泰：《唐工部杜先生墓记》，《中国地方志集成·湖南府县志辑》第33册，第237页。

章一焊泮《谒杜祠》诗云:"论诗久羡杜陵才,瞻拜于今耒水隈。千载忠忱存旧史,满腔风雅寄荒堆。拂碑怕遇公愁句,题壁应惭我菲材。耿耿精英如在上,好凭沙迹出新裁。"① 抗清名士钱邦芑《拜杜少陵先生墓》之四云:"先生千载上,遭际何不偶。宗社值颠覆,茫如丧家狗。流离不忘君,忠孝性所有。途穷俗眼白,几希坠虎口。诗匪能穷人,穷每与诗耦。诵法岂乏人,坟祠荒不守。后世谁心知,太息浇杯酒。"② 钱邦芑诗写的既是杜甫,也是他本人的人生际遇。浇于杜甫坟前的杯酒,却浇不灭自己心中的块垒。

后人吟咏杜甫祠墓的诗篇中亦常怀咏古之幽情。清康熙四十八年(1709),张应星出任耒阳县知县,作《初到耒阳谒杜陵墓》诗云:"春风飞舄耒江头,碧树阴阴暂系舟。廿载怀君芳草里,今朝许我拜高邱。"衡阳人朱康徵《杜陵祠》诗云:"国运衰残后,离离黍一丘。可怜今日像,犹带昔年愁。涕泪曾何补,飘零孰与畴。萧疏蒲柳色,长老耒江头。"③

二 "以公自勉":抗战时代的呼唤

民国二十九年(1940)5月,湖南省政府主席薛岳命人重修耒阳杜甫墓。重修工程完成之后,耒阳当地人士请薛岳撰写《重修杜公墓碑记》,并向薛岳叙述耒阳杜甫墓的真伪之争。薛岳则认为"此不足深辨,予意固别有在也",其结合当时全民抗战的背景,阐述了"以公自勉"的爱国主题。薛岳虽是武将出身,但也颇具文采,他在碑记中说:

> 公夙以稷契自许,欲得位教养斯民,每托志篇章,而惓惓忠

---

① (清)常庆修、郑优纂:道光《耒阳县志》卷二〇《艺文·七言律》,叶二八,清道光六年刻本。
② (清)常庆修、郑优纂:道光《耒阳县志》卷二〇《艺文·五言古》,叶五。
③ (清)张应星纂修,徐德泰增修:雍正《耒阳县志》卷七《艺文·题咏》,《中国地方志集成·湖南府县志辑》第33册,第289页。

爱之诚，于安史祸唐时尤著。此不宜视为诗人，即诗人亦《三百篇》诗人，匪后世所云诗人也。诗亡而后《春秋》作，以美刺寓褒贬。独不可曰《春秋》亡而后诗作乎？屈原自沉汨罗，千载庙祀，奚必有墓乎？有墓而莫或过问者多矣，墓宁尽伪乎？使士皆上慕稷契，不得志，亦忠爱逾常，国即危，万无亡理。东夷猾夏，祸甚安史。读书识字者，曷弗以公自勉乎？此予汲汲修墓微意也。①

此时正是薛岳指挥第一次长沙会战（1939年9至10月）与第二次长沙会战（1941年9至10月）的间隙，驱逐日寇、恢复国土是当时最为紧迫的军国大事。薛岳于此时重修耒阳杜公墓之举大有深意。

上述碑文有着层层递进的关系。薛岳首先赞颂了杜甫于国家危亡之时，仍心系国运，忠爱之诚洋溢于诗篇之中；转而谈及杜甫的重要地位，杜甫并不是个普通的诗人，而是"三百篇诗人"。从传统意义上说，杜诗是与《诗经》一样蕴涵春秋大义的巨著，其主旨就是明辨是非、善恶褒贬的中华文化精神；最后谈及屈原自沉汨罗江后，其庙祀广布，有墓或无墓、真墓与假墓都没有什么关系。祭祀前贤饱含的是后人的追慕之情和忠爱之心，正是由于这些最为真挚的情感，才使得中国不至灭亡。而今日寇祸乱华夏，比安史之乱更为严重。但只要读书识字之人，皆能以杜甫为榜样，心怀自勉之心，国家就不会沦亡。"古今忠义遗迹，一木一石皆可宝，况赫然邱墓也？！"这正是薛岳急于整修耒阳杜甫墓的深意了。

耒阳杜甫墓在今湖南省耒阳市第一中学院内，是现存杜甫墓中规模较小的一个。薛岳所撰的《重修杜公墓碑记》至今仍矗立于这座不甚宏伟的墓前，石碑并不高大，石质一般，雕刻工艺也较为粗糙，

---

① 按，此文据耒阳杜甫墓薛岳《重修杜公墓碑记》抄录，原碑刊刻于中华民国二十九年五月。因原碑薛岳姓名被凿毁，《访古学诗万里行》（人民文学出版社1982年版，第201页）误以为该文为程潜所作。今查《湖南省志·政务志》"湖南省政府职官表"载：薛岳于1939年1月至1945年6月任湖南省政府主席。此碑记为薛岳作。

第十四章 耒阳杜甫墓遗迹研究

经历八十年风雨，字迹多有模糊不清之处。笔者于大暑时节拜访耒阳杜甫墓，随即抄录了这篇碑文，读来心绪难平。这篇碑记不知是出于薛岳本人之手，抑或是出自文书代笔。但其中传递的民族精神气节，不仅激励当时的抗战士气，至今仍令后人动容。由此想到，杜甫的精神是穿越时代的，这也正是我们依然读诵杜诗、研究杜甫的原因所在。

第十五章　平江杜甫墓祠遗迹研究

上文讨论了杜甫耒阳墓真伪之争以及耒阳杜甫墓祠的基本情况。大体来说，唐宋时期的诗文都是比较相信杜甫卒葬耒阳的。但此后，随着杜诗研究考证越来越深入，始终相信耒阳"饱食""溺亡"说的文人便越来越少了。很多文人开始质疑耒阳墓的真伪，就连耒阳的一些地方官员也避谈耒阳杜甫墓真伪的问题，转而表彰杜甫的忠义品格与爱国情操。正是由于杜甫卒葬耒阳说日益式微，至明清时期，逐渐出现了杜甫旅殡岳州府平江县的说法。本章将追溯杜甫旅殡平江说的渊源，考察平江杜甫墓的创建情况，尤其关注平江杜甫墓出现的必然性以及创建平江杜甫墓所蕴含的当地文人崇敬杜甫、热爱家乡的强烈感情。

第一节　杜甫旅殡平江说的演变历程

一　杜甫旅殡岳阳说

杜甫旅殡岳阳之说出自元稹《唐故工部员外郎杜君墓系铭并序》。元和年间，杜甫之孙杜嗣业"启子美之柩，襄祔事于偃师，途次于荆"，与元稹相遇。元稹应杜嗣业之请，为已经去世四十余年的杜甫撰写墓志铭。该墓志铭中写道：杜甫"扁舟下荆、楚间，竟以寓卒，旅殡岳阳。享年五十九"。"嗣子曰宗武，病不克葬，殁，命其子嗣业。嗣业贫，无以给丧，收拾乞匄，焦劳昼夜，去子美殁后余

第十五章 平江杜甫墓祠遗迹研究

四十年，然卒先人之志，亦足为难矣。"① 元稹所撰杜甫墓志铭是研究杜甫身前身后事的权威文献，后人也正是基于杜甫墓志铭等文献的记载以及杜甫晚年诗歌系年，才推翻了新旧《唐书》中杜甫卒葬耒阳的说法。由此可知，杜甫卒后其灵柩曾长期安放于岳阳，等待归葬偃师祖茔。古人将这种在旅居之地停放灵柩称为"旅殡"或"旅榇"。

但元稹只说"旅殡岳阳"，没有具体指明杜甫灵柩暂放于岳阳何地。首先应当说明的是，在唐代"岳阳"并不是行政区划的名称，当时有岳州，而无岳阳。《元和郡县图志》载："岳州，巴陵。……本巴丘地，古三苗国也……春秋及战国时属楚。秦属长沙郡。吴于此置巴陵县，宋文帝又立为巴陵郡，梁元帝改为巴州。隋开皇九年改为岳州，大业三年为罗州。武德六年，复为岳州。""管县五：巴陵，华容，湘阴，沅江，昌江。"② 岳阳之名最早见于南朝颜延之《始安郡还都与张湘州登巴陵城楼作》诗中"清氛霁岳阳，曾晖薄澜澳"③之句。此诗中的"巴陵"与"岳阳"，为同一地点的不同称谓。故后人常以岳阳指巴陵，以及引申为此后的岳州全境。

因此，就狭义而言，杜甫旅殡岳阳当指将其灵柩暂时安置于岳州巴陵县。后世多引元稹原文，但未有考辨发明。如明万历《湖广总志》载："（杜甫）大历三年下峡至荆，南游衡山，寓居耒阳。尝至岳庙，阻暴水，旬日不得食。耒阳聂令知之，自具舟迎还，常馈牛肉白酒，一夕醉饱卒。或谓宿江上酒家，为水漂涨，聂令堆空土为坟。皆不可信。惟元稹《墓志》云'扁舟下荆楚间，竟以病卒，旅殡岳

---

① （唐）元稹：《子美墓志铭》，《分门集注杜工部诗》卷首《分门集注杜工部诗序》，叶一三，《中华再造善本》据中国国家图书馆藏宋刻本影印。按，今人冀勤校注《元稹集》（中华书局2015年版，第691页）作"旋殡岳阳"。当以宋本为是。

② （唐）李吉甫撰，贺次君点校：《元和郡县图志》卷二七《江南道三》，中华书局1983年版，第656页。

③ （梁）萧统编，（唐）李善注：《文选》卷二七《行旅下》，上海古籍出版社1986年版，第1256页。

阳'。为是。"① 唐代及以前诗文中的"岳阳"是否可以指其他地方，则未有权威论断。

二 明人所见平江杜氏敕诰

明弘治年间，岳州下辖属县平江县知县黄华在修纂县志的过程中，访求文献。在当地杜氏家族见到两通敕诰，便将敕诰内容记录在新修成的弘治《平江县志》之中②。然而清康熙《平江县志》却无视了此记录，直到乾隆《平江县志》方转引明弘治《平江县志》载："平江故老相传，今七都地名小田杜昂家，即杜甫后裔。及索其《家谱》，载杜预、杜逞、杜审言、杜甫皆杜昂远祖。窃恐世远传讹，谱谍苟简，不足据信，舍置久之。一日，小田宗派居县市民人杜富，因献家藏诰敕二通。阅之，则前朝织锦，墨迹甚古，御宝犹新，题唐肃宗至德二载及宋绍兴三十二年（1162）杜甫暨其裔孙杜邦杰诰敕二通。读之令人起敬。"敕诰云："襄阳杜甫，尔之才德，朕深知之。特命尔为宣义郎、行在左拾遗。授职之后，宜勤是职，毋怠。命中书侍郎、平章事张镐赍符告谕。故敕。（后一行云）唐至德二载五月十六日。（年月日有御宝一）。"③

嘉靖二十一年（壬寅，1542）春，湖广布政司参政陈垲"驻节岳之平江。阅《县志》，载有杜子美为左拾遗敕，其裔孙杜邦杰为承节郎敕，云尚存于县市民杜富家。亟命求其家得之"。陈垲所见"子美敕为唐至德二载所授，邦杰敕为宋绍兴三十二年所授。文皆简古，真敕语也。唐敕用黄纸，高广皆可四尺，厚如钱，故久存。字大二寸

---

① （明）徐学谟纂修：万历《湖广总志》卷七一《流寓》，影印明万历刻本，《四库全书存目丛书》史部第196册，齐鲁书社1996年版，第159页。
② 按，今明弘治《平江县志》已散佚无存。（清）谢仲玩纂修，石文成增修：乾隆《平江县志》卷终《附考·邑志纂修考》载："弘治辛亥修。旧本尚存，惟本内多残缺。秉笔知县黄华。"（清乾隆二十年增修刻本，《中国地方志集成·湖南府县志辑》，江苏古籍出版社2002年版，第8册，第220页）
③ （清）谢仲玩纂修，石文成增修：乾隆《平江县志》卷二二《古迹》，《中国地方志集成·湖南府县志辑》第8册，第150页。

许,倔而劲。年月有御宝,宝方五寸许,色转沉,中有碎裂,而全者皆为蛇文矣"。认定是真品无疑,"洵杜氏传家之至宝也"①。湖广按察司佥事张景贤也确认两通敕诰为真品,"唐敕黄纸楷书,书法肥古,盖开元以来,习尚此体。宋敕白绫行草,尾列执政诸臣。杜氏今无文人,而二敕尚知宝藏,乃为题语,并敕归其家"②。

由上述内容可知,明弘治年间,平江县知县黄华在修纂《平江县志》的过程中,有小田杜氏家族自称是杜甫后裔,且有家谱为证,但黄华以为世代悠远、昭穆难明,对此持有怀疑态度。直至杜氏家族将杜甫及杜邦杰敕诰拿出,黄华转而相信平江杜氏家族确系杜甫后人无疑,并将两通敕诰载入明弘治《平江县志》之中。此后陈垲、张景贤等人也据敕诰内容确认杜氏族人身份。钱谦益亦据此将杜甫敕诰的相关内容以笺注的形式编入《钱注杜诗》卷二《述怀一首》之后,所载敕诰内容、形制与陈垲所见一致③。

三 杜宗武流寓平江说

明人由杜甫敕诰最终认定平江杜氏族人确系杜甫后裔。那么,这支杜氏后裔又是从哪里迁居平江的呢?明弘治《平江县志》推测道:"意者子美由工部员外郎休致卜居或往来经历。"遂将杜甫列入"流寓人物"之列④。陈垲等人却并不认同这一说法,陈垲认为:"子美工部亦严武所表授,未尝还朝就职,及出峡而旅卒矣。若往来经历,

---

① (明)陈垲:《跋杜氏敕诰》,乾隆《平江县志》卷二三《艺文》,《中国地方志集成·湖南府县志辑》第 8 册,第 164 页。
② (清)谢仲坑纂修,石文成增修:乾隆《平江县志》卷二二《古迹》,《中国地方志集成·湖南府县志辑》第 8 册,第 150 页。
③ (清)钱谦益:《钱注杜诗》卷二《古诗四十二首》,上海古籍出版社 1979 年版,第 51 页。按,杜氏家族所藏的两通敕诰今已无存,但对于敕诰真伪的争议一直存在。洪业、傅光认为敕诰是平江杜氏家族为了抬高身价而伪造的产物(参见傅光《杜甫研究卒葬卷》,陕西人民出版社 1997 年版,第 86—96 页),邓小军则认为敕诰是唐肃宗直接授官的产物(参见邓小军《唐授杜甫左拾遗告身考——兼论唐代的皇帝直接授官》,《杜甫研究学刊》2017 年第 1 期,第 36—51 页)。
④ (清)谢仲坑纂修,石文成增修:乾隆《平江县志》卷二二《古迹》,《中国地方志集成·湖南府县志辑》第 8 册,第 150 页。

亦非留家之谓也。且子美二子宗文、宗武，宗文早世，宗武病，不克葬其父，以命其子，乃终归葬于偃师。若宗武遂家于岳，则子美之殡不终归矣。当是子孙流寓家焉，而今不可考也。"① 显然，陈垲认为平江杜氏家族当为杜甫之子杜宗武的后人，杜甫本人并没有流寓平江的可能性。

这一结论为后世志书所采信，管辖平江县的岳州府此后未久即有《府志》面世。明隆庆《岳州府志》卷十四《侨寓传》载："唐杜宗武。甫次子。甫流落剑南，大历中下江陵，泝沅湘，登衡山，畏热，复还潭。欲谋北归，卒于潭岳之间，旅殡岳阳。长子宗文卒耒阳。次子宗武贫病，不克葬，没，命其子嗣业，启甫柩，［附］（祔）事偃师。其家平江者，未知何据也，且非所经之途。但至德二载授甫左拾遗诰、宋绍兴三十二年授甫裔孙邦杰承节郎敕二文见存《县志》。"② 可见，明人并不认为杜甫敕诰能够作为杜甫流寓平江的证据，甚至于对杜宗武流寓平江亦抱怀疑态度，认为这并非杜甫灵柩所经之地。只是由于杜甫敕诰的存在，姑且将杜宗武列入流寓人物之列。

清乾隆《平江县志》也指出："弘治《旧志》附载杜氏诰敕二通，而后人遂以杜甫为本邑流寓，殊属混涉。夫诰敕有唐杜甫，又有宋杜邦杰，则其为杜氏后代子孙携带来平，不辨可知。不然，杜甫流寓在平，其子孙至宋又在平受诰敕，此已称平邑土著世族矣。何待此诰敕而始以流寓系之乎？……古志未载岂可率增？"③ 乾隆《平江县志》提出一个关键的疑问：若是杜甫后裔自唐宋以来就流寓平江，至明代已然是平江本地世家大族，何以明弘治《平江县志》之前的旧志并未记录下这一重要情况，哪怕寥寥数笔也未留下呢？修志者由

---

① （明）陈垲：《跋杜氏敕诰》，乾隆《平江县志》卷二三《艺文》，《中国地方志集成·湖南府县志辑》第 8 册，第 164 页。

② （明）钟崇文纂修：隆庆《岳州府志》卷一四《侨寓传·平江县》，叶八三，明隆庆间刻本，《天一阁藏明代方志选刊》第 57 册，上海书店 1982 年版。

③ （清）谢仲坑纂修，石文成增修：乾隆《平江县志》卷一六《名宦·附流寓》，《中国地方志集成·湖南府县志辑》第 8 册，第 111 页。

第十五章 平江杜甫墓祠遗迹研究

此认为，杜甫敕诰是杜氏子孙后代移居平江之后，随身携带而来的，杜甫、杜宗武父子与平江毫无联系。

四 杜甫墓的出现

平江杜甫墓真正出现是非常晚近的事情。我们从上述明人的叙述即可得知，明弘治时平江县知县黄华、嘉靖时湖广布政司参政陈垲等人只是确认有杜甫后裔在平江县生活的事实，并未提及平江存在任何与杜甫相关的历史遗迹。直到清乾隆二十年（1755）增修本《平江县志》仍对杜宗武流寓平江持否定态度，在此之前编纂的明弘治《湖广岳州府志》、明隆庆《岳州府志》、清康熙《岳州府志》、康熙《平江县志》都没有平江县有杜甫墓的相关记载。

明嘉靖二十二年（1543）举人、平江人余廷瑚曾将杜氏诰敕二通及陈垲《跋杜氏敕诰》刻板印行。其所撰题跋又云："予邑杜氏，宋元间声振一邑，小田为尤盛。其先世冢墓存者多石兽，碑额文字为人所毁，莫有传者。其后浸以衰弱，往时家君从杜万寿者索二敕观之，珍玩累日，以先贤之后遂落莫至此。今世士大夫知爱杜诗，而其末裔古敕并存，亦人所乐闻也。因书敕语并陈参藩跋，刻之以贻好事者。"[①] 由此可知，平江杜氏家族墓地仅存石兽，而碑额文字毁坏，难以辨认。余氏文中也完全没有提及平江杜氏有杜甫墓的相关情况。

平江有杜甫墓的记载，始见于清嘉庆《平江县志》。该志卷二十一《古迹》载：

> 左拾遗杜甫墓，在小田。或疑《通志》载杜墓在耒阳县北靴洲上，按，韩愈诗"一堆空土烟芜里"，盖枢迁而封犹在也。又疑归祔偃师，不应有墓在此。按，元微之《墓志》"旅殡岳阳

---

① （清）谢仲坑纂修，石文成增修：乾隆《平江县志》卷二二《古迹》（《中国地方志集成·湖南府县志辑》第 8 册，第 150 页）。按，余廷瑚中举情况见乾隆《平江县志》卷一八《选举·举人》（《中国地方志集成·湖南府县志辑》第 8 册，第 118 页）。

四十余年",平为岳属,岳阳之殡,斥言平耳;归祔故宗武意中事,而大历间干戈扰攘,殡不果归,流寓而遂家焉,无足怪者。明参政陈[凯](垲)、宪副曹贞庵、江防佥事张景贤皆如此说云。今其后裔犹存所藏遗敕二轴。①

这段文字非常有趣,分别从以下五个方面证明平江杜甫墓的真实性:其一,耒阳杜甫墓是空墓,有"韩愈诗"为证,且有迁葬偃师的可能性;其二,元稹在《唐故工部员外郎杜君墓系铭并序》中说杜甫灵柩曾旅殡岳阳四十余年,平江为岳州属县,旅殡岳阳应当是在平江县;其三,归葬偃师是杜宗武的决定,但唐大历年间战乱频仍,如果未能迁葬成功,于流寓地平江安葬杜甫也是有可能的;其四,陈垲等高官也是这样认为的;其五,平江杜甫后裔藏有杜甫敕诰,亦是佐证。

如果认真考辨嘉庆《平江县志》所述杜甫安葬平江的理由,并非全无道理;但仅凭平江为岳州属县,就断定杜甫"旅殡岳阳"等同于"旅殡平江",逻辑上是不缜密的,且缺乏前代文献的支撑。而据上文所述,杜甫敕诰本身并不能直接作为杜甫旅殡平江的证据,陈垲等人的题跋里更没有涉及杜甫墓的文字,只是推测"若宗武遂家于岳,则子美之殡不终归矣。当是子孙流寓家焉,而今不可考也"②,并没有任何明确的结论。所以,嘉庆《平江县志》的论证实际上说服力是有限的。

虽然杜甫旅殡平江的论据并不完善,但自清嘉庆《平江县志》开始,平江有杜甫墓的记载正式载入本地志书,此后这一说法逐渐为平江本地学者、官员所接受、认同,至晚清同治、光绪年间便兴起了营建平江小田杜甫墓的热潮。

---

① (清)陈增德修,李如珪等纂:嘉庆《平江县志》卷二一《古迹·附冢墓》,叶六,清嘉庆二十一年刻本。
② (明)陈垲:《跋杜氏敕诰》,乾隆《平江县志》卷二三《艺文》,《中国地方志集成·湖南府县志辑》第8册,第164页。

第十五章 平江杜甫墓祠遗迹研究

第二节 平江对杜甫墓的考证

一 李元度《杜工部墓考》

清同治《平江县志》不但明确指出"左拾遗工部员外郎杜甫墓在县南三十里小田"①，还辅以李元度的考证文章。李元度，字次青，一字笏庭，自号天岳山樵，平江人。咸丰二年（1852）投入曾国藩帐下，转战于江西、浙江、湖北、湖南等地，参与镇压太平天国运动。同治七年（1868），被授以浙江盐运使、兼署布政使，"以道梗，均未抵任"。未几，被劾免，遂家居，整理读书札记，编成《国朝先正事略》。后授云南按察使，以终养开缺回籍②。《杜工部墓考》即作于于同治十二年（1873），李元度回到平江家居之时。

李元度认为元稹《唐故工部员外郎杜君墓系铭并序》所述杜甫"旅殡岳阳"之地，即指"平江县南三十里小田所由有杜墓也"之处。这是因为"吾平（江）正潭岳之交也。平为岳阳属县，唐曰昌江，治在中县坪，由洞庭溯流，一舟可达，小田距昌江治十里。公殁卒于舟，而渴葬于此欤"，加之"岳属别无杜墓"，因而"遗迹在小田无疑"③。

与此同时，李元度针对杜甫归葬偃师首阳山祖茔之说，又分析道：

> 然则公柩权厝小田，已四十余年矣，即归祔偃师，而诗王遗蜕攒塞汨江，魂魄安此已久，较靴洲之附会，已大不侔。况大历、元和间干戈梗道，或志具而殡不果归，亦意中事也。且公之

---

① （清）张培仁修、李元度纂：同治《平江县志》卷八《地理志·冢墓》，叶一九，清同治十三年刻本。
② 按，李元度生平事迹详见《清史稿》卷四三二《李元度传》，又见王锺翰点校《清史列传》卷七六《循吏传三》，中华书局1987年版，第6292—6298页。
③ （清）李元度：《杜工部墓考》，李元度：《天岳山馆文钞》卷三八《杂著》，《清代诗文集汇编》第683册，第596页。

子孙因流寓家于平,今小田有杜家洞,公裔犹存。其家藏至德三载授公为左拾遗敕,及宋绍兴二十三年,授杜邦杰为承节郎敕,明参政陈垲、佥事张景贤并为之跋。钱氏谦益亦谓今岳州平江县民杜富家犹藏拾遗勒,不尤信而有征哉?①

上述引文大约包含三个层次的含义:其一,即使杜甫迁葬偃师,平江小田也是杜甫旅殡之所、"权厝"之地,是杜甫魂魄之所归,较耒阳靴洲之说更为可信;其二,唐大历、元和年间战乱不断,道路梗阻,杜甫灵柩迁葬成功与否亦犹未可知;其三,平江小田有杜家洞,有杜氏后裔,有杜甫敕诰,得到了陈垲、张景贤、钱谦益等人的一致肯定。因此,李元度断定杜甫"旅殡岳阳"之地就是岳州府平江县小田。李元度这一论证虽然依旧没有达到无懈可击的程度,但显然已经比嘉庆《平江县志》更有说服力。

二 张岳龄《杜工部墓辨》

相比李元度的缓和语气,张岳龄所作《杜工部墓辨》的语气则更为笃定无疑。张岳龄,字南瞻,一字子衡,自号铁瓶道人。张岳龄与李元度同为平江人,清道光二十九年(1849)拔贡。咸丰二年(1852)投入胡林翼麾下,深受曾国藩、沈葆桢等人赏识。同治五年(1866)署理赣南兵备道。次年,升任甘肃按察使。光绪元年(1875)授福建按察使。未几以疾乞归,卒于平江②。

张岳龄在《杜工部墓辨》一文开篇就说:

唐大历五年庚戌秋九月,检校工部员外郎杜公子美将由湖南

---

① (清)李元度:《杜工部墓考》,《天岳山馆文钞》卷三八《杂著》,《清代诗文集汇编》第683册,第596页。
② 按,张岳龄生平事迹详见李先恕《清授荣禄大夫福建按察使张公子衡别传》。参见毛炳汉《清湘籍作家张岳龄及其〈铁瓶诗钞〉》,《湘潭大学学报》(社会科学版)1987年第1期,第76—80页。

第十五章 平江杜甫墓祠遗迹研究

归秦,舟中患风疾,溯汨罗以至平江。既殁,殡县南十里小田村天井湖。子宗武病不克葬,没,命其子嗣业,嗣业生于平江,家贫无以给丧,终不克归葬,遂占籍为平江人,至今称杜家洞也。至宋,有裔孙邦杰,绍兴三十二年授承节郎,与公至德三载授左拾遗,两世诰敕皆在。明参政陈垲、佥事张景贤并为之跋,载邑志。钱氏谦益亦云:"拾遗敕犹存平江县市民杜富家也。"夫以子美先生葬于平江,子孙从之,诰敕具在,谱班班可考,其墓夫复何疑?而读史者,误信新旧《唐书》,谓公卒于耒阳,归柩偃师。公非没于耒阳,牛肉、白酒之诬,业经前人辨驳。唯元稹之《墓表》"旅殡岳阳四十余年",未可断为终葬斯土而弗迁也。吾盖详考之,而信公墓之确在平江矣。①

张岳龄的论述大概可划分为四个层次:其一,杜甫因患风疾,溯汨罗江来到平江县;其二,杜甫病逝后葬在平江县小田村天井湖;其三,杜甫之子杜宗武流寓于平江,其孙杜嗣业生于平江,杜氏后裔均为平江人;其四,迁葬偃师之说并不可信,杜甫墓就在平江,且并未迁移。张岳龄实在是一员猛将,他一改李元度温和、委婉的探讨态度,直接对从杜甫抵平江到杜嗣业迁葬这数十年间的事情经过提出了上述四项结论。

张岳龄的上述结论看似武断,但其中也包含着他对当时所见杜诗集注类书籍的归纳与总结。杜甫《风疾舟中伏枕书怀三十六韵奉呈湖南亲友》诗中有"葛洪尸定解,许靖力难任"二句。仇兆鳌《杜诗详注》认为:"此诗作于耒阳阻水之后,其不殒于牛肉白酒明矣,但云'葛洪尸定解'盖亦自知不久将殁也。编年者当以此章为绝笔。"② 张岳龄据此提出:"公亦知不久将殁也,至此而冬犯雨雪,资用不给,病又日深,必平江令亦其亲友,遂溯汨罗而上,流寓平江。

---

① (清)张岳龄:《杜工部墓辨》,(清)李宗莲:《杜工部祠墓志》,叶六,中国国家图书馆藏清光绪十年木活字本。

② (清)仇兆鳌:《杜诗详注》卷二三,中华书局2015年版,第2540页。

时县治未改,犹在故县乡之中县坪,渡汨水至小田十里而近,故殁,遂葬于斯也。"① 正是由于张岳龄的论述有基于归纳总结杜诗集注类书籍的成分,才给其论述增加了相当的说服力。但也须看到,张岳龄所述中,"必平江令亦其亲友""流寓平江""殡小田村天井湖"等数个关键点,均属其个人推断,并没有什么切实的历史依据。

张岳龄以上四个结论中,针对元稹所述杜嗣业迁杜甫灵柩归葬偃师之说的严辞批驳令人印象尤为深刻。张岳龄提出:"荆襄相距三百余里,由襄而洛,途不由荆。所云'无以给丧,收拾乞匃,焦劳昼夜'。窘状可概见,求微之为文,冀有相助者,非其柩之实至于荆也。微之时贬为江陵府士曹参军,能为文而不能举助也,明矣。子孙终家于平江不能归,而能归柩乎?"② 直接否定了元稹《唐故工部员外郎杜君墓系铭》中说法的真实性,认为以杜嗣业之穷困潦倒,杜甫灵柩绝未迁葬成功,这一结论大大地发展了李元度的谨慎猜测。

不仅如此,为避免偃师、巩县杜甫墓的存在给平江争墓带来不利,张岳龄以其"亲身见闻"力证其非:

> 同治七年冬十月,吾归自关中,道出偃师,距县十里,过少陵书院憩焉。询诸生云,《县志》载杜工部墓在土楼村,其实土楼村有杜征南墓,无工部墓也。次日至巩县,阅《县志》亦载有工部墓。询其地,仍无墓。大抵子美曾祖依艺葬于是,遂附会以入志耳。且询偃师、巩县居民,今无杜氏其人,非特子美未归葬偃师,嗣业亦未复居巩县也。③

张岳龄所述偃师、巩县皆无杜甫墓,亦无杜氏后人的说法,显然

---

① (清)张岳龄:《杜工部墓辨》,(清)李宗莲:《杜工部祠墓志》,叶六,中国国家图书馆藏清光绪十年木活字本。
② (清)张岳龄:《杜工部墓辨》,(清)李宗莲:《杜工部祠墓志》,叶六,中国国家图书馆藏清光绪十年木活字本。
③ (清)张岳龄:《杜工部墓辨》,(清)李宗莲:《杜工部祠墓志》,叶六,中国国家图书馆藏清光绪十年木活字本。

第十五章 平江杜甫墓祠遗迹研究

与前文所述偃师、巩县均有杜甫墓、杜甫祠的历史事实全然不符。可见，张岳龄如此说的目的就是为了论证杜甫终葬平江、并未迁移的合理性。既然杜嗣业当年没能迁葬成功，那么无论偃师、巩县事实上是否有墓，都只能在张岳龄笔下强行无墓了。

那么，在张岳龄看来，平江杜甫墓到底有些什么历史和文献作为依据呢？

张岳龄的文章共提出了两点依据。其一，"观宋政和五年王得臣序行《麈史》，有徐屯田《过杜工部坟》诗云：'水与汨罗接，天心深有存。远移工部死，来伴大夫魂。'小田侧有卢水，下接汨罗，则工部墓自唐至宋未之迁也，不诚信而有征哉！"① 徐屯田并非真名，该记载见王德臣《麈史》，原文载：

> 予熙宁初调官，泊报慈寺，同院阳翟徐秀才出其父屯田忘名所为诗，见其清苦平淡，有古人风致，不能传钞。其《过杜工部坟》一诗云："水与汨罗接，天心深有存。远移工部死，来伴大夫魂。流落同千古，《风》《骚》共一源。江山不受吊，寒日下西原。"②

前文我们在讨论耒阳杜甫墓的过程中，也讨论了王得臣《麈史》中有关杜甫卒地的见解。王得臣从未说过杜甫旅殡平江，《麈史》所引徐屯田《过杜工部坟》也未说明坟墓所在地。诗中"水与汨罗接"的"水"具体是哪条水并不明确，既可指耒水，也可指洞庭湖水，而"汨罗"也并非单指汨罗江，还可以引申为楚国的屈原大夫，故而有"远移工部死，来伴大夫魂""《风》《骚》共一源"之语。张岳龄所说"小田侧有卢水，下接汨罗"，显然是将诗意进行了具象性

---

① （清）张岳龄：《杜工部墓辨》，（清）李宗莲：《杜工部祠墓志》，叶六，中国国家图书馆藏清光绪十年木活字本。
② （宋）王得臣撰，俞宗宪点校：《麈史》卷中《诗话》，上海古籍出版社1986年版，第49页。

的庸俗解读，与诗意本身并不相符。

张岳龄的另一条证据就是平江杜甫墓的古老。"今也，马鬣岿然，佳城无恙。圹砖微露花文，一片石剥落风霜，犹唐碣也。吾详辨之，可以正公殁耒阳之讹，可以明归葬偃师、巩县之非，实使海内好古者，晓然于诗圣遗阡，千年白日不复视为疑冢云。"① 马鬣、佳城均指坟墓，张岳龄由圹砖、石料判定该墓确系唐墓，因此为杜甫墓无疑。从今天的研究视角来看，且不说张岳龄单方面的口述是否足够将旧墓历史准确地追溯到唐代，即便能够证实其认定的旧墓实为唐墓，恐怕也难以证明圹砖如此精美的唐墓确系当年贫困无以给丧的杜氏后人为杜甫修建的墓冢。

但总而言之，张岳龄便是凭借这两点依据，认定平江杜甫墓是真墓无疑，更不存在迁葬偃师之事，直接否定了其他地区的杜甫墓。

鉴于李元度与张岳龄的官阶资历及社会影响，清光绪《湖南通志》记载了平江杜甫墓、耒阳杜甫墓二墓并存的情况。该志卷三十八《地理志·陵墓三·耒阳县》载："唐工部员外郎左拾遗襄阳杜甫墓在县北靴洲上。甫卒于耒阳，宗武子嗣业自耒阳迁甫柩归于偃师县。按，元微之《志》，子美归葬偃师。考韩愈诗及宋韩维诗，似柩虽还而冢未尝毁也。"② 同书卷三十九《地理志·陵墓四·平江县》又载："工部员外郎左拾遗杜甫权葬墓在县南二十五里小田"，并全文附录了李元度《杜工部墓考》③。正是在李元度、张岳龄等官员、邑人的大力论证支持下，平江县主政官员及本地的杜氏宗族展开了兴建杜甫祠墓的活动。

---

① （清）张岳龄：《杜工部墓辨》，（清）李宗莲：《杜工部祠墓志》，叶六，中国国家图书馆藏清光绪十年木活字本。

② （清）卞宝第、李翰章等修，曾国荃、郭嵩焘等纂：光绪《湖南通志》卷三八《地理志·陵墓三·耒阳县》，《续修四库全书》，上海古籍出版社1996年版，第662册，第305页。

③ （清）卞宝第、李翰章等修，曾国荃、郭嵩焘等纂：光绪《湖南通志》卷三九《地理志·陵墓四·平江县》，《续修四库全书》第662册，第327页。

第三节　平江杜甫墓祠的营建

一　重修杜甫墓与兴建杜公祠

既然张岳龄、李元度等人业已认定平江杜甫墓是真墓，那么保护杜甫墓也在不久之后提上了议事日程。清光绪九年（1883），张岳龄、李元度等致仕官员、乡绅耆老起草了重修杜甫墓、新建杜公祠的倡议书，时称"文启"。文中介绍说杜甫墓在"平江县南二十五里之小田天井湖"，"奈他族占葬累累，不许杜氏祭扫，所幸一抔未损，马鬣岿然"。前任平江县知县麻维绪"诣勘议修，因丁忧去官未果"，署理知县李宗莲"主持清还墓地，捐廉倡首谕诸绅集费、修墓、建祠"，号召全县士绅慷慨解囊、捐资乐助，并将议定工程开列如下：

> 修墓、上凳石、下立碑。前设飨堂，以隆祭祀。建牌坊，以壮观瞻。围墙四周石趾砖壁，广五丈，长十三丈五尺有奇。左构官厅五间、厢房两间以待宾客，并营僧舍二栋，上下三间，以奉香火。厨碓、杂屋亦所必需，砖瓦木石，各工料约在四千缗。又筹买田租百石，以供僧徒，常往来客盘飧，且须存店生息，为春秋祭祀、岁修器用之资，合计非得六千不可，伏惟贤达君子，仰体邑尊表章先贤、扶持文教至意，顾念诗圣遗阡，江山生色，慷慨解囊，共成盛举，将见人文蔚起，风雅振兴，合邑幸甚。所有印薄发存公局，其乐捐若干，送东街生义全店代收登薄，尚冀源源而来，多益善，于诸公有厚望焉。①

李宗莲也是杜甫的崇拜者，他原本是武陵县知县，因平江县知县空缺，由其代为署理平江县事。李宗莲亲撰《募修杜公墓祠启》，再次强调平江杜甫墓的真实性，号召全县捐资重修杜甫墓，并以捐资刻

---

① （清）李宗莲：《杜工部祠墓志》，叶三一至三二。

碑、青史留名为"诱饵",文告中说:"自公迄今千余年,邑君子集金,为公葺墓修祠,以志向往。忠爱之感,历久弥真,他日落成,应将捐金衔名数目〔泐〕(勒)石以纪,即以质之邑君子何如。"①

在张岳龄、李元度以及李宗莲等人的积极支持之下,清光绪九年九月,杜甫墓整修工程与杜公祠的兴建同步展开。竣工之后,李宗莲特意将李元度、张岳龄的考证文章以及文启、公告等杜甫祠墓相关文献汇编成书,命名为《杜工部祠墓志》,付梓刊印。该书开篇首绘杜甫像与《原墓图》,随即介绍了杜甫墓的重修情况,文载:

> 原墓癸山丁向,花砖结顶。墓下砖砌,圆首门三,皆砖所封塞,外窾红石。碑字皆剥落无迹。择吉换碑之时,门面封塞之砖,中有坼裂而隙者。窥其内,如堂室然。再进有砖作花窗。内深邃不可见。父老相传云:向有玉杯、金椀实其中。……红碑之下,揭土三尺,始知窾地。有砖中分人字势。以罗经牵线合人字缝。较之与《杜氏谱》据所载癸山丁向相符合。由此而下,砖分三级,有半月池,小方池形。池外有瓦筒,便于出水者。视此古砖古迹,未便移易,今仍之。惟墓顶花砖,形类扇页。侧面有阳文,转草花式。砖因岁久不全,拟照此式,造新者补之。而陶工苦难合作,因用坚厚石块,镶合成墓。径一丈,高五尺,附以石围。碑换青石,高一丈,宽二尺有奇,旁附石板,镶以石柱。碑中镌字曰:"唐左拾遗工部员外郎杜文贞公之墓。"碑旁曰:"知平江县事武陵县知县李宗莲题。"②

又绘《祠墓官厅僧舍图》,辅以文字介绍杜公祠的重修情况,文载:

---

① (清)李宗莲:《募修杜公墓祠启》,《杜工部祠墓志》,叶三〇。
② (清)李宗莲:《杜工部祠墓志》,叶二至三。

第十五章 平江杜甫墓祠遗迹研究

杜墓前距三丈,照癸山丁向,建飨堂。深二丈四尺,广五丈,五间六架。东西两旁甬道各一,可通墓前。堂之上下门皆木棂,开可见墓,而宜祀事。堂内俱石柱,东西俱砖壁窾石,镌其记,并捐资者姓名而并刻之。堂檐之下,天井计横三丈六尺,顺一丈,两旁檐阶各七尺。天井以下为门栋。横亦五丈,深丈六尺,五间六架,俱石柱。两旁皆砖壁。门外作牌坊,额曰"诗圣遗阡"。地坪顺二丈四尺,抵李邑侯捐置之田。横与官厅僧舍,尽其址。飨堂东廊门通官厅,厅广三丈六尺,深二丈四尺。三间四架,上下门皆木棂。东西房广各丈二尺,深如其厅。西房外附以巷,可通后院。及李邑侯捐置之土。厅前天井、东西厢房各一,横各一丈,顺各丈六。天井之前墙为官厅照面。官厅之东附僧舍,坐向与祠墓官厅同,上下两进,丈尺俱随地布置。前后墙壁与官厅前后俱齐。空其官厅、僧舍之后,为浣花草堂地位。僧舍另立大门。颜曰"阐幽庵"。飨堂门栋之西,就其隙地丈余,而为闲房。统祠墓、官厅、僧舍之外,四面俱附以墙,方各十五六丈不等。附墓田土无混淆者,其路照坐北南向,东北通杨孝仙祠及江口大桥,可达县城。西北通清水团及洪家塅,可达县城。东南通长田市及浏阳之黄泥界。西南通横江团及茱桐岭之长沙界。近墓居民俱往天井湖畔之外,其杜公后裔久已迁居西之晋坑及本乡,距此三十里之石坳。此地宜松、宜竹、宜食茶、薯芋。湖内余地且尚广焉。①

以上所述杜甫墓及杜公祠、官厅、僧舍建筑样式形制甚为翔实,加之《杜工部祠墓志》又绘有图画,可将书中图文与今日平江杜甫祠墓格局相互对比。对照之下,可知平江杜甫祠墓保存极为完好,与清光绪九年兴建之时几无差别。杜甫墓前所立石碑、"诗圣遗阡"门坊题刻、僧舍大门"阐幽庵"题刻均保存完好。只是"诗圣遗阡"

---

① (清)李宗莲:《杜工部祠墓志》,叶六至七。

原为入门牌坊样式，今改与"阐幽庵"大门样式一致，不复牌坊形制。

二　杜公祠列入祀典的努力

平江杜甫祠墓工程尚在进行之中，清光绪九年十二月初五日，张岳龄、李元度等联合同邑官员二十余人及本县举人、贡生二十余人，向平江县县衙递上了一份呈文，文书中除了重申杜甫葬于平江县小田天井湖的结论，又称杜甫"许身稷契，抱致君尧舜之心；游目商周，发旷世风骚之旨。登侍从则献纳尽诚，处幕僚则忠勤罔懈。虽在江湖之远，不忘廊庙之忧，所作歌诗皆成信史。仰荷高宗纯皇帝选入《唐宋诗醇》，当序其集，以为原本忠孝，得性情之正，良足承三百篇坠绪，备极褒荣，允为定论"，应当获得祭祀尊崇。如今杜甫墓已整修，杜甫祠已建成，因此"愿集费以经营。蘄致斋于献享，既修茔域，并建祠堂，用是请达上台，题准列入祀典。庶几春秋有事，长增俎豆之光。从此泉壤无恫，大吐文章之气，伏祈鉴核，迅赐施行"①。

署理知县李宗莲得此呈文三日之后即作出批示，强调了在本县祀典之中增入杜甫祭祀的合理性。批文云："杜公生平以《三大礼赋》受知于朝，以坐救房琯疏镌职，以全集诗行于世。虽不得志于一时，而读其诗想见其为人，其爱忧民、抚时感事，实于天下后世，有感发兴起之功，诚于愧乎圣贤大道，应请俎豆之荣，用壮祠堂之色，并候据情转请，以慰忠忱而隆报飨，再禀赍张绅所著《墓辨》及《麈史》二则，计折两件，辨论老当，考核精详，询属信而可征之作，亦俟事竣，检同本县查考各件，汇刻成本，随禀通赍，各宪鉴核，以备掌故可也。"② 李宗莲又将杜甫祭祀纳入祀典之事上报湖南巡抚衙门、布政司、按察司等各衙门，强调平江县杜甫墓的真实性与杜公祠祭祀的

---

① （清）李宗莲：《杜工部祠墓志》，叶二四至二五。
② （清）李宗莲：《杜工部祠墓志》，叶二八。

第十五章 平江杜甫墓祠遗迹研究

合理性。但清光绪十一年（1885）《湖南通志》修成之时，尚未将平江杜公祠列入《典礼志》中①。

平江当地官员及士绅急于将杜公祠列入祀典，其本质上仍是要与耒阳杜甫墓一较高下。因为在当时的情况之下，官方祀典的承认，是祠宇、墓地真实性的护身符，否则皆在淫祠之列。平江杜甫墓虽有地方官员与文人的积极论证，也得到了湖南省官方的肯定，但祀典却迟迟未见；而与此形成对比的是，耒阳杜公祠向来是享有官方祭祀且载诸祀典的②。这大概也是平江一方对此不能释怀的根本原因。

1980 年，在萧涤非先生的带领下，《杜甫全集》校注组成员来到了湖南岳阳、耒阳、平江等地考察杜甫行迹所经。萧涤非先生在考察平江杜甫墓之后说道："到平江两三天来所见所闻的书面材料和古迹，感到说杜甫权厝平江，情理完全可通，最有说服力的理由是岳州所属各县中，只平江有一座杜墓，别无第二。心中微感不安的是唐宋元三朝文献中，都没找到平江杜墓的材料。"③ 这一看法虽然是感性认识，但却甚为准确。杜甫旅殡平江之说虽有一定的合理性，但确实找不到更早的历史文献来支撑这一观点。而平江杜甫墓的出现极为晚近，至清同治、光绪年间经过一系列的考证、勘察、重修等活动，平江方才最终确立了本地有杜甫墓，且为真墓的信心。

平江杜甫墓与杜公祠的兴建虽晚，但其中蕴含的文化内涵和心态却带给我们很大启示。

首先，平江杜甫墓的出现自有其必然性，同时也是一个长期的过程。自宋代以来，随着杜诗研究的深入，杜甫卒葬耒阳说不断遭到质疑，最终逐渐被否定，这促使了后人重新回到原典中寻觅杜甫"真正"的卒葬之地，这是杜甫"真墓"产生的文化前提。在此前提下，宋人王得臣的著述、明人发现的杜甫诰敕以及方志中的"杜宗武流寓说"都是新杜甫墓出

---

① 按，光绪年间平江县祀典情况可参见光绪《湖南通志》卷七六《典礼志·祠庙三·平江县》，《续修四库全书》第 663 册，第 237—240 页。
② 按，耒阳杜公祠见清光绪《湖南通志》卷七五《典礼志·祠庙二·耒阳县》，《续修四库全书》第 663 册，第 208 页。
③ 山东大学《杜甫全集》校注组编著：《访古学诗万里行》，人民文学出版社 1982 年版，第 207 页。

现之前的文化积累，或者说准备工作。这决定了新的杜甫墓在"潭岳之间"这一区域内出现的必然性，并在各种文化积累的条件限定下，不断地缩小范围，最终确定到了平江这一最具可能性和说服力的地区。

第二，李元度、张岳龄等致仕官员最终成为新杜甫墓的论证者和实践者。他们坚定地认为杜甫葬于平江，积极倡导和组织修墓事宜，并致力于将平江杜甫墓纳入官方祀典的一系列观点和行为，一方面是为本地争取杜甫这一千古文化名人，以达到夸耀地方文化的目的。为此，这些年老致仕的官员不辞劳苦地出钱、出力，甚至不惜与其他有杜甫墓的地区展开论战，充分体现了对家乡的热爱；另一方面也真实地体现了晚清士人群体当逢乱世、国运艰难之下，对杜甫至性至情、忠君爱国、有功于名教世道的敬仰之情。这种家乡之爱和尊杜之诚，都已经超过了杜甫墓本身真伪的价值，成为留给当今社会和学人的宝贵财富。

结　语

杜甫一生经历坎坷，既见证了有唐一代最为繁盛的开元、天宝时代，又经历了唐王朝由盛转衰的安史之乱。青年时期的壮游、中年之后的颠沛流离、晚年的贫病孤苦，都经手中的如椽巨笔，化为不朽的诗篇。杜甫的诗歌既是唐王朝兴衰史的见证，又记录了中国古代文士最为真实的喜怒哀乐。杜甫也因其忠君爱国、悲悯黎民的高尚情操而受到后人的推崇，因此杜甫也是我国历史上得到最多祭祀与纪念的诗人。时至今日，在杜甫出生、卒葬以及一生所经之处，仍然存在着很多与杜甫相关的祠、墓、故居、亭台等遗迹。

本书以杜甫生前流寓所经及卒葬地为线索，以流传后世的杜甫遗迹为研究对象，通过实地考察、文献研究、学科交叉等研究方法，对全国范围内十五地杜甫遗迹的创建源流、历史沿革、文化价值等问题进行系统、深入的研究。

一　本书各部分基本结论

本书主体共分十五章，其中前十一章为一个部分，以杜甫行迹顺序为线索，研究杜甫所经之地或后人认为杜甫所经之地的遗迹，以及后人为纪念杜甫而建造的文化遗迹。后四章为一个部分，研究现存杜甫墓葬中广为人知、传承有序且据实可考的偃师、巩县、耒阳、平江四处杜甫墓葬遗迹。各章节的主要结论及创新之处如下：

长安是杜甫流寓生涯中的重要地点，但西安杜公祠出现的时间却相对较晚，始创于明嘉靖年间。西安杜公祠与董仲舒祠等追慕地方前贤的纪念性建筑几乎出现于同一时间，这与明中期关中地方文化大兴的潮流有密切的关联。明清两代，西安杜公祠经历了多次荒废与重修，最终得以保存至今。西安杜公祠历次重修的过程本身值得研究，且在此过程中，杜甫的祭祀形象也经历了由"乡贤"到"诗圣"再到"国士"的发展变化，这是地域文化兴衰和时局变换的反映，也体现了该地区杜甫接受的独特之处。

杜甫寓居长安期间，曾与岑参兄弟等友人游览鄠县渼陂并题诗。北宋时，鄠县知县张伋于渼陂北岸见一残破亭台，修复之时，据杜甫《渼陂行》而取名为"空翠堂"，此堂开始带有了纪念杜甫的意味。明末鄠县知县张宗孟为加强此地军事防御力量而重修空翠堂，时局忧患之下，张宗孟感怀杜甫，将空翠堂与纪念杜甫彻底联系在一起。自此，空翠堂成为了此地纪念杜甫的建筑。清时，空翠堂又经历了数次重修，已成为祭祀杜甫的祠宇。此后，鄠县杜公祠一直以"空翠堂"之名延续下来。

安史乱中，杜甫携家人至鄜州，安家在羌村。从宋代开始，羌村的具体位置一直存在不同说法。经笔者研究，宋人的"洛交说"和明代主流的"三川说"，其实指的是同一处所在。但此后，明人又提出了"洛交说"的新地点，由此展开了两处羌村之争。至清代，新的"洛交说"在论战中逐渐占据上风，为调和矛盾，最终出现了杜甫在鄜州曾有两处居所的观点。经考辨，杜甫寓居鄜州时再次移家之说并无确实依据。

当今学者研究认为，杜甫并未到过延州。明中期以前的文献中，也确无杜甫避乱延州的记载。从明嘉靖年间开始，地方志书中才陆续出现了杜甫避乱延州的说法，并依据此传说，出现了"杜甫川"遗迹。清人亦根据此说在延安修建杜公祠。杜甫虽未至延州，但延安杜公祠的历史文化价值却不能否定。延安杜公祠数经迁移改建，杜甫作为祀主也寄寓了历代修祠者的文化需求。解放战争时期，杜甫精神更是契合了中华民族的气节，这在杜甫精神、杜甫文化的弘扬上具有独特的价值。

结　语

乾元年间，杜甫自华州来到秦州。宋人认为杜甫曾寓居东柯谷，便在东柯谷建祠纪念，但因此地距州城较远，至明代已荒废。嘉靖中，当地官员复在天靖山建李杜祠，并祀李白、杜甫。清初，宋琬至秦州，重修李杜祠，虽以李杜祠为名，但实际上以祭祀杜甫为主，寄寓了宋琬本人的时代之怀和身世之感。此后的数次重修皆保持了杜甫的主体性。光绪末年，李杜祠倾圮，当地文士辟南郭寺东禅院为祠。时值清末，国运艰难，时局动荡。选择在此时复建杜公祠，正体现了当地文士对政治理想的追思和忠爱精神的感怀。此外，秦州杜甫祠宇多次迁址的原因和过程本身也具备考辨研究的历史和文物价值。

杜甫在秦州停留数月后，前往成州同谷，这是杜甫一生中极为困顿的时期。自晚唐起，就不断有关于杜甫同谷寓居之所的指认与考辨。宋人晁说之因杜甫故宅兴建祠堂，此后历代均即此故址修葺，并形成了以诗代记的独特文化现象。这些题诗也有着重要的文献价值和文化价值，不仅介绍了杜公祠历代的重修情况、描摹了杜公祠的风物景观，还展现了杜甫在历代的祭祀形象。此外，成州杜公祠最值得重视的文化价值便是北宋建祠时所体现的儒家道统观照下的杜甫形象及李杜之争，这为研究宋代杜甫接受提供了文献和实证。

杜诗中曾多次提到栗亭。栗亭唐时原属成州，元至元中并入徽州。徽州人一直将杜甫视为重要的流寓人物，认为杜甫曾徙居栗亭，至今此地仍有数处相关遗迹。栗亭杜公祠创建于明正德中，此后共经历了五次重建、重修。栗亭杜公祠最大的文化价值在于杜甫祭祀形象的丰富多样。在复杂的兴废历程中，杜甫经历了"忠爱楷模""落魄文人"以及"本土神灵"三种祭祀形象的交织变换。这些祭祀形象的强烈对比，体现了官方和乡里社会在杜甫接受问题上的巨大差异。

在成都定居的数年是杜甫一生中为数不多的安逸时光。杜甫在成都营建了闻名后世的成都草堂。杜甫称居所为"草堂"，并非是受成都草堂寺影响，而是习用了历来文人将避世隐居之地称作"草堂"的传统。成都草堂是现存杜甫遗迹中当之无愧的代表。自唐以后，历代均对成都草堂进行维护、扩建与重修，留下了大量对研究杜甫接受卓有价值的文献。后世在此地也流传了不少诸如"崔宁妾氏占据草堂"的趣闻、传说。此外，杜甫在元代被追谥"文贞"一事也与成都草堂密切相关。笔者在梳理、考辨基本文献的基础上考辨了一些前人未曾关注和考证有误的细节问题。例如明人何宇度的籍贯、官职问题，清人杜玉林屡次重修草堂与其个人仕途的关系以及福康安离开成都后草堂衰败的因由。

宝应元年，杜甫离开成都，来寓梓州。在梓州期间，杜甫常至牛头山等地游玩，留下了不少诗歌。嘉靖年间，四川官员以杜诗中"牛头山""牛头寺"等景物为基础，在牛头山营建草堂、亭台等以志纪念，不过未能传之后世。明代方志及民间传说中，又有潼川草堂寺原为杜甫梓州故宅的说法。此说难以证实，却为清代本地崇杜官员所信。乾隆年间，本地官员夺草堂寺之名，改左近之文峰书院为草堂书院，重新"厘定"了杜甫梓州故居——潼川草堂寺——草堂书院的传承脉络，在书院为杜甫、李白营建专祠。李杜祠与草堂书院最终在清中、后期的历史洪流中归于沉寂。

杜甫寓居梓州期间，曾两度来到阆州，在阆州留有诗文。北宋时人已将杜诗与阆州锦屏山联系起来，至晚在南宋年间，锦屏山已有杜甫祠堂，陆游曾登临瞻拜。此后祠堂即湮灭无闻。文献中再次出现锦屏山杜陵祠的记载已是明嘉靖年间，此时期锦屏山不仅有杜陵祠，还有四川按察司佥事杨瞻修建的景杜亭。清嘉庆年间，黎学锦于锦屏山重修一祠，将司马光和陆游陪祀杜甫之侧，未几倾圮。咸丰年间，仅剩祠亭。今所见之祠堂乃20世纪80年代兴修的仿古建筑。

永泰二年春，杜甫举家移居夔州，在此生活了近两年。杜甫在夔州期间曾多次移家。初至夔州时，杜甫居住在白帝城中的江边阁和西阁，此后移居赤甲城，再移瀼西，又移东屯，在夔州留下了多处足迹。自宋以来，代有官员、文人寻访杜甫夔州遗踪，建造纪念建筑。自宋至清，瀼西、瀼东、东屯等地的纪念、祭祀活动络绎不绝。瀼西的诗史堂、瀼西杜公祠、漕司高斋、静晖楼、邵杜祠，东屯的东屯高斋、东屯草堂，瀼东的瀼东杜公祠、晋阶书院等建筑，皆是纪念、祭

结　语

祀杜甫之地。由于夔州治所迁移和地理环境的变化，至明清时期，一些地域观念已经混淆。加之这些遗迹的变迁历史复杂，当代又逢重大地质变化，无法实地考察，以至今人对夔州杜甫遗迹的研究问题极多。廓清杜甫在夔州的行踪以及后代诸遗迹的历史和方位，具有重大的学术价值。

全国各地有多处杜甫墓，其中较为知名且据实可考的有四处，分别是河南偃师杜甫墓、巩义杜甫墓，湖南耒阳杜甫墓、平江杜甫墓。四地为证明本地的杜甫墓是真墓进行了大量努力，搜集文献依据，论证历史传承，并与"竞争对手"展开激烈的论战。其中，偃师和巩县两地互为竞争对手。偃师有元稹所作墓志铭为证，原本是最有说服力的杜甫归葬地。但偃师杜甫墓至清初已经难以寻觅，相反，巩县杜甫墓的呼声愈发高涨。偃师当地官员根据杜甫诗文中的线索，在土娄村重造墓冢，并开始了"正本清源"的努力，千方百计地与巩县争讼。巩县有杜甫墓则是明清时期才出现的说法，最初依据的仅是司马光和宋敏求的笔记记录。但随着偃师杜甫墓的湮没，巩县杜甫墓开始广为人知。为了在与偃师的争夺中占据优势，当地人又提出了杜甫故里和出生地的说法。偃师、巩县两地间"出招""对策"的争讼过程既显得有趣，同时又具有重要的历史和文献价值，其中蕴含的士人文化心态和对杜甫文化的传承是留给我们的宝贵财富。

耒阳杜甫墓的历史很早。早在唐时，杜甫卒于耒阳的说法便广为世人接受，此后历代人均对耒阳杜甫墓有所修葺。不过随着杜甫研究的深入，杜甫卒于耒阳的说法逐渐被否定，耒阳杜甫墓的真实性也开始受到质疑甚至否定。这促使人们回到原典中重新寻找杜甫"真墓"的所在。平江杜甫墓就是在这种前提下应运而生的。平江杜甫墓出现的时间极晚，清中期之前，平江既无杜甫墓的记载也无杜甫墓的明确传说。直至清末，在平江当地致仕高官的积极论证和倡导下，以元稹的"旅殡岳阳"说以及当地杜姓家族手中的"诰敕"为依据，平江最终认定并创造出了平江杜甫墓。由于没有久远的历史传承和足以说服多数人的文献证据，平江不得不采取强势态度与各地争讼，争取进入官方祀典,为此甚至否定了杜甫最终归葬偃师之说。

从历史研究的角度看,四处杜甫墓的论证依据都有问题。巩县墓源于宋人的记忆偏差;耒阳墓已被证伪;平江墓既无历史传承,论证又漏洞颇多;原本最具正统性的偃师墓,也由于曾经湮灭后寻踪重建,而无法确定具体地点是否存有偏差。对于墓葬真伪,当今大多数学者虽然可以得出自己的结论,但在没有新出权威文献的前提下,无法令各方都信服。因此,笔者认为,在各地均无铁证的情况下,这些杜甫墓的最大价值并不在于墓葬本身的真伪,而应在于后世创建、维护杜甫墓以及奔走争讼过程中所蕴含的崇祀杜甫英灵、仰慕杜甫品格的真挚情怀以及它们对杜甫精神、杜甫文化的传承和弘扬。

二 杜甫遗迹的产生规律

本书绪论部分已经对杜甫遗迹这一概念的内涵和外延做了清晰的表述,将杜甫遗迹界定为与杜甫相关的旧居、坟墓、祠宇、亭台楼阁等历史文化遗存,以及相关传世文献的总和。单从物质层面来说,杜甫遗迹不仅包括狭义上的杜甫生前亲自营建的住所和后人为杜甫修葺的坟墓,也包括广义上的后人在杜甫故居、墓葬所在地以及杜甫流寓所经处创建的纪念性建筑。

通过本书对十五处杜甫遗迹的深入研究,可以清晰地看出,杜甫遗迹的产生自有其规律。

第一,杜甫遗迹的所在地均与杜甫直接相关。杜甫作为中国文学史上最伟大的诗人,其受到的后世尊崇并非是区域性的,而是全国、乃至世界范围的。后世的杜甫接受同样不具有区域性特征。但杜甫遗迹的出现地却并非随机散点分布,这些地点都与杜甫一生流寓所经以及卒葬相关。本书研究的十五处遗迹中,绝大多数都坐落在杜甫生前明确停留过,以及有可信文献记载其卒葬的地方。长安、鄠县、鄜州、秦州、同谷、栗亭、成都、梓州、阆州、夔州、耒阳、偃师莫不如此。而延安、巩县、平江这几地,经研究考辨,没有任何确凿证据能够证明杜甫确曾到过或卒葬于此,但其产生杜甫遗迹,也要以传说

结　语

或地方文献中层层累加的记载为前提,将本地与杜甫牢牢地联系在一起。其中,延安杜公祠的出现依托于杜甫避乱延州和杜甫川的传说;巩县杜甫墓的产生依托于宋人笔记和明清方志记载,巩县杜公祠的创建更是依托于杜甫故里的传说;平江杜甫墓的出现则依托于明代杜姓家族所藏的敕书以及清代方志的记载。这些例证充分说明了,杜甫遗迹产生的决定性因素并非后人对杜甫的尊崇程度,首要的是此地与杜甫的相关性。在与杜甫完全不相关的地区,即便有十分推崇杜甫的人士,也不会产生能为社会广泛所知和认可的杜甫遗迹。至于产生杜甫遗迹的地方与杜甫的相关性是否真实,则是另外的问题。至少创建杜甫遗迹之人对其真实性确信无疑。

第二,杜甫遗迹的数量随着时间的推移而逐渐增加。一般的历史文物,尤其是建筑,往往会随着时间的流逝,数量慢慢的减少。但杜甫遗迹的数量却随着时间的推移逐渐增多。在本书研究的十五处杜甫遗迹中,唐宋时期即有明确记载的仅有成都、阆州、夔州、耒阳、偃师、鄜州、成州等几处。其他杜甫遗迹都是后来慢慢出现的,西安杜公祠、栗亭杜公祠、秦州天靖山李杜祠、梓州牛头山草堂均创建于明代;鄠县渼陂空翠堂宋时仅是以杜诗命名的亭台,至清初才最终成为纪念杜甫之所;延安杜公祠、巩县杜甫祠墓、平江杜甫墓更是完全诞生于清代。由唐至清,杜甫遗迹非但没有减少,反而成倍数的增加。究其原因,一方面是由于杜甫在后世官员、文人心中的地位和影响并未随着时间减弱,反而愈发崇高,是以一些原本杜甫曾到过,但并无纪念、祭祀的地方开始出现纪念性建筑,而一些旧有的荒废甚至消失的遗迹,也在后代不断地重修、重建;另一方面则是由于后人对杜诗解读的加深,以及对与杜甫相关历史文献的重新认识。最典型的例子是平江杜甫墓。平江墓产生的缘起,便是后人精读杜诗,否定了杜甫卒葬耒阳说法,由此引发了对元稹"旅殡岳阳"一说的重新解读和发挥,既而才有了后续一系列的行为。

总而言之,杜甫遗迹的产生自有其规律,绝大多数产生在与杜甫直接相关的地方。少数创建于后代,且没有明确证据证明与杜甫直接相关的遗迹，也都要千方百计地加强和确认其与杜甫的联系。杜甫遗迹的数量随着时间的推移呈现出逐渐增多的特点，自唐以后，历代均有新的遗迹出现，最终形成了如今的数量和规模。

三 杜甫遗迹的类型特征

本书通过对杜甫遗迹的研究，我们发现杜甫遗迹若以类型来划分，大致可分为故居遗迹、墓葬遗迹、祠宇遗迹、亭台遗迹等四大类型。本书所论及的杜甫故居遗迹分别有鄜州羌村故居、秦州东柯谷故居、成州故居、成都草堂故居、梓州故居、夔州故居等六处。墓葬遗迹则有偃师、巩县、耒阳、平江等四处。祠宇遗迹则有西安杜公祠、延安杜公祠、秦州天靖山李杜祠、秦州南郭寺杜公祠、成州杜公祠、徽州栗亭杜公祠、成都草堂杜公祠、梓州李杜祠、阆州锦屏山杜公祠、夔州瀼西杜公祠、瀼东杜公祠、巩县东站杜公祠、耒阳杜公祠、平江杜公祠等十余处。亭台楼阁遗迹则以陕西鄠县渼陂空翠堂、梓州牛头山怀杜亭、阆州景杜亭、夔州瀼西诗史堂等为代表。

当然，上述几种遗迹类型之间存在互相交叉的问题。例如秦州东柯谷故居后又建有杜公祠；宋人在成州故居、成都草堂的基础上又兴建了杜公祠；五代时，耒阳杜甫墓前就已经有杜公祠的存在；平江杜公祠也以杜甫墓所在地建祠祭祀等。

由此看来，在研究杜甫遗迹的过程中，应当抓住该地杜甫遗迹的起源或本质的所在。一般而言，都是有故居、墓葬或后人所认为的故居、墓葬在先，随之产生了瞻仰、祭祀的需求，而后以原有故居、墓葬为中心，在其周边兴建祠堂，逐渐形成一系列的建筑物。成县杜公祠就是依托杜甫成州故居而兴建，成都等地亦然。偃师、巩县、耒阳、平江四地均是在杜甫墓的基础上营造其他建筑。西安杜公祠创建之时，当地人同样认为建祠之地有杜甫故居和墓冢，并以此为崇祀缘由。

但有时，同一州县在后来也存在遗迹迁址，或同时存在多处杜甫遗迹的情况。例如秦州杜公祠历史上有三处，分别在杜甫东柯谷故居、城北天靖山及城南南郭寺，这便是遗迹由于各种原因迁址导致的。梓州等地的情况与之类似。巩县则是同时存在多处遗迹，杜甫墓在康店，杜公祠则在东站。夔州的瀼西、瀼东和东屯也各有遗迹。这些情况的发生具有一些特殊性。例如，秦州在天靖山建大雅堂、李杜祠，祭祀杜甫与李白，主要是因为天靖山仅距城北一里，便于瞻拜；清末李杜祠毁于战火之后，地方官员、文士又在城南南郭寺寻得空置厢房，改建为杜公祠，多少有些不得已的成分。又如，巩县杜甫墓在城西邙山山崖之下，又与县城相隔洛水，距离县城路途较远；而城东东站街为交通要道，原有"杜甫故里"碑刻及杜甫出生地的传说，故在东站街建杜公祠，同时也是为了加深大家对"杜甫故里"的认同。梓州、夔州也各有其原因。此外，延安、栗亭、阆州等地并无可依托建祠的杜甫故居，便均以杜甫暂居、流寓所经的名义建祠，这在杜甫遗迹中反而属于少数。

总而言之，最晚至明清时期，全国各地以故居、墓冢为中心的杜甫遗迹大多已经形成固定的祭祀场所，每年都会如期举行常态化的祭祀活动。其他仅有杜甫祠堂的府州县，则主要依据杜甫的生平、诗歌认定杜甫曾在本地或长期或短暂的生活过一段时光，以此作为本地修建杜公祠的依据。鄠县、阆州等地则因杜甫曾游览过本地名胜，而以杜诗命名建筑，以此纪念杜甫。

四 杜甫遗迹的时代特色

若以杜甫遗迹出现的时代划分，我们则会发现，杜甫遗迹其来有自、传承有序。

不少杜甫遗迹在唐代就已有明确的文献记载，历经千年仍为后人所珍视、保护，亦为社会所熟知。其中成县杜甫故居的相关记述，源于唐咸通十四年（873）西康州刺史赵鸿所作的《杜甫同谷茅茨》一诗，此后宋人晁说之又于该处故居遗址建成州同谷县杜公祠，明清两朝重建、重修不绝于书。成都草堂更是屡见于唐人诗歌与地方风俗志，亦有剑南节度使崔宁妾任氏侵占草堂的传说。自五代韦庄、宋人吕大防、胡宗愈、张焘重修草堂、新建杜公祠之后，明清两朝屡加修葺，使成都草堂声名远播，也成为后来最为人所熟知的杜甫遗迹。耒阳杜甫墓的情况同样如此，自晚唐时，杜甫因酒肉饫死耒阳的传说就散布开来，耒阳便出现了杜甫墓，晚唐五代时诗人多有吟咏，自五代黄廷翰为杜甫墓建祠以来，宋、元、明、清乃至民国重修杜甫墓、杜公祠的记录同样屡见地方志书、碑石文献的记载。

但也会出现唐时已存在的杜甫遗迹，随着岁月的流逝，逐渐从人们视野中消失的情况，偃师杜甫墓就是其中颇为典型的例子。偃师杜甫墓首见元稹所撰墓志铭的记载，明代志书亦有记载。但至清代中叶，偃师杜甫墓已不见踪迹，更无法确指其墓葬所在。本地官员与文士为此开展一番文化寻访活动，在大致合理的范围之内为杜甫重建新墓，以期正本清源，为杜甫终葬偃师的说法提供物证。

两宋时期是杜甫遗迹传承的关键时期。宋人对杜甫遗迹的重要贡献主要体现在以下三个方面。其一是对杜甫遗迹的再造。唐代已有文献记载的成州故居、成都草堂、夔州高斋、耒阳杜甫墓，皆经宋人之手得以延续至今，或是重建故居、重培墓冢，或是新建祠宇，妥安杜甫之灵的同时，又为后人瞻拜杜甫提供了新的物质与精神寄托。其二则是对杜甫遗迹的创建。鄠县渼陂空翠堂由鄠县知县张仮创建于宣和年间，以杜诗《渼陂行》诗句命名，阆州锦屏山杜公祠最初创建于宋代，夔州瀼西诸遗迹同样创建于宋代。其三是详尽记录了当时所知的杜甫遗迹。宋人在注解杜诗的过程中，对杜甫行迹所经、遗迹所在，都有着较为明确的记载。这与宋代距离唐代尚不久远，所见文献数量较多，有着极大的关系。宋人对于杜甫遗迹的记录，亦为后代寻访、求证杜甫遗迹，重建、崇祀等社会文化活动提供了重要文献指引。如鄜州三川杜甫故居的记载首见于南宋蔡梦弼《杜工部草堂诗笺》，巩县有杜甫墓的记载首见于司马光《续诗话》及宋敏求《春明退朝录》。由此可见，宋人对于杜甫遗迹的继承与发展起到了承上启下的独特作用，也给杜甫遗迹赋予了更为深刻的文化内涵与社会功能。

结　语

　　明清两代对杜甫遗迹的经营主要体现在杜甫祠宇的创建上。西安杜公祠创建于明嘉靖初年、经清代数次重修，保存至今。延安杜公祠创建于清嘉庆年间，秦州天靖山李杜祠一说创自明嘉靖年间，徽州栗亭杜公祠创建于明正德年间，梓州牛头山草堂创建于明万历初年，夔州瀼东杜公祠创建于明嘉靖年间。上述祠堂所在地皆是古人认定的杜甫生平游历所经之地，虽经当代学者考证，杜甫未曾抵达延州，但延安杜甫川是杜甫流寓之地的传说，最早亦见于明嘉靖《陕西通志》的记载。再如巩县有杜甫墓的说法出自北宋中期，但巩县杜甫墓的最早记载亦见于明嘉靖年间的《巩县志》。

　　上述祠堂、墓冢的创建与明清时期官员的出身有着较为紧密的关系。朝廷派驻地方的御史、提学副使，乃至各府州县的主政官员绝大多数出身科举，由举人、进士步入仕途。这些人饱读诗书，对杜甫、杜诗尤为谙熟，绝大多数都是杜甫的仰慕者，一旦得知履职之地有杜甫遗迹，都会在职权范围之内予以积极倡导。他们或是捐资创建、重修杜公祠，或是极为谦恭地撰写碑文，褒扬杜甫忠君情怀、同情杜甫落魄遭遇。同时，他们又会将本人的杜甫接受，化为满腔感怀，形成一篇篇声情并茂的创建记、重修记流传后世。

　　明代各按察司提学副使、清代各省学政的作用尤其值得重视。他们都是一省之内主管教育文化工作的最高官员，检查各地教育成效、考核士子成绩、兴建学堂书院、淳化社会风俗，都属于他们的职责范围。杜甫以能诗为名，诗歌又以忠君爱国为主旨，作品又与流寓之地、旅途所见景物密切相关，俨然成为当地地方风物的不朽名片，与地方文化融为一体。兴修杜公祠既有提振地方文学风气的意味，又起到淳化社会风俗的良好作用。因此，作为主管文教的官员，主持兴建、重修杜公祠自然属于当仁不让的职责，加之这些官员更容易调动当地的社会资源，往往成为推动杜甫遗迹保护与建设的主力。这也是明清两代杜公祠得以全面铺开的重要原因。

　　还应当注意到，明代兴建的杜公祠大多在明嘉靖时期，这并不是一个偶然的巧合，更不是因为明朝嘉靖皇帝在位时间长达四十五年，导致多地杜公祠墓的创建时间恰巧与嘉靖皇帝在位时期重合。这一"巧合"与明嘉靖时期的政治背景、社会背景有着极为深厚的关联。简言之,与明嘉靖年间推行的祭祀制度有关。

明武宗正德皇帝朱厚照无子早亡,嗣后由堂弟朱厚熜继承皇位,即明世宗嘉靖皇帝。嘉靖皇帝是以藩王入继大统的,其父兴献王朱佑樘是成化皇帝的儿子、弘治皇帝的弟弟。大臣们主张"继统必须继嗣",应当将嘉靖皇帝过继到伯父弘治皇帝名下,尊弘治皇帝为皇考,而其生父只能为皇叔考。嘉靖皇帝极为不满,强调"继统不必继嗣",一定要追封其生父为皇帝。大臣与皇帝因为封建礼法争议而争锋相对,引发了嘉靖初年的"大礼议"事件。事件的结局以嘉靖皇帝的全面胜利而告终。此后,朝廷逐渐放松了民间祭祀先祖的限制。而在此前,明朝人遵循宋代礼法,庶民之家是不可以随意祭祀远祖的,"庶人无祠堂,惟以二代神主置于居室之中间,或以他室奉之"。《大明集礼》又规定:明代"品官庙制未定,于是权仿朱子祠堂之制,奉高、曾、祖、祢四世之主。……至若庶人得奉其祖父母、父母之祀。已有著令"[①]。直至嘉靖十五年,吏部尚书夏言上《献末议请明诏以推恩臣民用全典礼疏》,提出"请定功臣配享议""乞诏天下臣民冬至日得祀始祖议""请乞诏天下臣工立家庙议"等三大礼法改革举措[②],建议废止官员、百姓不得建立宗庙的禁令,允许全国百姓祭祀家族先祖。这些奏疏本来就是在嘉靖皇帝的授意之下出炉的,自然得以通过。由此引发了全国各地兴建祠庙的热潮。产生于嘉靖年间的各地杜公祠虽然大都与杜氏家族家庙毫无关联,但确实受到了嘉靖年间大兴祠宇之风的影响。

在杜甫遗迹的保护以及杜公祠的兴建过程中,当地致仕官员、学子生员的作用也不容小觑。西安杜公祠就源自西安府学学生在咸宁县

---

① (明)徐一夔、梁寅等:《大明集礼》卷六《吉礼六·宗庙·品官家庙》,叶一三至一四,明嘉靖九年(1530)内府刻本。
② (明)夏言:《桂洲夏文愍公奏议》卷二一,叶二〇至二六,天津图书馆藏清光绪十七年(1891)江西书局重刻本。

结　语

境内寻找杜甫遗迹，由此引发了杜公祠的兴建，而在祠宇的兴建过程中，返乡定居的致仕官员如张治道、王鹤等人又对杜公祠的祠宇性质进行了重新的定位，重新定义了杜甫的乡贤身份。秦州天靖山李杜祠被毁之后，也是本地士子觅得南郭寺有空置厢房，将杜公祠改地重建。徽县杜公祠创修记录信息清晰，具体的修葺活动都是由本地举子贡生共同组织完成的。平江杜甫墓的最终确认，也是在平江籍致仕官员李元度、张岳龄等人的极力呼吁之下，得到了地方官员的积极响应。

因此，通观明清两朝杜甫遗迹的基本情况，我们会发现走出书斋、有仕宦经历的知识分子以及具有一定文化知识的乡村知识分子，是关心、爱护、创建、修葺杜甫遗迹的中流砥柱。正是由于他们对杜甫的尊崇之情，转化成为珍视先贤遗迹、褒扬地方文化的积极热情，才有了全国各地杜甫遗迹的传承不熄。与此同时，国家祭祀制度的变革、社会环境的宽松、物质生活的改善等因素，也进一步将杜甫遗迹的寻访、纪念活动推向了新的高潮。

五　杜甫遗迹的文化意义

以今天的视角来看杜甫遗迹，不管是杜甫本人留下的遗迹，还是后人为纪念杜甫而创造的文化遗迹，都以历史文物的形态展现在我们眼前。但杜甫遗迹研究这一课题的价值，绝非给这些"国保""省保""市保"单位做一本介绍景点的旅游手册。杜甫遗迹本身不仅具备文物价值，还具备丰富的历史价值、文献价值和文化价值，具备多重文化意义。

首先，杜甫遗迹研究是杜甫研究的组成部分，对杜甫生平经历等方面的研究具有积极意义。例如本书第三章研究的是鄜州杜甫遗迹。自宋代以来，各类文献对杜甫鄜州羌村故居的地点就有不同说法，至明中期，更是明确指出了两处所在。由于杜诗本身并没有明确这一问题，清人为调和矛盾，提出了杜甫寓居鄜州时曾再次移家的说法，并逐渐得到了后来众多学者的认可。本书通过考辨鄜州杜甫遗迹的源流和相关文献，得出了宋明两代主流观点对羌村方位虽有不同提法，但所指实则为一地的结论。这也证实了明中期之后新出的羌村纯属按图索骥的臆造，杜甫在鄜州期间并未再次移家。这证明了研究杜甫遗迹对研究杜甫生平等基本问题都有所裨益。

第二，杜甫遗迹研究丰富和扩展了杜甫接受研究的范畴。既往的杜甫接受研究往往限定在后代文人在书斋中对杜甫的认识、评价以及其自身诗歌对杜诗的继承上。而杜甫遗迹，尤其是祭祀杜甫的祠堂，则可看作后世对杜甫更为广泛的社会接受。后人建祠祭祀杜甫，与文人在书斋中追慕杜甫往往在内涵上存在着相当大的差别，主要体现在对杜甫形象的认知上。以西安、秦州、成州、栗亭等地的杜公祠为例，这些祠宇历代重修文献相比其他地区较为齐备，从中可以看到杜甫祭祀形象不断发生着变化。杜甫在这些祠宇中，有时是忠君爱国楷模，有时是一地乡贤，有时是诗圣，有时代表了落魄文人，有时甚至成了保一方平安或提振本地文运的本土神灵。这是由修建祠宇的倡导者、组织者的多样化决定的。他们中不仅有为政一方的地方官员，还有倾慕杜甫的地方文人，甚至包括热爱地方文化的乡绅和普通生员。这些人分属不同社会阶层，且并不都具备文坛名家的高雅意趣和深刻认知，因而其祭祀杜甫所怀的文化目的和诉求也会有所差异。但即便同为官员、文士，其祭祀杜甫的理由也因人因时而异。杜甫遗迹的相关历史文献，记述了这些走出书斋的知识分子对杜甫接受的全新体悟与感知过程。他们或是生逢乱世、历经坎坷，对杜甫生平际遇有着更为痛彻心扉的体认，杜诗也就此成为这些人心灵史的真实写照；或是对杜甫生平之不幸寄予极大的同情，期望通过杜甫祠墓的兴建，祭奠缅怀杜甫不朽的灵魂；或是有感于本地文运不兴，寄望于通过祭祀杜甫，提振文运，鼓励本地学子一心向学、报效国家；当然还有更多的创建者则是从杜甫与本地的关系入手，讨论杜甫遗迹的文化意义与社会价值，褒扬杜甫忠君爱国、满腔忠义的高贵品格，以此宣扬杜甫在儒家道统中的重要地位。当然，这些记述中的意蕴又都是互为表里、互相关联的。地域文化中攀比乡贤、争夺流寓的风气日益炽烈，体现

结 语

在地方文献中，则是不断重复着杜甫在本地所作的诗篇，记录杜甫在本地的事迹、故事，并进一步赋予了杜甫遗迹更为复杂的文化内涵。这些不仅是前人没有关注或关注不足的新问题，也恰是研究杜甫遗迹的价值和趣味所在。

第三，杜甫遗迹研究发掘了遗迹真伪之外更深的文化价值。在追寻杜甫遗迹产生、继承、变化、发展的过程中，人们会纠结于杜甫遗迹的真伪问题，尤其是杜甫墓的真伪问题。偃师与巩县互指对方的杜甫墓是假墓。耒阳杜甫墓自唐以来就有明确记录，但明清以后愈发受到质疑。平江则认定杜甫归葬偃师并未成行，本地杜甫墓才是杜甫终葬之地。关于这四座杜甫墓之中，耒阳杜甫墓出现最早；偃师杜甫墓权威文献记载最早；巩县杜甫墓则由宋人提及，出现于明嘉靖年间，并在清代与杜甫故里相结合；平江杜甫墓出现最晚，清代乾嘉之际才得到志书认定，同光年间方才建成。

简言之，四座杜甫墓各有各的文献依据，但又有各自的漏洞。耒阳杜甫墓有唐人诗歌及杜甫饫死耒阳说的佐证，但杜甫离开耒阳之后，还有不少诗篇，已是学界共识，造成了后人对耒阳杜甫墓的否定；偃师既有杜甫家族墓地，又有元稹所撰墓志铭为证，但杜甫墓葬原址湮灭已久，清人不得不重造墓冢；巩县杜甫墓有司马光《续诗话》为证，但司马光又说是出自元稹所撰墓志铭，故而后人多认为是司马光记忆出现了偏差，误将巩县当作偃师，成为其史源上的重大缺陷；平江杜甫墓在清嘉庆之前毫无记载，是在耒阳杜甫墓被质疑、否定，人们重新回到原典中寻找"真墓"的前提下，从元稹"旅殡岳阳"说，以及明代发现的平江杜氏家族手中的杜甫敕诰衍生而出的。由此看来，如果以真伪作为评判各地杜甫墓的标准，可以想见，上述四处都有被否定的理由。但是，如果我们换一个角度，从杜甫遗迹的文化现象来思考，那么这些杜甫墓都是真实存在的。每一座杜甫墓的出现、维护、重修乃至再造都有着更为复杂的社会背景与文化需求。这些杜甫墓的出现，都饱含着后人发自内心的敬仰之情，从而希望本地能够与杜甫产生某种物质遗迹上的联系。后人或是主动出击，欲借杜甫之盛名彰显本地之声望；或是被迫卷入杜甫墓真伪的论战之中，不得不仓促应战，再造墓冢以正视听。这些过程本身就是对杜甫文化的继承和弘扬。推而广之，不但杜甫墓如此，杜甫其他相关遗迹的情况亦与之大体相似。显然，真伪并不是判断杜甫遗迹价值的唯一标准。

  如今这些杜甫遗迹早已成为杜甫文化的重要组成部分，同时也成为具有重要历史文化价值的文物保护单位。杜甫遗迹既是后人追思杜甫、纪念杜甫的物质寄托，也是不同地域之间共同拥有的文化财富，仍将在以后久远的时光中继续承担着重要的文化使命。

参考文献

史籍类

(汉) 班固：《汉书》，中华书局 1962 年版。

(梁) 萧子显：《南齐书》，中华书局 1972 年版。

(梁) 沈约：《宋书》，中华书局 1974 年版。

(北齐) 魏收：《魏书》，中华书局 1974 年版。

(唐) 房玄龄等：《晋书》，中华书局 1974 年版。

(后晋) 刘昫等：《旧唐书》，中华书局 1975 年版。

(唐) 李肇：《唐国史补》，上海古籍出版社 1979 年版。

(宋) 欧阳修、宋祁：《新唐书》，中华书局 1975 年版。

(宋) 欧阳修，(宋) 徐无党注：《新五代史》，中华书局 1974 年版。

(宋) 司马光：《资治通鉴》，中华书局 1956 年版。

(宋) 李焘撰，上海师范大学古籍整理研究所、华东师范大学古籍研究所点校：《续资治通鉴长编》，中华书局 1995 年版。

(宋) 李心传：《建炎以来系年要录》，中华书局 1988 年版。

(元) 脱脱等：《宋史》，中华书局 1977 年版。

(明) 宋濂：《元史》，中华书局 1976 年版。

(清) 张廷玉等：《明史》，中华书局 1974 年版。

王锺翰点校：《清史列传》，中华书局 1987 年版。

《明实录》，台北"中央研究院"历史语言研究所校勘本 1962 年版。

《清实录》，中华书局 1987 年版。

地理志类

（北魏）郦道元撰，陈桥驿校注：《水经注校证》，中华书局 2007 年版。

（北魏）杨炫之撰，范祥雍校注：《洛阳伽蓝记校注》，上海古籍出版社 1978 年版。

（唐）李吉甫撰，贺次君点校：《元和郡县图志》，中华书局 1983 年版。

（宋）宋敏求撰，辛德勇、郎洁点校：《长安志》，三秦出版社 2013 年版。

（宋）乐史撰，王文楚等点校：《太平寰宇记》，中华书局 2007 年版。

（宋）王存撰，王文楚，魏嵩山点校：《元丰九域志》，中华书局 1984 年版。

（宋）王象之：《舆地纪胜》，中华书局 1992 年版。

（宋）王象之：《舆地碑记目》，影印清《粤雅堂丛书》本，《石刻史料新编》第 1 辑第 24 册，新文丰出版社 1977 年版。

（宋）祝穆撰，祝洙增订，施和金点校：《方舆胜览》，中华书局 2003 年版。

（宋）王应麟撰，傅林祥点校：《通鉴地理通释》，中华书局 2013 年版。

（元）孛兰肹等撰，赵万里校辑：《元一统志》，中华书局 1966 年版。

（明）李贤纂修：《大明一统志》，影印明刻本，三秦出版社 1990 年版。

（明）陈循、彭时等纂修：《寰宇通志》，郑振铎编：《玄览堂丛书续集》，民国三十六（1947）年国立中央图书馆影印本。

（明）曹学佺：《大明一统名胜志》，美国哈佛大学图书馆藏明崇祯三年（1630）刻本。

历代杜集类

（唐）杜甫著，（宋）赵次公注，林继中辑校：《杜诗赵次公先后解辑校（修订本）》，上海古籍出版社2012年版。

（宋）王洙、赵次公等注：《分门集注杜工部诗》，《中华再造善本》影印宋刻本。

（宋）鲁訔编次，蔡梦弼会笺：《杜工部草堂诗笺》，《中华再造善本》影印宋刻本。

（宋）蔡梦弼会笺：《集注草堂杜工部诗外集·酬唱附录》，《丛书集成新编》第70册，新文丰出版社2008年版。

（宋）黄希原注，黄鹤补注：《补注杜诗》，《景印文渊阁四库全书》第1069册，台湾商务印书馆1983年版。

（明）王嗣奭：《杜臆》，上海古籍出版社1983年版。

（清）钱谦益笺注：《钱注杜诗》，上海古籍出版社2009年版。

（清）仇兆鳌注：《杜诗详注》，中华书局2015年版。

（清）朱鹤龄辑注：《杜工部诗集》，影印清康熙间金陵叶永茹刻本，《四库禁毁书丛刊补编》第81册，北京出版社2005年版。

（清）杨伦笺注：《杜诗镜铨》，上海古籍出版社2019年版。

（清）浦起龙：《读杜心解》，中华书局1961年版。

（清）施鸿保著，张慧剑校：《读杜诗说》，上海古籍出版社1983年版。

（清）黄生撰，徐定祥点校：《杜诗说》，黄山书社2014年版。

（唐）杜甫著，萧涤非主编：《杜甫全集校注》，人民文学出版社2014年版。

（唐）杜甫著，谢思炜校注：《杜甫集校注》，上海古籍出版社2015年版。

类书及书目索引类

（宋）李昉：《太平御览》，缩印商务印书馆影宋本，中华书局1960

年版。

（宋）晁公武撰，孙猛校证：《郡斋读书志校证》，上海古籍出版社1990年版。

（宋）陈振孙撰，徐小蛮、顾美华点校：《直斋书录解题》，上海古籍出版社2015年版。

（清）永瑢等：《四库全书总目》，中华书局1965年版。

（清）黄虞稷撰，瞿凤起、潘景郑整理：《千顷堂书目》，上海古籍出版社2001年版。

典籍、文集、笔记、传记类

程俊英、蒋见元：《诗经注析》，中华书局1991年版。

蒋天枢校释：《楚辞校释》，上海古籍出版社1989年版。

（梁）萧统编，（唐）李善注：《文选》，上海古籍出版社1986年版。

（清）彭定求等编：《全唐诗》，中华书局1960年版。

（清）董诰等编：《全唐文》，中华书局1983年版。

北京大学古文献研究所编：《全宋诗》，北京大学出版社1998年版。

（清）焦循撰，沈文倬点校：《孟子正义》，中华书局1987年版。

何宁：《淮南子集释》，中华书局1998年版。

（梁）慧皎撰，汤用彤校注，汤一玄整理：《高僧传》，中华书局1992年版。

（梁）吴均撰，（明）吴琯校：《续齐谐记》，民国上海涵芬楼《元明善本丛书》景明刻本《古今逸史》第55册。

（唐）岑参撰，廖立笺注：《岑嘉州诗笺注》，中华书局2004年版。

（唐）郑处诲撰，田廷柱校点：《明皇杂录》，中华书局1994年版。

（唐）元稹著，冀勤点校：《元稹集》，中华书局1982年版。

（唐）韩愈撰，马其昶校注，马茂元整理：《韩昌黎文集校注》，上海古籍出版社1986年版。

（清）方世举著，郝润华、丁俊丽整理：《韩昌黎诗集编年笺注》，中华书局2012年版。

（唐）柳宗元著，《柳宗元集》点校组点校：《柳宗元集》，中华书局1979年版。

（唐）刘禹锡撰：《刘梦得文集》，《四部丛刊初编》影印上海涵芬楼藏武进董氏景宋刊本。

（唐）郑谷：《郑守愚文集》，《四部丛刊续编》景印宋刊本。

（唐）孙樵撰：《孙可之文集》，《中华再造善本》影印宋刻本，北京图书馆出版社2003年版。

（唐）齐己：《白莲集》，《四部丛刊初编》景印旧钞本。

（后唐）冯贽编，张力伟点校：《云仙散录》，中华书局2008年版。

（五代）韦庄《浣花集》，《四部丛刊初编》景印明江阴朱氏刊本。

（宋）司马光：《续诗话》，（明）毛晋编：《津逮秘书》第五集，明崇祯毛氏汲古阁刻本。

（宋）宋敏求：《春明退朝录》，中华书局1980年版。

（宋）黄庭坚著，（宋）任渊、史容、史季温注，黄宝华点校：《山谷诗集注》，上海古籍出版社2003年版。

（宋）赵抃撰：《清献公文集》，明成化七年（1471）阎铎刻本。

（宋）晁说之著：《嵩山文集》，《四部丛刊续编》影印南宋抄本。

（宋）王得臣撰写，俞宗宪点校：《麈史》，上海古籍出版社1986年版。

（宋）魏了翁撰：《重校鹤山先生大全文集》，《中华再造善本》影印宋开庆元年刻本，北京图书馆出版社2004年版。

（宋）陆游撰，钱仲联校注：《剑南诗稿》，上海古籍出版社2005年版。

（宋）陆游撰，马亚中、涂小马校注：《渭南文集校注》，浙江古籍出版社2015年版。

（宋）王十朋撰：《梅溪先生后集》，《四部丛刊初编》影印上海涵芬楼藏正统中刊本。

（宋）陆游著，蒋方校注：《入蜀记校注》，湖北人民出版社2005年版。

（宋）王应麟著，（清）翁元圻辑注，孙通海点校：《困学纪闻注》，中华书局 2016 年版。

（元）虞集撰，（明）虞堪编：《道园遗稿》，《景印文渊阁四库全书》第 1207 册，台湾商务印书馆 1983 年版。

（元）廼贤撰：《金台集》，明末毛氏汲古阁刻本。

（元）陆友仁撰：《研北杂志》，《景印文渊阁四库全书》第 866 册，台湾商务印书馆 1983 年版。

（元）顾瑛撰：《草堂雅集》，《景印文渊阁四库全书》第 1369 册，台湾商务印书馆 1983 年版。

（元）张雨撰：《句曲外史集》，《景印文渊阁四库全书》第 1216 册，台湾商务印书馆 1983 年版。

（元）辛文房撰，傅璇琮主编：《唐才子传校笺》，中华书局 1987 年版。

（明）朱椿撰：《献园睿制集》，胡开全主编：《明蜀王文集五种》影印明成化三年（1467）刻本，巴蜀书社 2018 年版。

（明）方孝孺著，徐光大点校：《方孝孺集》，浙江古籍出版社 2013 年版。

（明）王世贞撰：《弇州山人四部稿》，天津图书馆藏明万历五年（1577）王氏世经堂刻本。

（明）张治道著：《太微诗集》，《原国立北平图书馆甲库善本丛书》第 750 册，影印明嘉靖三十一年孔天胤刻本。

（明）唐龙撰：《渔石集》，《四库全书存目丛书》集部第 65 册，齐鲁书社 1997 年版。

（明）周叙撰：《石溪周先生文集》，《四库全书存目丛书》集部第 31 册，齐鲁书社 1997 年版。

（明）朱存理辑、赵琦美编：《赵氏铁网珊瑚》，《景印文渊阁四库全书》第 815 册，台湾商务印书馆 1983 年版。

（明）张时彻撰：《芝园定集》，《四库全书存目丛书》集部第 82 册，齐鲁书社 1997 年版。

（明）陈文烛撰：《二酉园文集》，《四库全书存目丛书》集部第 139 册，齐鲁书社 1997 年版。

（明）何宇度撰：《益部谈资》，国家图书馆藏明刻本。

（明）薛瑄撰、张鼎校辑：《敬轩薛先生文集》，云南省图书馆藏明弘治二年（1489）刻本。

（明）茅维编，孔凡礼点校：《苏轼文集》，中华书局 1986 年版。

（清）宋琬著：《重刻安雅堂文集》，《清代诗文集汇编》第 44 册，上海古籍出版社 2010 年版。

（清）宋琬著：《重刻安雅堂文集》，《续修四库全书》第 1405 册，上海古籍出版社 2002 年版。

（清）宋琬著：《安雅堂未刻稿》，《续修四库全书》第 1405 册，上海古籍出版社 2002 年版。

（清）宋琬著：《安雅堂诗》，《清代诗文集汇编》第 44 册，上海古籍出版社 2010 年版。

（清）宫尔铎著：《思无邪斋文存》，《清代诗文集汇编》第 741 册，上海古籍出版社 2010 年版。

（清）陶澍撰：《蜀輶日记皇华草合编》，影印清道光十三年（1833）刻本，李德龙、俞冰主编：《历代日记丛钞》第 35 册，学苑出版社 2006 年版。

（清）李元度撰：《天岳山馆文钞》，《清代诗文集汇编》第 683 册，上海古籍出版社 2010 年版。

（清）徐炯文著：《梅溪王忠文公年谱》，《北京图书馆藏珍本年谱丛刊》第 25 册，北京图书馆出版社 1999 年版。

（清）徐松著：《登科记考》，中华书局 1984 年版。

（清）徐松撰，孟二冬补正：《登科记考补正》，北京燕山出版社 2003 年版。

地方文献汇编及金石类

（宋）扈仲荣、程遇孙编：《成都文类》，《景印文渊阁四库全书》第

1354 册，台湾商务印书馆 1983 年版。

（明）曹学佺著，杨世文点校：《蜀中广记》，上海古籍出版社 2020 年版。

（明）杨慎辑：《全蜀艺文志》，影印明嘉靖二十四年（1545）刻本，《北京图书馆古籍珍本丛刊》第 42 册，北京图书馆出版社 2000 年。

（清）李元春选，石全润辑录：《关中两朝文钞》，道光十二年（1832）刻本。

（清）李宗莲编：《杜工部祠墓志》，中国国家图书馆藏清光绪十年（1884）木活字本。

吴敏霞主编：《长安碑刻》，陕西人民出版社 2014 年版。

刘兆鹤、吴敏霞编著：《户县碑刻》，三秦出版社 2005 年版。

（民国）曹颖僧辑著，张俊谊、阎宏谋校订：《延绥揽胜》，榆林市黄土地文化研究会、榆林市政协文史委员会内部印行，2006 年版。

（民国）何明礼编：《浣花草堂志》，民国十二年（1923）刻本。

（民国）吴鼎南编著：《工部浣花草堂考》，成都新新新闻报馆民国三十二年（1943）。

罗振玉校录：《芒洛冢墓遗文续补》，《石刻史料新编》第 1 辑第 19 册，新文丰出版公司 1982 年版。

余华青、张廷皓主编：《陕西碑石精华》，三秦出版社 2006 年版。

赵逵夫主编：《陇南金石校录》，社会科学文献出版社 2018 年版。

刘雁翔校注：《天水金石文献辑录校注》，三秦出版社 2017 年版。

洛阳师范学院、洛阳市文物钻探管理办编：《洛阳明清碑志·偃师卷》，中州古籍出版社 2015 年版。

（明）张治道：《创建唐工部员外郎杜子美先生祠记》，原碑今存西安杜公祠内。

（明）王鹤：《太微张先生迎祀杜祠记》，原碑今存西安杜公祠内。

（清）达礼善：《新修杜工部祠记》，原碑今存西安杜公祠内。

（清）谢章铤：《重修杜工部祠碑》，原碑今存西安杜公祠内。

（清）叶伯英：《重修杜工部祠堂记》，原碑今存西安杜公祠内。
（明）李昆：《访杜少陵词》，原碑今存成县杜公祠内。
（明）赵相宇诗、管应律：《重建杜少陵祠记》碑，原碑今存成县杜公祠内。
（明）杨贤：《谒杜工部祠》诗歌碑，原碑今存成县杜公祠内。
（清）刘坶诗歌碑，原碑今存成县杜公祠内。
（明）胡明善：《春日谒杜少陵祠》诗歌碑，原碑今存成县杜公祠内。
（明）葛之奇：《谒少陵祠》诗歌碑，原碑今存成县杜公祠内。
（清）李炳麟：《草堂七言诗四首》诗歌碑，原碑今存成县杜公祠内。
（明）白镒：《过杜子祠》诗歌碑，原碑今存成县杜公祠内。
（明）刘璜：《谒杜公草堂》诗歌碑，原碑今存成县杜公祠内。
（清）黄文炳诗歌碑，原碑今存成县杜公祠内。
（清）童华祖：《重建杜少陵先生祠堂记》，碑刻今存徽县文化馆院内。
（清）王偶：《重修杜少陵先生祠堂记》，原碑今存徽县杜公祠遗址。
（清）王邦镜：《草堂先生像赞并序》，原碑在成都草堂杜公祠内。
（明）何宇度：《题杜少陵遗像》，原碑在成都草堂杜公祠内。
（清）金儁：《题少陵先生遗像》，原碑在成都草堂杜公祠内。
（清）乾隆五十八年石刻《少陵草堂图》，原碑在成都草堂杜公祠内。
（清）朱续志："晋当阳侯杜公讳预之墓"碑，原碑在偃师市城关镇前杜楼社区第三初级中学校园内。
（清）汤毓倬："唐工部拾遗少陵杜文贞公之墓"碑，原碑在偃师市城关镇前杜楼社区第三初级中学校园内。
（清）汤毓倬：《重修唐拾遗杜文贞公墓记》，原碑在偃师商城博物馆内。
（清）杜溦：《巩县杜少陵先生墓碑记》，原碑在巩义市康店镇杜甫墓前。
薛岳：《重修杜公墓碑记》，原碑在耒阳杜甫墓前。

地方志书类

（明）赵廷瑞修，马理纂：嘉靖《陕西通志》，嘉靖二十一年（1593）年刻本，黄秀文，吴平主编：《华东师范大学图书馆藏稀见地方志丛刊》，北京图书馆出版社2005年版。

（明）李思孝修，冯从吾等纂：万历《陕西通志》，陕西省地方志办公室整理，影印明万历刻本，国家图书馆出版社2017年版。

（清）贾汉复修，李楷纂：康熙《陕西通志》，清康熙六年（1667）刻本。

（清）顾耿臣修，任于峤纂：康熙《鄜州志》，清康熙五年（1666）刻本。

（清）康如琏修，康弘祥纂：康熙《鄠县志》，清康熙二十一年（1682）刻本，《陕西省图书馆藏稀见方志丛刊》，北京图书馆出版社2006年版。

（清）鲁一佐修，周梦熊纂：雍正《鄠县重续志》，清雍正十年（1732）刻本，《陕西省图书馆藏稀见方志丛刊》，北京图书馆出版社2006年版。

（清）刘于义修，沈清崖纂：雍正《陕西通志》，清雍正十三年（1735）刻本，《中国西北文献丛书·西北稀见方志文献》第1辑，兰州古籍书店1990年版。

（清）张心镜修，吴泰来纂：乾隆《蒲城县志》，清乾隆四十七年（1782）刻本，《中国地方志集成·陕西府县志辑》第26册，凤凰出版社2007年版。

（清）贺云鸿纂修：乾隆《大荔县志》，清乾隆五十一年（1786）刻本。

（清）洪蕙纂修：嘉庆《重修延安府志》，清嘉庆七年（1802）刻本，《中国地方志集成·陕西府县志辑》，凤凰出版社2007年版。

（清）高廷法，沈琮修：嘉庆《咸宁县志》，嘉庆二十四年（1819）刻本。

（清）吴鸣捷修，谭瑀纂：道光《鄜州志》，清道光十三年（1833）刻本，《中国地方志集成·陕西府县志辑》，凤凰出版社2007年版。

（清）饶应祺修，马先登纂：光绪《同州府续志》，清光绪七年（1881）刻本。

翁柽修，宋聊奎纂：民国《咸宁长安两县续志》，民国二十五年（1936）铅印本。

《延安市志》编纂委员会编：《延安市志》，陕西人民出版社1994年版。

（明）孟鹏年修，郭从道纂：嘉靖《徽郡志》，《中国地方志集成·甘肃府县志辑》第36册，凤凰出版社2008年版。

（明）杨恩原本，（清）纪元续修：康熙《巩昌府志》，清康熙二十七年（1688）刻本。

（清）黄泳修，汪于雍纂：乾隆《成县新志》，清乾隆十七年（1752）刻本，《中国地方志集成·甘肃府县志辑》第38册，凤凰出版社2008年版。

（清）费廷珍修，胡釴纂：乾隆《直隶秦州新志》，清乾隆二十九年（1764）刻本，《中国地方志集成·甘肃府县志辑》，凤凰出版社2008年版。

（清）张柏魁纂修：嘉庆《徽县志》，清嘉庆十四年（1809）刻本，《中国地方志集成·甘肃府县志辑》第36册，凤凰出版社2008年版。

（清）陈士祯修，涂鸿仪纂：道光《兰州府志》，清道光十三年（1833）刻本，《中国地方志集成·甘肃府县志辑》，凤凰出版社2008年版。

（清）余泽春修，王权纂：光绪《重纂秦州直隶州新志》，清光绪十五年（1889）陇南书院刻本，《中国地方志集成·甘肃府县志辑》第30册，凤凰出版社2008年版。

（清）叶恩沛修，吕震南纂：光绪《阶州直隶州续志》，清光绪十二年（1886）刻本，《中国地方志集成·甘肃府县志辑》第10册，凤凰出版社2008年版。

（清）联瑛修，李镜清纂：宣统《狄道州续志》，清宣统元年（1909）刻本。

姚展修，任承允纂：民国《秦州直隶州新志续编》，民国二十八年（1939）铅印本。

董杏林修，赵钟灵纂：民国《徽县新志》，民国十三年（1924）石印本，《中国地方志集成·甘肃府县志辑》第37册，凤凰出版社2008年版。

庄以绥修，贾缵绪纂：民国《天水县志》，民国二十八年（1939）铅印本，《中国地方志集成·甘肃府县志辑》第32册，凤凰出版社2008年版。

（明）胡谧纂修：成化《河南总志》，明成化二十二年（1486）刻本，《原北平国立图书馆甲库善本丛书》第343册，国家图书馆出版社2013年版。

（明）魏津纂修：弘治《偃师县志》，《天一阁藏明代方志选刊》第79册，上海古籍书店1981年版。

（明）邹守愚修，李濂纂：嘉靖《河南通志》，明嘉靖三十四年（1555）刻本，《原北平国立图书馆甲库善本丛书》第344册，国家图书馆出版社2013年版。

（明）周泗修，康绍第纂：嘉靖《巩县志》，明嘉靖三十四年（1555）刻本，《天一阁藏明代方志选刊续编》第59册，上海书店1990年版。

（清）贾汉复修，沈荃纂：顺治《河南通志》，清顺治十七年（1660）刻本。

（清）顾沇修，张沐纂：康熙《河南通志》，清康熙三十四（1695）年刻本。

（清）田文镜等纂修：雍正《河南通志》，《景印文渊阁四库全书》第537册，台湾商务印书馆1983年版。

（清）朱绩志修，吕鼎祚纂：乾隆《偃师县志》，清乾隆十一年（1746）刻本。

（清）汤毓倬修，孙星衍纂：乾隆《偃师县志》，清乾隆五十四年（1789）刻本。

（清）邱轩昂修，曹鹏翊纂：乾隆《巩县志》，清乾隆十年（1745）刻本。

（清）李叙武修，张紫岘纂：乾隆《巩县志》，清乾隆五十四年（1789）刻本。

（清）施诚修，童钰、裴希纯纂：乾隆《河南府志》，清同治刻本。

杨保东等修，刘莲青等纂：民国《巩县志》，民国二十六年（1937）泾川图书馆刻本。

（明）杨珮纂修：嘉靖《衡州府志》，《天一阁藏明代方志丛刊》第59册，上海书店1982年版。

（明）钟崇文纂修：隆庆《岳州府志》，明隆庆间刻本，《天一阁藏明代方志丛刊》第57册，上海书店1982年版。

（明）徐学谟纂修：万历《湖广总志》，影印明万历刻本，《四库全书存目丛书》史部第196册，齐鲁书社1996年版。

（清）张应星纂修，徐德泰增修：雍正《耒阳县志》，清雍正三年（1725）增刻本，《中国地方志集成·湖南府县志辑》，江苏古籍出版社2002年版。

（清）谢仲坑纂修、石文成增修：乾隆《平江县志》，清乾隆二十年（1755）增修刻本，《中国地方志集成·湖南府县志辑》第8册，江苏古籍出版社2002年版。

（清）陈增德修、李如珪等纂：嘉庆《平江县志》，清嘉庆二十一年（1816）刻本。

（清）常庆修、郑优纂：道光《耒阳县志》，清道光六年（1826）刻本。

（清）张培仁修、李元度纂：同治《平江县志》，清同治十三年（1874）刻本。

（清）卞宝第、李翰章等修，曾国荃、郭嵩焘等纂：光绪《湖南通志》，《续修四库全书》第 662 册，上海古籍出版社 1996 年版。

（明）吴潜修，傅汝舟纂：正德《夔州府志》，《天一阁藏明代方志选刊》影印明正德八年（1513）刻本，上海书店 1981 年版。

（明）刘大谟等修，王元正等纂，周复俊等重编：嘉靖《四川总志》，影印明嘉靖二十四年（1545）刻本，《北京图书馆藏古籍珍本丛刊》第 42 册，北京图书馆出版社 2000 年版。

（明）杨思震纂修：嘉靖《保宁府志》，明嘉靖二十二年（1543）刻本。

（明）虞怀忠修，郭棐纂：万历《四川总志》，明万历九年（1581）刻本，《四库全书存目丛书》，齐鲁书社 1997 年版。

（明）陈讲纂修：嘉靖《潼川志》，明嘉靖二十九年（1550）抄本。

（明）陈时宜修，张世雍纂：万历《潼川州志》，明万历四十七年（1619）刻本。

（清）蔡毓荣修，钱受祺纂：康熙《四川总志》，清康熙十二年（1673）刻本。

（清）吴美秀，程溥等纂：康熙《夔州府志》，影印清康熙二十五年（1686）刻本，《国家图书馆藏地方志珍本丛刊》第 779 册，天津古籍出版社 2016 年版。

（清）黄廷桂修，张晋生纂：雍正《四川通志》，《景印文渊阁四库全书》第 560 册，台湾商务印书馆 1983 年版。

（清）张松孙纂修：乾隆《潼川府志》，清乾隆五十一年（1786）刻本。

（清）崔邑俊修，杨崇等纂：乾隆《夔州府志》，清乾隆十一年（1746）刻本。

（清）常明修，杨芳灿等纂：嘉庆《四川通志》，清嘉庆二十一年（1816）刻本。

（清）王瑞庆修，徐道达纂：道光《南部县志》，清同治九年（1870）增刻本。

（清）黎学锦、徐双桂等修，史观等纂：道光《保宁府志》，清道光元年（1821）刻本。

（清）恩成修，刘德铨纂：道光《夔州府志》，清道光七年（1827）刻本。

（清）徐继镛修，李惺等纂：咸丰《阆中县志》，清咸丰元年（1851）刻本。

（清）李玉宣修，衷兴鑑纂：同治《重修成都县志》，清同治十二年（1873）刻本，《中国地方志集成·四川府县志辑》第2册，巴蜀书社2017年版。

（清）阿麟修，王龙勋纂：光绪《新修潼川府志》，清光绪二十三年（1897）刻本。

（清）曾秀翘修，杨德坤纂：光绪《奉节县志》，清光绪十九年（1893）刻本。

林志茂等纂修：民国《三台县志》，民国二十年（1931）铅印本。

四川省阆中市地方志编纂委员会编纂：《阆中县志》，四川人民出版社1993年版。

（明）林庭㭿，周广纂修：嘉靖《江西通志》，影印明嘉靖间刻本，《四库全书存目丛书》史部第182册，齐鲁书社1997年版。

（明）孙文龙纂：万历《承天府志》，明万历三十年（1602）刻本，《日本藏中国罕见地方志丛刊》第8册，书目文献出版社1992年。

（明）刘文徵纂修：天启《滇志》，影印清钞本，《续修四库全书》第681册，上海古籍出版社2002年版。

（清）周景柱纂修：乾隆《蒲州府志》，清乾隆十九年（1754）刻本。

（清）宫懋讓修，李文藻纂：乾隆《诸城县志》，清乾隆二十九年（1764）刻本，《中国地方志集成·山东府县志辑》第38册，凤凰出版社2008年版。

（清）毛永柏修，李图纂：咸丰《青州府志》，清咸丰九年（1859）刻本。

（清）刘嘉树修，苑棻池纂：光绪《增修诸城县续志》，清光绪十八年（1892）刻本，《中国地方志集成·山东府县志辑》第 38 册，凤凰出版社 2008 年版。

（清）马呈图纂修：宣统《高要县志》，民国二十七年（1938）铅印本。

今人研究论著类

钱实甫主编：《清代职官年表》，中华书局 1980 年版。

冯至：《杜甫传》，人民文学出版社 1980 年版。

山东大学《杜甫全集》校注组编著：《访古学诗万里行》，人民文学出版社 1982 年版。

郑庆笃、焦裕银、张忠纲、冯建国编著：《杜集书目提要》，齐鲁书社 1986 年版。

周采泉：《杜集书录》，上海古籍出版社 1986 年版。

陈文华：《杜甫传记唐宋资料考辨》，文史哲出版社 1987 年版。

莫砺锋：《杜甫评传》，南京大学出版社 1993 年版。

吕兴才主编：《杜甫与徽县》，甘肃人民出版社 1994 年版。

傅光：《杜甫研究卒葬卷》，陕西人民出版社 1997 年版。

宋开玉：《杜诗释地》，上海古籍出版社 2004 年版。

张剑：《晁说之研究》，学苑出版社 2005 年版。

于北山：《陆游年谱》，上海古籍出版社 2006 年版。

蔡志超：《杜诗旧注考据补证》，万卷楼图书股份有限公司 2007 年版。

严耕望：《唐代交通图考》，上海古籍出版社 2007 年版。

汪超宏：《宋琬年谱》，人民文学出版社 2010 年版。

陈贻焮：《杜甫评传（第二版）》，北京大学出版社 2011 年版。

杨义：《文学地理学会通》，中国社会科学出版社 2013 年版。

[美] 洪业著，曾祥波译：《杜甫：中国最伟大的诗人》，上海古籍出版社 2014 年版。

蔡志超：《宋代杜甫年谱五种校注》，万卷楼图书股份有限公司2014年版。

邓荣生编著：《杜甫在平江》，黄河出版社2014年版。

刘雁翔：《杜甫陇上萍踪》，甘肃教育出版社2014年版。

周维扬、丁浩：《杜甫草堂史话》，四川文艺出版社2015年版。

葛景春、胡永杰、隋秀玲：《杜甫与地域文化》，社会科学文献出版社2016年版。

［日］古川末喜著，董璐译：《杜甫农业诗研究：八世纪中国农事与生活之歌》，西北大学出版社2018年版。

简锦松：《亲身实见：杜甫诗与现地学》，高雄中山大学出版社2019年版。

期刊论文类

魏泽一：《试论杜甫在湖南作诗的编次问题》，《文学遗产》1963年增刊第13辑。

郭世欣：《成都草堂遗址考》，《草堂》1981年第1期创刊号。

王文才：《冀国夫人歌词及浣花亭考》，《草堂》1981年第2期。

吴鼎南：《略谈古草堂、梵安两寺及杜甫草堂的位置》，《草堂》1981年第2期。

樊维纲：《杜甫湖南纪行诗编次诠释》，《文学遗产》1982年第3期。

傅永魁：《关于巩县杜甫墓问题》，《草堂》1982年第2期。

袁仁林：《杜甫寓夔故居考》，《草堂》1983年第1期。

樊维纲：《杜甫后裔流域平江事考索》，《杭州师院学报》（社会科学版）1983年第1期。

熊治祁：《杜甫之死及平江墓》，《湘潭大学社会科学学报》1983年第1期。

毛炳汉：《杜甫卒地在平江》，《湖南师院学报》（哲学社会科学版）1983年第2期。

丘菊贤：《杜甫墓地浅说》，《河南师大学报》（社会科学版）1984年第 1 期。

张中一：《巩县与偃师杜甫墓辨析》，《草堂》1984 年第 1 期。

江均涛：《射洪金华山的杜诗石刻》，《草堂》1984 年第 1 期。

杨重华：《杜甫梓州草堂遗址考辨》，《草堂》1985 年第 2 期。

毛炳汉：《清湘籍作家张岳龄及其〈铁瓶诗钞〉》，《湘潭大学学报》（社会科学版）1987 年第 1 期。

李珺平、张喜洋：《长安杜公祠小考》，《陕西地方志通讯》1987 年第 1 期。

古元中：《杜甫草堂遗碑考析》，《四川文物》1987 年第 4 期。

杨云：《杜甫墓》，《历史教学》1987 年第 11 期。

毛炳汉：《杜甫湖南诗新的总编次》，《文学遗产》1989 年增刊总第 18 辑。

董希如：《平江杜甫墓研究述评》，《云梦学刊》1990 年第 2 期。

[日] 松浦友久：《关于李白"捉月"传说——兼及临终传说的传记意义》，《北京大学学报》（哲社版）1995 年第 5 期。

王元明：《杜甫墓新考（上、下）》，《洛阳工业高等专科学校学报》1996 年第 3 期、1997 年第 4 期。

文正义：《杜甫湘行踪迹及其死葬考》，《中国韵文学刊》1997 年第 2 期。

莫砺锋：《重论杜甫卒于大历五年冬——与傅光先生商榷》，《杜甫研究学刊》1998 年第 2 期。

王辉斌：《杜甫出生地考实》，《首都师范大学学报》（社会科学版）1998 年第 4 期。

霍松林：《杜甫与偃师》，《河东学刊》（社会科学版）1999 年第 1 期。

车宝仁：《杜甫唐都故居考》，《唐都学刊》1999 年第 3 期。

李丛昕：《杜甫终葬巩县说——兼向霍松老请教》，《北京社会科学》2000 年第 2 期。

丘良任：《杜甫之死及其生卒年考辨》，《深圳大学学报》（人文社会科学版）2000 年第 4 期。

胡可先：《杜甫叔父杜并墓志铭笺证》，《杜甫研究学刊》2001 年第 2 期。

郑慧生：《杜氏家族与偃师杜甫墓地》，《寻根》2001 年第 5 期。

南新社等：《〈杜甫终葬巩县说〉质疑——与李丛昕先生商榷》，《北京社会科学》2001 年第 4 期。

马银生、高天佑：《陇右杜甫草堂考》，《天水师范学院学报》2001 年第 6 期。

周维扬：《从草堂唐碑出土略谈古今草堂寺之争》，《杜甫研究学刊》2002 年第 1 期。

刘玉珍：《诗圣杜甫和巩义杜甫墓》，《中原文物》2003 年第 1 期。

陶喻之：《浣花古刹考略——唐益州正觉寺钩沉》，《杜甫研究学刊》2003 年第 4 期。

李一飞：《杜甫流寓湖南行事考辨三题》，《杜甫研究学刊》2004 年第 1 期。

王大椿：《杜甫夔州高斋历代考察述评》，《杜甫研究学刊》2005 年第 2 期。

霍松林：《杜甫卒年新说质疑》，《文学遗产》2005 年第 6 期。

张中一：《杜甫墓考证》，《岳阳职业技术学院学报》2006 年第 3 期。

刘雁翔：《杜甫山寺诗与唐代的麦积山石窟》，《敦煌学辑刊》2007 年第 3 期。

赵晓兰：《〈成都文类〉中的杜甫草堂》，《杜甫研究学刊》2007 年第 3 期。

蔡副全：《成县杜甫草堂历代诗碑考述》，《杜甫研究学刊》2009 年第 1 期。

师海军：《杜甫鄜州避乱行实考》，《文学遗产》2010 年第 4 期。

查屏球：《名作效应与文学地理——杜甫鄜州影踪追考》，《古典文学知识》2010 年第 4 期。

吴淑玲、康靖、樊纯轩：《杜甫诞生巩义康店龙窝沟考》，《社科纵横》（新理论版）2012年第1期。

聂大受：《杜甫陇右行迹及纪念物探赜》，《杜甫研究学刊》2012年第4期、2013年第3期。

刘雁翔：《杜甫与栗亭及其草堂考》，《西北师大学报》（社会科学版）2013年第2期。

李霞锋：《成都草堂古代碑刻初考》，《杜甫研究学刊》2013年第4期。

蔡副全、宋涛：《栗亭杜少陵祠考述》，《兰州文理学院学报》（社会科学版）2016年第4期。

刘洪：《再论浣花夫人、浣花祠与杜甫草堂》，《杜甫研究学刊》2016年第4期。

李定广：《杜甫大历五年夏卒葬耒阳考实》，《学术界》2016年第5期。

翟墨：《蒙元时代的杜甫记忆——以至元三年追谥杜甫为中心》，《中华文史论丛》2017年第2期。

邓小军：《唐授杜甫左拾遗告身考——兼论唐代的皇帝直接授官》，《杜甫研究学刊》2017年第1期。

查屏球：《微臣、人父与诗人——安史之乱初杜甫行迹考论》，《安徽大学学报》（哲学社会科学版）2018年第2期。